suhrkamp taschenbuch 3024

Von seltenen Büchern, wertvollen Skulpturen, Gemälden und Reliquien über Sammeltassen, Briefmarken, Münzen und Orden bis hin zu Muscheln oder Spielzeug: in allen Jahrhunderten gab es mehr oder weniger ausgefallene Dinge, die die Leidenschaft von Sammlern erregen konnten.

Das fesselnde Buch des amerikanischen Psychoanalytikers Werner Muensterberger erforscht die emotionalen und psychologischen Ursachen für das schier nicht enden wollende Verlangen nach immer neuen Fundstücken, für die erstaunliche Energie, mit der das per definitionem unerreichbare Ziel der Vollständigkeit verfolgt wird.

Auf äußerst unterhaltsame Weise diskutiert der Autor die Launen und Exzentrizitäten von Staatsoberhäuptern, literarischen Figuren, Künstlern oder ganzen Epochen. Die unterschiedlichsten Charaktere wie zum Beispiel Walter Benjamin, Don Juan, Katharina die Große, Honoré de Balzac, Petrarca, Brunelleschi oder Jean de Berry werden skizziert.

Die brillanten Untersuchungen geraten ihm auf elegante Weise zu Variationen über ein komplexes Thema, das John Steinbeck lapidar kommentierte: »Ich vermute, die Wahrheit ist, daß ich alten Kram einfach liebe.«

Werner Muensterberger lebt in New York. Er ist Psychoanalytiker und war Professor für Psychiatrie an der State University of New York, Downstate Medical Center. Er hat mehrere Bücher über Psychoanalyse, Anthropologie und Kunst veröffentlicht.

Werner Muensterberger
Sammeln

Eine unbändige Leidenschaft

Psychologische Perspektiven

Aus dem Amerikanischen von
H. Jochen Bußmann

Suhrkamp

Die amerikanische Ausgabe mit dem Titel
Collecting. An Unruly Passion
erschien 1994 bei Princeton University Press

Umschlagfoto: Christopher Simon Sykes

suhrkamp taschenbuch 3024
Erste Auflage 1999
Für die deutsche Ausgabe

Lizenzausgabe mit freundlicher Genehmigung des Berlin Verlags
Suhrkamp Taschenbuch Verlag

Druck: Nomos Verlagsgesellschaft, Baden-Baden
Printed in Germany
Umschlag nach Entwürfen von
Willy Fleckhaus und Rolf Staudt

1 2 3 4 5 6 – 04 03 02 01 00 99

FÜR HELENE
UND IN ERINNERUNG
AN NICK

INHALT

TEIL IV
EXKURSIONEN IN DIE VERGANGENHEIT

TEIL V
DIE GUNST DES SCHICKSALS

ANHANG

VORWORT

Die Quelle dieses Buches liegt in meiner Neugier, und zugleich ist es aufs engste mit meiner psychoanalytischen Arbeit und meiner komplementären Forschung auf dem Gebiet der Völkerkunde, sowohl in der Feldforschung als auch am Schreibtisch, verknüpft. Der Zusammenhang ist keineswegs zufällig, weil das ihnen gemeinsame Ziel ein tieferes Verständnis des eigentlichen Wesens des Menschen und mein Interesse für den emotionalen Inhalt der menschlichen Erfahrung ist, wie wir ihn im unermeßlichen Arsenal der Affekte, der Gefühle und der Wahrnehmung finden und erforschen.

Im großen und ganzen geht meine Beobachtung auf die Jahrzehnte zurückliegende Lektüre von Donald W. Winnicotts zukunftsweisenden Aufsatz zu dem, was er als Übergangsobjekte und Übergangsphänomene bezeichnete, zurück. Mit diesem Text hat er unser Verständnis der Mittlerstellung von »Objekten, die nicht Teil des kindlichen Körpers sind, jedoch noch nicht völlig als zur Außenwelt gehörig erkannt werden«, erweitert.* Winnicott macht darin auf die integrativen Bedürfnisse und Fähigkeiten des Kleinkindes und sein Sichverlassen auf Beistand von seiten der Mutter und der weiteren Umwelt aufmerksam. Das Wesen dieses Beistandes ist imaginär, weil es davon abhängt, was das Baby sich aus dem Objekt erschafft, ganz gleich, ob es sich um eine Puppe, eine Decke, einen Teddybären oder etwa ein Wiegenlied handelt. Die Bedeutung liegt in der Erfahrung des Objektes oder vielmehr in der subjektiven Beziehung zum Objekt, mag sie auch nur eine zeitweilige sein, weil sie das Trauma des Alleinseins, sobald das Kind die Abwe-

* Siehe D. W. Winnicott, »Transitional Objects and Transitional Phenomena«, in: *International Journal of Psycho-Analysis*, Bd. 34, 1953 [deutsch: »Übergangsobjekte und Übergangsphänomene«, in: *Psyche* 23, 1969, S. 666].

senheit der Mutter entdeckt, auslöschen soll. Dies ist die Ursache dafür, daß das Kind nach etwas greift und dadurch, daß es das Objekt hat und hält, die Tatsache der Trennung leugnet.

Dieser Gesichtspunkt erweitert und bereichert frühere psychoanalytische Erklärungen hinsichtlich der emotionalen Vorläufer der Grundbedingungen des Sammelns.

Das Buch ist aus einer psychoanalytischen Perspektive geschrieben. Meine Erkenntnisse stimmen zwar mit vielen früheren Ansätzen überein – etwa dem des inneren Zwangs beim passionierten Sammler –, beziehen aber auch andere Faktoren als entwicklungsgeschichtlich bestimmte Fixierungen mit ein; und dieser weiter ausholende Blick verdankt viel meinen Gesprächen mit Donald und Clare Winnicott.

Eine solche Untersuchung läßt sich nicht ohne die Hilfe und Mitwirkung vieler Menschen und Institutionen ausführen. Meine Teilnahme an einer Konferenz über »Sammler und Sammeln«, die Paul Mocsanyi in den späten 60ern an der New Yorker New School for Social Research organisierte, kam meiner Arbeit zugute. Dort behandelte ich das Thema »Warum sammeln wir?«. Auf Anregung meines Freundes Lionel Trilling reichte ich bei der John Simon Guggenheim Memorial Foundation einen Entwurf meiner Vorstellungen ein und erhielt ein Stipendium. Ich lernte ihren damaligen Präsidenten Gordon Ray, der selbst ein begeisterter Büchersammler war, kennen, und wir wurden bald Freunde. Mitchell S. Rosenthal, auch ein Freund von mir, machte mich mit seinem Kollegen Douglas Bond, dem Präsidenten der Grant Foundation, bekannt. Letztere unterstützte meinen Forschungsplan ebenfalls. Mit Dankbarkeit gedenke ich des Interesses und der Großzügigkeit, die mir von dieser Seite zuteil wurden.

In der Bemühung, meine Ideen und meinen theoretischen Ansatz zu entwickeln und zu bestätigen, verdanke ich viel meinen Patienten, Freunden, Kollegen und einer Reihe von Sammlern, die meine Absicht verstanden und mir bei meinem Vorhaben behilflich waren.

Viele Sammler zogen es vor, anonym zu bleiben. Bei David Daniels stehe ich in großer Dankesschuld für zahlreiche Gespräche im Frühstadium meines Projekts. Sie halfen mir, einen ersten Überblick über die verschiedenen Phänomene zu gewinnen, die für die libidinösen Besetzungen des engagierten Sammlers verantwortlich sind.

Begegnungen und Briefwechsel mit Sir David Attenborough, Frederick Baekeland, dem Marquess of Bath, Monique Barbier-Mueller, Peter Bull, Robert Benson, Bruce Chatwin, Ralph Colin, Andrew Ciechanowiecki, Guiseppe Eskenazi, Everett Fahy, Graf Baudouin de Grunne, Carlos van Hasselt, E. Haverkamp-Begemann, H. P. Kraus, Annemarie Logan, Edward Lucie-Smith, Frits Lugt, Neil MacGregor, Malcolm MacLeod, Agnes Mongan, Carlo Monzino, A. N. L. Munby, Edgar Munhall, Peter Neubauer, J. W. Niemeijer, George Ortiz, Mario Praz, Charles Ratton, Nelson Rockefeller, Frieda Rosenthal, Francis Russell, David Sainsbury, Sir Robert and Lady Sainsbury, A. W. Scheller, Graf Antoine Seilern, den Freules Six, David Somerset, Duke of Beaufort, Paul Wallraf, Katherine White, N. M. A. ter Wolbeek, A. L. Wurfbain und Helmut und Marianne Zimmer waren in vielerlei Hinsicht für meine Vorarbeit nahezu unerläßlich. Ich danke ihnen für ihre Bereitschaft, mit mir zu sprechen und dadurch meine Forschung voranzubringen.

Mein Kollege Bernard L. Pacella war freundlicherweise bereit, mich im Vatikan einzuführen, wo ich unter anderem bei den Msgrs. C. Brown, C. Rogers und Mario Testori Unterstützung fand.

Die Untersuchungen an historischen Quellen wurden durch die Möglichkeit, in der einzigartigen London Library zu arbeiten, sehr erleichtert. Der stets bereitwilligen Hilfe ihres Chefbibliothekars Douglas Matthews und seiner Mitarbeiter danke ich, ebenso den Mitarbeitern der Bibliothèque Nationale in Paris und Mr. T. D. Douglas von der Bodleian Library in Oxford und vom Robinson Trust. Die Londoner Hampstead Clinic gestattete mir freundlicherweise, ihre Fallgeschichten im Hinblick auf kindliches Sammeln einzusehen.

Ich bin nicht sicher, ob dieses Buch ohne die Beharrlichkeit und Ermutigung Irwin Herseys zustandegekommen wäre.

Den Rat von Elizabeth Dickey, Benjamin Kilborne und Allen Rosenbaum, nachdem sie einen Entwurf des Manuskripts gelesen hatten, weiß ich sehr zu schätzen. Und Mark Johnson ging mir mit Geduld bei der Vorbereitung dieses Buches zur Hand.

TEIL I
PRÄLUDIEN

KAPITEL 1

PETER BULL MIT EINIGEN SEINER TEDDYBÄREN

FOTO: TOPHAM PICTURE SOURCE, U.K.

LEIDENSCHAFT ODER DER URSPRUNG DES SAMMELNS

Es gibt Aspekte menschlichen Verhaltens, die uns auf den ersten Blick überhaupt nicht ungewöhnlich oder rätselhaft vorkommen. Bei näherer Betrachtung sehen wir freilich, daß sie durchaus verwunderlich sein können und nicht leicht zu verstehen sind. Eine solche Eigenart ist das Sammeln. Sammler – engagiert, ernsthaft, vernarrt oder auch gepeinigt – können diesen alles verzehrenden Drang selbst weder erklären noch verstehen, noch sind sie imstande, ihrer Angewohnheit Einhalt zu gebieten. Viele verspüren eine ständige Rastlosigkeit, die sich nur durch neue Funde oder noch eine weitere Anschaffung bezähmen läßt. Eine Neuentdeckung oder ein weiterer Ankauf mögen den Hunger besänftigen, aber ganz stillen sie ihn nie. Ist es eine Besessenheit? Eine Sucht? Ist es eine Leidenschaft oder ein innerer Zwang, oder vielleicht ein Bedürfnis, etwas zu haben, zu besitzen, anzuhäufen?

Beobachtet man Sammler, dann entdeckt man rasch ein nicht nachlassendes Bedürfnis, sogar ein Hungern nach Neuanschaffungen. Das fortwährende Suchen ist ein Kernelement ihrer Persönlichkeit. Es ist mit viel tiefer liegenden Wurzeln verknüpft, es erweist sich als Neigung, die aus einer nicht sofort erkennbaren Erinnerung an Entbehrung, Verlust oder Verletzung und einem sich daraus ergebenden Verlangen nach Ersatz herrührt und die eng mit Verstimmung und einer Neigung zu Depressionen verbunden ist.

Es ist nicht einmal das Phänomen des Sammelns als solches,

das dem Außenstehenden eigentümlich vorkommen mag, sondern vielmehr das Schauspiel, das viele Sammler bieten, ihr deutlich emotionales Betroffensein, wenn sie auf der Jagd nach Objekten sind, ihre Aufregung beziehungsweise Niedergeschlagenheit, wenn sie diese finden oder sie ihnen entgehen, und ihre gelegentlich seltsamen Einstellungen und Verhaltensweisen. Einem distanzierten Beobachter fällt es oft schwer, die gewaltige Leidenschaft und das alles andere überragende Interesse zu verstehen, die ein Sammler hinsichtlich solcher Dinge wie alter Landkarten oder seltener Münzen oder militärischer Auszeichnungen an den Tag legen kann.

Gleicht es mehr einem unstillbaren Durst? Selbst einem sehr ernsthaften und nachdenklichen Sammler fällt es manchmal schwer, eine klare und überzeugende Erklärung für seine Neigung oder das intensive Empfinden zu geben, das sich gelegentlich im Verlauf der Beschaffung eines Objekts einstellt.

Absicht dieses Buches ist es, etwas zur Aufklärung des Benehmens und der Natur des Sammlers beizutragen, um diese Fragen zu beantworten und die emotionalen und erlebnisbedingten Voraussetzungen zu sondieren, die für diese Art Sehnsucht von fundamentaler Bedeutung sind. Um dies zu tun, will ich zunächst eine Definition dessen vorlegen, was ich unter Sammeln verstehe. Ich definiere es einfach als *das Auswählen, Zusammentragen und Aufbewahren von Objekten, die einen subjektiven Wert haben*. Man beachte, daß ich den subjektiven Aspekt des Sammelns betone, denn die Emotion und häufig die Begeisterung, die den Sammelobjekten entgegengebracht werden, stehen nicht notwendigerweise im Einklang mit deren Besonderheit oder kommerziellem Wert und haben auch nichts mit irgendeiner Art der Brauchbarkeit zu tun. Für den wirklich begeisterten Sammler haben die »Dinge«, die er sammelt, eine andere Bedeutung und sogar das Potential einer fesselnden Kraft.

Es versteht sich natürlich von selbst, daß alles, was auch immer gesammelt wird, für den jeweiligen Sammler von besonderer Bedeutung ist. Offensichtlich zeigen sich in seinem Sammeln bestimmte Aspekte seiner Persönlichkeit, sein Geschmack, seine Kultiviertheit oder Naivität, auch seine Unabhängigkeit des Urteils beziehungsweise seine Abhängigkeit von der Meinung anderer. Während manche einen eigenen unabhängigen Weg gehen, keinen Bedarf an Rollenmodellen haben und wenig oder gar nicht modebewußt sind, neigen viele Sammler dazu, sich von gegenwärtigen Trends oder der Ansicht von Sammlerkollegen, Spezialisten oder Händlern beeinflussen zu lassen.

Hierin liegt einer der Gründe, weshalb man unter Neureichen nicht selten Sammler findet; die Objekte tragen zum Identitätsgefühl bei und fungieren als eine Quelle der Selbstdefinition. Sie scheinen ein Gefühl des Stolzes, ja sogar das einer gewissen Überlegenheit zu rechtfertigen.

Unabhängig von der Art der Objekte, mit welchen sich die Sammler umgeben, gibt es Schlüssel, die uns helfen, ihr Verhalten und die Eigenart ihrer Passion zu verstehen, die oft von Gefühlen der Gelöstheit und Zuständen der Hingerissenheit gekennzeichnet ist, die aber auch in Momenten großer Anspannung, in Niedergeschlagenheit, ruhelosen Nächten und quälenden Zweifeln Ausdruck findet. Häufig ist der eigentliche Vorgang des Erwerbs ein offenkundiger Grund für freudige Spannung, auch wenn daneben Schuldgefühle und Empfindungen des Unbehagens zum Ausdruck kommen können. Beobachtet man Sammler auf der Jagd nach einem Gegenstand, erkennt man bald ausgesprochen aufschlußreiche individuelle Eigenheiten – die unterschiedlichen Weisen, wie sie es anstellen, ein neues Objekt zu erreichen, wie sie ihr Verlangen ausdrücken oder ihre überwältigende Genugtuung vermitteln; andererseits kann es geschehen, daß sie, wenn sie einen Gegenstand erworben haben, sich mit Zweifeln und Selbstvorwürfen peinigen, was für einen Nichtsammler oft völlig unbegreiflich ist. Es gibt keinen »Durchschnittssammler«.

Vor vielen Jahren hatte ich das Glück, einen hervorragenden und engagierten Herrn kennenzulernen, Georg Tillmann. Tillmann, ein gebürtiger Deutscher, wurde zunächst als Sammler exquisiten Porzellans bekannt. Wissenschaftler, die in seinem

Haus immer willkommene Gäste waren, machten viele Objekte seiner Sammlung zum Gegenstand ihrer Forschung. Sichtbar genoß er die Gesellschaft von Leuten, mit denen er und hin und wieder auch seine Frau sein Interesse teilen konnten. Sein erstaunliches Wissen und sein kritisches Auge erlaubten ihm, besonders gute Objekte zusammenzutragen. Bis zum heutigen Tage, mehr als ein halbes Jahrhundert nach seinem Tod, wird sein Name von Porzellankennern mit Ehrfurcht genannt.

Schließlich verließ Tillmann seine Heimatstadt Hamburg und ging in die Niederlande, wo er erstmals mit Ethnographica, insbesondere mit indonesischen Kunstwerken und Textilien in Berührung kam. Dort, und das ist bei Sammlern keineswegs ungewöhnlich, fing er eine völlig neue Sammlung an, die vorwiegend Skulpturen und Textilien aus West- und Zentralafrika, Indonesien und dem pazifischen Raum enthielt. Wie zuvor beim Porzellan, stieg er mit Begeisterung, Gründlichkeit und dem sicheren Instinkt eines Mannes mit Geschmack in das neugefundene Gebiet ein. Er sandte Kundschafter nach Indonesien und Westafrika, suchte die Bekanntschaft von Spezialisten auf dem jeweiligen Gebiet und war bald ebenso kenntnisreich, wie er es beim Porzellan gewesen war.

Tillmann war ein sehr interessierter Sammler, der seinen Enthusiasmus gern mit Gleichgesinnten teilte – Sammlerkollegen, Spezialisten, Wissenschaftlern und Ästheten. Er führte eine ausgedehnte Korrespondenz und hatte oft prominente Forscher zu Besuch; ein kleines Häuschen, das hinter seinem Stadthaus lag, stand den Gästen zur Verfügung. Als ein Mann mit grenzenloser Energie konnte er über einen neuen Fund, einen gerade getätigten Ankauf oder das Ergebnis seiner jüngsten Forschungsarbeit leicht in Verzückung geraten. Seine Leidenschaft schien keine Grenzen zu kennen. Er verfaßte unter anderem eine Untersuchung über indonesische Textilmuster, und wenn er etwas entdeckte, von dem er den Eindruck hatte, es handele sich um ein bislang unbekanntes Muster oder einen abweichenden Typus, war es für ihn wie ein geistiger Sieg und wurde sogleich zum Anstoß für weitere ausgiebige Nachforschungen und hitzige Diskussionen. Ich entsinne mich, wie einmal lange nach Mitternacht mein Telefon klingelte. Als ich mich meldete, nannte er nicht einmal seinen Namen, sondern sprach sofort von einer exquisiten afrikanischen Maske, die er sich gerade aus Paris geholt hatte, und bat mich, zu ihm zu kommen und seine Aufregung mit ihm zu teilen.

Ein Anruf zu jeder beliebigen Stunde am Tage oder in der Nacht war nichts Außergewöhnliches. Es war Zeugnis seines totalen Engagements. Befand er sich in Gesellschaft von Sammlern oder Forschern, konnte er Zeit und Konventionen vergessen und die Gespräche nicht selten bis in die frühen Morgenstunden fortsetzen. Diese Gespräche fanden gewöhnlich in der sehr großen Küche statt, die eindeutig für diesen Zweck da war. Zu diesen Treffen gehörten oft denkwürdige Mahlzeiten, die er selbst während der Unterhaltung mit seinen Gästen über dieses oder jenes Objekt aus seiner Sammlung, einem Museum oder dem Besitz eines anderen zubereitete.

Ich erzähle das, weil solche Szenarien unter Sammlern, die es genießen, ihre Freude und Wertschätzung mit gleichgesinnten Enthusiasten zu teilen, keineswegs ungewöhnlich sind. Die Besessenheit eines Sammlers kann alles andere an den Rand drängen; ab und an kann sie erheiternd sein, manchmal ist sie tyrannisch und gelegentlich sogar ruinös.

Das Sammeln kann zur alles verzehrenden Leidenschaft werden, ähnlich wie die Hingabe des zwanghaften Spielers an den Spieltisch, bis zu einem Punkt, wo es tief in das Leben eines Menschen eingreift und die wichtigste Beschäftigung geworden ist, die alles andere – Arbeit, Familie, gesellschaftliche Verpflichtungen und Verantwortlichkeiten – überschattet. Uns sind zahlreiche Fälle bekannt, in denen durch die Leidenschaft des Sammelns moralische Maßstäbe, rechtliche Erwägungen und gesellschaftliche Tabus außer acht gelassen wurden.

Es gibt so viele historische Beispiele für diese Seelenhaltung, daß man sie nicht aufzählen kann. Es gab beispielsweise einen deutschen Gelehrten und Altertumsforscher, Philip von Stosch (1691 – 1757), der zum willigen Spion für die britische Regierung wurde, um seiner überwältigenden Passion für die schönsten Gemmen nachzukommen, und der offenbar nichts dabei fand, jene Sammlungen zu bestehlen, die zu besuchen er als einer der führenden Experten seiner Zeit eingeladen worden war. Oder man denke an Sir Thomas Phillipps (1792–1872), der sich in seiner nie enden wollenden Jagd nach »einem Exemplar von jedem Buch auf der Welt« davon nicht stören ließ, daß seine Frau und seine Töchter deshalb im Schmutz leben mußten, daß er seinen Verpflichtungen gegenüber den Lieferanten seiner Bücher und Manuskripte über Jahre hin nicht nachkam und daß er dadurch in einigen Fällen die Händler in den Bankrott trieb. Selbst eine so hoheitsvolle Sammlerin wie Königin Christina von Schweden, die von Hugh Trevor-Roper als »dieses gräßliche Weib, der gekrönte Drache und räuberische Blaustrumpf des Nordens«[1] bezeichnet wurde, war sich nicht zu schade, ihrer Leidenschaft ihr Moralempfinden zu opfern, als sie 1648, nur wenige Tage vor Unterzeichnung des Westfälischen Friedens, der den Dreißigjährigen Krieg beendete, dem Kaiser des Heiligen Römischen Reiches, Rudolf II., seine außerordentliche Kunstsammlung wegnehmen und nach Stockholm transportieren ließ.

Aus diesen Beispielen läßt sich im Zusammenhang unserer Beobachtungen eine nützliche Lehre ziehen. Für den passionierten, den »süchtigen« Sammler – eine Bezeichnung, die zutreffend sein kann und die manche Sammler benutzen, wenn sie über ihre Gewohnheit sprechen – ist das Sammeln nicht einfach eine Entspannung, sondern eine bereichernde Aufschubsmöglichkeit von den manchmal bedrückenden Anforderungen des Alltags. Mich interessiert daran in erster Linie das Psychologische. Ich möchte den Entstehungsbedingungen nachgehen, die zur Ursache für die zwanghafte Beschäftigung des Sammlers mit seinen Objekten hinführen. Ihr Vorhandensein reduziert – wenigstens für eine Weile – das innere Sehnen oder, in der Sprache der Psychoanalyse, die Spannung zwischen dem Es und dem Ich. Inneres Sehnen und äußere Repräsentation gelangen zu einer zeitweiligen Balance. Jeder, der Gewohnheitssammler kennt, weiß, wieviel Zeit und Mühe diese Beschäftigung schluckt und wie die niemals endende Suche nach immer noch einer Anschaffung für Aufregung, ängstliche Erwartung, einen Nervenkitzel sorgt, aber auch fast unvermeidlich zu Unsicherheit und Unentschlossenheit führt. Gleichzeitig ist offensichtlich, daß diese Art Betroffensein auch andere Dimensionen hat und in der Regel unbewußt dazu bestimmt ist, tiefer liegende Zweifel und Unentschiedenheiten zu tarnen und in den Griff zu bekommen; mit diesem Punkt werde ich mich noch näher beschäftigen.

Obwohl zu den Eigentümlichkeiten aller Sammler neben anderem die Liebe zu den Gegenständen, der Energieaufwand für den eigenen Bestand, der innere Drang nach mehr und mehr Anschaffungen und die Weise, das Besitzen der Objekte zum Ausdruck zu bringen, gehören, muß ich dennoch betonen, daß weder der persönliche Stil noch die Umstände jemals identisch sind. Vielmehr unterscheiden sie sich nach den jeweiligen inneren Ursachen oder danach, was man als die *Sammelempfindungen* des Einzelnen bezeichnen könnte. Dies gilt sogar, wenn Sammler hinter ähnlichen Objekten her sind und ähnliche Ziele verfolgen.

Meistens hat jeder einzelne Gegenstand in einer Sammlung für den Besitzer eine singuläre Bedeutung, und für diese Bedeutung ist unweigerlich eine große Zahl äußerer und in der Erfahrungs- und Erlebniswelt liegender Faktoren bestimmend. Auch wenn zwei Sammler auf dasselbe Objekt erpicht sind (man denke nur an mehrere Bieter für dasselbe Los bei einer Auktion), können ihr jeweiliger Grund, weshalb sie es haben möchten, und die Art, wie sie es anstellen, um es zu bekommen, vollkommen verschieden sein – und gewöhnlich sind sie es auch. So kommt es, daß sie in den persönlichen Entscheidungen und im Geschmack übereinstimmen. Aber das, was sie antreibt, hängt von ihrer Persönlichkeit, den besonderen soziokulturellen Voraussetzungen und in einem tieferen Sinne von den individuellen Erfahrungen während ihrer Entwicklungsjahre ab.

Es gibt also eine eindeutig auf dem Individuellen beruhende und häufig beträchtliche Verschiedenheit der persönlichen Antriebe, die Sammler zu ihrem Tun bewegen. Meine Betonung liegt auf dem affektiven Wert, der in seiner Teilhabe an der Phantasiewelt des Sammlers sowohl ein projektives wie ein kreatives Moment enthält. Die Gründe, welche die Sammler selbst für ihre Vernarrtheit, ihren Geschmack und ihre persönlichen Vorlieben anführen, sind – selbstverständlich – subjektiv, und wenn ich über die unvermeidliche Selbstbezogenheit von Sammlern, mit denen ich gesprochen habe, nachdenke, neige ich dazu, die Gültigkeit ihrer vielfältigen bewußten Erklärungen, die sie in dieser Hinsicht geben, mit einem Fragezeichen zu versehen. Unweigerlich sind, obgleich unbewußt, Geschmack, Auswahl und Stil vom Zeitgeist und soziokulturellen Klima beeinflußt.

Worum es uns hier geht, ist die Frage der Ursache bezüglich des Sammelns. Sie kann nur vollständig begriffen werden, wenn man sich bestimmter zugrunde liegender Faktoren bewußt ist, von denen der wichtigste das dauernde Suchen nach neuen Objekten, nach weiteren Erwerbungen und Anschaffungen ist. Ich betone die für den Sammler alles überragende Bedeutung der *Objekte*. In diesem Zusammenhang möchte ich unterstreichen, daß das Gebiet, auf welches sich jemand spezialisiert, nicht ohne Belang ist, aber mein Hauptaugenmerk gilt der Komplexität der gesamten Erfahrung des Sammlers.

Dieser Aspekt des für ihn Wichtigen soll uns Einblick in die Getriebenheit oder gar die nagende Besessenheit des einzelnen verschaffen. Es ist ein wesentliches Element im Repertoire jedes Sammlers, obwohl klar sein sollte, daß es sich nur um eine Ablenkung an der Oberfläche handelt. Man könnte es als einen Rückkopplungsmechanismus bezeichnen, der von unbewußten Bedürfnissen und Ursachen herrührt. In dem Gebrauch, den der Sammler vom Objekt macht, spiegelt sich ein tiefer liegendes, reparatives Bedürfnis.

Beobachtet man passionierte Sammler bei ihren Geschäften, die sie oftmals völlig in Beschlag nehmen, tritt eine überwältigende Suche nach Objekten zutage. Wer bestimmten Leuten aufmerksam zusieht, wie sie Flohmärkte durchstöbern, hat dann und wann die Chance, eine Art Hartnäckigkeit zu beobachten, hinter der eine zwanghafte Konzentration zu liegen scheint und die, wie jedes zwanghafte Handeln, von irrationalen Impulsen geprägt ist. Wie ich gleich zeigen werde, reichen diese von konkreten Umständen wie körperlicher Verletztheit, seelischer Traumatisierung oder gegenwärtiger Vernachlässigung bis zu mehr oder weniger deutlicher Alarmiertheit oder Angstzuständen, besonders wenn keine wirkliche Hilfe oder Tröstung zu haben war. Einmal stieß ich auf einen Mann, der Glocken jedweder Art sammelte, von Kuhglocken aus den Schweizer Alpen bis zu tibetischen Gebetsglocken und chinesischen Tempelglocken. Es stellte sich heraus, daß der Mann in einem katholischen Missionswaisenhaus unter Bedingungen aufgewachsen war, die bemitleidenswert hart und niederdrückend waren. Nur der Klang der Glocken von der kleinen Missionskirche hatte ihm ein bißchen Trost verschafft. Mag sein, daß es andere Gründe gab, die diesen Mann motiviert haben, aber es gibt viele empirische Belege, die zeigen, wie entscheidend Kindheitserfahrungen sind.

Die Bedeutung frühkindlicher Geschehnisse liegt in der Tatsache, daß durch sie eine Neigung zu speziellen Techniken entstehen kann, um die drohende Gefahr einer erneuten Traumatisierung zu mindern und dem verletzten Kind ein Gefühl der Sicherheit zu verschaffen. In der Beobachtung von Kindern zeigt sich, daß das kleine Kind nach Alternativlösungen sucht, um vorbeugend mit Verletzungen, Alleinsein und Ängsten umzugehen, und daß es häufig nach einem greifbaren Gegenstand wie etwa einem Schnuller, einem Kuscheltier oder einer Schmusedecke Ausschau hält, um Trost zu finden, der anderweitig nicht zu bekommen ist oder war. Der Sammler spricht, nicht anders als ein gläubiger Mensch, diesen Objekten Macht und Wert zu, weil ihr Vorhandensein und ihr Besitz für die seelische Verfassung ihres Eigentümers eine verändernde – und deswegen anscheinend lustbringende – Funktion hat. So gesehen dienen die Objekte als wirkungsvolle Hilfe, um Ängste und Unsicherheit in Schach zu halten. Mit einer objektiven Einschätzung der tatsächlichen Umstände hat dies wenig zu tun. Emotional instabile Kinder fürchten sich womöglich einfach vor der Dunkelheit und suchen Schutz, indem sie sich an einem Gegenstand festhalten, der in der kindlichen Psyche auf magische Weise das Bedrohliche des Alleinseins mildert und sofortige Linderung verschafft.

Daß Dinge einem wichtiger sind als Menschen, kann eine unter vielen Lösungsmöglichkeiten sein, um mit Gefühlen umzugehen, in denen alte Traumatisierungen und Unsicherheiten nachklingen. Ich meine damit, daß sich Zuneigung an *Dingen* festmacht, die in den Augen des Betrachters ebenso beseelt sein können wie die Amulette und Fetische bei Naturvölkern oder die heiligen Reliquien für den religiösen Menschen. Gelegentlich erhalten solche besonderen Objekte sogar einen Namen, als wären sie eine Person oder ein Haustier. Sie verhelfen dem Kind dazu, daß es sich in Gesellschaft fühlt und daß sich ihm ein Weg eröffnet, seiner Zweifel und Ängste Herr zu werden.

Das ist keine Phantasiebehauptung. Viele Beobachter haben darauf hingewiesen, wie Furcht oder Ängste der einen oder anderen Art eine stattliche Phalanx von Vorsichtsmaßnahmen auf den Plan rufen können. Einer Puppe oder einem anderen Gegenstand eine »Seele« oder einen Namen zu geben, ist ein aufschlußreiches Beispiel. Es handelt sich um ein Phänomen, das den Völkerkundlern seit langem als Animismus vertraut ist. In der Sprache der Psychologie hat man es als Bindung oder Anklammern beschrieben, und zwar nicht nur bei Kindern, sondern auch bei Erwachsenen.

Die konkreten Ausdrucksformen variieren. Manche Leute erinnern sich ihres Lieblingsspielzeugs, andere ihrer ersten Versuche, Fußballerkarten oder Briefmarken zu sammeln oder vielleicht auch nach Muscheln und Steinen zu suchen. Vorlieben und Geschmack werden durch vorherrschende Trends und das Umfeld beeinflußt, besonders, wenn man älter wird. Trotz der Vielfalt gibt es dennoch Grund zu der Annahme, daß der eigentliche Ursprung dieser Neigung der seelische Zustand ist, der zu dem mehr oder weniger permanenten Versuch führt, sich mit magischen Gegenständen zu umgeben.

Über viele Jahrzehnte hin bin ich Sammlern jeder Art begegnet, aus sämtlichen Lebensbereichen und in jedem Alter, von Kindern bis zu Achtzigjährigen. Manche erinnerten sich an klar umschriebene Kindheitserlebnisse, die sie ängstigten – Krieg, Selbstmord eines Elternteils, lange währende Krankheit, körperliche Behinderung, Tod eines Geschwisters oder einfach nicht ausreichende Zuwendung in der frühen Kindheit. Als ein Beispiel werde ich den Fall eines der bedeutendsten Schriftsteller Frankreichs erörtern, Honoré de Balzacs, der während seiner Kindheit unter der Vernachlässigung durch seine Eltern litt. Ungeachtet all seiner späteren Erfolge als Autor wie als Mann von Welt blieb dies ein nagender Schmerz in ihm und führte zu seinem unermüdlichen Streben nach Besitz der unterschiedlichsten Dinge: Nippes, Gemälde, Porzellan, seltene Teppiche – alles, was ihm gerade in den Sinn kam. Oder nehmen wir das Beispiel (des bereits erwähnten) Sir Thomas Phillipps, eines äußerst launenhaften und eigensinnigen Charakters, der sich seine Sammelgewohnheit eindeutig aufgrund schwerer innerer Probleme zulegte. Unehelich geboren, wuchs er ohne jegliche mütterliche Sorge auf. Sein erstes angebliches Interesse galt lokalen Dokumenten wie Kirchenbüchern und Grabinschriften. Der Verdacht liegt nahe, daß sein manisches Interesse – zunächst für die Geschichte der Cotsworlds-Region in England, später für andere historisch relevante Quellen und schließlich für Gedrucktes jeglicher Art – aufs Innigste mit den Umständen seiner unehelichen Geburt verknüpft war.

Einige der Leute, die mir von sich erzählt haben, hatten traumatische Kriegserlebnisse oder litten in ihrer Kindheit unter schweren Erkrankungen. Andere waren zwischen geschiedenen Eltern hin- und hergerissen. Der verstorbene Marquess of Bath sprach eingehend von seiner Mutter, die krank gewesen war, so lange er zurückdenken konnte.

Was immer das Motiv sei, es besteht wenig Zweifel, daß das Sammeln viel mehr ist als ein simples Vergnügen. Wäre dem so, genügte ein Schmetterling oder ein einziges Bild. Statt dessen ist die Wiederholung zwingend. Immer neue Erwerbungen dienen als Mittel, mit innerer Unsicherheit zu Rande zu kommen, und sind eine Form, mit der Bedrohung durch neuerliche Ängste und mit verwirrenden Anforderungen der Bedürftigkeit und Sehnsucht umzugehen. Das Gefühl, das sich nach einer Anschaffung einstellt, ist gewöhnlich das der glückseligen Befriedigung und Aufregung, zuweilen begleitet von einer kraß exhibitionistischen Hochstimmung (von der Art, wie bei Georg Tillmann, der, obwohl es lange nach Mitternacht war, mir unbedingt zeigen wollte, was er gerade nach Hause gebracht hatte).

Vielleicht wird der Blick auf eine andere Art des Sammelns einige der grundlegenden Antriebsfaktoren ans Licht bringen. Es gibt natürlich alle möglichen Sammler und alle möglichen Facetten des Sammelns. Normalerweise dächte man wohl nicht an den übel beleumundeten spanischen Edelmann Don Juan Teneria als an einen Sammler. Aber hat er nicht die Unschuld junger Mädchen tatsächlich *gesammelt*, die er, eine nach der anderen, verführte?

Einer meiner jungen Patienten, augenscheinlich ein gut aussehender und redegewandter Mitzwanziger von hoher Intelligenz und mit einer ordentlichen Dosis Narzißmus ausgestattet, wandelte in den Fußstapfen Don Juans. Von den vielen Frauen, an denen er Gefallen fand und die er verführen konnte, pflegte er als *Objekten* zu sprechen. »Ich habe ein unwiderstehliches Objekt in der U-Bahn entdeckt«, begann er mit herausfordernder Wichtigtuerei eine der Sitzungen. Große Liebe empfand er nicht zu diesen jungen Damen, die ihm gewöhnlich zuflogen. So lange sie außer Reichweite und bloß Gegenstand seiner Phantasien waren, verehrte er sie. Ihre Hauptattraktion lag in einer Art angenehmem Halluzinationszustand, in den sie ihn zunächst versetzten. Je weniger verfügbar sie waren, desto mehr begeisterten sie ihn, und er pflegte verblüffend ideenreiche Wege zu finden, um an sie heranzukommen und seinen Coup zu landen.

Die endgültige »Eroberung«, wie er es gerne nannte, hatte eine magische, aber unglücklicherweise vorübergehende Heilwirkung für sein tief gestörtes Selbstbild, denn sein Siegesgefühl war immer nur von kurzer Dauer. Sobald er mit einem Verführungsmanöver erfolgreich war, jagte er schon hinter der nächsten Eroberung her.

Seit der spanische Mönch unter dem Namen Tirso de Molina im 17. Jahrhundert das erste Schauspiel, *El Burlador de Sevilla* (Der Spötter von Sevilla) über Don Juan veröffentlichte, hat dieses Thema zu fast vierhundert Variationen der künstlerischen Verarbeitung inspiriert. Alle diese Theaterstücke und Opern stellen die Wunscherfüllungsphantasien Don Juans in einer Vielzahl farbiger Details dar, und allesamt suggerieren sie ein heißes Begehren und leidenschaftliches Getriebensein, das immer nur für kurze Zeit gezähmt, aber nie beherrscht oder erfüllt werden kann.

Die lustvollen Eskapaden des Don Juan waren nicht bloß die ungewöhnlichen Abenteuer eines ungewöhnlichen jungen Mannes. C. G. Jung hätte in Don Juan vielleicht einen Archetyp der Lüsternheit und des Wankelmuts gesehen. Wie auch immer, es wäre eine einseitige Deutung des wahren Wesens seiner triebhaften Bedürfnisse. Don Juan ist mehr als nur ein Streiter für Freiheit und Lust. Ihn beflügelt kein plausibler Zweck, noch kümmert es ihn, seine amourösen Abenteuer zu verstehen. Doch trotz seiner zahlreichen Affären sind ihm seine eigenen Gefühle wichtig. Er ist nicht imstande, echte Liebe zu verspüren, sondern braucht die Bestätigung, erwünscht und liebenswert zu sein. Im Kern ist er einsam und immer auf der Suche nach Rückversicherung bei dem, was unser junger Don Juan als *Objekte* zu bezeichnen pflegte.

Vor diesem Hintergrund wird deutlich, daß vieles, was über Don Juan gesagt worden ist, auch für hingebungsvolle und passionierte Sammler gelten kann. Die Vertracktheiten des Findens; das Entdecken und Erringen; die gelegentlich geschickten Schachzüge, die eingesetzt werden, um eine Anschaffung an Land zu ziehen; die zufälligen Umstände des geglückten Zuschlagens; die Energie, die zum Erwerb des Objekts aufgewendet wird; manchmal die Zeitverschwendung; das Beschäftigtsein mit der Herausforderung, mit Rivalität und Eifersucht – alle diese Gefühle haben der begeisterte Sammler und Don Juan miteinander gemein.

Betrachtet man es als Text, dann unterscheidet sich Don Juans Streben von dem des besessenen Sammlers nicht sehr. Beide genießen den Lohn ihrer Mühen mit dem zumindest vorbewußten Wissen darum, daß keine Anschaffung, keine neue Begegnung den Zauber brechen wird. Es hat den Anschein, als legte ein alter und gut verborgener Drang, ein emotionaler Hunger, die Basis für diese Notwendigkeit. Sie tritt häufig in Begleitung einer lebhaften und auch einfallsreichen Phantasie auf, die das innere Drama verkörpert, das der sich nach Befriedigung sehnende Sammler erleben kann.

Der unbewußte und ständige Drang treibt die Suche an – nach einer weiteren Frau bei Don Juan; nach einem weiteren Bild, einer weiteren Uhr oder Handschrift beim Sammler. Die eigentliche Bedeutung liegt in der flüchtigen Auflösung der bedrängenden Bedürftigkeit, die aber als Allmachtserfahrung empfunden wird. Wie unstillbarer Hunger läßt die Inbesitznahme eines weiteren Objekts das Sehnen nicht enden. Vielmehr ist es die *Wiederkehr* der Erfahrung, die die seelische Haltung des Sammlers erklärt. Die zwanghafte Beschäftigung damit, zu suchen, zu entdecken, dem eigenen Bestand, Besitz oder Harem etwas hinzuzufügen, wird nicht durch bewußtes Planen erzeugt. Jeder Zuerwerb, sei er gefunden, gegeben, gekauft, entdeckt oder gar gestohlen, trägt den Stempel eines Versprechens, einer magischen Entschädigung an sich. Man kann es auch als den augenblickshaften symbolischen *Versuch* der Selbstheilung einer immer gegenwärtigen Enttäuschung verstehen. Dem erfolgreichen *Versuch* folgt gewöhnlich eine kurze Hochstimmung, ein Gefühl des Triumphs und des Sieges.

Der Spur dieser emotionalen Bedingungen bin ich in den Lebensgeschichten vieler Sammler nachgegangen. Sie enthüllen das Bedürfnis der phallisch-narzißtischen Persönlichkeit. Wir sehen sie bei allen möglichen Angebereien. Sie posiert gern oder macht aus ihren Besitztümern ein Spektakel. Aber man erkennt leicht, daß diese Besitztümer, von welchem Wert und welcher

Bedeutung sie auch sein mögen, nur Stellvertreter ihrer selbst sind. Die Objekte werden zwar um der inneren Sicherheit und des äußeren Beifalls willen benutzt, aber tief im Innern besteht ihre Funktion darin, Selbstzweifel und unverarbeitete Erinnerungen zuzudecken. Fast immer können die Wurzeln der Leidenschaft in die der bewußten Wahrnehmung oft verborgenen Lebensjahre, die sie geprägt haben, zurückverfolgt werden. Im Lichte dieser Lebensgeschichten, die manchmal erinnert, manchmal rekonstruiert oder einfach als verletzungsreich oder schwierig bezeichnet werden, sehen wir, wie das Sammeln zu einem fast magischen Mittel geworden ist, um die Spannungen und Belastungen der frühen Lebensjahre zu verleugnen und sich des Geliebtwerdens zu versichern.

KAPITEL 2

EINIGE DER BECHER VON ROBERT OPIE

FOTO: ROBERT OPIE, 1993

ERSTE HABE
ERSTE PASSION

Hören wir uns einmal die scharfsinnige Bemerkung eines begeisterten Sammlers über seine Gewohnheit an: »Es ist die tiefste Bezauberung des Sammlers, das einzelne in einen Bannkreis einzuschließen, in dem es, während der letzte Schauer – der Schauer des Erworbenwerdens – darüber hinläuft, erstarrt ... Man hat nur einen Sammler zu beobachten, wie er die Gegenstände seiner Vitrine handhabt. Kaum hält er sie in Händen, so scheint er inspiriert durch sie hindurch, in ihre Ferne zu schauen.«[2] Es ist dies Teil einer Selbstbeobachtung von Walter Benjamin, eines äußerst scharfsichtigen Essayisten, der Bücher liebte. Benjamin sinnierte über die Vergangenheit seiner Bücher. Aber man hat deutlich den Eindruck, als gingen die Vergangenheit der Bücher und das Graben des Sammlers nach seinen eigenen frühen Erlebnissen und Erinnerungen ineinander über. Fast ist es, als durchlebte der neue Eigentümer noch einmal alte, versteckte und tatsächliche oder vielleicht auch scheinbare Empfindungen früherer Zeiten, und, indem er dies tut, schreibt er seinen Objekten ein Eigenleben und eine eigene Geschichte zu.

Bei seiner Suche nach Objekten und, mit ein bißchen Glück, bei ihrer Entdeckung und Erwerbung führt der passionierte Sammler seine eigenen, wiedererweckten Trosterfahrungen und die phantasierte Vergangenheit seiner Objekte in einer fast mystischen Vereinigung zusammen.

Die Kraft dieser Empfindungen – die Aufregung des Besitzens mit allem, was dazu gehört – soll uns hier beschäftigen, wenn wir den Triebkräften auf die Spur kommen wollen, die diese Gefühle unbewußt beeinflussen. Wollen wir das Phänomen des Sammelns verstehen, muß unsere erste Aufmerksamkeit der überraschenden Intensität – manchmal alles verzehrend und für den Betrachter einigermaßen rätselhaft – gelten, mit der der begeisterte Sammler sein Ziel verfolgt.

Was Walter Benjamin als »tiefste Bezauberung« des Sammlers bezeichnet hat, erinnert an die Freude, die man bei Kindern über ein Geburtstags- oder Weihnachtsgeschenk sehen kann. Diese Freude rührt nicht von Gier oder Habsucht her, sondern geht viel tiefer. Sie führt zurück zu unbewußten oder verborgenen Erinnerungen, zu untergründigen Wünschen und Hoffnungen.

Es stimmt natürlich, daß die Lust zum Sammeln von der Freude am Besitzen eingegeben wird. Ein Buch, ein Glas oder eine alte Schreibmaschine ist für die meisten Leute nur ein Gegenstand, aber für den wissenden Sammler lebt in ihm, wie Benjamin schrieb, »Zeitalter, Landschaft, Handwerk, Besitzer, von denen es stammt«[3].

Es sind die Elemente, die das Objekt mit Magie oder *Mana* sättigen. (*Mana* meint hier eine innere Lebenskraft, in dem Sinne, in welchem die Melanesier von dieser Vorstellung sprechen. Ich werde auf diesen Aspekt der Erfahrung noch zurückkommen.)

Es wäre eine grobe Vereinfachung, betrachtete man die Sehnsucht des Sammlers nach Objekten als eine irrationale Leidenschaft. Ebensowenig würde ich den Sammlern gerecht werden, wenn ich die Erregung des Erwerbens als »Spannungsabfuhr« beschriebe oder eine oft unruhige, manchmal dramatische und nicht immer rationale Gemütsverfassung auf irgendeine schematisierende Formel brächte. Beim passionierten Sammler kann keine Formel oder Definition die innere Erfahrung wirklich zum Ausdruck bringen, die er macht, wenn der Erwerb eines neuen Objekts erwogen wird oder womöglich tatsächlich geschieht. Uns Beobachtern sagen die sichtbaren Zeichen dieses Erlebens im übrigen nicht mehr als die Tatsache, daß die gesammelten Objekte für ihren Besitzer anscheinend eine besondere Bedeutung haben, und tatsächlich hat man den Eindruck, als hätten sie eine seltsame Macht über ihn. Das Ziel und die Vernarrtheit des Sammlers sollen hier nicht auf eine emotionale, geschweige denn eine pathologische Gemütsverfassung reduziert werden. Wir versuchen nur, das Wesen der unbewußten Motive zu verstehen und den affektiven Antrieben seines Eifers und seines Sehnens nachzugehen.

Im Kern ist das Sammeln eine in hohem Maß persönliche und zumeist einsame Angelegenheit, wie Walter Benjamin klar erkannte. Er schrieb, daß »für den Sammler..., den Sammler wie er sein soll, der Besitz das allertiefste Verhältnis ist, das man zu Dingen überhaupt haben kann: nicht daß sie in ihm lebendig wären, er selber ist es, der in ihnen wohnt.«[4]

Kein Sammler hätte an dieser Darstellung etwas auszusetzen. In ihrer absichtlichen Subjektivität charakterisiert sie die Transfiguration der Objekte im Kopf des Sammlers. In ihr klingen Gefühle nach, deren Wurzeln in alten affektiven Erlebnissen des Einsseins liegen; in frühen Empfindungen der Wunscherfüllung und in der Aufhebung kindlicher Ängste und Frustrationen, die aus dem Gefühl der Hilflosigkeit und des Alleinseins entstehen. Im Erleben des Sammlers ermöglichen Objekte, wirkliche oder phantasierte, einen magischen Fluchtweg in eine verborgene und private Welt. Vielleicht ist dies der faszinierendste Aspekt im Szenario des Sammlers. Aber es genügt nicht, nur ein Mal oder von Zeit zu Zeit in diese Welt zu entschlüpfen. Da es ein Erlebnis des Triumphs über Unsicherheit und Verlustängste darstellt, muß es wieder und wieder geschehen.

Es besteht hier, wie gesagt, eine Ähnlichkeit mit dem immer wiederkehrenden Zustand des Hungers und dem periodisch auftretenden Bedürfnis nach Sättigung, wobei das Wiedererleben der Erfahrung selbst variiert. Egal, wie oft und wieviel man zu sich nimmt, innerhalb weniger Stunden kehrt der Hunger zurück, und man muß wieder essen.

Es überrascht nicht, daß diese Phänomene ihre Wurzeln in der frühen Kindheit haben. Sie stammen aus dem Erleben des kleinen Kindes, nicht nur von Hunger und Sattsein, sondern auch die subjektive Wahrnehmung von Nähe und das Vertrauen in magische Kontrolle oder, negativ, die Zweifel an dieser. Im allgemeinen wird dies als ein Gefühl der Leere und Enttäuschung und als ein Bedürfnis nach körperlicher und emotionaler Sättigung erlebt. Der Wert, der dem eigenen Besitz beigelegt wird, folgt gewöhnlich also einem früheren affektiven Prototyp eines starken Verlangens.

In diesem Gemütszustand kann ein Kuscheltier oder der Zipfel eines Kissens oder einer Decke das Gefühl körperlicher Berührung und die Illusion von Schutz vor der Bedrohung des Alleinseins und der Machtlosigkeit verschaffen. Später vermag ein Spielzeug oder irgendein spezieller Gegenstand dieselbe Art Trost zu spenden und sorgt so für die erste Passion für das Besitzen.[5]

Dieser Verweis auf die Passion birgt bereits das Problem der Passivität, fast, als machte die Erfahrung der Hilflosigkeit den Kern der Sammlergewohnheit aus.[6] Walter Benjamin wußte dies instinktiv, denn in der Zwangssituation eines jeden Sammlers gibt es die dialektische Spannung, die zwischen rationalem Denken und der Macht der Leidenschaft herrscht.

Wenn wir in dieser zwiespältigen Atmosphäre nach den Vorläufern für das Dilemma des Sammlers suchen, zeigt sich, daß die unübersehbar emotionale Bedeutung des ersten greifbaren Besitzes im Zentrum steht. Es sind die Objekte, die da sind, wenn das Bedürfnis des Kindes nach Trost und einer lindernden Berührung nicht sogleich erfüllt wird, wenn das Kind ohne die Brust der liebenden Mutter ist und keine liebevollen Arme findet, die es von seinem Unmut erlösen.

Hat das Kind erst einmal den palliativen Effekt seiner Puppe oder seines Teddybären entdeckt, neigt es dazu, diesem ersten Besitz magische Kräfte zuzusprechen. Aus diesem komplizierten Nexus von Hilflosigkeit und Verlassensein einerseits und der tröstenden Hilfe, die aus dem Berühren, Festhalten und dem *Haben* des Objekts kommt, andererseits, entsteht die Befreiung von Angst zusammen mit der aufkommenden Erkenntnis, daß Umsorgtwerden nicht immer verfügbar ist. Kinder erleben ein Objekt oder Objekte subjektiv.

In jeder Situation tragen die inneren Faktoren und die äußeren Umstände etwas zu dem sich entwickelnden Muster bei, das die Wunden früher Verletzungen heilen soll. Wie immer die sichtbare Reaktion aussehen mag, sie ist von einem emotionalen Rückzug und der schier grenzenlosen Vielfalt individueller Anpassungsvorgänge gekennzeichnet.[7] Mag sie vorsichtig oder auftrumpfend sein, bedrückt oder grandios, immer klingt in ihr eine Enttäuschung oder ein Trauma aus Zeiten der völligen Abhängigkeit von anderen nach.

Meine verstorbene Freundin Katherine White, eine bekannte amerikanische Sammlerin afrikanischer Kunst, wußte um diese wesentliche Verbindung zwischen ihren frühkindlichen Erlebnissen und ihrer späteren Leidenschaft für Kunstwerke, insbesondere Hunderte afrikanischer Masken und Skulpturen, mit denen sie sich umgab. Meine Fragen nach den Anfängen ihres besonderen Interesses überraschten sie keineswegs. Da diese Frage ihr schon von mehreren Seiten gestellt worden war, legte sie einige ihrer Kindheitserinnerungen schriftlich nieder:

> Für meine Mutter war das Sammeln eine Selbstverständlichkeit. Sie wuchs in den ruhigen Jahren nach dem Bürgerkrieg auf einer Plantage in den Südstaaten auf … Mein Vater kam bei einem Autounfall um, als ich drei Monate war, und ließ meine Mutter allein mit der Versorgung von uns fünfen zurück …
>
> Die Entschlossenheit unserer Mutter, dafür zu sorgen, daß wir »einen neugierigen Kopf« hätten, wie sie es nannte, führte dazu, daß die Jahre unseres Heranwachsens mit einer Vielfalt sinnreicher Unternehmungen gefüllt waren. Unsere gemeinsamen Reisen waren eine Serie großer Entrées in Orte wie die Mellon Gallery, die Smithonian Institutions, die Peabody Museen, Gaspe Peninsula und Stratford Hall und Touren durch Natchez, Capistrano, das alte Kaufhaus Gump, den Yosemite Park und die archeologischen Mesas von New Mexico.
>
> Die nächste »Bildungsstufe« erklommen wir mit der »Ka-

thedralen-Kur« in Europa, als wir im richtigen Alter dafür waren. Und so kam es zu dem Zufall. Der Postkartenstand an der Kathedrale von Poitiers hatte inmitten seiner Souvenirs eine kleine amerikanische Handpuppe, die auf einer Antilope saß.[8]

Kat, wie ihre Freunde sie nannten, fing bald darauf an, Kunstgegenstände aller Art zu kaufen, angefangen von japanischen Tempelwächtern bis zu Armbändern der Navaho-Indianer und afrikanischen Kunstgegenständen jedweder Art, bis ihr großes Haus einmal »nichts als ein Rattennest voller kostbarer Objekte« genannt wurde.[9] Obwohl sie viel Zuwendung bekam, war Kat kein glückliches Kind. Ein Gutteil ihres Heranwachsens stand im Zeichen des persönlichen Stils ihrer Mutter und deren Witwenschaft. Die Tatsache ihrer Vaterlosigkeit und der Charakter ihrer Mutter hatten Spuren in Kats Persönlichkeit hinterlassen, und sie wußte das sehr genau.

Menschen neigen dazu, im späteren Leben nach einem Ausgleich für Liebe und Zärtlichkeit zu suchen, die ihnen womöglich in ihren frühen Lebensjahren gefehlt haben. Manche finden Entlastung mit Hilfe von Religion, andere durch die Identifizierung mit jenen, die Rat und Schutz brauchen. Sie werden Helfer und Fürsorger, beispielsweise in der Krankenpflege oder als Arzt. Wieder andere wenden sich vorgeblich magischen Hilfen wie Alkohol und Drogen zu oder beschäftigen sich mit einer nie enden wollenden Suche nach irgendeiner Ursache oder irgendeinem Ziel, um ihrem Verlangen nach menschlichem Kontakt Ausdruck zu geben.

Angesichts des nachweisbaren Zusammenhangs zwischen Kindheitserfahrungen und der Persönlichkeit des Erwachsenen liegt es nahe, wenn wir wissen wollen, was begeisterte Sammler antreibt, daß wir zunächst die verschiedenen Stadien der kindlichen Gefühlsentwicklung anschauen müssen, weil die Wechselfälle der frühen Lebensjahre unweigerlich ihre Spuren zurücklassen und eine bildende und zerstörerische Wirkung auf die Individualität eines Menschen haben.

Zunächst ist der intime Körperkontakt – berühren und saugen – ein erstes Beispiel für das Bedürfnis des Säuglings nach Befriedigung. Daß die Gefühle, welche die anfängliche Pflege begleiten, von erstrangiger Bedeutung sind, ist evident. Ist die Mutter oder die bemutternde Person warmherzig und fürsorglich, oder ist sie unaufmerksam oder ungeduldig? War das Kind erwünscht oder unwillkommen? Zwar sind die Reaktionen des Kindes auf derartige Bedingungen rasch vergessen, aber unweigerlich wirken sie fort auf die spätere Entwicklung. In einer Zeit, in der Hilflosigkeit mit Hoffnungslosigkeit und Ängsten zusammentrifft, läßt sich leicht verstehen, wie die erste Verwendung von Abwehrmitteln, wie etwa die Vorstellung magischer Lösungen, dem kleinen Kind helfen, mit Frustrationen fertig zu werden, und ihm zur Rettung werden: Es holt sich seine Sicherheit woanders. Der Begriff der symbolischen Surrogate ist von solchen Verhältnissen nicht weit entfernt.

Nehmen wir beispielsweise das Daumenlutschen. Er ist ein intuitiver Ersatz für die mütterliche Brustwarze in der Zeit der Entwöhnung oder eine Reaktion auf die Furcht vor deren Verlust, und zugleich wirkt es als Beruhigungsmittel. Oder sollten wir lieber sagen, daß es einen ersten Schritt zur Selbständigkeit darstellt, wenn die aus der Umwelt kommende Versorgung nicht ausreicht oder nicht mehr verfügbar ist?

Es kann das eine wie das andere sein oder geht möglicherweise auf die spezifischen Lebenserfahrungen des Babys zurück. Es wäre schwer, die unterschiedlichen Elemente zu bestimmen, die an der beständigen Suche des kleinen Kindes nach Ersatz für Zugehörigkeit und spürbare Nähe teilhaben. Eines steht außer Frage: Das Baby braucht Befriedigung, und vielleicht halluziniert es auch einen Zustand des Wohlbefindens und der Geborgenheit. Hier muß aber betont werden, daß der Daumen, im Gegensatz zur Brustwarze, keine Milch liefert, und eine Puppe, so weich und kuschelig sie auch sein mag, kein warmer und wohliger menschlicher Körper ist. Und doch sorgt der Daumen trotz aller Unzulänglichkeiten für etwas im Mund, und gibt die Puppe eine Ahnung, daß das Fühlen mehr ist als einfach nur die Interaktion mit einem anderen menschlichen Körper. Daumen und Puppe befreien das Kind von der Ungewißheit und sorgen trotz seiner frustrierenden Lage für ein gewisses Maß an Zufriedenheit, und in dieser Weise verschaffen naheliegende Ersatzlösungen eine eingebildete oder geborgte Sicherheit. Daumen und Puppe sind, in anderen Worten, subjektiv ausgedachte Alternativen, die allein dazu dienen, mit ungenügender Versorgung oder anderen Traumatisierungen in früher Kindheit zu Rande zu kommen.

Diese allzu knappe Skizze umreißt die weit ausgreifenden Implikationen jener Grundbedingungen, die aus der Verschränkung biologischer Bedürfnisse mit den Gegebenheiten der Umwelt entstehen, und der Konsequenzen dieser Bedingungen für die emotionalen Reaktionen des Kindes. An der fortdauernden Bedeutung dieser Faktoren für die Entwicklung der kindlichen Persönlichkeit und ihrer Motivationen im späteren Leben ist nicht zu zweifeln. Hier bildet sich ein gewaltiges Spektrum von Erfahrungen und Reaktionen, die die Basis für die spätere Empfänglichkeit für Frustration und Verletzlichkeit, für Zweifel oder Vertrauen, für Introvertiertheit und ein Gefühl des Selbstvertrauens bilden.

Es wird aufgefallen sein, daß wir es hier mit eben jener dialektischen Zwangslage zu tun haben, in der sich auch der Sammler befindet. Bestimmte Reaktionsweisen auf innere oder äußere Anstöße, wie das Nach-etwas-Greifen und Festhalten und, zu einem späteren Zeitpunkt, exhibitionistische Neigungen oder der Hang zum Besitzansammeln – Eigenschaften, die man bei Sammlern findet –, können als Derivate von Erfahrungen während der entscheidenden Schritte zur Individuation aufgefaßt werden.

Man versteht leicht, wie die Weltsicht und die Grundeinstellungen eines Menschen wesentlich durch die inneren Prozesse und äußeren Bedingungen wie auch durch die Grundstimmung seiner gesamten Umwelt geformt werden, besonders aber durch die Weise der Fürsorge und des Bemuttertwerdens, die das Kind in den entscheidenden Phasen seiner frühen Entwicklungszeit erfährt.

Weitgehend dasselbe gilt für andere körperliche Kindheitserfahrungen wie Reinlichkeitsgewöhnung und das Gehenlernen. Oft spricht man von Sammlern als anal-retentiven Charakteren. Auch dafür wird in der frühen Kindheit der Grund gelegt.

Aus Erfahrung wissen wir, daß das kleine Kind nur schrittweise bereit und imstande ist, seine Exkremente zurückzuhalten. Es mag ein gutes Gefühl sein, »den Stuhl ... anzusammeln und ihn eine Weile festzuhalten, ehe er ausgeschieden wird«.[10] Winnicott bezieht sich hier auf ein physiologisches Geschehen, das unter bestimmten Umständen zu dem Gefühl führen kann, Herr der Lage zu sein. Es geht aber nicht nur um die Herrschaft über die eigenen Eingeweide. Das Kind lernt rasch, daß es durch Zurückbehalten oder Freigeben die Situation beherrscht.

Hier läßt sich bereits ein Echo gewisser Neigungen von Sammlern erkennen. Sobald sie ein geschätztes Objekt erst einmal in Besitz haben, lassen sie niemals wieder davon ab. Vielleicht zeigen sie es gern vor, vielleicht verbergen sie es auch vor jedem anderen. Man fühlt sich an die Haltung vieler Kinder gegenüber ihren Spielsachen erinnert. Bis die Kinder dieses Verhaltensstadium jedoch erreicht haben, ist schon vieles während der vorausgegangenen Phasen geschehen. Hartnäckigkeit und die symbolische Bedeutung des Zurückhaltens und Loslassens werden schon an sich durch die emotionalen Bedingungen des kleinen Kindes bis zu diesem Zeitpunkt und seine Interaktion mit seiner unmittelbaren Umgebung gefördert.

In der westlichen Kultur findet die Reinlichkeitsgewöhnung häufig gleichzeitig mit dem Abstillen statt[11], und je nach der Fähigkeit der Mutter, für entsprechende Bedingungen zu sorgen, kann dies das Kind frustrieren, Glauben an und Vertrauen in die Menschen in seiner nächsten Umgebung gefährden und Ängste wecken. Oft geschieht es in dieser Zeit, daß das Einbehalten und Sammeln der eigenen Faeces zum Schutzschild vor dem drohenden Verlust werden; um das Gefühl der Entbehrung unter Kontrolle zu behalten, aber stärker noch, um die Beunruhigung über die eher versteckte Angst vor dem Objektverlust zum Ausdruck zu bringen, kommt es zu primitiven Abwehrhaltungen, wie beispielsweise zwanghafter Verstocktheit. Kindliche Reaktionen können in der Tat höchst kompliziert sein. Sie können Befriedigung aus dem Sammeln und Festhalten der Faeces empfangen oder dadurch, daß sie eine Schweinerei machen, Verhaltensweisen, die womöglich eine ganz entscheidende Rolle in der Einstellung zum Sammeln spielen können – nämlich die Neigung, auszuwählen oder aber Häufchen zu bilden, oder, in unserem Zusammenhang, unterschiedslos zu hamstern.

Daß die frühkindlichen Erfahrungen mit den Ausscheidungsfunktionen Einfluß auf die Art des Erwachsenen, zu geben und zu nehmen, zurückzubehalten und loszulassen, haben, steht außer Zweifel. Das »Anhäufen von Sachen« in einer Sammlung, Geldberge oder die Massierung von Abfall wie etwa alten Zeitungen, leeren Bierdosen oder weggeworfenen Regenschirmen neben anderen ebenso unnützen Gegenständen (wie ich es einmal bei einem ältlichen Fräulein sah) fungieren oft und durchaus verständlicherweise als Bollwerk gegen tief eingewurzelte Unsicherheiten und existentielle Ängste.

In Hinblick darauf hat man gesagt, der typische Sammler repräsentiere einen »analen Typus«, der seine Befriedigung aus symbolischen Äquivalenten bezieht, ganz ähnlich wie ein Kleinkind, das Sandkuchen backt, statt mit seinen Exkrementen zu spielen. »Die in der Kindheit erworbene Einstellung zu den Faeces wird«, nach Otto Fenichel, »häufig auf das spätere Verhalten zur Eigenleistung übertragen... Die anale Verhaltung, in der sich stets sowohl die Angst vor einem Verlust wie der Genuß einer neuen erogenen Lust ausdrückt, kann auch auf ein anderes Objekt verschoben werden. Sammlerleidenschaft und Besitzstreben haben ebenso wie Verschwendungssucht ihre Bestimmungen in der kindlichen Einstellung zu den Faeces.«[12]

Provoziert durch frühe, womöglich ungünstige Bedingungen oder den Mangel an Zuneigung infolge einer nicht hinreichenden mütterlichen Fürsorge, wendet sich das Kind in seinem Versuch der Selbsterhaltung rasch einem Ersatz zu, an dem es sich festhalten kann. So entsteht das Bedürfnis nach einem kompensatorischen Objekt der einen oder anderen Art. Man kann das als einen Versuch der Selbstheilung auffassen. Im späteren Leben führt diese Haltung zu einer Überbewertung von Geld oder Besitz, als könnte dies einen magischen Schutz bieten und den Betreffenden vor neuen Frustrationen und Ängsten bewahren.

Mit anderen Worten, ein derartiger Mensch braucht symbolische Ersatzstücke, um sich in einer Welt zurechtzufinden, die er im Grunde als unfreundlich, sogar als gefährlich betrachtet. Solange er etwas zum Berühren, Festhalten, Besitzen und, am wichtigsten, zum Nachfüllen hat, stellen diese Surrogate eine Garantie für emotionalen Rückhalt dar.

Hier läßt sich die erste spezifische Verbindung zu dem Bann erkennen, den der obsessive Sammler weder abschütteln kann noch will. Es steckt ein gutes Stück Logik darin, wenn das Kind den Wunsch hat, wiederherzustellen, was ihm weggenommen worden ist. Wovon ich hier spreche, geht über den harmlosen Wunsch hinaus, das eine durch etwas anderes zu ersetzen. Wenn ein frustriertes Kind auf nicht hinreichend gute mütterliche Fürsorge, auf Leid oder Verletzung reagiert, indem es versucht, sich vor weiterer Verletzung oder Enttäuschung zu schützen, können die Objekte, an die es sich klammert, zu einem Schutzschild gegenüber jeder realen oder eingebildeten Gefahr werden. Insoweit geben sie dem Kind das Gefühl, Herr der Lage zu sein, und ein Stück Unabhängigkeit. Es ist zwar illusionär, aber durchaus angemessen und ein unter den gegebenen Umständen auch wirksames Mittel.

Durch Freud kennen wir ein aufschlußreiches Beispiel für die magische Erfahrung von Besitz und Herrschaft. Im Verhalten seines achtzehnmonatigen Enkels waren ihm bestimmte wiederkehrende Eigentümlichkeiten aufgefallen, die Spiel zu sein schienen. Der kleine Junge hatte die Angewohnheit, sein Spielzeug in eine Ecke des Zimmers oder unter sein Bett zu werfen. Er hatte auch ein Spiel mit einer Holzspule erfunden, an der eine Schnur befestigt war. Wenn er die Spule über den Bettrand warf, verschwand sie. Er betrauerte dann das Verschwinden mit einem »o-o-o-o«-Laut, der eine in diesem Moment überraschte Reaktion ausdrückte. Dann zog er die Spule wieder heraus und begrüßte ihr Wiedererscheinen mit einem freudigen »Da«.

Es war ein rituelles Spiel. Was der Junge da immer wieder tat, hatte eine spezielle Abfolge: Verschwinden, augenscheinlicher Verlust und schließliche Wiederkehr. Er übersetzte eine bestimmte Reihe von Vorgängen in ein Tun, und Freud entdeckte den Schlüssel für das schöpferische Handeln seines Enkels.

> Diese Deutung wurde dann durch eine weitere Beobachtung völlig gesichert. Als eines Tages die Mutter über viele Stunden abwesend gewesen war, wurde sie beim Wiederkommen mit der Mitteilung begrüßt: Bebi o-o-o-o!, die zunächst unverständlich blieb. Es ergab sich aber bald, daß das Kind während dieses langen Alleinseins ein Mittel gefunden hatte, sich selbst verschwinden zu lassen. Es hatte sein Bild in dem fast bis zum Boden reichenden Standspiegel entdeckt und sich dann niedergekauert, so daß das Spiegelbild »fort« war.
> Die Deutung des Spieles lag dann nahe. Es war im Zusammenhang mit der großen kulturellen Leistung des Kindes, mit dem von ihm zustande gebrachten Triebverzicht ..., das Fortgehen der Mutter ohne Sträuben zu gestatten. Es entschädigte sich gleichsam dafür, indem es dasselbe Verschwinden und Wiederkommen mit dem ihm erreichbaren Gegenständen selbst in Szene setzte ... Es war dabei passiv, wurde vom Erlebnis betroffen und bringt sich nun in eine aktive Rolle, indem es dasselbe, trotzdem es unlustvoll war, als Spiel wiederholt.[13]

Das war nicht einfach ein Spiel, an dem ein kleiner Junge seinen Spaß hatte. Statt über das zeitweilige Verschwinden seiner Mutter zu jammern, versuchte er aktiv über etwas hinwegzukommen, das ein Restbestand von Trennungsangst gewesen sein dürfte. In Abwesenheit seiner Mutter fand er einen Ersatzgefährten – nämlich sich selbst, im Reflex des Spiegels. Darüber hinaus fand in der exorzierenden Geste auch Vergeltung gegenüber seiner enttäuschenden Mutter statt – vielleicht gar der Versuch, sie wegzuwerfen. Er war es selbst, der sie wegwarf, und dank seines Handelns kam sie wieder zurück. Es war ein magischer Akt, der ihm das Gefühl gab, stark zu sein und die Lage im Griff zu haben.

Natürlich gehört die kurze Abwesenheit der Mutter oder des Kindermädchens zum Erfahrungsschatz eines jeden Kindes. Wegen der körperlichen und emotionalen Verletzbarkeit eines Babys kann aber bereits eine kurze Trennung zu einem ungünstigen Zeitpunkt oder in einer fremden Umgebung ein herzzerreißendes Geschehen sein und zum Verlust von Vertrauen, Geborgenheit und Sicherheit führen. Kommt noch eine Unbehaglichkeit, ein Schmerz oder Durst oder ein allgemeines Gewahrwerden der eigenen Hilflosigkeit hinzu, ist das Empfinden des Getrennt- und Außer-Reichweite-Seins ein derartig nachhaltiges Bloßlegen der eigenen Verletzlichkeit, daß es das Grundmuster jeder künftigen emotionalen und sozialen Entwicklung entscheidend beeinflussen kann.

An diesem Punkt kündigt sich in Einbildung und gelegentlicher Halluzination und einer gesunden, kreativen Erfindung wie dem Spiel mit Schnur und Rad die Zeit eines neuen Bewußtseins, von Entdeckung und Beherrschung an. Das Spiel des Jungen mit dem Spiegel ist ein eindrucksvolles Ausagieren des symbolischen Prozesses. Er hat nicht nur versucht, die Abwesenheit der Mutter zu leugnen. Er hat auch gegen das Gefühl der Passivität und des Alleinseins angekämpft und es in Aktion und Initiative verwandelt. Das versetzte ihn in die Lage, mit seiner Frustration fertig zu werden, indem er zur Selbstvergewisserung, Kontrolle, womöglich sogar zu einem gewissen Maß an Unabhängigkeit und letztlich Selbstachtung fand.

Nicht jedes Kind entdeckt aus eigenem Antrieb eine Lösung für seine Enttäuschung über das Alleingelassenwerden oder das Ausbleiben von Hilfe und Zuwendung mit Erfindergeist und Selbstvertrauen wie Sigmund Freuds Enkel. Kein Kleinkind kann ungestilltes Verlangen und Trennung über eine längere

Zeitspanne hinweg aushalten. Mit derlei traumatischen Erfahrungen muß es zurechtkommen, so oder so. Wenn die Umstände so sind, sucht das Baby Zuflucht bei anderen affektiven Hilfsmitteln. Ob es am Daumen lutscht oder den Kissenzipfel umklammert – das kleine Kind bekommt das Gefühl, die Situation im Griff zu haben. Das Empfinden seiner prekären Abhängigkeit läßt nach, und ein modus vivendi ist gefunden.

Daß jedes Kind früher oder später dem Dilemma des Ersatzes ausgesetzt ist, läßt sich nicht abstreiten. Nicht immer ist die Mutter in der Nähe. Riesen, Zwerge, E. T. und Mickey Mouse bevölkern das kindliche Universum, wenn Alleinsein und Verletzlichkeit nach Linderung durch fiktive Geschöpfe verlangen. Puppen, Teddybären und womöglich sogar ein hölzernes Rädchen werden zu Äquivalenten von Menschen, und Objekte werden dazu verwendet, Frustration und Unzufriedenheit in einen Zustand des Wohlbefindens, wenn nicht der Lust zu überführen.

Wie der hingebungsvolle Sammler »träumt« das von seinen Spielsachen gefangengenommene Kind »sich nicht nur in eine ferne oder vergangene Welt, sondern zugleich in eine bessere«.[14]

KAPITEL 3

ART DECO-WOHNZIMMER IM STADTHAUS VON ANDY WARHOL, MIT BILDERN VON ROY LICHTENSTEIN, CY TWOMBLY UND MAN RAY; SKULPTUREN UND MÖBEL VON RENOIR, JEAN ARP, PIERRE LEGRAIN, EMIL-JACQUES RUHLMANN UND JEAN-MICHEL FRANK

MIT ERLAUBNIS VON SOTHEBY'S

VON SPIELZEUG UND SCHÄTZEN

Die Entdeckung, daß die Leidenschaft des Sammelns mit einer tief verwurzelten Bindung an Gegenstände verknüpft ist, die Menschen ersetzen und sehr häufig den Platz von Personen einnehmen, läßt eine Reihe Fragen offen.

Weshalb »hamstern« beispielsweise manche Sammler, während andere mit großer Umsicht und ausgeprägtem Unterscheidungsvermögen suchen und auswählen? Warum sammelt der eine seine Objekte in akribischer Weise, während ein anderer nach dem Zufallsprinzip handelt? Weshalb entscheidet sich der eine für Anstecker, ein anderer für Briefbeschwerer und ein Dritter für amerikanische Steppdecken? Worin liegt die Verlockung von Kerzen oder Bonbonpapieren? Der Außenstehende hält sie für Trivialitäten. Die Sammler dagegen können diese Sicht der Dinge ausnahmslos nicht teilen. Individuelle Unterschiede gelten auch für die Art und Weise, in der die Leute sammeln. Warum versucht der eine Sammler, nur außergewöhnliche Stücke oder nur eine Handvoll Objekte zusammenzubringen, während ein anderer alles an sich reißt, was in Sicht kommt? Ich habe Sammler kennengelernt, die nur ein einziges Exemplar einer Sache aus einer bestimmten Kategorie haben wollen (zum Beispiel Masken von der Elfenbeinküste Westafrikas), und andere, die sich für einen ganz bestimmten Typus entscheiden (etwa Frauendarstellungen). Man könnte eine lange Liste der Varianten erstellen. Die Varianten können vom historischen Zeitpunkt, von Moden oder dem gesellschaftlichen Milieu abhängen. Die Empfindungen, die der individuelle Sammler mit den Objekten selbst verbindet, und die Bedeutung dessen, was er sammelt, hängen jedoch vom Charakter des einzelnen, von seinem persönlichen Geschmack und Gemüt ab. Es handelt sich natürlich um sekundäre Bearbeitungen oder Manöver, die im Grunde das Ziel verfolgen, die eigenen Gefühle an Spielsachen oder Objekte, ab und zu auch an Tiere zu hängen, und oft verzweifelt – aber nicht an Menschen. Es ist offenkundig, daß sich in individuellen Neigungen nicht nur unterschiedliche Temperamente niederschlagen, sondern daß sie in vielerlei Weise der Gesamtpersönlichkeit des Sammlers entsprechen. Bei einigen mag es sich beim Sammeln um reine Besitzsucht handeln – um einen unlöschbaren Durst, wenn man so will. Für andere ist es die Spannung des Entdeckens oder, wie bei Antiquitäten, das eindringliche Gefühl, einen Gegenstand zu besitzen, den vor einem Jahrtausend ein Sizilianer oder ein römischer Bürger gemocht hatte. Es dient als ein Zeugnis der Kontinuität und der symbolischen Verbindung mit einer fernen Vergangenheit.

Wir können nicht in die Vergangenheit zurück und fragen, ob der vorgeschichtliche Mensch einen Hang zum Sammeln oder zum Bewahren eines bestimmten Gegenstandes hatte. Die Feuersteine und Scherben, die man an alten Grabstätten gefunden hat, geben keine Antwort; nach unserer Meinung handelt es sich um Opfer- oder Grabbeigaben, die im wesentlichen dem Seelenfrieden der Weiterlebenden und nicht demjenigen des Verstorbenen dienten.

Wie bereits erläutert, impliziert die auffälligste Eigentümlichkeit der menschlichen Entwicklung und Individuation – nämlich das Ausmaß totaler Hilflosigkeit und völliger Abhängigkeit von anderen – einen fundamentalen Zustand der Angst oder Gefährdung, der die Suche und das Greifen nach vermeintlich schützenden Objekten zu einem Gebot der Notwendigkeit macht. Kein Mensch kann ohne einfühlsame mütterliche Zuwendung und hinreichend gute Versorgung während einer beachtlichen Phase der frühen Kindheit bis zum Erwachsensein überleben. Dieser lange Übergang von hilflosen Anfängen zu Selbstbewußtsein in all seinen Facetten und Unwägbarkeiten steckt voller Gefahren und Konflikte, die in der Tat dabei mithelfen, den Kern des Individuums zu formen und die Nuancen des Vorbereitetseins zur Realitätsbewältigung auszubilden.

Um diesen entscheidenden Nexus zwischen den frühkindlichen Grunderfahrungen und der späteren Fähigkeit zur Auseinandersetzung mit den Anforderungen des Lebens zu verstehen, muß man als erstes gewisse allgemeingültige Eigentümlichkeiten der frühen Entwicklung betrachten. Kein Baby ist imstande, seine Bedürfnisse und Ängste ganz auszudrücken und eindeutig Schmerz, Hunger oder Durst anzuzeigen. Daraus folgt, daß liebende Fürsorge und Aufmerksamkeit durch andere das kleine Kind vor allzu großen Enttäuschungen behüten kann.

Es läßt sich leicht demonstrieren, daß jedes Kind eine einzigartige und nicht reproduzierbare Begegnung mit der Außenwelt hat. Selbst Säuglinge und eineiige Zwillinge haben nicht genau gleiche Erfahrungen. Die allgemeine Bedeutung dieses Sachverhalts liegt in der Tatsache, daß er die Grundlage für spezifische individuelle Reaktionen bildet, indem er das bedürftige Kleinkind dem aussetzt, was man als Alternativlösungen bezeichnen kann. Einfacher gesagt: In dieser Weise kann jemand viel Lust aus einer Überbetonung des Essens beziehen oder versuchen, seine Zweifel und seine Unsicherheit durch Angeberei zu verbergen, oder seine körperliche Kraft durch sportliche Leistungen oder den Spaß an gefährlichen Unternehmungen wie Bergsteigen beweisen. Ein anderer mag Gegenständen gegenüber Menschen den Vorzug geben, eine Tendenz, der man häufig bei zwanghaften Sammlern begegnet.

Dieser natürliche Wunsch, sich von Ängsten zu befreien und die drohende Desillusionierung oder Gefährdung zu vermeiden, kann zur Grundlage für eine lebenslange, defensive Mühe um einen kompensatorischen Vorrat an Selbstvergewisserungen werden. Für das bedürftige Kleinkind ist irgendein Objekt, das es festhalten und an dem es sich festhalten kann, der erste Ersatz für physische Nähe und Sicherheit gebende Berührung und bringt einen überproportional großen selbstbezogenen Affekt ins Spiel.

So gesehen ist es offenkundig, daß die subjektive Bedeutung solcher Objekte die Verminderung oder Befreiung von Ängsten und folglich eine Schutzfunktion beinhaltet, besonders, wenn mit diesen Objekten so umgegangen wird, als handelte es sich um ein lebendes Anhängsel. In einigen Fällen unterliegt nicht nur die ursprüngliche Bedeutung eines Objektes einem vielsagenden Wandel, sondern es kann dazu kommen, daß das Objekt sogar menschlicher Gesellschaft vorgezogen wird.

Die imaginäre Selbstrettung löst Gegenstände aus der wirklichen Welt und erlaubt dem Kind, zu einem gewissen Wohlbefinden zu gelangen und stillschweigend den Unterschied zwischen menschlicher Treue und deren Repräsentationen zu verzerren. Der besondere Reiz liegt in der Tatsache, daß man sich darauf verlassen kann, daß eine Puppe oder Schmusedecke einen Wunsch augenblicklich erfüllt. Immer da zu sein ist ihre wesentliche Funktion.

In diesem Kontext fiele es uns schwer, den Wert derartiger Objekte zu bestreiten. Sie sind wichtig, weil sie das bedürftige Kind mit dem schwierigen Gewahrwerden der Trennung, des drohenden Alleinseins oder der Meinung, man habe es vergessen, versöhnen.

Hier steckt ein Paradox. Diese Surrogate für Menschen fügen den empirischen Beobachtungen des Kindes eine weitere Dimension hinzu. Das Berühren oder Festhalten solcher Objekte scheint Furcht und Frustration zu bannen. Diese Vorstellung gibt den Objekten Macht und läßt die Illusion entstehen, man käme zurecht. Beim Versuch, die elementaren Drohungen zu bestehen, werden *Sein, Haben und Festhalten* unentwirrbar miteinander verwoben. Wenn das Baby entdeckt, daß es Gesellschaft improvisieren kann, vermag es, mindestens zeitweilig, die Bedrohlichkeit der realen Welt beiseite zu schieben. Man sehe nur einmal einem ganz seinen Spielsachen zugewendeten Kind zu. Die Imagination hilft, für das zu sorgen, was die Außenwelt nicht zur Verfügung stellen kann. Das Paradox liegt darin, daß, obwohl dem Kind diese Spielsachen als von anderen Menschen unabhängig erscheinen, es dazu neigt, um so mehr an seinen Spielsachen zu hängen und auf sie angewiesen zu sein.

Phantasie und Illusion gestatten dem Kind, sich einen privaten Kosmos voller magischer Geheimnisse und Mächte herbei zu zaubern. Auf sein selbstgeschaffenes Universum kann es sich verlassen, ein Sachverhalt, den die Außenwelt nicht bieten kann oder jedenfalls nicht bietet. Den Spielzeugen gelingt, was nichts anderes zu erreichen vermag. Sie fungieren als eine Droge oder ein Palliativ. Sie verwandeln die kindlichen Verlust- und Angstgefühle in Quellen der Aktivität und Imagination und verleihen ein Gefühl der Kontrolle und Dominanz, wie das Beispiel von Freuds Enkel zeigt.

Hier besteht eine gefühlsmäßige Affinität zu der Wirkung, die viele schriftlose Völker mit unbelebten Objekten wie Knochen, Steinen, Amuletten, Schnitzereien oder etwas anderem verbinden, das dank seiner ständigen Verfügbarkeit als Hilfe und Trost gewährendes Agens dient.[15] Derartige Objekte sind Träger einer ihnen innewohnenden Macht. In unserem Zusammenhang heißt das, sie bewirken aufgrund ihres Vermögens, Frustration und Zweifel abzuhalten, eine Veränderung der Stimmung des Kindes (oder des primitiven Menschen).

Solche Zustände des Wohlbefindens sind freilich prekär und bedürfen deshalb einer ständigen Wiederholung. Immer gibt es ein restitutives und reparatives Ziel. Es ist bestens dokumentiert, wie Kinder Spielzeuge gebrauchen und imaginäre Spielkameraden herbeirufen, um mit ihren ständig lauernden und präsenten Zweifeln zu Rande zu kommen. Dies stimmt mit einer Bemerkung Winnicotts überein – daß nämlich im Empfinden des Kleinkindes dieses »das Objekt erschafft, aber das Objekt bereits vorher da [war], um geschaffen und besetzt zu werden«.[16] Für viele, wenn auch nicht für alle Kinder ist es charakteristisch, daß sie sich mit Objekten umgeben, die sie mögen, und daß sie diese Zuneigung dadurch ausdrücken, daß sie sich daran festklammern. Dies sollte jedoch ein Übergangsstadium sein. Nur unter besonderen Umständen wird das Kind dabei bleiben, sich an etwas festzuhalten und ihm Bedeutung zu verleihen, was offensichtlich ein Ersatz ist, denn das Objekt ist kein liebevoller Mensch.

Es ist ganz klar, daß es eine nahe ideelle Verbindung zwischen der projektiven kindlichen Animierung seiner Spielsachen und jener sensorischen Transzendenz gibt, die auch bei gewissen religiösen Erfahrungen deutlich hervortritt. Der Abt Suger von St. Denis (1081–1151), einer der großen Patrone der Künste in der Geschichte, hat eine einschlägige Beschreibung hinterlassen. Von seiner Verzückung vor dem mit prachtvollen Steinen geschmückten Altar von St. Denis berichtet er:

> Wenn mich – aus meinem Entzücken über die Schönheit des Hauses Gottes – die Lieblichkeit der vielfarbigen Steine von äußeren Sorgen hinweggeholt und wenn mich würdige Meditation veranlaßt hat, in der Übertragung dessen, was materiell ist, auf das, was immateriell ist, über die Mannigfaltigkeit der heiligen Werte zu reflektieren: dann scheint es mir, als ob ich mich gewissermaßen in einer sonderbaren Region des Universums aufhalte, die weder völlig im Schlamm der Erde noch völlig in der Reinheit des Himmels existiert; und daß ich durch die Gnade Gottes auf anagogische Weise von dieser niedrigeren in jene höhere Welt versetzt werden kann.[17]

Dieser selbsterzeugte, tranceartige Gemütszustand erinnert unmittelbar an das selig versunkene Kind, das mit Lust am Daumen nuckelt oder dessen ganze Aufmerksamkeit von einem Kuscheltier oder irgendeinem anderen unbelebten Objekt gefangen genommen ist.[18] Für den Moment ist es gänzlich weltvergessen und scheint die äußere Welt wirklich nicht zu brauchen. Dieses beschützende Träumen ist also eine Abwehrtechnik, die aber zugleich der Anpassung dient. Es stellt einen Ausweg dar, der sich dem Kind öffnet und es instand setzt, Desillusionierung und Unsicherheit zu bewältigen.[19]

Um dieses Argument weiter auszuführen, möchte ich den Fall eines kleinen Buben beschreiben, der mir vor mehr als einem

Jahrzehnt bekannt wurde. Damals war Paul ungefähr viereinhalb Jahre alt. Seine Mutter hatte mir über Schwierigkeiten ihres Sohnes aus jüngster Zeit sowohl zu Hause wie mit seinen Freunden erzählt. Als ich Paul zum ersten Mal traf, war er ein schlechtgelaunter junger Bursche, eher klein für sein Alter und ein verstockter Schweiger. Seine Eltern machten sich Sorgen um ihn, weil es ihnen nicht gelang, seine Stimmung und sein Benehmen zu ändern. Paul kam mir deprimiert vor, zugleich aber eigensinnig und unter strikter Selbstkontrolle. Er war entschlossen, weder mit mir zu sprechen noch auf meine Fragen zu antworten. Beide Eltern hatten einen auffälligen Wandel in seinem ganzen Betragen wahrgenommen. Was war für diese Veränderung verantwortlich?

Seit er von einem langen Besuchsaufenthalt bei seinen Großeltern zurückgekehrt war, hatte er sich geweigert, in den Kindergarten zu gehen. Er blieb zu Hause, wo er in seinem Zimmer saß und mit einem neuen Spielzeug spielte, einem Stoffhund, der, sobald er ihn bekommen hatte, zu seinem Liebling geworden war. Den ganzen Tag trug er den Hund mit sich herum, brachte ihn zu den Mahlzeiten mit an den Tisch und nahm ihn sogar mit ins Bett. All das entsprach eigentlich nicht dem Alter des Jungen. Den Eltern zufolge hatten die Schwierigkeiten ungefähr sechs Monate zuvor begonnen. Er hatte den Sommer bei seinen Großeltern in einem großzügigen Haus auf dem Lande zugebracht. Er mochte den Ort. Er konnte mit Großvaters Hund spielen oder in einem großen Garten herumlaufen, und er kannte ein paar der älteren Kinder aus der Nachbarschaft. Pauls Eltern und sein älterer Bruder waren in dieser Zeit in Übersee.

Für Paul war es die bisher längste Trennung von beiden Eltern und Bruder. Keiner hatte dem viel Aufmerksamkeit geschenkt und keiner Pauls Mißstimmung erwartet. Paul hatte keine Einwände erhoben. Er mochte seine Großeltern und die alte Hausangestellte, die ihm zur Schlafenszeit Gutenachtgeschichten zu erzählen pflegte.

Während der zweiten oder dritten Woche seines Besuchs hatte sein Großvater einen Schlaganfall und wurde ins Krankenhaus gebracht. Während dieser angsterfüllten Tage hatte Paul wenig von seiner Großmutter gesehen, aber die alte Haushaltshilfe hatte sich um ihn gekümmert. Eines Tages schenkte sie ihm einen Spielzeughund, dem er den Namen Micky gab.

Rasch wurden Paul und Micky unzertrennlich, aber etwa eine Woche später bat der Junge um einen weiteren Hund und bekam ihn auch. Von da an zog er sich, wie wir rekonstruieren konnten, in sich zurück. Die Eltern erzählten mir, daß die Großmutter infolge der Erkrankung des Großvaters weniger für Paul da war, als er es erwartet haben mochte. Als Eltern und Bruder aus den Ferien zurückkehrten, hatten wohl auch sie größere Sorge um den Großvater als um den kleinen Jungen gezeigt. Sie brachten ihm zwar eine Reihe Geschenke mit, die er auf einem Bord in seinem Zimmer ablegte, aber danach völlig ignorierte. Inzwischen hatte er um einen weiteren Spielzeughund gebeten, aber Micky blieb sein Favorit.

Die Bezüge zwischen bestimmten Vorkommnissen in Pauls Leben und seinem Gefühl, verlassen worden zu sein, liegen offen zutage. Es war nicht zu einer wirklichen Bedrohung seiner Sicherheit gekommen, noch gab es für ihn irgendeinen Grund, sich im Haus der Großeltern fremd zu fühlen, da er dort ein häufiger und willkommener Gast war. Aber die plötzliche Erkrankung des Großvaters schien Pauls Gefühle verwirrt zu haben, in erster Linie deshalb, weil sich die Aufmerksamkeit von ihm auf seinen Großvater verlagert hatte. So waren die Verhältnisse, als der Spielzeughund zu seiner Rettung kam. Griff Paul bloß auf das alte Heilmittel eines Besänftigers zurück?

Viele Wochen nach unserer ersten Begegnung gestand mir Paul, daß er sich mit Micky in einer Geheimsprache unterhielt. War das womöglich dasselbe Phänomen wie Abt Sugers Meditation, als er die glitzernden Steine am Altar von St.-Denis als Vehikel für seinen Diskurs mit Gott benutzte?

Im wesentlichen war Walter Benjamins Erfahrung dem sehr ähnlich. Er beschrieb jeden Neuerwerb und jedes Hinzufügen zu einer Sammlung als Erneuerungserfahrung, »vom Anfassen bis hinauf zum Benennen«.[20] Paul war auf ein wirksames Mittel verfallen, das ihm half, sich gegen wiederholtes Verletztwerden infolge Alleinseins und Ausgeschlossenfühlens zu wappnen. Mit diesen Fetischen konnte er seine Ängste außer Kraft setzen. Micky und die anderen Spielzeughunde würden ihn nie allein lassen. In seiner selbstgeschaffenen Sammlung von Spielzeughunden hatte er eine Quelle des Trosts, etwas, was auf besondere Weise da war, wenn alle anderen fehlten. Für seine Eltern war das zunächst unbegreiflich. Es war eine Technik, die ich bei vielen Sammlern beobachtet habe. Ihr Engagement gibt ihnen den Anschein von Aktivität, sogar von Abenteuerlust und unternehmerischem Schwung; in einem tieferen Sinne geschieht dies aber nur, um tiefer liegende Zweifel und die Angst vor Leere und Depression abzuwehren. Es hatte den Anschein, als vermöchte nur sein Spielzeughund dem kleinen Paul Erleichterung zu verschaffen.

Freilich, was sind Sammlungsgegenstände anderes als Spielzeuge für Erwachsene? Sie sind, wie das Beispiel des kleinen Paul demonstriert, Wegweiser in der Abwehr gegen die Wiederkehr alter Ängste vor dem Verlassenwerden und der Hilflosigkeit. Bei allen begeisterten Sammlern lassen sich diese Merkmale nachweisen. George Ortiz, vielleicht der angesehenste heutige Sammler griechischer Antiquitäten, betonte, er glaube nicht an »irgendeinen Gott oder ein Leben nach dem Tod«. In dem, was er über künstlerische Leistungen (»das Höchste« nannte er sie) sagte, fand er jedoch »eine Hoffnungs- und Glaubensbotschaft vom angeborenen Gutsein des Menschen und seiner Lebensqualitäten«[21]. Religiöse Glaubensvorstellungen und ein uneingeschränktes Sichverlassen auf Gott, die den ihnen zugedachten Sinn verloren haben, wurden durch ästhetische Leidenschaften und ästhetisches Engagement ersetzt; »Manifestationen zugunsten des Lebens und gegen den Tod« sind nach Ortiz in ästhetisch überragenden Kunstwerken zu finden.

Diese Denkweise ist offenkundig in einem tiefverwurzelten Zweifel an einer höchsten Macht verankert. Aber solche Äußerungen sind defensiv, weil sie den kindlichen Zweifel an der Glaubwürdigkeit der Eltern tarnen. Bei der obsessiven Suche nach »Güte« wird Linderung in einer narzißtischen Expansion, die sich im Besitz von »Dingen« artikuliert, gefunden. Für Leute wie Ortiz sind Beispiele seltener ästhetischer Schönheit Beweis für eine jegliche Interpretation transzendierende übermenschliche Macht.

Es gibt unterschiedliche Möglichkeiten, sich gegen die Wiederkehr von Zweifeln, Krisen, von Hilflosigkeit und Verlassenheit zu stählen. Eine dieser Formen besteht darin, sich handliche Gefährten zuzulegen, gleich ob es sich um Spielzeughunde handelt oder um mit Bedacht ausgewählte Kunstwerke. Es kann sich wirklich um Objekte jedweder Art handeln: gepreßte Blumen, Schießeisen oder in einigen Fällen sogar Tiere.

Im Zuge meiner Nachforschungen begegnete ich einem Mann, der während seiner Pubertät für mehr als ein Jahr ans Bett gefesselt war. Weder Bücher noch Bilder oder Spielsachen konnten seine endlosen Stunden des Elends und der Langeweile erleichtern; er erkrankte, bevor es das Fernsehen gab. Besucher kamen und gingen, und doch empfand er sich als halb vergessen, und nichts vermochte seine Stimmung zu heben.

Dann brachte ihm eines Tages ein einfühlsamer Verwandter ein Aquarium. Mit einem Mal fand der melancholisch-nachdenkliche Junge Gesellschaft und Spielkameraden. Er konnte die Bewegungen der Fische beobachten. Er konnte sich seinen Liebling auswählen. Jedenfalls in seinem Erleben fühlte er eine neue Aktivität, als nähme er am Tun und Treiben seiner neuen Zimmergenossen teil. (Womöglich ebenso wohltuend war, daß endlich jemand seine mißliche Lage verstand. Das tat der Selbstsicherheit besser als irgendein Versprechen der Genesung.) Jetzt konnte er den Fischen zuschauen, sich an ihrer Flinkheit freuen, ihr Spiel genießen und durch genaues Beobachten etwas lernen. Es war ein freier Unterricht über Tierverhalten, wobei Erinnerungsspuren oder Phantasien von Eindrücken der Urszene wiederbelebt wurden, wie ihm im Verlauf unserer Gespräche auffiel. Hier wurde die Grundlage für eine lebenslange Beschäftigung gelegt. Zu der Zeit, als wir einander kennenlernten, war er ein bekannter Sammler von Wassertieren und erfreute sich der Anerkennung professioneller Ichthyologen.

Es ist eine lehrreiche Vignette, weil es mögliche Ursachen für die Entwicklung einer Leidenschaft ans Licht bringt. Die Auswirkung früher Ängste und Erkrankung ist häufig ein signifikantes Moment bei der Entstehung von Gefühlen für Dinge jedweder Art. Natürlich müssen innere Motive den Enthusiasmus für den Besitz bestimmter Objekte wecken – ganz gleich ob Fische, Fahrscheine oder Bleisoldaten. In vielen Fällen klingen die Berichte über Suche und Beschaffung wie Abenteuergeschichten oder ein magisch-romantisches Geschehen.

Man ist versucht, in derlei Unternehmungen Vorläufer eines späteren Hangs zum Sammeln oder vielleicht zum systematischeren Anhäufen zu sehen. Überraschenderweise ist das jedoch häufig nicht der Fall. Sammler sind keine Huckleberry Finns, in deren Hosentaschen man Streichhölzer, vertrocknete Fliegen, ein Stück Schnur, Klebstoff, eine Kastanie und ein paar Münzen findet. Das ist die wirkliche Bestandsaufnahme dessen, was ein Neunjähriger in Besitz hatte. Er war eines jener sorglosen Kinder, die auf der Suche nach preßbaren Blumen oder Vogeleiern durch Wälder und Felder streifen und oft ein verletztes Tier nach Hause mitbringen, um es gesund zu pflegen.

Was unter solchen Umständen zusammenkommt, ist weitgehend davon bestimmt, was die physische Umwelt zu bieten hat. Es handelt sich um eine Art des Schwelgens im Abenteuer und bestätigt einen früheren Schritt in Richtung Zurechtkommen und Selbstvertrauen.

Die meisten von uns können sich an das Gefühl des Stolzes erinnern, den wir als Kinder auf eine Handvoll Murmeln oder einen Packen Postkarten hatten. Wir gaben gern damit an oder machten Tauschgeschäfte. Gewöhnlich ist das eine schrullige Eigenart von Kindern, die, ohne es zu wissen, Aufmerksamkeit auf sich lenken und den Neid anderer erregen wollen, oft beim Versuch, Selbstzweifel und Unsicherheit zu überkompensieren. Das wahre Wesen von derlei Unternehmen trat bei einem dreijährigen Mädchen zutage, das so viele Weihnachtsknallbonbons anhäufte, wie es ihrer habhaft werden konnte. Ein Erwachsener gab ihm davon, soviel es packen konnte. Urplötzlich hielt das Kind inne, schaute staunend zu seinem erwachsenen Freund hoch und fragte mit einer von Verwunderung und Unglauben erfüllten Stimme: »Willst *Du* nicht viele?«[22]

Derartige Wünsche können ihren Reiz und ihre Neuheit verlieren und wieder entschwinden. Bei genauerem Hinsehen erweisen sie sich nur als Teil einer Phase, in der alles Neue begehrenswert erscheint und eine eigene Faszination hat. Kinder wollen entdecken und ihren Horizont erweitern, und das Ansammeln solcher Schätze hilft ihnen, sich zu behaupten.

Dieses Interesse an *mehr* findet man auch bei erwachsenen Sammlern, wenn auch nicht notwendigerweise mit einem Schwerpunkt auf der Anhäufung von Objekten der einen oder anderen Art. Und doch ist selbst bei solchen Sammlern die Quantität häufig ein Abwehrmanöver als Zeichen einer inneren Erfahrung der Sicherheit oder Macht, während Qualität, Seltenheit oder Bedeutung eines Einzelstücks mehr mit einer narzißtischen Darstellung zu tun haben: »Ich habe etwas Besonderes« ist oft als Versuch des Abstreitens von Selbstzweifeln zu verstehen. Auf der anderen Seite denkt derjenige, der danach fragt, wie viele Stücke ein Sammlerkollege besitzt, ans Sammeln, als ginge es um die Beschaffung von Nahrung: »Wieviel ist in Deiner Vorratskammer?«

Kristallisiert zeigte sich die narzißtische Neigung bei einem jungen Mann, den ich Nick nennen will und der ein einziges, exquisites Objekt besaß. Der Faktor, der hier zur Wirkung gelangte, war sein intensives Bedürfnis nach Anerkennung – als jemand ganz besonderes. Daß das Objekts ein Ausdruck seiner selbst war, ließ sich schwerlich bezweifeln. Nicks ganzes Benehmen als »Einzelobjektsammler« war vom zielsicheren Bemühen, jeden anderen auszustechen, geprägt. Er wurde von der unaufhörlichen Suche nach einem immer noch besseren Stück getrieben. Sobald er es gefunden hatte, entledigte er sich des bisherigen.

Es ist eine durchaus passende Frage, ob sich ein einziges Objekt korrekt mit dem Begriff Sammlung bezeichnen läßt. Jemand, der nach einem Exemplar von überragender Seltenheit oder Perfektion Ausschau hält und sich damit dann auch zufrieden gibt, ist nach meiner Definition kein Sammler. Sucht er jedoch ständig nach einem besseren Exemplar und dann nach einem noch besseren und kann er dann immer noch nicht mit seiner Suche aufhören, ist er für mich ein Sammler. Hier ist die zwanghafte Triebkraft in Rechnung zu stellen, die den Sammler von jemandem unterscheidet, der einfach Freude an einem Gegenstand hat, was immer er damit verbinden mag.

Die Ursache für Nicks Bedürfnis nach Exklusivität war im wesentlichen ein ihn von Kindheit an beschäftigendes Problem. Sein Vater, ein starker, dominanter ehemaliger Oberst der amerikanischen Armee, der von der ganzen Familie gefürchtet wurde, duldete keinen Widerspruch. Er war pedantisch und rechthaberisch. Keiner konnte seinen Erwartungen entsprechen, am allerwenigsten Nick, der einzige Sohn. Keine Schulnote oder sportliche Leistung war gut genug. Wenn der Sohn in einem der Fächer eine Eins bekam, pflegte die voraussagbare Frage des Vaters zu lauten: »Weshalb kein Ausgezeichnet?«, und gewöhnlich kam noch ein volltönendes »Du wirst es nie zu was bringen« hinzu.

Nick reagierte darauf mit dem unumgänglichen Gefühl des Nichtgenügens. Seine unaufhörliche Suche zeigte einen Rest der nie gelösten Beziehung zum Vater. Es blieben Verletzbarkeit und Unsicherheit zurück. In mancher Hinsicht war Nick, mit dem ich bekannt wurde, als er über vierzig war, noch nicht erwachsen und ein einsamer Mensch, der die ihm permanent gegenwärtige Hoffnung in sich trug, von seinem Vater anerkannt zu werden. Fast war es, als hätte die ganze Welt die väterliche Rolle übernommen; es war nicht weit bis zu einer paranoiden Form, wenn Nick fand, daß er sich wieder und wieder zu beweisen habe, indem er immer wieder ein noch besseres Stück ausfindig machte.

Nick war praktisch in eine Lebensweise gerutscht, die von seinem tyrannischen Vater und einem fordernden Über-Ich dominiert wurde. Man hatte den Eindruck, als befehle ihm eine innere Stimme unablässig, wieder zu durchleben, worunter er während seiner gesamten Kindheit gelitten hatte – dem Ungenügen zu entkommen, dessen man ihn beschuldigt hatte. Nach sorgfältigster Suche spürte er ein ungewöhnlich gutes Exemplar auf und dann irgendwann ein anderes, noch besseres. Es war ein Dauerbrenner. Er ging ganz darin auf, es beflügelte ihn, und doch war er zugleich seltsam niedergeschlagen, weil er chronisch von der Frage verfolgt wurde: »Werde ich je ein Exemplar finden, das ein Ausgezeichnet verdient?«

Seinen ersten Fund hatte Nick einem bekannten Händler vorgezeigt, der ein anerkannter Kenner war, ein ganz anderer Mann als sein Vater. Weil er wie immer eine Zurückweisung und die damit einhergehende Bedrohung seiner Selbstachtung erwartete, förderten Lob und Zustimmung dieses Mannes für das Objekt, das ihm damals gehörte, ein neues und bislang unbekanntes Selbstgefühl zutage. Der Händler war nicht nur bereit, Nicks Exemplar im Tausch gegen ein fraglos besseres zu übernehmen, sondern schlug auch eine bequeme Ratenzahlung vor.

Nick war im siebten Himmel. Noch wichtiger war, daß die Anerkennung durch diesen Mann dazu führte, daß das ständige innere Verfolgtsein nachließ. In Ansätzen hatte sie sogar zur Folge, Nicks zwanghafte Zweifel in eine Leidenschaft von einer Intensität zu verwandeln, die ihm ganz unbegreiflich war. Zugleich wurde er immer anhänglicher gegenüber dem Händler. Die Rolle dieses Mannes wechselte bald zu der eines väterlichen Freundes, freilich – und das ist verständlich – nicht ohne Konflikte, die Nick unbewußt vom Vater auf seinen ihn führenden Patron übertrug.

Erst Jahre später, nachdem sich sein Händler-Freund aus dem Geschäft zurückgezogen hatte und weggezogen war, durchschaute Nick, was sein permanentes Bedürfnis nach vorzeigbaren Leistungen verursacht hatte. Er wurde sich bewußt, daß sein immer wieder auftretendes Verlangen nach einem besseren und dann einem noch besseren Exemplar zu eben jener unverzichtbaren narzißtischen Demonstration von Perfektion geworden war, die sein Vater ihm abgefordert hatte. Ganz tief in ihm war es ein nie endendes Mittel, schließlich doch noch die Anerkennung des seit langem toten Vaters zu erhalten.

Hat man die vielen Untersuchungen über das Sammeln und die Lebensgeschichten einiger Sammler durchgesehen, wird deutlich, daß ein vergleichsweise hoher Grad an Ich-Stützung ein wichtiges Motiv für dieses Streben ist. Bei meinen Gesprächen mit einer ganzen Reihe von Sammlern fiel mir auf, daß viele verschiedene Wege eingeschlagen werden, um Selbstgefühl und Selbstkenntnis unter Beweis zu stellen, häufig genug auch Selbstbezogenheit, wie im Fall des zwischen Verfolgung und gelegentlichem phallisch-narzißtischem Auftrumpfen zerrissenen Nick.

Versteht man es so, fällt es nicht schwer, einen zentralen Gesichtspunkt auszumachen: Es muß einen mehr oder weniger ständigen Zufluß von Sammelobjekten geben. Dieser Zufluß hält den Sammler in seiner Bezauberung. Da Knappheit dazu tendiert, Wert und Bedeutung eines Objekts zu steigern, wäre zu vermuten, daß Sammler es auf Objekte abgesehen haben, die nicht ohne weiteres zu bekommen sind. Aber fast das Gegenteil trifft zu. Es ist erwiesen, daß das Interesse an Sammelobjekten sinkt, wenn der Zufluß nachläßt. Entscheidend ist ein mehr oder weniger beständiges, wenn auch zuweilen schwieriges Angebot.

Nun muß man wissen, daß passionierte Sammler davon ausgehen, daß der Erwerb eines Objekts nie eine einfache Angelegenheit und daß der Pfad zu neuen und lohnenden Erwerbungen kaum je ohne Hindernisse ist, sondern manchmal Diplomatie, sogar Ärger und gelegentlich erfinderische Umwege verlangt. Ich werde weiter unten auf ein paar verblüffende Wege zu sprechen kommen, die Sammler zuweilen einschlagen, um ihre Wünsche zu befriedigen, oder, genauer gesagt, um ihr unablässiges und in sich narzißtisches Ziel zu verfolgen, sozusagen greifbaren Zufluß zu finden, der die archaischen Angsterfahrungen und womöglich Traumatisierungen aus ihren Entwicklungsjahren auslöscht.

Nach meinem Verständnis hat man den Fluß dieses seinem

Wesen nach Hunger stillenden Nachschubs als magisches Heilmittel gegen Selbstzweifel und Unsicherheit und folglich als Ich-stützende Maßnahme aufzufassen. Auch dies ist ein Beispiel für das früher erwähnte Paradox. Sammler, die im allgemeinen auf Spezialisierung bestehen und denen es dann darum geht, die allerbesten und allerseltensten Exemplare zu besitzen, verengen den Bereich des Verfügbaren und pflegen zugleich eine nahezu rituelle Aura der Unsicherheit und Spannung. Solche Sammler suchen durch Perfektion zu Auszeichnung zu gelangen, aber die Perfektion hat ihren Preis, nämlich eine mehr oder weniger ständige Besorgnis.

Ist dies ein Nachklang der subtilen Reaktion des Babys auf nicht hinreichend gute Fürsorge bei der körperlichen und psychischen Versorgung? Die körperliche und emotionale Behütung, wie übrigens überhaupt die Erfüllung aller Bedürfnisse des Kleinkindes, sind Schlüsselfaktoren, weil sie die Mittel sind, durch die sich der grundlegende Dialog des Kindes mit der Außenwelt entwickelt.

Es gibt Anzeichen dafür, daß Leute mit besonders entwickelter ästhetischer Sensibilität bereits in vergleichsweise frühem Alter ziemlich wählerisch werden. George Ortiz' Mutter erzählte mir, wie ihr Sohn schon als sehr kleiner Junge Vorlieben für bestimmtes Essen und für gewisse Blumen und Farben gezeigt habe.

Nicht, daß es da einen direkten Weg vom Mund zum Auge gäbe, aber es scheint ein Zusammenhang zu bestehen, den man als eine Konvergenz des Geschmacks auffassen könnte. Womöglich beginnt der Geschmack an feineren Dingen im Mund und wandert dann zu den Augen und Ohren.

Diesen Gedanken hat der verstorbene Paul Sachs, ein großer Sammler von Zeichnungen und langjähriger Professor für Kunstgeschichte an der Harvard University, aufs Treffendste formuliert. Er behauptete kategorisch: »Jeder, der sich als Freund der schönen Künste hinstellt und den Freuden des Gaumens gegenüber indifferent ist, ist mir automatisch suspekt«[23], eine höchst genaue Beobachtung, die ich wieder und wieder als richtig erkannt habe.

Ich spreche nicht von blinden Impulsen, sondern vielmehr von den subtilen Wahrnehmungen, die *Zustände der Leidenschaft*[24] genauso wie angenehme Empfindungen des Habens und Festhaltens hervorrufen und Sehnsüchte und Affekte steuern. Paul Sachs sprach von der Reaktion auf wohlige Stimuli, die körperliche und emotionale Belohnungen entstehen lassen – einerseits im oralen Genießen, andererseits im Genuß großer Kunstwerke.

Wo das ästhetische Urteil ins Spiel kommt, werden starke emotionale Bedürfnisse in ein harmonisches Verhältnis gebracht, was in vielen Fällen einen Ausgleich für emotionale Traumatisierungen oder körperliche Verletzungen, die ihre inneren Spuren hinterlassen haben, herstellt.

In diesem Zusammenhang dürfte es instruktiv sein, die Geschichte und Lebenserfahrung einer anderen Sammlerpersönlichkeit zu betrachten. Zu Dirk van T.s frühesten Erinnerungen gehörten Geschichten und Bilder von Tieren unterschiedlichster Art, auch von Haustieren. Katzen, Hunde, Hasen und ähnliches Getier gehörten zu seiner unmittelbaren Umwelt. Seine Kindheit hatte er in der Zeit des Zweiten Weltkrieges in den Niederlanden verbracht. Die Tiere starben oder verschwanden eines nach dem anderen, und wegen der wachsenden Nahrungsknappheit infolge der deutschen Besetzung wurden sie nicht ersetzt. Dirk vermißte sie sehr und wendete in der Schule sehr bald seine Aufmerksamkeit »Insekten, kleinen Fischen und Seepferdchen« zu, wie er sich während unserer Gespräche erinnerte. Kurz danach fügte er seiner Liste Muscheln hinzu, »weil sie schöner und leichter zu arrangieren waren. Meermuscheln sind interessanter als dröge Landschnecken«, bemerkte er.

Er war noch nicht ganz zehn Jahre alt, als Holland von den Deutschen besetzt wurde. Sein Elternhaus wurde durch eine Bombe beschädigt, die auf der gegenüberliegenden Straßenseite explodierte. Keiner wurde verletzt, aber die Familie mußte umziehen. Dirk blieb über ein Jahr bei Verwandten, bis die Familie wieder vereinigt wurde. Da der fortdauernde Krieg für alle eine immer gegenwärtige Unsicherheit und ein ständiges Angstgefühl bedeutete, war die Wiedervereinigung der Familie nur eine teilweise Entlastung.

Dirk erinnerte sich, daß er wiederholt vergeblich um ein Haustier gebeten hatte. Es gebe kaum genug Essen für die Menschen, sagte seine Mutter zu ihm. Wie könne er nur meinen, daß er ein Tier bekäme? Die rhetorische Erklärung seiner Mutter war für Dirk jedoch wie ein Urteil, eine dauernde Strafe.

Tatsächlich gab es keinen Moment wirklicher Ruhe. Daß man ihm nicht erlaubte, das Tier zu haben, nach dem er sich sehnte, und die Knappheit und die schwierigen Lebensbedingungen in Kriegszeiten waren in den Augen des Zehnjährigen zwei ganz verschiedene Dinge. Bei einem Kind, dessen bewußte Erinnerungen sich allein auf ein Leben unter permanenter Bedrohung durch Krieg und Besatzungsmacht bezogen, gibt es für »Friedenszeit« keine innere Repräsentanz. Dirk hatte keine Erwartung noch irgendeine seelische Vorstellung, wie dieser Zustand enden könnte, und schon gar nicht konnte er verstehen, was das mit den Tieren zu tun hatte. So entdeckte er seine Muscheln.

Diese Entwicklung von Tieren in Bilderbüchern und Haustieren zu Insekten und danach zu Seepferdchen und Muschelschalen klingt fast normal. Sobald wir jedoch etwas tiefer nachfragten, traten langsam die einzelnen Schritte zutage, die ihn von einem Kind, das Tiere liebte, in einen passionierten und praktisch unkontrollierbaren Sammler aller möglichen Dinge verwandelten.

Zur Zeit unserer Begegnung fand Dirk van T.s Persönlichkeit in seinen verschiedenen Sammlungen ihren Niederschlag, aber mehr noch in der Art und Weise, wie er zu seinen Funden und Anschaffungen kam. Dieser vielseitige und hoch gebildete Mann entdeckte schließlich zahllose Möglichkeiten des Ansammelns von Exemplaren aus verschiedenen (in einem tieferen Sinne jedoch eng miteinander verknüpften) Bereichen, wie etwa alten medizinischen Instrumenten, anatomischen Dissertationen und bestimmten frühen Uhren. Sein Sammeln war keineswegs willkürlich, weil sich seine primäre Frage darauf zu konzentrieren schien, »wie Körper funktionieren«. Bereits mit dreißig Jahren war er ein bemerkenswerter Sammler. Jede seiner Sammlungen war so komplett wie möglich, die Uhren bildeten die vollständigste Sammlung ihrer Art. Er hatte sogar gelernt, seine Uhren zu zerlegen und wieder zusammenzusetzen, obwohl er keine besonderen Neigungen und Fertigkeiten im Feinmechanischen hatte.

Daß seine Zwanghaftigkeit sich aus einem Wunsch nach Kontrolle entwickelt hatte, war ihm völlig klar. So war er zur besten und vermutlich komplettesten Sammlung dieses Typs gekommen. Als er mir seine Grundidee auseinandersetzte, zeigte er plötzlich mit der Hand auf mich, zählte seine Finger durch und rief aus: »Eins-zwei-drei-vier-fünf – verflixt noch mal! Warum nicht *alles*?!« – ganz so, als wollte er demonstrieren, wie sehr er auf dem *Alles* bestand. Mit einem Schlag verwies er auf sein Ziel, das dem äußeren Anschein nach ein Besitzanhäufen war, aber mehr noch seine inneren Maßstäbe, die an pathologischen Narzißmus grenzten, offenbarte.

Viele Sammler habe ich über dieses Gefühl sprechen hören: »Ich muß es einfach haben!« oder »Ohne das könnte ich nicht leben!«, aber nie war es derart unverwandt zur Sprache gekommen wie im Falle Dirk van T.s.

Worauf ich hinauswill ist, daß seine fast anmaßenden Ansprüche und sein entsprechendes Handeln unter anderem eine heilende Antwort auf in Kriegszeiten erlittene Sorgen und Entbehrungen waren, insbesondere infolge der Trennung von seiner Mutter in einer Zeit wirklicher Gefahr. Viele Kinder haben solche Erlebnisse gehabt, ohne jedoch zum Opfer des besessenen Wunsches zu werden, *alles* zu besitzen. Dies war seine Reaktion auf die erzwungene Trennung von seiner Mutter und seinen Tieren. Er verwandelte Ängste in aggressive kindliche Wünsche, wobei sein unbewußtes Motiv war: Ich will meine Mutter ganz für mich allein.

Natürlich hängt die Gewohnheit des Sammelns und die Weise, wie jemand dabei vorgeht, von vielerlei Faktoren in der individuellen Geschichte und der Persönlichkeitsstruktur ab, selbst wenn die empirischen Verbindungslinien, welche die Neigungen eines Sammlers aufdecken, oft verhüllt sind. Warum besteht der eine Sammler auf dem *Alles*, während ein anderer sich obsessiv auf den Besitz eines einzigen Objekts fixiert? Oftmals bedurfte es mehrerer Zusammentreffen mit einem Sammler, bevor ich die Verknüpfungen zwischen seinen Bedürfnissen und der Weise und den Modalitäten des Erwerbs zu erkennen vermochte. Selbstverständlich gibt es alle möglichen Vorgehensweisen, wie Sammler ihre Wünsche befriedigen. Und der Prozeß der Anschaffung ist gewöhnlich ebenso bedeutungsvoll wie die tatsächliche Inbesitznahme des Objekts, etwas, das Walter Benjamin an sich selbst bemerkte. Während das schließliche Einfügen in die eigenen Bestände der Gipfelpunkt des Erlebens ist, sind zuweilen die Geschicklichkeit, die zur Entdeckung gebraucht wird, die verschiedenen Strategien – in manchen Fällen sogar Täuschungen –, die zum Einsatz kommen, die Umwege, die gegangen, oder die Schlachten, die ausgefochten werden mußten, um ein spezielles Exemplar zu bekommen, letztlich allesamt Teil der Reaktion auf eine frühe narzißtische Verletzung, sei sie nun real oder eingebildet. Für viele Sammler gilt, daß der häufig sichtlich umständliche Prozeß der Beschaffung und die emotionalen und gelegentlich monetären Investitionen, die einfließen, viel vom persönlichen Charakter enthüllen.

Dirk van T.s Motive und Methoden scheinen einer Reihe mehr oder weniger spezifischer Traumatisierungen und Vorgängen zu entstammen, die nicht allein die Wiederherstellung, sondern auch den Ehrgeiz und die Intensität zum Gebot machen, häufig auf Kosten gefühlsmäßiger Bindungen an Menschen. Dirks Kindheitswunsch nach einem Haustier war vermutlich ein früher Hinweis auf sein späteres Interesse, das in erster Linie sammelbaren Objekten und erst danach der tieferen Beziehung zu Menschen galt. Sein gebieterischer Anspruch auf »alles« klang nach einem maßlosen Ehrgeiz, seinen Kampf um jeden Preis zu gewinnen.

Die Art der Besitzanhäufung zeigt eine Orientierung, in der Restbestände früher Ansprüche stecken und damit auch das Unvermögen, der raffgierigen Aneignung ein Ende zu machen.

Dirk geht es um nichts weniger als *alles*. Es trifft zwar zu, daß Sammler dazu neigen, ihre Besitztümer mit einer Lebenskraft oder mit *mana* auszustatten. Aber das emotionale Engagement ist zu unterstreichen, denn es ist unverkennbar, daß der Eigentümer mittels solchen Besitzes etwas erhält, was er selten (wenn überhaupt) in zwischenmenschlichen Beziehungen zu entwikkeln wagt, nämlich Gefühle der Wiedergutmachung. Worum es sich bei den Objekten auch handeln mag, in all ihren Verkleidungen sind sie – nie adäquate – Ersatzstücke für Menschen. Niemals vermögen sie die emotionalen Dimensionen zu erbringen, die aus einer solchen Bindung an einen anderen Menschen erwachsen.

»Wie kann man Holzstücke lieben?« hat eine Dame einmal Mario Praz gefragt, der, wie so viele seiner Sammlerkollegen, sich »derart tief in [einen Kronleuchter] verlieben konnte«, daß er »alles in der Welt getan hätte, um ihn zu besitzen«.[25]

Bei der Beschreibung seines riesigen Appartments in der Villa Giulia in Rom erinnert sich Praz der unzähligen Objekte, welche die Räume füllten. Jedes einzelne Stück hat seine mit Orten, Menschen, Vorkommnissen und Sehnsüchten verbundene Geschichte, die aus dem Versunkensein in die Vergangenheit und den Erinnerungen entspringt.

Zehn Jahre, nachdem Mario Praz über diese Wohnung geschrieben hatte, lernte ich ihn kennen. Inzwischen war er in eine noch eindrucksvollere Behausung umgezogen, vollgestopft mit Empire-Möbeln, dekorativen Gegenständen und Büchern. Es paßte nur zu gut, daß Praz seinen Wohnsitz in jenem Palazzo gefunden hatte, in dem Napoleon während seines Aufenthalts in Rom lebte, obwohl der Professor, ein kleiner, unauffälliger Herr, jegliche Identifikation mit dem Kaiser von sich wies. Seine »Manie für Empire-Möbel« hatte die dazu passende Umgebung gefunden. »Meine begrenzte Zahl an Interessen hat Tendenzen zum Manischen: die Manie für Empire-Möbel, die Manie für Emblembücher, die Manie für Russisches, genau so wie ich, als ich noch ein Kind war, eine Manie für Puppen und Statuetten hatte, und als Junge eine Manie für Briefmarken.«[26]

Ich wurde mit großer Freundlichkeit empfangen. Jede Ecke in der vielräumigen Wohnung, jede Wand und jeder Flur, die Dekorationen in und auf Büchergestellen und Kabinetten, Tischen, Kredenzen und sogar Türen brachte den Geschmack des Professors wie auch seinen *horror vacui* zum Ausdruck. Praz saß in seinem Salon, von dem aus man in eine offene Bibliothek blicken konnte, und sprach von den Anfängen seiner Sammlung, wobei er jedoch ständig die beträchtliche Verbindung mit seinem unglücklichen Privatleben unterstrich. Seine Ehe war von kurzer Dauer gewesen, und man hätte das womöglich voraussehen können. Praz hatte darauf bestanden, die Flitterwochen in römischen Antiquitätenläden zu verbringen statt an einem Ort, der besser zu einem frischen Ehepaar paßte. Sein Hauptanliegen waren die Gegenstände, die er vielleicht entdecken würde, und nicht seine neue junge Frau.

Praz war sich völlig im klaren darüber, daß einige Erscheinungsformen seines Sammelns sich ohne Schwierigkeiten auf seine Kindheit zurückführen ließen, und er nannte das Beispiel seines Enthusiasmus für Wachsporträts und -büsten berühmter Männer. Er deutete das als Erinnerung an die schöne Zeit, die er mit seiner Großmutter bei ihren häufigen Kirchenbesuchen verbracht hatte, wo er erstmals solche Wachsstatuen von Heiligen bewunderte.

Es gäbe wohl Leute, denen seine römische Bleibe überladen vorkomme, bemerkte er nicht ohne Ironie, aber seine Maßstäbe seien halt andere. Er fand sie wirklich schön und sehr geschmackvoll. Aus seinen Schriften wie auch aus unserem Gespräch wurde mir bald klar, daß Mario Praz ein Mann war, der tief in Gedanken und genauen Erinnerungen versunken war. Er hatte gemerkt, daß seine Objekte ihm dazu verhalfen, sich an noch mehr Geschehnisse in seiner Vergangenheit zu erinnern.

Seine intensive Liebe zu seinen Gegenständen – und er gebrauchte den Ausdruck *Liebe* immer wieder –, sei es ein Lüster oder ein dekoratives Emblem, zeigt sich an seinen ausführlichen Beschreibungen seines Besitzes und an seiner manifesten Freude daran. Sein Enthusiasmus gemahnte an eine fast erotische

Erregung. Was, ist zu fragen, ist der wirkliche Grund für diese Leidenschaft?

Er war ein einsames Einzelkind, wie er wiederholt anmerkte. Sein Vater war gestorben, als er vier Jahre alt war, aber er war schon davor abwesend gewesen, vermutlich in einer Klinik, denn er war an Syphilis gestorben, der Mario seine eigene körperliche Verunstaltung, einen Klumpfuß, zuschrieb.

In wahrhaft Proustscher Manier brachte ein Donnerschlag in der Ferne ein vergessenes Kindheitserlebnis zurück – einen Besuch in einem orthopädischen Krankenhaus, um seinen Fuß behandeln zu lassen. Die Deformation hinderte ihn daran, im Ersten Weltkrieg zur Armee zu gehen. Er sprach und schrieb über seine Empfindungen: »Ich war nicht tauglich, und ich fühlte mich vor meinen Kumpanen herabgesetzt, die voller großer Ideen davonzogen.«[27] Dieselben Gefühle überwogen, als er Student an der Universität Bologna war. Er erwähnte das Ausmaß seiner Niedergeschlagenheit und Einsamkeit und erinnerte mich an eine bestimmte Stelle in seinem Buch. Während er allein war und sich ausgeschlossen fühlte, hatte sein Freund Zutritt zu einflußreichen Bologneser Familien. Nach einem eleganten Abendessen in einem der aristokratischen Häuser beschrieb ihm dieser Freund »die Empire-Sessel mit vergoldeten Sphinxen in ihrem Salon«[28]. Wahrscheinlich war dies das erste Mal, daß der Empire-Stil ihm zu Bewußtsein gekommen war. Jedenfalls erinnerte er sich an diese Umstände, die ganz auf seine späteren Vorlieben verwiesen.

Dem Besucher in Praz' opulenter Wohnung fielen die vergoldeten Verzierungen und gemusterten Ausschmückungen des Empire, die den Gesamtstil beherrschten, auf. Praz hatte mit dem Ankauf von Empire-Möbeln und -Dekorationen als junger Mann in Florenz begonnen, als er sich noch mit »bescheidenen Objekten« begnügen mußte; »ein solches war die Kommode, Quelle und Ursprung der Manie«.[29] Diese Schlußfolgerung traf freilich nicht ganz zu. Der Erwerb dieser Kommode brachte seine noch verborgene Obsession zum Vorschein. Die Wiedergutmachungsbemühungen sind offenkundig. Mario Praz war mein Zeuge für das Gefühl der Unzulänglichkeit und Zurückweisung des verletzten Kindes. In vielerlei Hinsicht fühlte er sich benachteiligt. Jetzt wußte er, wie er seine Mitstudenten und auch jene aristokratischen Familien ausstechen konnte, in deren Häuser man ihn nicht eingeladen hatte. So war sein Sammeln zu einem wichtigen Mittel der Sublimierung, wenn nicht Heilung des Traumas seiner körperlichen Behinderung und eine Überkompensation des eigenen Erlebens als Außenseiter geworden.

Bedingungen, oder eher noch Voraussetzungen, wie diese zeigen nachdrücklich, daß die unbelebten Objekte im wesentlichen kompensatorische Funktionen haben und daß sie nicht nur eingesetzt werden, um alte Wunden zu tarnen, sondern daß sie zugleich auch an alte Verletzungen und Demütigungen erinnern.

Wenn George Ortiz eine Sammlung von Objekten zusammenträgt, von denen die meisten von unübertroffenem Rang sind, sucht er im »Besten« nach konkreten Bestärkungen seines Vertrauens und Hoffens, während Dirk van T. nach *allem* sucht und Mario Praz eine Umgebung wollte, die eindrucksvoller war als die der Bologneser Aristokraten, die, wie er mir andeutete, ihn von oben herab behandelt hatten. Die Objekte, was es auch sei, ob in Massen angehäuft oder mit größter Sorgfalt und mit Scharfblick ausgewählt, werden zum Zeugnis dafür, daß sich der Sammler eine Schutzkappe gegen neuerliche Verletzung schafft. Es ist klar, daß der passionierte Sammler bei der Umwandlung dessen, was einstmals passiv von ihm erduldet wurde, eine emotionale Stimmigkeit aufweist. Wenn alte traumatische Erfahrungen durch aktive Gegenmaßnahmen überwunden werden, kann es zu durchaus dramatischen Reaktionen kommen.

Es muß nicht eigens betont werden, daß die offen zutageliegenden Absichten der Sammler erheblich variieren. Aber ob der Schwerpunkt nun auf der Suche nach dem ästhetisch Ansprechenden oder nach der Komplettierung von Reihen liegt, ob es um die Seltenheit oder das Alter des Objekts geht – der Angewohnheit liegen verwandte dynamische Kräfte zugrunde. Ein

Bedürfnis nach Selbstvergewisserung, um eine frühe narzißtische Wunde zu beseitigen, steht an erster Stelle. Die Objekte sollen ein Gefühl der Bestätigung und der magischen Garantie verschaffen. Das gilt für den Spielzeughund des kleinen Paul, für einen Reliquiengläubigen oder den mit *mana* gestärkten Kopf, den in Indonesien und Melanesien die Eingeborenen ihren Feinden abnehmen.

Sammler teilen das Gefühl, daß sie etwas Besonderes sind, daß sie einstmals nicht genug Liebe oder Aufmerksamkeit empfangen haben oder als kleines Kind[30] verletzt oder ungerecht behandelt worden sind. Dank ihrer Objekte empfinden sie sich bestärkt, bereichert und in gewissem Sinn als Ausnahme. Die äußere Haltung kann von Protzerei bis zu scheinbarer Bescheidenheit reichen oder, gelegentlich, zu Geheimniskrämerei, die oft nur eine verdeckte Form von Exhibitionismus ist. Das Charakteristischste ist jedoch, daß es immer eine Suchtkomponente gibt – eine potentielle, aber immer präsente, unbewußte Form des Affekts, die mit einem starken Bedürfnis nach Wiedergutmachung gekoppelt ist.

Dank dieses immer gegenwärtigen affektgeladenen Kerns ist die Aufgabe der Vergewisserung mittels eines mehr oder weniger ständigen »Nachtankens«, nämlich des Ansammelns von eigentlich reparativen Ersatzmitteln für das primäre, also mütterliche Objekt, der auffälligste Zug des gewohnheitsmäßigen Sammlers. Was der Anschaffung eines neuen Objekts folgt, gehört zu jenem paradoxen Zustand, von dem ich bereits gesprochen habe: Die wiederholte Versorgung bringt Stolz und Freude hervor, in manchen Fällen in subtiler, in anderen in phallisch-ostentativer Weise. Aber wir dürfen nicht vergessen, daß es die Grundbedingung dieses Bedürfnisses nach immer wieder neuer Nahrung ist, die irgendwann eine weitere Lieferung zum Gebot macht.

Die Intensität dieser Suche wird von einem anderen Sammler nachdrücklich bezeugt, einem Mann, der sich sehr für historische Dokumente interessierte. »Ich bin ein Schwamm«, war eine seiner selbstkritischen Bemerkungen. Während einer psychoanalytischen Sitzung assoziierte er: »Ich bekomme ein Gefühl für [eine bestimmte historische] Periode. Ich möchte [bestimmte historische Quellen] lesen. Die Zeit, als jeder Armeeoffizier eine Staffelei und einen Pinsel in seinem Marschgepäck hatte – eine ganz neue Sache zum Sammeln. Primitive Gemälde von Soldaten. Ich möchte alles in mich einsaugen. Sehr spannend. Der Renaissancemensch. Der empfindsame Stahlarbeiter. Der Soldat, den ein seltener Schmetterling oder eine Blume in Erregung versetzt. Als müßte ich durchhalten, bis ich alles weiß. Es ist wie eine Lust. Es ist wie eine brennende Kraft. Ich gehe in diesen oder jenen Laden und versuche, einfach alles an Land zu ziehen. Ich fahre mit meinen Händen an all diesen Dingen entlang. Ich vermag nicht zu unterscheiden. Ich muß es haben.[31] Die höchste Lust ist, sie der Familie vorzuführen. [Onkel] Joe und ich sind uns ähnlich, Briefmarken und Bücher. Er ist eher zu bedauern; ich mache einen besseren Eindruck. Es ist ein Schutz gegen das Nichts. Ich beschäftige mich mit allem möglichen, statt an der Schreibmaschine zu sitzen. Ich schreibe nie mehr als eine Seite. [Immer gibt es] etwas Neues, der Nachschub hört nie auf. All diese Bücher. Ich bin ein Experte. Ich bin eine Autorität. Ich möchte ein großkotziger Experte sein. Eine nie endende Reihe, ein ganzes Mietshaus. Wenn ich neunundneunzig bin, werde ich jede Briefmarke haben. Die ganze Welt einkassieren, eine Membrane rund um die Welt haben. Mit jedem Zentimeter muß ich etwas berühren, ganz ausgebreitet, sauge sie mit allen Fingern auf. Und den Schrott *finden* – und mehr Schrott, das hört nie auf. Ich kann nichts wegwerfen. Es ist wie ein Nest, in das ich Eier lege.«

In diesem aufgeladenen Selbstporträt laufen verschiedene Stränge zusammen. Was aus diesem Gedankenfluß hervorgeht, ist keine einzelne, bedrängende Ursache für den unablässigen Drang nach fast unterschiedslosem Ansammeln. Vielmehr beinhalten Formulierungen wie »Ich will alles in mich einsaugen« und »Ich kann nichts wegwerfen«, daß er an Erfahrungen des Fütterns und Ausscheidens gebunden ist, was auf gewisse sadistische Triebanteile verweist. Der Gesamttenor macht den Eindruck, als klängen jene Stimmungsumschwünge darin nach, die in den prägenitalen Jahren der Persönlichkeitsbildung überwiegen, wenn, wie hier, die Spanne vom ängstlich Einverleibenden zum Fürsichbehalten bis ganz hinüber zu zügellos exhibitionistischen und megalomanischen Phantasien reicht. Auch Nostalgie ist präsent und ein Verlangen nach Umhülltsein und schließlich ein nahezu manisches Sichgehenlassen und Gieren, das jenseits dessen liegt, was eigentlich ein erhebendes und erholsames Vergnügen sein sollte.

Die unterschiedlichen Erscheinungsformen des Sammelwunschs, ob offenkundig oder subtil, hängen von einem weiten Spektrum bedeutungsvoller Erfahrungen ab. Solche Erfahrungen, mögen sie real oder phantasiert sein, prägen immer die besonderen Ziele und Einstellungen einer Person. Mit anderen Worten, die Erfahrungen liefern die Modalitäten dessen, was sich dann als kausal bestimmte und folglich plausible Denkweisen herausstellt.

Das wird noch deutlicher, wenn die unterschiedlichen Reaktionen und Affekte passionierter Sammler erkennbar werden. Nelson Rockefeller sagte einmal zu mir: »Wissen Sie, in meiner Position muß ich sammeln. Meine Mutter hat es getan und mein Großvater hat es getan. Es ist eine Verpflichtung. Schließlich haben es die Medici ja auch getan.« In seiner Haltung lag nichts von »haben müssen«, kein obsessives Motiv. Und doch gab es einen starken emotionalen Unterton, etwas wie ein Gefühl für Verantwortung. Was seine bekannte Sammlung angeht, hatte ich den deutlichen Eindruck eines affektiven Moments, wenn er von seiner Mutter und seinem Großvater sprach, so als müßte er einem Familienideal entsprechen, um ein würdiger Erbe seiner Ahnen zu werden. Man könnte sich fragen, ob nicht seine Vorbilder – seine Mutter, sein Großvater, die Medici – zwischen seinem autonomen Selbst und den übernommenen Zielen gestanden haben, als wäre seine eigene Identität durch eine feste Familientradition vorgegeben gewesen.

Daß jemand eine Familientradition beibehält, indem er eine bestehende Sammlung weiterführt oder sie auf neue und schöpferische Weise verbessert, ist keineswegs ungewöhnlich. Der

Marquess of Bath, der eine weltberühmte Sammlung früher gedruckter Bücher erbte, ist ein passendes Beispiel dafür. Sammeln war eine jahrhundertealte Familientradition, und die Bibliothek war von vielen Generationen seiner Vorfahren zusammengetragen worden. Als Kind hatte Henry Thynne (Lord Bath) nicht damit gerechnet, daß er einmal den Titel erben würde. Aber als sein älterer Bruder im Ersten Weltkrieg umkam, fiel der Titel ganz gegen seinen Wunsch an den elfjährigen Henry. Er betrachtete das, wie er mir wiederholt zu verstehen gab, als eine überwältigend große Verantwortung. Lord Bath hielt zwar die ursprüngliche Familiensammlung instand, entschloß sich aber, selbst zeitgenössische Kinderbücher und mit Winston Churchill und Adolf Hitler verknüpfte Erinnerungsstücke zu sammeln. Er hatte Bilder des »Führers« erworben, Teile seiner Uniform, eine Erstausgabe von *Mein Kampf* sowie eine Reihe weiterer Gegenstände. Außerdem besaß er die Erstausgaben von allen Churchill-Büchern, einige Gemälde, Autographen und Sachen aus dessen persönlichen Besitz – sogar eine seiner berühmten Zigarren, halb geraucht, die ein Barkellner aufgehoben hatte.

Ich machte noch eine weitere Bekanntschaft, in der diese komplexe Verbindung mit der Vergangenheit aufleuchtete. Die Mitglieder der Familie Six sind bekannt für ihre Liebe zur Kunst der Niederlande. Ihr berühmtester Ahne, Jan Six, war zu Rembrandts Zeiten Bürgermeister von Amsterdam gewesen. Das Porträt des Bürgermeisters beeindruckt noch immer als eines von Rembrandts einfühlsamsten Porträts. Es gibt jedoch viele weitere und vorwiegend spätere Kunstwerke in der Sammlung Six, die heutzutage ein privates Museum ist. Ich hatte das Privileg, von den Freules (Freifrauen) Six empfangen zu werden, zwei Schwestern, die die Familie vertreten. Während des Gesprächs über die Familientradition fielen mir zahlreiche Kunstwerke nicht nur von Meistern des 17. Jahrhunderts, sondern auch aus späteren und sogar aus dem 20. Jahrhundert auf. Als ich mich dazu äußerte, erklärten die Damen ganz nüchtern: »Aber die Familie hat doch *immer* Modernes gesammelt«, und das sagten sie mit allem Nachdruck. Und es stimmte, denn als Rembrandt ihren berühmten Vorfahren malte, war es schließlich zeitgenössische Kunst.

Die letzten beiden Beispiele helfen uns, das weite Spektrum bewußter Entscheidungsmöglichkeiten zu ermessen, die dem Sammler offen stehen und die von dem Versuch der Aufhebung von Frustrationen aus der frühen Kindheit bis dahin reichen, dem Niveau der eigenen Vorfahren zu entsprechen. Und doch gibt es einen gemeinsamen Nenner – das imperative und kompensatorische Haben und Festhalten des Objekts. Zugegebenermaßen waren Nelson Rockefeller und der Marquess of Bath vielleicht nicht ganz aus eigenem Antrieb Sammler, weil sie der Familientradition folgten. Aber für sie war es eine Verantwortung, fast eine Verpflichtung, und jeder der beiden gab der eigenen Sammlung eine entschieden persönliche Note, indem sie völlig neue Bereiche ausbauten.

Der amerikanische Sammler war ohne weiteres bereit, dem Muster treu zu bleiben, das sein Großvater vorgegeben hatte. Für ihn war das Sammeln sowohl ein privates Unternehmen wie auch eine gesellschaftliche Verpflichtung. Wäre er seiner moralischen Verantwortlichkeit nicht nachgekommen, dann hätte das zu inneren Konflikten geführt, denn er betrachtete das Sammeln nicht nur als ein Unternehmen eigener Wahl, sondern eher als ein Gemisch aus Neigung, Schuldigkeit und Pflicht. Statt jedoch einfach nur dem berühmten Familienbesitz weiteres anzufügen, folgte er eher den Spuren seiner Mutter, indem er Objekte sammelte, die ihr gefallen und ihren Beifall gefunden hätten.

Das Sammeln erweist sich als Instrument, das nicht allein dazu bestimmt ist, ein Grundbedürfnis zu stillen, das durch frühe Traumatisierungen entstanden war, oder das als Notausgang für Empfindungen der Gefahr und bei erneuten Verlusterlebnissen dient. Da es jedoch eine wirksame Erleichterung von derartigen Bedürfnissen ist, wird es als Quelle von Genuß und Wunscherfüllung empfunden.

Viele Sammler sind sich dieser Bindung bewußt und gehen soweit, sich selbst auf die eine oder andere Weise auszutricksen, um mit ihrem verborgenen Konflikt zu Rande zu kommen. P. C. Meulendijk, ein ehemals bekannter niederländischer Sammler orientalischer und ethnographischer Kunst, dessen Haus wortwörtlich von gut ausgewählten, wenn auch nicht außergewöhnlichen Stücken überquoll, versicherte mir einmal, er habe nie mehr als einen begrenzten, nach jeglichem Maßstab geringen Betrag für irgendeines seiner Objekte bezahlt. Wie man es bei einem guten Niederländer nicht anders erwartet, hielt er auf Selbstdisziplin. Er bezähmte sogar seinen Hang zum Kaufen und benutzte Genügsamkeit als Alibi, um seine Bedürfnisse und seinen Enthusiasmus auf der einen und seine Neigung zur selbstdisziplinierten Sparsamkeit auf der anderen Seite miteinander zu verbinden.

Solche Zwiespältigkeiten sind beileibe nicht ungewöhnlich. Sir Robert Sainsbury, der bekannte britische Sammler, erzählte mir, er habe ein Jahresbudget zum Ankauf von Kunstwerken. Sein Sohn David fügte dann aber schelmisch hinzu, »gelegentlich« mache sein Vater beim Budget des folgenden Jahres eine »Anleihe«, wenn ihm ein sehr begehrenswertes Objekt über den Weg liefe ... Das ist eine rührende Beschreibung eines häufig zu beobachtenden Konflikts. Setzen sich Wunschwelt und inneres Verlangen durch oder sollte, was allgemein so als vernünftig betrachtet wird, das Objekt lieber drangegeben werden? Ich beschreibe die innere Auseinandersetzung in dieser Weise, weil die Situation die Spaltung zwischen den instinktiven Ansprüchen und der Rolle der selbstgesetzten Einschränkung und der rationalen, kulturell vermittelten Entscheidung aufzeigt, besonders, wenn es eine kulturell vermittelte Tradition der Selbstkontrolle und Genügsamkeit gibt. Man ist versucht, hierin eine dramatische Variante der Lust suchenden Impulse des kleinen Kindes zu sehen, das die Mutter ganz allein für sich haben oder den Wunsch abwandeln und seine Begehrlichkeiten mit den vom Über-Ich gesetzten Beschränkungen in Einklang bringen möchte.

Unabhängig von den individuellen Idiosynkrasien von Sammlern und gleich, was oder wie sie sammeln – ein Moment steht obenan: Die Objekte in ihrem Besitz sind allesamt letzte, oft unbewußte Absicherungen gegen Hoffnungslosigkeit und Verlassenheit. Sie fungieren als Abwehr im Dienst der Selbstbehauptung. Sie sind magische Mittel, um existentielle Zweifel zu verleugnen. Vor allem aber sind sie Zeugen für Glaubwürdigkeit.

TEIL II
MAGISCHE OBJEKTE

KAPITEL 4

EIN SCHÄDELGESTELL IM BESITZ EINES DORFOBERHAUPTS VON DUBU DIAMA IN URAMA, PAPUA, NEU GUINEA

FOTO: FRANK HURLEY; REPRODUKTION MIT ERLAUBNIS DER NATIONAL LIBRARY OF AUSTRALIA

SCHÄDEL UND KNOCHEN

Hätte sich ein Gelehrter des 18. Jahrhunderts des Sammelns als Thema angenommen, hätte er wohl kaum mit dem Treiben eines Don Juan begonnen. Ebensowenig hätte er sich den geliebten Spielsachen von Kindern zugewendet, denn eine innere Verbindung zwischen kindlichen Ängsten und der Passion eines Erwachsenen hätte er nicht zu sehen vermocht.

Begeben wir uns dennoch für einen Moment in die Gefolgschaft eines Gelehrten des 18. Jahrhunderts und beginnen, wie er es womöglich getan hätte, mit der fixen Idee, die wir als Anticomanie kennen.[32] Römische Sammler griechischer Kunstwerke und Artefakte haben genug Zeugnisse hinterlassen, die uns berichten, daß der Ehrgeiz, alles Griechische zu sammeln, selbst damals keine bloße Geschmacks- und Modesache war, sondern aus Neid und überbordender Konkurrenz entstand. Solche Empfindungen waren es, die prominente Bürger wie Mummius, Sulla, Julius Caesar und insbesondere den notorischen Caius Verres dazu brachten, Griechenland und seine Kolonien zu brandschatzen und auszurauben.

Als im dritten vorchristlichen Jahrhundert das zuvor griechische Sizilien den römischen Invasoren zufiel, begann eine Zeit bedenkenlosen Plünderns und offener Rivalität unter den Siegern, die den unterworfenen und schutzlosen Bewohnern der Insel ihren wertvollsten Besitz abnahmen. Livius erkannte am Untergang Siziliens den Beginn einer wirklichen Wertschätzung für griechische Kunstwerke. (Die Römer waren praktisch die geistigen Vorläufer der im 18. Jahrhundert lebenden deutschen Prinzessin, die Katharina die Große von Rußland wurde. Katharina war sich über ihre Gier und Raffsucht völlig im klaren: »Es ist nicht aus Liebe zur Kunst; es ist Unersättlichkeit. Ich bin kein Amateur. Ich bin ein Schlemmer.«[33]

Lateinische Autoren berichten uns vom völligen Mangel an Zurückhaltung bei den römischen Soldaten, die in mancher Hinsicht an Napoleons und Hitlers Armeen erinnern. Nach der Plünderung von Syrakus im Jahre 212 v. Chr. führte Marcellus die Größe seines Sieges vor, indem er enorme Mengen griechischer Kunstwerke mit nach Rom zurückbrachte.[34]

Waren die griechischen Schätze dasselbe wie die Trophäen, die Kopfjäger nach Hause bringen? Oder wie die Sammlung von Weihnachtsknallbonbons, die das kleine Mädchen zusammenscheffelte?

Ein Vierteljahrhundert nach der Ausplünderung Siziliens brachte Scipio 134 griechische Statuen und ganze Schiffsladungen getriebener Metallarbeiten und Münzen nach Rom zurück. Inzwischen war Tarent gefallen, und die Sieger nahmen eine der schönsten griechischen Skulpturen, den Herkules von Lysippos, mit. Dann ließ Fulvius Nobilior 285 Bronzeskulpturen und 230 Marmorstatuen aus Ambracia per Schiff nach Rom schaffen. Im Jahre 167 v. Chr. führte Aemilius Paulus einen Triumphzug durch Rom an, zu dem 250 Fuhren mit Plastiken, Bildern und Gefäßen gehörten. Und Strabo beschreibt, wie römische Siedler Korinth ausplünderten und dabei kein Grab unberührt ließen. Korinthische Kunstwerke und Gebrauchsgegenstände erzielten damals Höchstpreise.[35] Diese bedenkenlose Gier der römischen Eroberer war Ausdruck eines Trends.

Zwischen den Zeilen können wir lesen, mit welch großer Genugtuung die römische Aristokratie die geraubten griechischen Kunstwerke zur Schau stellte. Anfänglich galt die gesamte Beute als Staatseigentum, aber in der Mitte des zweiten vorchristlichen Jahrhunderts begrenzte ein Senatsbeschluß die Anzahl der öffentlich zur Schau gestellten Statuen und Objekte; das war praktisch der Beginn des Privateigentums an derlei Dingen.

Mit der Mode zu gehen ist schließlich für den Geschmack des Sammlers häufig ein entscheidender Faktor. Dies bewog Caius Verres, den Provinzgouverneur von Sizilien, dazu, im großen Stil und auf eigene Faust in aggressiver Souvenirjägerei zu schwelgen. Er gab sich nicht damit ab, sein Verlangen nach Aneignung von unzähligen wunderschönen Statuen und exquisiten Metallarbeiten zu bezähmen oder zu verbergen. Seinem Hauptankläger zufolge – es war kein anderer als Cicero, selbst ein Sammler von hohen Graden – machte ihn seine Passion zum Räuber und Verbrecher.[36] Nicht einmal vor falschen Anschuldigungen, vor Mord und Völkermord schreckte Verres zurück, um ein Objekt zu ergattern, das er sich in den Kopf gesetzt hatte.

Zu Ciceros und Caesars Zeiten war Rom der Inbegriff von Extravaganz und prunkendem Aufwand der Sieger. Aus dem gesamten Reich kamen die Händler hierher; ganze Stadtteile waren in der Hand von Kunsthändlern. Einige der reichsten Bürger hatten sogar eigene Museen. Die Tausende verschwenderisch ausgeschmückten Villen der Stadt und im Umland wurden später, in der Renaissance, zur Vorlage vieler Nachbildungen. In alldem drückt sich nicht nur der enorme Reichtum aus, sondern auch die Mittel und Wege, die Habgier und exhibitionistische Neigungen finden, um als Bestandteil geltender soziokultureller Tendenzen akzeptiert zu werden. Verres aber ging zu weit. Cicero nannte ihn einen Wahnsinnigen, dessen Gier ihn aus der menschlichen Gesellschaft ausschließe, und Plinius war der gleichen Meinung.[37] Man stellte Verres unter Anklage, aber er entkam aus Rom und nahm sich dann das Leben.

Bald gingen die Römer auf ihrer Jagd nach Kunstwerken noch einen Schritt weiter: »Der ungeheure Vorrat [an Skulpturen] in griechischen und asiatischen Städten war auch durch die systematischen, zwei Jahrhunderte fortgesetzten Plünderungen der Römer ... nur teilweise erschöpft worden«, schrieb Ludwig Friedlaender.[38] Caesars Kameen-Sammlung war berühmt. So wie heute – und vermutlich zu allen Zeiten – hatten Sammler damals ihre geheimen Quellen, ihre eigenen Spione und Agenten, die ihnen ihre Trophäen aufzuspüren hatten. Gold, Silber, Handschriften, Tapisserien und Bilder wurden die große Mode. Daß mit der wachsenden Nachfrage nach solchen Objekten und ihrem gestiegenen Wert auch ein riesiger Markt für Nachbildungen entstand, der viele griechische Künstler und Handwerker nach Rom brachte, liegt nahe. Als das Angebot an Kopien mit der Nachfrage nicht mehr Schritt halten konnte, kamen Fälschungen auf den Markt. Schließlich wurde es eine Flut, und bald machten Leute aus ihrer Sachkenntnis einen regulären Beruf.

In derlei Entwicklungen macht sich die historische Differenz zwischen Kennerschaft und bloßer Anhäufung bemerkbar. Sammler sind sich oft ihrer Zwanghaftigkeit bewußt, aber das ist bisweilen auch mit einem spekulativen Element verbunden. Das Bedürfnis nach einem Echtheitszeugnis und nach der Zustimmung von seiten der Experten ist Ausdruck zweier Kräfte, die den Sammler umtreiben – der Wunsch nach Selbstbestätigung durch Besitz und das Schuldgefühl angesichts der eigenen narzißtischen Bedürfnisse und des eigenen Stolzes. Infolgedessen brauchen manche Leute die Zustimmung einer Autorität oder, entwicklungsgeschichtlich gesehen, eines Elternersatzes, der innere Konflikte zu beseitigen hilft und Ambivalenz oder ein unterschwelliges Gefühl des Fehlverhaltens ausräumt.

Zur weiteren Aufklärung des Zwanghaften beim Sammler wenden wir uns nun ethnologischen Beobachtungen zu. In seiner klassischen Darstellung des Lebens und Denkens der Melanesier vor deren Berührung mit dem Westen beschrieb R. H. Codrington die bei den Eingeborenen heimische Vorstellung des *mana*, das mal als seelische Substanz, mal als eine Lebenskraft begriffen wird, als die »unsichtbare Macht, von der die Eingeborenen glauben, sie verursache alle jene Wirkungen, die ihre Auffassung vom normalen Gang der Natur übersteigen, und die in geistigen Wesen zu Hause sind, sei es im spirituellen Teil der Lebenden oder in den Geistern der Toten, und die von ihnen in ihre Namen und die unterschiedlichen Dinge in ihrem Besitz, wie beispielsweise Steine, Schlangen und überhaupt Gegenstände jeglicher Art, übertragen wird«.[39]

Mana ist demnach sowohl in Menschen wie in Dingen gegenwärtig und verleiht ihnen Macht und außergewöhnliche Kräfte. Es kann Krankheiten heilen, Böses und Unglück verursachen und auf vielerlei Weise als Kräftemedium wirken. »Ein Relikt wie etwa der Knochen eines Toten, dessen Geist aktiviert wird, ist, wenn nicht notwendig, so doch höchst wünschbar, um dessen Macht in den Talisman zu überführen; und ein Stein kann sein *mana* für Unheil bergen.«[40]

Die Idee des *mana* – und zuweilen sogar das Wort in lokalen Varianten – ist in der gesamten Südsee bekannt. Die Maori auf Neuseeland brachten es mit Autorität und mit übernatürlicher Macht in Verbindung. Nicht anders war es bei den Ureinwohnern Samoas und von Tahiti, Rarotonga, den Marquesas-Inseln, von Tonga, Fiji, Mangareva und Hawaii.[41] Die Batak von Sumatra nennen es *tondi*, und auf der Inselgruppe von Mentawei beschreiben die Eingeborenen diese undefinierbare und mysteriöse Energie mit dem Ausdruck *kere*, während es bei den Javanesen *kesakten* heißt. Viele afrikanische Stammesgruppen und nordamerikanische Indianer haben ähnliche Vorstellungen von einer unsichtbaren, aber höchst effektiven Lebenskraft.

Wir haben es hier mit einer vermutlich immateriellen und geheimnisvollen Kraft zu tun, die, welche Form sie auch annehmen mag, bei Naturvölkern als etwas aus der Welt des Wunderbaren, des Magischen und der Medizin aufgefaßt wird. Manchmal hat diese Kraft eine heilende Wirkung; zu anderen Zeiten kann sie schädlich sein, faszinierend und gefährlich. Die Kraft selbst ist unsichtbar. Wirksam sind nur die Vorstellung von ihr oder der Glaube an sie, wenn das Bedürfnis nach Hilfe ein symbolisches Äquivalent der Stärke findet. Die übernatürliche Wirksamkeit der mit *mana* aufgeladenen Träger liegt jenseits der realistischen Beurteilung oder intellektuellen Reflexion.

Es gibt unzählige magische Objekte, die über *mana* verfügen. Wie immer es um das sinnlich Faßbare eines solchen mit Macht versehenen Fetischs bestellt sein mag, jedenfalls hilft er, Ängste, Unsicherheiten oder das Gefühl der Verletzlichkeit zu besänftigen; er ist, wie Henri Bergson schreibt, »eine Vorsichtsmaßregel gegen die Gefahr, daß man, sobald man denkt, nur an sich selbst denken könnte«.[42]

Diese dynamische Auffassung von Stärke oder Macht ist nicht willkürlich. Wenn der Mensch in der Hand seiner Bedürfnisse und auf der Suche nach Hilfe ist, legt er alle möglichen Wirkungen – heilende, schützende, mystische, rettende oder auch zerstörerische – jedweder Sache bei, die ihm ein solches Gefühl verschafft oder auch nur Ängste bannt. Darstellungen von Vorfahren oder Dämonen wie auch die Reliquien von Heiligen und Märtyrern zählen dazu. Sie alle sind den geliebten Teddybären oder Puppen der Kinder vergleichbar oder den Erinnerungsstücken, die verstorbene Verwandte oder außergewöhnliche Personen wie Churchill oder Hitler hinterlassen haben.

Mit Logik hat es nichts zu tun, wenn von einem Kind geliebte oder von einem Gläubigen verehrte Objekte nicht mehr als – im Wortsinne – Repräsentationen von etwas anderem genommen werden, sondern zu Trägern des *mana* werden. Als solche werden sie häufig behandelt, als hätten sie eine Seele oder eigene Lebenskraft. Sie sind dann nicht bloß bildliche Stellvertreter, sondern können als Organismen, ausgestattet mit fundamentalen Kräften und Fähigkeiten, aufgefaßt werden. Anders gesagt, sie werden bei dem Versuch verwendet, die Realität zu beherrschen oder, konkreter, durch besänftigende oder sogar wahnhafte Phantasien die eigenen Ängste zu meistern.

Wenn ein Kind einem Spielzeug einen Namen gibt, sehen wir darin gewöhnlich nicht mehr als eine harmlose Linderung einer kurzfristigen Unsicherheit oder Mißstimmung oder Furcht vor Einsamkeit. Aber unterscheidet sich das wesentlich von dem Vertrauen des Melanesiers in das *mana* oder von der Überzeugung, daß die Knochen verstorbener Vorfahren magische Eigenschaften besitzen?

Ich hatte einmal eine Patientin, die, wenn sie nach einer Sitzung meine Praxis verließ, in der Toilette ein Blatt Papier zu holen pflegte und es, wie sie mir einmal zu verstehen gab, bis zu ihrer nächsten Konsultation bei mir sorgfältig aufhob. Dahinter steckte kein großes Geheimnis. Sie hatte nichts anderes getan, als unbewußt ein simples, unauffälliges und zeitweiliges Band mit mir zu haben. Private Rituale dieser Art, die sich in ihrem Wesen nicht sehr vom zwanghaften Sammeln unterscheiden, sind ein Versuch, sich künstliche oder eingebildete Gefährten zu verschaffen. Dementsprechend werden auch Gegenstände, verbindet man sie mit irgendeiner Macht oder *mana*artigen Lebenskraft, zu etwas Besonderem, was seinerseits wiederum dazu dient, den Besitzer zu etwas Besonderem oder Anderem zu machen. Grundsätzlich ist das Sammeln von Objekten eine ausgesprochen individuelle Erfahrung.

Es gibt jedoch gewisse Objekte oder Sammlungen, die bei den Betrachtern gemeinsame Empfindungen hervorrufen. Eine frühe Form der Beruhigung von Ängsten und des Einsatzes imaginärer Kräfte war das Sammeln von Schädeln. Es geht dabei um einen Gefühlsausdruck, der dem abendländischen Menschen durchaus vertraut ist, denn die katholische Kirche hat lange Zeit mit heiliger Scheu und Ehrfurcht auf die Schädel von Heiligen und Märtyrern geschaut. Es handelt sich um mehr als nur körperliche Überreste der jeweiligen Person oder sogar deren geheimnisvolle, Ehrfurcht erzeugende Identität und auch um mehr als bloße handgreifliche Symbole des Überlebens. Wenn wir der latenten Bedeutung der Schädelverehrung und postmortaler Macht nachforschen, müssen wir uns der Zwangsjacke des logischen Arguments oder des abwehrenden Räsonierens entledigen.

Das Denken hat, Jan Huizinga zufolge, eine ausgeprägte »Neigung zur bildlichen Gestaltung... Der ganze Inhalt des Gedankenlebens will sich in Verbildlichungen zum Ausdruck bringen«.[43] Hier ist es der Gedanke der Unsterblichkeit, der sich mit einem Gegenstand zu verbinden sucht. Diesem Wunsch nach einer Reliquie, und insbesondere nach einem Schädel, liegt ein starkes emotionales Erlebnis zugrunde. Indem der Gläubige den Schädel eines Vorfahren aufhebt, verleiht er diesem Menschen ewige Existenz. Sein Geist bleibt bestehen. Eigentlich bedeutet es jedoch, daß, wenn dieser zu Unsterblichkeit gelangen kann, dies auf die eine oder andere Weise auch für den Besitzer des Schädels gilt.

Eine Reihe von Südseestämmen modellieren sogar eine Art Ebenbild ihres Vorfahren auf dessen Totenschädel.[44] Was die Schädel von Heiligen oder Märtyrern betrifft, werden sie zuweilen in einem Reliquiar aufbewahrt, das mutmaßlich seinem oder ihrem Äußeren ähnelt. Es ist offensichtlich ein Versuch, Leben zu bewahren oder zurückzugewinnen. Jedoch bliebe das Entscheidende außer acht, wenn wir diesen Brauch nur im Hinblick auf das Bewahren oder Zurückgewinnen betrachteten oder als Griff nach Aneignung und Beherrschung, der mit Besitzenwollen und einer phallisch-exhibitionistischen Tendenz zu tun hat.

In der Anhäufung von Reliquien ist alles beisammen, worum es beim ganzen Vorgang des Sammelns geht. Die Menschen neigen dazu, wichtigen Körperteilen eine innere Potenz oder Lebenskraft zuzuschreiben; wo ein abgeklärteres Denken herrscht, kann das auch gegenüber Überresten aus der Vergangenheit geschehen, wie etwa bei den Bürgern Roms, denen griechische Kunstwerke als höchst begehrenswerte Sammelobjekte galten. Häufig drückt sich in solchem Bestreben ein Glaube an Seelenwanderung aus. Es besteht kein wesentlicher Unterschied zu dem *mana*, von dem zuvor die Rede war. Verschiedene Sammler von Antiquitäten und primitiver Kunst haben mir erklärt, die Gegenstände ihrer Sammlungen seien stille Zeugen der Ewigkeit oder, wie George Ortiz meinte, »Beweis unendlicher Wahrheit«.

Der entscheidende Faktor in dieser Suche nach »Beweisen« ist die Garantie fortwährender Dauer. Die Objekte werden als Zeugnisse dafür angesehen, daß der Tod nichts Endgültiges und nicht das Ende jedes Daseins ist; daß man nicht einfach preisgegeben ist, dem Schrecken des Verlassenseins, der Angst totaler Einsamkeit und letztlich dem Tod und dem Nichts. Das Sammeln von Schädeln, Knochen oder Dingen, die den Vorfahren oder bedeutenden heiligen Menschen gehört haben, ist eine besondere Form des Leugnens. Es ist eine irrationale Sitte, eine Mischung aus bewußter Furcht und unbewußter Aggression. Der Schädel oder die Gebeine sind unwiderleglicher Beweis dafür, daß der Mensch nicht mehr existiert, und trotzdem, dieses

Wissen wird mit der Annahme geleugnet, daß der- oder diejenige weiterhin über magische Kraft oder geheimnisvoll-regenerative Macht verfüge.

Im ritualisierten oder institutionalisierten Sammeln zeigen sich elementare Anzeichen, die, ob das einem gefällt oder nicht, als Beweis für das Vorhandensein einer tiefgreifenden Angst zu bewerten sind, welche aber, etwa von der Kirche, in kollektiver Form abgewehrt wird, indem ein Gefühl der Hilflosigkeit in eine Manifestation imaginativen Handelns verwandelt wird. Gleichzeitig kann nicht außer acht gelassen werden, daß jemand, der in existenziellen Zweifeln steckt, auf vielerlei Weise Erleichterung suchen und finden kann. Folglich sind die gefundenen Lösungen sowohl durch innere Voraussetzungen wie durch die soziokulturelle Grundstimmung geprägt. Wir haben gesehen, daß sich Rudimente dieser Empfindungen in der frühen Kindheit finden lassen, denn es gibt keine Kultur, in der ein kleines Kind ohne Ängste und ohne Furcht vor dem Verlassen- oder Alleingelassenwerden aufwachsen kann. Es steht außer Frage, daß wir es hier mit einem Schlüsselphänomen mit tiefgreifenden Konsequenzen zu tun haben, ein Sachverhalt, der uns die Erklärung erleichtert, weshalb wir zu ganz verschiedenen Zeiten und an ganz verschiedenen Orten auf verwandte Formen der Auseinandersetzung mit derartigen fundamentalen Gefühlen stoßen.

Wie wir noch sehen werden, ist ein Großteil des heutigen Sammelns, sogar dann, wenn es durch Institutionen geschieht, eine – wie auch immer getarnte oder versteckte – Fortführung dessen, was man bei vielen Naturvölkern beobachtet hat: Die tief verwurzelten Versuche des Ergreifens und Festhaltens – Vorläufer von Jagd und Fang – erwachsen aus einem archaischen Bedürfnis nach Körperkontakt; es gibt niemanden, der keine abgesunkene Erinnerung an Hilflosigkeit und frühes Leid in sich trägt.

Deswegen dürfte es sich lohnen, einen weiteren elementaren Aspekt des Sammelns genauer zu betrachten. Wie bereits gesagt, halten viele primitive Völker den Kopf für den Sitz der Lebenskraft oder der Seele. Sie begrenzen diesen Glauben nicht auf die Totenschädel und Knochen ihrer Vorfahren; Haare, Nägel, Zähne, Genitalien und sogar frühere Habseligkeiten können ebenfalls mit *mana* aufgeladen sein. Welches Objekt es auch sein mag, immer geht es um die Übertragung geistiger Macht oder Wirksamkeit. Vor nicht allzu langer Zeit konnte man noch in der Gegend des Sepik in Neu-Guinea hin und wieder einen erst vor kurzem erjagten Schädel zu Gesicht bekommen. Es war üblich, derlei Trophäen außen am Männerhaus zu befestigen. Dort blieben sie bis zu einem bestimmten Fest hängen, bei dem ein Initiationsritual der heranwachsenden Männer vollzogen wurde. Um anerkannte Mitglieder des Männerbundes zu werden, hatten sich diese jungen Burschen dadurch vorbereitet, daß sie unter Beistand von Erwachsenen, gewöhnlich ihrer Väter und Onkel, bei Nachbarstämmen auf Kopfjagd gegangen waren. Erst nach der traditionellen Initiation, nach dem Übergangsritual aus dem Knabenalter zum Erwachsenen, war dem jungen Mann gestattet, in Anerkennung seines neuen Status ein bestimmtes Stammesemblem, ein Penisfutteral, zu tragen.

Wir sollten solche institutionalisierten Bräuche nicht als Barbarei oder blutigen Mord verurteilen. Überhaupt sind manische Grausamkeit und obsessive Gläubigkeit keineswegs unvereinbar. Derartige Konventionen sind gesellschaftlich akzeptierte Mittel, um unbewußte und somit auch unterdrückte Triebe abzulenken. Die Kopfjagd und das Aufbewahren von Heiligenreliquien entstammen derselben Erfahrungswelt. Dies ist der Grund, weshalb ich auf Vorstellungen und Praktiken bestimmter Eingeborenenstämme hingewiesen habe.

Bei den Marind-anim aus dem Westen Neu-Guineas war es Sitte, für jedes Neugeborene einen Kopf zu jagen. Das Kind brauchte einen Namen, und der Name mußte von jemand anderem übernommen werden, der um der Fortdauer willen sterben mußte. Der Name würde weiterleben. Er besaß eine verborgene Macht, und ohne deren Übersiedlung, die nur durch Gefangennahme und Tod gewährleistet war, verfügte niemand über Macht. Aus diesem Grund zwang der Marind-Kopfjäger sein Opfer zunächst, seinen Namen preiszugeben.[45]

Viele christliche Reliquien sind Knochen und Knochenteile von Märtyrern, darunter einige bekannte, aber sehr viele mehr, die wegen ihres Glaubens starben, ohne daß man ihren Namen kannte. Ihre Bedeutung und ganz entscheidend auch die ihnen innewohnende Macht sind jedoch unabdingbar mit einem Namen verknüpft. (Ganz ähnlich geht es uns, wenn wir ein Kunstwerk, dessen Herkunft wir kennen, und mit der Signatur des Künstlers für wertvoller halten als ein unsigniertes.)

Bei den Marind-anim ging dieser Brauch weit über das Zeremonielle hinaus. Es war ein Versuch, sich einer Homöostase der Lebenssubstanz und der Fortdauer ihrer Wirksamkeit zu versichern. So bildeten persönlicher Name und Kopf oder Totenschädel eine einheitliche machtvolle Wesenheit. Deshalb hatten diese Menschen Totenschädel zu ganzen Galerien zusammengestellt, eine klug ausgedachte Einrichtung, um die kollektive Kraft des Stammes zum Ausdruck zu bringen. Für sie erfüllte diese Art des Sammelns und Vorzeigens ein unumgängliches, Ich-stützendes Bedürfnis.

Bei den Bareë-Toradja von Zentral-Sulawesi (dem vormaligen Celebes) durften Männer, die bereits einmal erfolgreich an einer Kopfjagd teilgenommen hatten, einen rot gefärbten Kopfschmuck namens *ula rompo* tragen, während jene, die ein zweites Mal auf die Kopfjagd gingen, ihrem Kopfschmuck Gelb hinzufügen konnten, der dann *udasi nambira* hieß. Die unterschiedlichen Namen und Farben bewiesen Rang und Mut eines Mannes. Jemand, der bereits fünfmal zu diesen wagemutigen Unternehmungen ausgezogen war, durfte Büffelhörner tragen, zweifellos phallische Anspielungen. Was aber geschah mit den Schädeln? Sie wurden im Geisterhaus (*lobo*) ausgestellt.

Mit diesen Kopfjagden wurden verschiedene Zwecke verfolgt. Einer der wichtigsten gehörte zu den Initiationsriten der pubertierenden Knaben, deren Höhepunkt aus einer Beschneidungszeremonie bestand, in deren Verlauf der Junge während der Operation auf einem Totenschädel saß.[46] Diese Prozedur ist besonders anschaulich, weil sie den Novizen im Wortsinne zum *Besitzer* des machtgesättigten Schädels machte. Erinnern wir uns, daß das englische *to possess* vom lateinischen *potis* (mächtig) und *sedere* (sitzen) herrührt; der deutsche Begriff *besitzen* bezeichnet denselben Zusammenhang. Ich glaube, daß keine andere Vorstellung deutlicher ausdrückt, was *besitzen* heißt, vom Raubzug bis zur rituellen Inbesitznahme der Seelensubstanz oder Lebenskraft des hingeschlachteten Opfers. Es ist der schiere Akt der Aneignung und des Triumphs.

Ich habe diese Beispiele ausgewählt, weil sie den Zusammenhang zwischen dem Empfinden einer mysteriösen Macht und bestimmter kulturspezifischer Varianten und Verfeinerungen ihrer Übertragung anschaulich machen. In den Ritualen wird offenkundig, daß Besitz – im buchstäblichen Sinne – und Verfügungsgewalt untrennbar ineinander verwoben sind. Unaufgefordert sorgen die jungen Kopfjäger für eine Demonstration des inneren Sinns ihres neu erlangten Status, eine nachdrückliche Stütze ihrer Selbsteinschätzung oder sogar eine neue Identität durch eine mysteriöse Einverleibung des *mana* ihres toten Opfers. Wir erkennen, daß der Anfangspunkt des Besitzens mit Machthunger verknüpft ist. Hier besteht eine enge Entsprechung zu dem Wunsch oder sogar der Bedingung einiger Sammler, Objekte zu besitzen, die zuvor erwiesenermaßen einer Berühmtheit gehört haben – als ginge eine den Dingen innewohnende Macht so auf sie über. Es handelt sich, wie die Rituale der Kopfjäger zeigen, um die Verschmelzung eines aggressiven mit einem passiv-abhängigen Element.

Hier gibt es, wie ich glaube, einen Zusammenhang mit bestimmten sakramentalen Bräuchen. Auch für die Orang Agung auf der Insel Sumatra war die Kopfjagd Beweis für Leistung und Tatkraft. In der Vorstellung dieser Menschen verdoppelte der von einem jungen Mann erjagte Schädel seine Kraft. Den Kopf eines getöteten Feindes nach Hause zu bringen, setzte Mut und Kraft voraus und war seinerseits Vorbedingung für die Heirat. Darüber hinaus diente der Schädel einem dramatischen Zweck – ein Brauch, den man auch andernorts in leicht erkennbaren Varianten findet: Man benutzte ihn als Hochzeitspokal, aus dem die Neuvermählten Palmwein tranken.[47]

Ohne auf den Brauch weiter einzugehen, haben wir es hier mit einem elementaren Beispiel für die Interdependenz zweier Momente, der Zunahme von *mana* oder Lebenssubstanz und der nachfolgenden mystischen Union von Täter und Opfer, von Bewahrung und Fortdauer der Lebenskraft, zu tun. Offenkundig besteht eine enge Verwandschaft zum Prinzip der Heiligen Kommunion in der römisch-katholischen Kirche, auf die ich im folgenden Kapitel eingehen werde. Auch hier entstammen die unterschiedlichen Erscheinungsformen, ob nun explizit oder in symbolischer Verhüllung, aus der Frühentwicklung der Menschheit und werden den besonderen kulturbedingten Gegebenheiten und schließlich den individuellen Bedürfnissen und Umständen angepaßt.

Eine mir bekannte Sammlerin ist ein modernes Gegenstück zu den indonesischen Kopfjägern. Die Dame hatte seit ihrer Jugend Trinkgefäße gesammelt. Es war jedoch keine einfache Anhäufung von Behältnissen – jedes ihrer Sammelstücke hatte einstmals irgendeinem Prominenten gehört oder war von ihm benutzt worden, darunter Voltaire, Tschaikowskij, Albert Einstein, Franklin D. Roosevelt, einer der Barrymores und der Boxer Jack Dempsey. Läßt man den offenkundigen Unterschied zwischen einem Kopfjäger von Batak und einer gebildeten Dame aus der westlichen Welt außer acht, gibt es in bezug auf die inneren Motive eine unterschwellige Verbindung.

Zu einem anderen indonesischen Stamm ist die Entsprechung noch augenfälliger. Die Wemale von der Insel Ceram liefern ein verblüffendes Beispiel für den Zusammenhang, der zwischen Totenschädeln, Trinkgefäßen und bestimmten anderen, ästhetisch ansprechenden Objekten besteht. (Es sind diese Entsprechungen, die eine Ahnung von den unbewußten Attributen der »Sammlerstücke« geben.) Die Schädel, welche die Wemale ihren Opfern abnahmen, wurden im Heiligtum des Klans, dem *pusaka*-Haus, aufbewahrt, und zwar – und das ist bedeutsam – zusammen mit heiligen Gefäßen, Gongs und chinesischen Porzellantassen und -schalen, die vor Jahrhunderten auf das indonesische Archipel gelangt waren, aber nicht für den häuslichen Privatgebrauch, sondern als Bestandteil des gehüteten, fast schon geheiligten Besitzes eines Klans oder Dorfs.[48] Jedes Stück hatte seine eigene Geschichte, oder besser, eine Geschichte, die man mit ihm verband, ähnlich wie die Sammlung der Tassen, die von Prominenten benutzt worden waren. Bei den Wemale bewahrte man Geschirr und Schädel am selben Ort auf und machte kaum einen Unterschied zwischen beidem.[49]

Der Glaube an eine Lebenskraft, Seelensubstanz oder übertragbare Seele ist offensichtlich ein Anreiz zum Schädel- und Knochensammeln. Es kann aber leicht geschehen, daß einer solchen Sammlung eine Art ästhetischer Fiktion beigelegt wird, durch welche ein besonders schönes Artefakt die Stelle eines erjagten Schädels einnehmen kann. Als beispielsweise der niederländische Gouverneur gegen den uralten Brauch der Kopfjagd bei den Wemale vorging, wandten diese sich statt dessen Porzellan und bronzenen Gongs zu; es kam sogar zu wiederholten Raubzügen in die entferntesten Winkel ihrer Insel, um an weitere dieser Schätze zu gelangen, ähnlich wie bei den Diebstählen heiliger Reliquien im Mittelalter. Ihr instinktiver Drang war gemäßigt oder vielmehr an die Forderung der niederländischen Kolonisatoren angepaßt worden, und nun ersetzten Tassen, Schüsseln, Gefäße und Gongs die verbotenen Totenschädel.[50]

Hier haben wir ein anschauliches Beispiel dafür, wie primitive Impulse gezähmt, transformiert und umgeformt werden können und, psychoanalytisch gesprochen, sekundäre und häufig auch tertiäre Bearbeitungen durchlaufen. Solche Entwicklungen sind keineswegs willkürlich, und trotz Veränderungen und Verzerrungen bleibt eine unbewußte Verwandtschaft mit dem ursprünglichen Sachverhalt bestehen. Das den symbolischen Substituten beigelegte *mana* hatte dieselbe auf Erfahrung beruhende Bedeutung, die man ehedem mit den Köpfen getöteter Opfer verband. Entscheidend ist, daß die einschlägigen Empfindungen und die eigentlichen Quellen, die für solche Vorstellungen unabdingbar sind, kaum beeinträchtigt waren.

Hier läßt sich der Nachhall der ursprünglichen Leidenschaften und Wünsche erkennen, und von hier aus können wir extrapolieren, wie die ursprüngliche Hilflosigkeit des Menschen und seine damit zusammenhängenden Sehnsüchte und Unsicherheiten schließlich umgewandelt und aufgearbeitet werden. Die Abwehr dieser Unsicherheit gewinnt überragende Bedeutung. Wenn Gegenständen, die man schätzt, innere Werte und *mana* beigelegt werden, ist dies sowohl Ausdruck einer Frustration als auch der Suche nach Sicherheit durch magische Mittel.

KAPITEL 5

IM KAPUZINER-FRIEDHOF IN ROM

FOTO: FRATELLI ALINARI, FLORENZ

DAS VERMÄCHTNIS DES KOPFJÄGERS

Zwischen den Schädeln eines Ahnen, eines als Kultopfer Getöteten und eines Heiligen oder Märtyrers, die ihres Glaubens wegen ihr Leben dahingaben, besteht eine grundlegende Affinität. Alle gelten sie als Träger einer inneren Macht, und in ihnen allen konkretisieren sich Vorstellungen, die für das Wesentliche des Mysteriums und Sakraments stehen.

Seit dem Ende des 4. Jahrhunderts betonten Schriften der Kirchenväter, daß die Gebeine von Heiligen und Märtyrern über *dynamis* (der griechische Begriff für Kraft) verfügten. Damit ging der Besitz von Reliquien als Reservoir göttlichen Schutzes in den Glaubensbestand der Christen ein (genauer gesagt, wurde er aus vorchristlichen Glaubensvorstellungen in die christlichen übernommen). Ein heidnischer Brauch wurde den Bedürfnissen der frühchristlichen Kirche angepaßt; Passionen aus vorgeschichtlicher Zeit wurden zurechtgestutzt und in den geltenden religiösen Glauben eingebaut.

In San José, einem Dorf im Petén von Guatemala, wo einstmals die Maya heimisch waren, gibt es eine Kirche, die drei menschliche Schädel besitzt. Für die Bewohner sind diese Schädel Zentrum ihres Glaubens. Wie deutlich hier die Verbindung zwischen heidnischem und christlichem Glauben ist, gab einer der Dorfbewohner zu erkennen. Er erklärte, dies seien die Schädel heiliger Männer aus der Vergangenheit: »Mein Großvater hat mir erzählt, sie seien wichtig, und sein Großvater sagte dasselbe. Sie seien noch wichtiger als die Heiligen, weil die Heiligen aus

Holz gemacht sind. Die Schädel dagegen waren einmal Menschen und lebendig. Es sind echte Knochen, wie unsere.«[51]

Es dürfte schwerfallen, Mystisches und Faktisches prägnanter miteinander zu verknüpfen. Das Vertrauen in die Wirkung der Schädel und damit in ihren spirituellen Wert war der innere Antrieb, das konkrete Vorhandensein der Schädel und Knochen das logische Argument. Das Prinzip, das dem zugrundeliegt, ist das Bedürfnis nach Illusion in der Suche nach Bestärkung und Sicherheiten, die aus einer greifbaren Gegenwart kommen. Der Mensch ist überall ein Gefangener seiner Ängste. Diese innere Tyrannei bedeutet von Anfang an ein tiefes Verlangen nach Sicherheit und noch mehr danach, etwas Besonderes zu sein. Die Reliquien eines Märtyrers zu besitzen ist somit dem Besitz eines Schädels, des Knochens eines Vorfahren oder irgendeines sonstigen *mana*-tragenden Objekts nicht unähnlich.

Viele Stämme sind stolz auf ihre große Sammlung Schädel, Knochen oder Tierzähne. Von den wahrhaften Schädelgalerien der Marind-anim war bereits die Rede; auch andere Stämme in Neu-Guinea und anderswo sammelten Schädel und zeigten sie vor. Keine Sammlung von Schädeln oder sonstigen Relikten läßt sich jedoch mit denjenigen der katholischen Kirche vergleichen, besonders mit jenen des Kapuzinerordens. Und dann sind da noch die Katakomben in Rom und Sizilien, die einen nahezu unbegrenzten Vorrat von Skeletten und Überresten der Männer und Frauen bergen, die für ihren Glauben gestorben sind.

Was wir in Melanesien, Afrika und Mittelamerika gesehen haben, gilt ebenso für die frühen Christen. Auch in ihren Augen gab es eine magische Verbindung zwischen Körper und Seele und daraus folgend zwischen dem Irdischen und dem Spirituellen. Die Seele ist im Leib verkörpert. Reliquien sind die stofflichen Überreste der Toten; als solche bürgen sie für eine esoterische und wunderwirkende Kraft, die vermeintlich heilt oder am Leben erhält oder für Stabilität sorgt und – das wichtigste – das ewige Heil verspricht. Das mittelalterliche Christentum praktizierte und verfeinerte den Mystizismus und die Wunschvorstellungen uralter Zivilisationen.

Erinnern wir uns an den Fall des kleinen Paul und seines Stoffhundes Micky. Daß Paul an die Wirkung des Spielzeugs glaubte, half ihm, seine Ängste zu vergessen, und mit dem Spielzeug in Reichweite lernte er, mit diesem Wunder zu leben und sich darauf zu verlassen. Warum sich dann nicht auch auf Splitter und Nägel des heiligen Kreuzes verlassen oder auf die Überreste der Kleider der Heiligen? Zum Schatz der Kathedrale von Mailand gehören das Leichentuch Christi, Nägel vom heiligen Kreuz und der Stab Moses', während S. Giovanni in Laterano einen weiteren Stab des Propheten zu seinem reichhaltigen Besitz zählt.[52] Auch Christi Vorhaut findet sich unter den Reliquien von S. Giovanni in Laterano; sie ist aber auch an einer Anzahl weiterer Orte aufgetaucht. So gibt es beispielsweise eine heilige Vorhaut in Charroux in der Nähe von Poitiers und weitere in Colombe bei Chartres, in S. Jacopo di Compostela, in Puy, in Hildesheim und in Antwerpen.

Bei allen Reliquien glaubte man, sie verkörperten irgendeine ihnen innewohnende Anwesenheit der heiligen Person, die über ihr irdisches Leben hinaus zu wirken vermöge. Man beachte die Ähnlichkeit zum Glauben an *mana*-erfüllte Objekte bei Naturvölkern. Die Anbetung oder, wie mehrere Kirchenleute während meiner Gespräche im Vatikan mir erzählten, die *Verehrung* solcher Überreste hat sich zu einem bedeutsamen Bestandteil des katholischen Glaubens entwickelt. Msgr. Testori, der im Vicariato di Roma, der offiziellen Ausgabestelle heiliger Reliquien, für die Custodia delle SS. Reliquie verantwortliche Priester, erläuterte mir, daß selbst, wenn die Identität eines bestimmten Heiligen unbekannt ist, seine Überreste dennoch zu jemandem gehörten, der seines Glaubens wegen gelitten hatte und gestorben war. Dem wirklich Gläubigen sollte eine heilige Reliquie eine ernüchternde Mahnung an den Geist der Andacht und die Nichtigkeit irdischer Existenz sein. Msgr. C. Rogers, ein anderer Priester, hob die hohe Gesinnung eines jeden hervor, der für das sterbe, was er für die Wahrheit halte. Worauf es heute ankomme, sei die innere Haltung, betonte er.

Entgegen meinen Erwartungen ist das Amt der *Custodia* nichts weiter als eine Reihe Zimmer mit einer Theke, ein paar Tischen und einer Vitrine mit Glastüren, die einige Dutzend Gefäße enthält. Manche sehen aus wie Apothekengefäße, während es sich bei anderen um einfache Marmeladengläser handelt, und in jedem befinden sich ein paar Knochen oder ein Tütchen, das vermutlich Asche oder irgendeinen anderen fragilen Stoff enthält. Jedes Behältnis hat ein Etikett, meistens mit dem Namen eines Heiligen oder Märtyrers. Als ich meinen Besuch machte, erhielt ein deutscher Priester gerade zwei Reliquien ausgehändigt, eine des Heiligen Sebastian und die andere vom Heiligen Thomas, jede in einem kleinen Umschlag mit einem eindrucksvollen Siegel und den dokumentarischen Unterlagen dazu. Angesichts der dramatischen Vergangenheit von Reliquien und Reliquiensammlern fehlte dem ganzen Vorgang alles Makabre.

Mit vielen Reliquien ist eine Legende oder Geschichte verbunden, die die Bedeutung und wundersame Wirksamkeit vergrößern soll. Noch beim kleinsten Partikel glaubt man, es stecke eine Kraft darin. Man kann das zwar Aberglauben oder Einbildung nennen, aber dieser Glaube an diesen Wert ist einer der Gründe, weshalb eine so große Nachfrage danach besteht. Eine rationale Erklärung dafür gibt es nicht. Nur wenige Themen eignen sich so zur Erforschung von wahnhaftem Glauben und Besitzstreben wie das Reliquiensammeln. Die erfahrbare Kraft, die mit diesen Überresten verbunden wird, ist wie eine Liebesaffäre – unvernünftig, voller Wunschdenken und gelegentlich, wie wir sehen werden, manisch.

Nachdem man den alten Brauch, über dem Grab eines Märtyrers einen einfachen Altar zu errichten, aufgegeben hatte, wurden die Leichname exhumiert und an andere Orte verbracht. Zerstückelung war fast immer vorgekommen, aber jetzt wurde die Zerteilung der Leichen und die Zerstreuung der Teile auf viele Kirchen und einzelne Sammler zu einer gängigen Praxis, die sich zu einer »unbändigen Leidenschaft«[53] auswuchs. Erneut finden die Furcht vor Hilflosigkeit und der Wunsch nach einer schützenden Macht im Zeichen religiöser Verehrung eine treffende Illustration.

Als sich die Nachricht verbreitete, man habe in Jerusalem das Heilige Kreuz entdeckt, wollten Tausende an den Segnungen teilhaben. Vom Nahen Osten bis nach Mitteleuropa überschwemmten Kreuzessplitter den Markt. Man sagte, es gäbe mehr Holz vom Heiligen Kreuz, als gebraucht würde, um alle Straßen Roms damit zu pflastern. Der Gedanke des *pars pro toto* erklärte jeden Splitter zum Depot göttlicher Macht, das dem Besitzer ein beruhigendes Gefühl der Überlegenheit gab.

Die Überreste der Heiligen und Märtyrer verloren damit einen Gutteil ihrer ursprünglichen Bestimmung. Statt allein Gegenstand demütiger Kontemplation zu sein, begann man sie als Unterpfand zu benutzen, »um dadurch den Finsternissen der Unterwelt zu entgehen«.[54] Sie wurden zu einem Mittel, um eine herausgehobene Stellung und Macht zu erlangen, und außerdem zu einer akzeptierten Form, die eigene Unersättlichkeit auszudrücken. Bald verband sich mit ihnen die Rückkehr zu magischem Denken und Wunschprojektionen.

Unzweifelhaft waltet in der Gleichsetzung dessen, was einstmals einem Heiligen oder gar Jesus Christus selbst gehört hat, mit dem Einssein oder Einswerden mit ihm eine archaische Grundströmung. Sie läßt das Bedürfnis nach einer Verbindung mit dem Heiligen hervortreten, die einen illusionären Versuch der Selbstrettung eröffnet. Die Furcht, dem Leben schutzlos preisgegeben zu sein, und die Aussicht auf die Schrecken des Purgatoriums erinnern an jene Ängste, die kleine Kinder in den frühen Jahren der Unsicherheit und des Zweifels erleben, und an die zuweilen makabren Rituale primitiver Völker. Der Anruf an die Überreste eines Heiligen um Vermittlung entwickelt sich aus dem Gefühl, verletzbar und ohne Gegenwehr zu sein, und zugleich aus einem inneren Schuldgefühl, weil die instinktive Reaktion auf Verletzbarkeit Haß ist.

Dem Reliquienkult und der häufig obsessiven Reliquiensammelei ging der weit verbreitete Gebrauch beschützender Amulette voraus.[55] Gegen Ende des 4. Jahrhunderts wurden derart viele Reliquien nach Konstantinopel gebracht, daß es zur Hauptstadt der Reliquien wurde und Reisende, Pilger und

Kreuzfahrer in die Stadt strömten. Geschäftstüchtige Händler machten sich die frommen Empfindungen der Besucher zunutze, und bald gab es überall Gesundheit, Vergebung und göttlichen Schutz zu kaufen. Dieselbe Art Seelenzustand, die für das unglückliche Kleinkind gilt, wenn Hilflosigkeit und Unsicherheit sein Vertrauen bedrohen, rief die entsprechenden heiligen *mana*-erfüllten Knochen und Objekte auf den Plan.

Das Christentum mag zu dieser Zeit bereits an die Stelle des Heidnischen getreten sein, aber das alte Grundbedürfnis blieb bestehen. Die Gläubigen scheuten davor zurück, ihr Vertrauen in immaterielle Segnungen zu setzen. Um der übernatürlichen Vergewisserung zu trauen, brauchten sie etwas, das man sehen und berühren konnte. Rasch hatten Exzesse der Frömmigkeit und Andacht und ein gehöriges Maß an Habsucht zur Folge, daß vernünftiges Urteilen außer Kraft geriet. Seit jeher sind Fanatiker, mit ihnen die Kenner, Opfer ihrer eigenen Gefühle gewesen, so wie es hier der Fall war.

Binnen weniger Jahre kam es zu häufigen Reliquiendiebstählen, angeblich aus Gründen der Frömmigkeit, in Wirklichkeit jedoch, weil sie zu einem echten Vorteil geworden waren; mit ihnen konnte man fromme Pilger zu den Andachtsstätten locken. Ob aus ideologischen Motiven, Lust an schönen Dingen, schierem Ehrgeiz oder aufgrund soziopolitischer Ziele – es steht außer Frage, daß es bei einem Gutteil der Diebereien im Kern um den Wunsch nach Exklusivität und Macht als gewöhnliche manische Angstabwehr ging. In diesem Falle lag es nahe, daß jemand, der an ein solches Objekt herankommen konnte und wirklich an dessen Schutz gegen die Verdammnis glaubte, in seinem Besitz Trost fand. In dem heftigen Kampf um den Besitz dieser Objekte, der für diese Zeit bezeichnend war, können wir die Entwicklung einer Gewinnsucht sehen, die von einer starken Aura des Heiligen umgeben war.

Aus karolingischer Zeit haben wir einige Kenntnisse über einzelne Reliquiensammler. Einer von ihnen war Einhard, der Biograph und Ratgeber Karls des Großen und seines Sohnes Ludwig des Frommen. Ludwig hatte Einhard mit dem Bistum

Mulinheim im Odenwald als Pfründe ausgestattet, das dieser mit Heiligenreliquien aufwerten wollte. Während Einhard sich darum bemühte, für seine »Stadt der Seeligen« – er hatte Mulinheim in Seligenstadt umbenannt – Reliquien zusammenzubringen, schmuggelten die Venezianer die Überreste des Heiligen Markus aus Alexandria hinaus. Hilduin, der Kaplan des Kaisers, war ebenfalls auf das Sammeln derartiger Schätze erpicht und Einhards Konkurrent um die Reliquien. Es gibt eine Menge Belege dafür, daß Besitzgier, selbst wenn sie im Namen des Glaubens agiert, der Korruption ziemlich nah benachbart ist, und so wurde Venedig die letzte Ruhestätte des Schädels des Heiligen. Einhard erhielt jedoch die Reliquien zweier Märtyrer, von Marcellinus und Peter, über die er eine umfangreiche Abhandlung verfaßte, *Translatio et Miracula SS. Marcellini et Petri*.

Daß Reliquien im Leben des Mittelalters einen entschieden wirtschaftlichen Anreiz hatten, darf nicht übersehen werden. Weil sie Beter von auswärts anzogen, warfen sie beträchtliche Einnahmen ab.[56] Es gab ganz handfeste Gründe, sich um sie zu bemühen. »Eine Stadt ohne Reliquien war wie ein Mann ohne Schatten«, schreibt Hugh Honour.[57]

Die Diskrepanz zwischen Angebot und Nachfrage brachte rasch eine Reihe umtriebiger Händler auf die Szene, darunter einige im Klerikerrock, wie etwa der Diakon Deusdona, der gegenüber der berühmten römischen Kirche S. Pietro in Vincoli wohnte und als Treuhänder und Verwalter einer Anzahl reich bestückter Katakomben fungierte.[58] Habsucht gewann bei ihm schnell die Überhand über seinen religiösen Eifer, und so machte er sich an den Verkauf gefälschter Reliquien an naive und vertrauensselige Gläubige. Besessene Sammler sind immerzu in Versuchung. Ein paar Jahrhunderte später war es der Verkauf von Ablässen, der sich das schwache Selbstbewußtsein der Menschen auf ungute Weise zunutze machte. Deusdona, ein veritabler Reliquienhändler, der mehr auf die Naivität der Leute setzte, gründete eine Art Syndikat zur Ausbeutung von Katakomben und interessierten Gläubigen. Die Mühsal der Alpenüberquerung hielt den Diakon nicht davon ab, den kaiserlichen

Hof in Aachen zu besuchen und und seine Beziehungen dorthin zu pflegen.

Bald fiel den Bürgern Roms der permanente Abfluß aus ihrem geistlichen Kapital auf, besonders, nachdem ein paar Leute nach den Überresten der Heiligen Sebastian und Hermes Ausschau hielten und dabei entdeckten, daß deren Gräber geöffnet worden waren. Deusdona, der Zugang zu den inneren Zirkeln des Aachener Kaiserhofs gefunden hatte, konnte wahrscheinlich seine Mitbewerber um die Überreste ausstechen. Mit Zustimmung von Papst Eugen II. waren Teile der Gebeine des Hl. Sebastian in das französische Soissons verbracht worden. Reliquien gelangten zu einer Bedeutung, die über den Charakter des bloß Devotionalen hinausging: Hilduin hatte mit dem Diebstahl der Gebeine des Hl. Peter zu tun, die Einhard gehörten, während Einhard einen Weg ausgetüftelt hatte, sie aus einer römischen Kirche herauszuholen.[59]

Für den Menschen des Mittelalters war es ein Triumph, wenn die Reliquien von Heiligen und Märtyrern unbeschädigt und ohne Einwilligung der Verantwortlichen, die man dann ihrer Schätze für unwürdig erklärte, weggeschafft werden konnten – das offenbart deutlich die Seichtigkeit des Gewissens. Gregor von Tours berichtet von Dieben, die einer Abtei nahe bei Bourges einige Reliquien des Hl. Vinzenz anboten, welche in Orbigny gestohlen worden waren. Ein weiteres Beispiel bieten die Mönche der Abtei von Abingdon, die bekannt machten, daß bestimmte heilige Überreste in ihrem Kirchenschatz aus Glastonbury weggenommen worden waren, was auch hieß, daß sie ihnen als deren neue Schutzherrn sicherere Obhut böten.[60]

Geschmack und Entscheidung von Sammlern sind in erster Linie von deren persönlichen Vorlieben bestimmt, aber es besteht wenig Zweifel, daß das zeitliche und örtliche Ambiente die Sichtweise eines Menschen beeinflußt. Das religiös eingefärbte Interesse an Reliquien ging in gewissem Umfang von Karl dem Großen selbst aus. Der Kaiser war ein frommer Christ, der Aachen, seine Lieblingsresidenz, zu einem der Zentren der Reliquienverehrung machte. Er erinnerte sich an ein Wunder, das sich vor seinen eigenen Augen ereignet hatte, als er sieben war. Der Sarg mit den Gebeinen des Hl. Germanus sollte damals an einen anderen Ort verbracht werden, erwies sich aber als zu schwer. In diesem Augenblick geschah das Wunder: Der Sarg bewegte sich von selbst. Der kleine Karl, der das aus der Nähe beobachtete, sprang voller Verwunderung auf und verlor dabei einen Zahn.[61]

Selbst eine nur bruchstückhafte Beschreibung wie diese wirft ein Licht auf die Verknüpfung von Glaube und Gefahr. Für den Jungen war diese Erfahrung eine unvergeßliche Offenbarung der übernatürlichen Kräfte, denen er sich zu beugen hatte. Das Interesse für Reliquien wurzelt schließlich in Unsicherheit und einem entsprechenden Bedürfnis nach Beruhigung. Angesichts existentieller Ängste und Enttäuschungen, die unweigerlich zu feindseligen Gedanken und aggressiven Phantasien führen und die ihrerseits zum Quell der Furcht vor künftiger Vergeltung werden, bekamen Reliquien emotionale Bedeutung. Denn die Kirche predigt für irdische Sünden die ewige Höllenstrafe. Solche Drohungen, die in Wirklichkeit von innen kommen, aber auch äußere Gefahren können leicht das innere Gleichgewicht eines Menschen derart ins Wanken bringen, daß der Punkt erreicht wird, wo Wahn und Fanatismus die Oberhand gewinnen. Wie der Schnuller für das Baby oder der Spielzeughund für Paul ist die Reliquie ein technisches Hilfsmittel für jene, die des greifbaren Rückhalts bedürfen. Sie repräsentiert das uneingeschränkte Sichergeben des Gläubigen in die Allgegenwart des Sakraments. Das galt vor allem zu einer Zeit, in der die Kirche, wenn sie die Schrecken predigte, welche die armen Sünder in der Hölle erwarteten, die Gläubigen unablässig an ihre unausweichlichen Schuldgefühle erinnerte.

Die Kindheitserinnerung Karls des Großen kommt uns zupaß, weil sie unser Bewußtsein für den unterschwelligen Zusammenhang zwischen dieser eine heilige Scheu weckenden Episode, seinem lebenslangen Wunderglauben, und die ihm immer gegenwärtige Bedrohung durch die göttliche Gerechtigkeit und Vergeltung schärft. Es läßt sich nicht feststellen, in welchem

Ausmaß der plötzliche Verlust eines Zahns in dem Moment, als sich der Sarg bewegte, den Glauben des Siebenjährigen an spirituelle Mächte bestärkte. Erinnerte ihn diese Episode an einen Kontrollverlust und die Notwendigkeit des Selbstschutzes? Verschärfte das Geschehen einen inneren Konflikt darüber, ob aggressive Impulse womöglich den göttlichen Schutz gefährdeten? Ziehen wir Hinweise aus klinischen Beobachtungen heran, sehen wir, daß Träume über den Verlust von Zähnen oder eines Zahns häufig eine Verstörung durch kannibalistisch-destruktive Phantasien oder sogar Kastrationsangst signalisieren, und es könnte sein, daß Karl der Große sich nach Befreiung von einer womöglich unbewußten Schuld sehnte.[62]

Magische Objekte sind, wie schon gesagt, ein Schutzwall gegen das diffuse Gefühl der Verwundbarkeit oder, bei gläubigen Menschen, eine Art Versprechen freien Geleits. Wenn Karl der Große Ausschau nach etwas Beschützendem hielt, können wir das als eine Art übernatürliche Macht verstehen, aber auch als Mittel, welches seine Illusion, Gegenwart und Künftiges zu beherrschen, stärken sollte.

So wie das Gebot des eigenen Glaubens ein rudimentäres Bedürfnis nach Abwehr von Bedrohungen, die einen verfolgen, rationalisiert, so verformen sich religiöse Glaubensinhalte in abergläubische Leichtgläubigkeit und bei vielen Reliquiensammlern in die schiere Berechnung im Namen der Frömmigkeit. Solche Gefühle stehen im Einklang mit den vorherrschenden Wertvorstellungen. Während die Initiations- und Wiedergeburtsrituale bei Naturvölkern der Schädel und Skalpe bedurften, um das Fortbestehen der Lebenskraft zu gewährleisten, feierten mittelalterliche Gläubige ihre Triumphe, wenn sie sich die Überreste von Heiligen und Märtyrern aneigneten, deren bisherige Wächter ihres Besitzes nicht würdig waren. Der Besitz von Reliquien »schien sich einer eigentümlichen Befreiung vom allgemeinen Ehrlichkeitskodex zu erfreuen«.[63]

Bei dieser unablässigen Drängelei nach Erlösung sehen wir uns einer Mischung aus ganz und gar primitiven religiösen Vorstellungen und der Besessenheit, sich der Erlösungsmittel zu versichern, gegenüber. Es sieht so aus, als gäbe es zwischen den emotionalen Untertönen der Weltsicht eines Kopfjägers und den existentiellen Vorstellungen des mittelalterlichen Menschen einen Zusammenhang. Das heißt nicht, daß wir es mit einer simplen Replik einer rituellen Leidenschaft zu tun hätten, sondern vielmehr, daß dieser Zusammenhang aus viel tiefer sitzenden Faktoren besteht, die allem Anschein nach in einer alles durchdringenden existentiellen Angst wurzeln. Die Frage, die sich stellt, lautet mit anderen Worten: Worin besteht der Unterschied zwischen dem Schädel eines Vorfahren und dem eines Heiligen oder Märtyrers?

Unter solchen Bedingungen bediente sich bald blanke Grausamkeit des Vorwands religiöser Betätigung. Als im Jahre 1000 der Hl. Romuald, ein Eremit, wissen ließ, daß er sein umbrisches Dorf zu verlassen gedenke, planten die Menschen in seinem Sprengel heimlich, ihn umzubringen, damit ihnen die geheiligten Gebeine nicht entgingen.[64]

Es liegt auf der Hand, daß die Nachfrage nach heiligen Reliquien nicht ausschließlich mit geistigen Unternehmungen gestillt wurde. Die Ermordung des Hl. Romuald und andere Beispiele wie das der Hl. Elisabeth von Thüringen geben mehr als eine bloße Ahnung davon, wie sich die Ansteckung ausgebreitet hatte. Elisabeth hatte als fromme, selbstlos der Armenhilfe und Krankenpflege hingegebene Frau gelebt. Der Kontakt mit ansteckenden Krankheiten führte 1231 schließlich zu ihrem frühen Tod im Alter von dreiundzwanzig Jahren. Sie starb im städtischen Hospital von Marburg. Die Einwohner warteten nicht lange, um Teile ihrer sterblichen Hülle zu ergattern. Nicht nur schnitten sie ihr das Haar ab und rissen ihr die Nägel aus, um in den Besitz eines Teils des Leichnams zu gelangen; auch die Finger, Ohren und Brustwarzen schnitten sie ihr ab. Damit nicht genug, machten sich die frommen Bürger Marburgs in ihrer Trauer sogar mit Stücken ihres Totenhemdes auf und davon.[65]

Es waren mehr als bloße symbolische Handlungen. Sie kennzeichnen die Plastizität der Gefühle, die man in dieser Zeit findet. Liebe und Zuneigung vermischten sich mit leidenschaftlicher Gewalt und gipfelten gelegentlich in Ausbrüchen ansteckenden religiösen Wahns. Die Exzesse sind Auswüchse der Ängste und der chronischen existentiellen Krisen, denen wir bereits begegnet sind: in den Riten der Kopfjäger, in der kindlichen Furcht vor dem Alleingelassenwerden und in der inneren Not des nie zufriedengestellten, immer suchenden Sammlers.

TEIL III
DREI PSYCHOBIOGRAPHIEN

KAPITEL 6

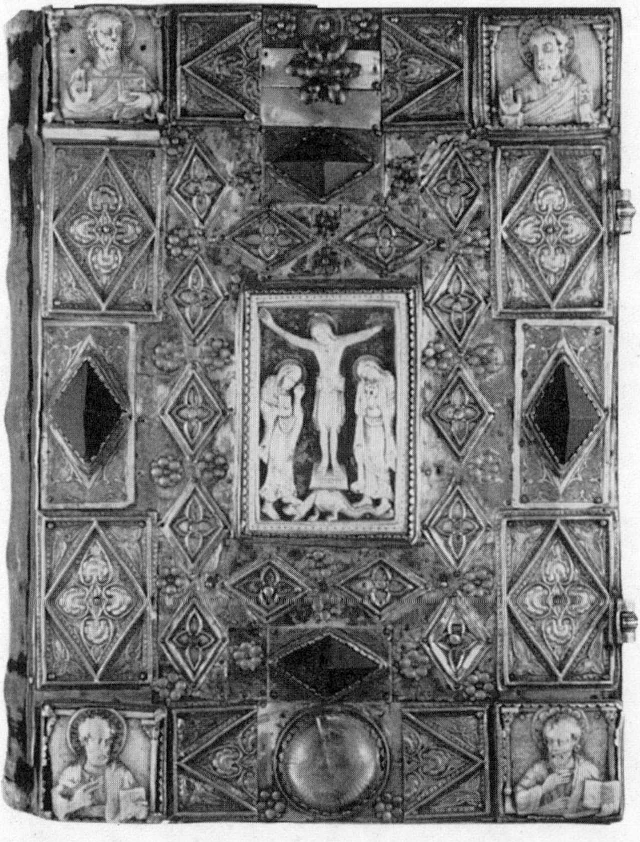

BUCHEINBAND AUS SILBER UND ELFENBEIN, AUF EINER HOLZPLATTE MONTIERT, AUS DEM 12. BIS 15. JAHRHUNDERT, VERMUTLICH AUS ST. APOSTELN IN KÖLN

EHEMALS IN DER PHILLIPPS COLLECTION. SAMMLUNG DER J. PIERPONT MORGAN LIBRARY, NEW YORK, M.651, VORDERER EINBAND

»EIN EXEMPLAR VON JEDEM BUCH«

In den drei folgenden Kapiteln möchte ich den persönlichen Umständen und Lebensgeschichten von drei besonderen Sammlern nachgehen. Es sollen gewisse empirische Aspekte veranschaulicht werden, vor allem im Frühstadium ihres Lebens, die helfen dürften, die grundlegenden Faktoren für den Verlauf ihres Wirkens als Sammler zu klären. Diese drei Lebensprofile haben den Vorzug, daß wir uns nicht auf Sekundärquellen verlassen müssen. Diese Sammler haben autobiographische Daten hinterlassen (oder im Falle des Mr. G. mir zugänglich gemacht), die ein breites Spektrum von erhellenden und bedeutsamen subjektiven Blicken auf ihr Leben liefern. Sie helfen bei dem Bemühen, Momente des kausalen Zusammenhangs von Ursprung, Verlauf und kompensatorischer Bedeutung ihrer Passion zu verstehen und zu illustrieren. Die Beispiele, die ich für detaillierte Untersuchungen ausgewählt habe – und die die vielfältigen Kriterien und Aspekte ins Licht rücken, welche den Reiz des Sammelns ausmachen –, sind der bekannte britische Buch- und Handschriftensammler Sir Thomas Phillipps, der berühmte französische Romancier Honoré de Balzac (ein besessener Sammler von Nippsachen, der in seinem Roman *Vetter Pons* die defensiven Leidenschaften des engagierten Sammlers mit viel Einfühlungs- und Vorstellungsvermögen geschildert hat) und ein Mr. G., den ich persönlich gekannt habe.

Als Sir Thomas 1872 starb, hinterließ er die vermutlich größte und wichtigste Sammlung von Büchern und Handschriften, die je von einem einzelnen Menschen zusammengetragen worden ist. Die Sammlung war derart groß und bedeutend, daß das Versteigerungshaus Sotheby's in London und New York bis heute, mehr als ein Jahrhundert nach seinem Tod, über sechzig Auktionen der »berühmten Sammlung von Sir Thomas Phillipps« mit einem Erlös von Abermillionen Dollar veranstaltet hat.

Nun muß man wissen, daß sich diese große Sammlung nicht auf Bücher und Manuskripte beschränkte. In Wirklichkeit erwarb Sir Thomas über mehr als fünfzig Jahre und in grandiosestem Maßstab über die Zehntausende Bücher und Manuskripte hinaus praktisch jedes babylonische Zylindersiegel, jede Urkunde und jedes Dokument, jeden Codex und genealogischen Stammbaum, jedes Autograph, jedes Cartularium und jede Karte und noch viele Meisterzeichnungen, den, die oder das er in die Hände bekommen konnte.

Vielleicht ist es nötig, hier die geistige und historische Bedeutung der *Bibliotheca Phillippica* – unter diesem Namen sollte man sie nach dem Willen des Eigentümers kennen – zu unterstreichen, weil sein eigener Antrieb, sie zusammenzutragen, schwerlich von irgendwelchen höheren Motiven herrührte. Wir werden noch sehen, wie Sir Thomas' Besitzsucht oft an die Grenze der Manie – ein Wort, das er von Zeit zu Zeit verwendete, wenn er sich über seine Sammelwut äußerte – heranreichte oder sie überschritt. So schrieb er beispielsweise eines Tages seinem Sammlerkollegen Robert Curzon, einem der wenigen Menschen, mit denen er für die längste Zeit seines Lebens auf gutem Fuß stand: »Ich mache weiter mit meiner alten Manie des Büchersammelns, aber nicht so sehr Manuskripte als vielmehr gedruckte Bücher«. Ein Postscriptum zu einem anderen Brief an Curzon, drei Jahre vor seinem Tod geschrieben, wird noch deutlicher: »Ich kaufe gedruckte Bücher, weil ich EIN EXEMPLAR VON JEDEM BUCH AUF DER WELT haben möchte!!!«[66]

Als Sir Thomas über seinen Ehrgeiz schrieb, war er bereits ein alter Mann, nörglerisch, überheblich, oft schäbig, ein Katholikenhasser und absolut egozentrisch. Erst wenige Jahre zuvor war er aus dem geräumigen Landsitz Middle Hill in Gloucestershire ins

Thirlestaine House umgezogen, die weitläufige, aber ungemütliche Residenz des verstorbenen Lord Northwick in Cheltenham.

Ein leichter Umzug konnte es nicht gewesen sein. Wenn Thirlestaine House ungemütlich war – »ausge-buch-t im einen Flügel und ausge-ratte-t im anderen«[67], wie seine kränkelnde Frau mit Recht über ihren neuen Wohnsitz klagte –, war Middle Hill inzwischen völlig unbewohnbar geworden. Nicht, daß Sir Thomas auf ihre Gefühle oder ihre Behaglichkeit Rücksicht genommen hätte. Er zog nicht etwa deshalb um, weil Thirlestaine House angenehmer war oder seiner Sammlung mehr Raum bot, sondern weil er sich geärgert hatte.

Middle Hill war treuhänderisch an Phillipps übergegangen und sollte mit seinem Tod an sein ältestes Kind, seine Tochter Henrietta, übergehen. Gegen den Willen des Vaters hatte sich Henrietta mit James Orchard Halliwell, einem hervorragenden Shakespeare-Forscher, aus dem Staub gemacht. Aufgebracht vor Wut und getrieben von Vorurteilen, egozentrischem Ehrgeiz und einer unbeugsamen Feindseligkeit gegenüber Halliwell, war Phillipps entschlossen zu verhindern, daß seine Bibliothek und seine sonstigen Besitztümer in die Hände seiner Tochter und deren Ehemannes fielen. Deshalb ließ er Middle Hill verkommen und zur Beute von Plünderern und Verfall werden, bevor er es den Halliwells überließ.

Zwischen Juli 1863 und März 1864 wurden insgesamt 103 Fuhren mit Manuskripten, Büchern, Gemälden, Zeichnungen und Papieren jedweder Art von Middle Hill nach Thirlestaine House geschafft, gezogen von 230 Pferden und begleitet von 160 Mann.[68] Selbst nach heutigen Maßstäben war die *Bibliotheca Phillippica* zum damaligen Zeitpunkt enorm und von unschätzbarem Wert. Um 1840 enthielt sie rund elftausend Handschriften. Sechzehn Jahre später war allein die Zahl der Handschriften auf rund zwanzigtausend gestiegen; es gab damals an die dreißigtausend gedruckte Bücher.[69] Zu Phillipps Lebzeiten wurde keine genaue Bestandsaufnahme der Sammlung gemacht, aber er hinterließ mindestens sechzigtausend Handschriften und um die fünfzigtausend Bücher.

Wie bereits erwähnt, war er sich zum Teil des Ausmaßes seines inneren Zwangs bewußt. Sir Frederic Madden, der für Handschriften zuständige Abteilungsleiter beim British Museum, führte ein Tagebuch, das sich inzwischen ebenfalls in der Bodleian Library in Oxford befindet, in welchem er einen Besuch auf Middle Hill im Sommer 1854 beschrieb:

> Das Haus sieht jedesmal, wenn ich es besuche, heruntergekommener und verfallener aus, und inzwischen gibt es keinen einzigen Raum mehr, der nicht mit großen Kästen voller Manuskripte vollgestopft ist. Die Verhältnisse sind wirklich unvorstellbar. Lady P. ist nicht da, und wäre ich an ihrer Stelle, käme ich nie wieder zu einer derart armseligen Behausung zurück... Jeder Raum ist mit Massen von Papieren, Manuskripten, Büchern, Privilegienbriefen, Verpackungen & anderen Sachen angefüllt, die einem in Haufen vor den Füßen herumliegen, sich auf Tischen, Betten, Stühlen, Leitern &c.&c türmen, und in jedem Raum sind Stapel von riesigen Kästen, bis zur Decke, die die wertvolleren Bände enthalten! Man wird ganz krank davon!... Ich fragte ihn, weshalb er nicht die Papier- und sonstigen Stöße vom Fußboden wegräume, damit ein Gehweg freigehalten werden könne, aber er lachte nur und sagte, ich sei nicht *daran gewöhnt*, so wie er!... Die Fenster des Hauses werden nie geöffnet, und die dicht eingeschlossene Luft & der Geruch von Papier und Handschriften sind fast unerträglich.

Diese anschauliche Beschreibung ist mehr als ausreichend, um eine Vorstellung davon zu geben, wie Phillipps lebte und sammelte. Und Madden stand in seiner Beurteilung nicht allein da. Andererseits kommt man nicht umhin, mit Bewunderung einer Bibliothek zu gedenken, die damals beispielsweise eine auf Pergament geschriebene Ausgabe des Valerius Maximus mit eigenhändigen Anmerkungen von Petrarca enthielt (heute in der Bibliothek der Harvard University), das Handschriftenverzeichnis von Horace Walpoles Bibliothek in Strawberry Hill und die Handschriften von Briefen der Hln. Hieronymus und Augustinus in einem Einband aus dem fünfzehnten Jahrhundert (heute in der Pierpont Morgan Library).

Dennoch gibt es einen Unterschied zwischen Besessenheit und Idealismus, und was Madden zu seiner Reaktion veranlaßte, war im wesentlichen das Fehlen des letzteren. Die Sammlung zeigt keinerlei Sinn für Ästhetik, es gibt kein Anzeichen dafür, daß Phillipps die Schönheit seiner vielen illuminierten Handschriften zu schätzen wußte. Einige darunter waren von staunenswerter Ausstrahlung. Auch für die vielen hervorragenden Zeichnungen von Michelangelo, Leonardo und Rubens in seinem Besitz hatte er kein wirkliches Empfinden.[70]

Nur wenn man tiefer in Phillipps' Lebensgeschichte und Entwicklung vordringt, vermag man zu sehen, daß seine Interessen und Ambitionen eine gewisse innere Logik und Berechtigung besitzen – beides und auch sein Snobismus blieben Madden verborgen. Nur bei einer jener seltenen Gelegenheiten der Selbstbeobachtung fiel Phillipps auf, was er selbst Egoismus nannte.[71] Er war ein eigensinniger, despotischer Mann, von Launen geplagt und einer erstaunlichen Rücksichtslosigkeit gegenüber den Bedürfnissen und Empfindungen anderer. »Es geht uns allen ernsthaft durch den Kopf, daß er überschnappt«, schrieb seine zweite Tochter, Mary, im Sommer 1843 an Henrietta Halliwell. Zu diesem Zeitpunkt hatte ihr Vater noch fast dreißig Jahre ununterbrochenen Sammelns vor sich.

Bei seinem Tode hinterließ Sir Thomas Tausende Notizzettel, Briefe, Briefkopien, Schriften, Rechnungen und Zufallsnotate. Es scheint, als wäre es ihm unmöglich gewesen, irgend etwas Geschriebenes dem Müll zu überlassen. Trotz all dieser Details wissen wir nicht genau, wo und unter welchen Umständen Phillipps die ersten vier Lebensjahre verbrachte. Ebensowenig wissen wir, wer für ihn sorgte. Wahrscheinlich wuchs er in oder nahe bei Manchester auf, wo sein Vater zu einem vermögenden Mann geworden war. Der reiche Vater Phillipps und sein Sohn zogen 1796 nach Gloucestershire um. Middle Hill, ein weiträumiges Landhaus mit – ausweislich der Steuerforderung – vierundfünfzig Fenstern, wurde für die nächsten achtundsechzig Jahre zur Heimstatt der Familie Phillipps.

Trotz Wohlstand und Ansehen, wozu sein Vater es gebracht hatte, war Thomas Phillipps' Kindheit von Unsicherheit geprägt. Thomas kam am 2. Juli 1792 als uneheliches Kind zur Welt. Seine Mutter hieß Hannah Walton, eine einundzwanzigjährige Bedienstete von niederer Abkunft. Sein Vater, ein Selfmademan, erfolgreicher Kaufmann und Grundbesitzer, war zur Zeit von Thomas' Geburt fünfzig Jahre alt. Phillipps Sen., ein Junggeselle, war offenbar stolz, einen Erben zu haben, denn der Junge wurde auf den Namen Phillipps und nicht Walton getauft. Da er in der Obhut seines Vaters blieb, wissen wir nicht, wer ihn bemuttert hat. Hannah Walton wurde fortgeschickt, aber sie blieben, wie wir noch sehen werden, miteinander in Verbindung. Als Thomas sechs Jahre alt war, brachte man ihn ins Haus eines Lehrers im nahegelegenen Broadway, und ungefähr zwei Jahre später trat er in die »Academy for the sons of Gentlemen« in Fladbury ein.

Im Jahre 1818, als Thomas sechsundzwanzig war, starb sein Vater. In seinem Testament vermachte er seinen Besitz und Middle Hill treuhänderisch seinem Sohn und im weiteren Thomas' Nachkommenschaft. Das Jahreseinkommen des jungen Erben betrug anfänglich an die 8000 Pfund Sterling, in jenen Tagen ein gewaltiger Betrag. Für Thomas' Mutter, die damals mit einem Mr. Judd verheiratet war, bestimmte der alte Mann bezeichnenderweise eine Jahresrente in Höhe von fünfzig Pfund.

All dies wissen wir, weil Thomas unfähig war, irgend etwas Schriftliches verschwinden zu lassen. In einem Brief an seinen Vater aus dem Jahr 1815 bat er den alten Phillipps sogar darum, seine Korrespondenz aufzuheben. Und 1818 schrieb er ein weiteres Mal: »Bitte bewahre alle meine Briefe auf, denn es wird mir viel Freude machen, wenn ich sie später einmal durchsehe.«

Man fragt sich, ob er sich je wieder diese Notizen und Briefe angeschaut hat. Wie dem auch sei, wir sind dankbar für diese Narretei, die die Hauptquelle für seine Biographie ausmacht.

Das reichhaltige Inventar war anscheinend seine Weise, sich an seine nichtverfügbaren Eltern zu hängen, und ein Ausdruck der Suche nach Sicherheit. Zwei kleine Briefumschläge, datiert von 1819, enthalten zwei Haarlocken, die mit »Vaters« beziehungsweise »Mutters« bezeichnet sind. Inmitten der chaotischen Masse von Papieren weisen die ein rundes Dutzend zählenden Briefe von und an Hannah Walton ein ungewöhnliches Maß an Zurückhaltung auf. Daß Thomas die Haarlocken aufbewahrte, könnte uns als etwas verbittert anmuten, aber es ist ein Hinweis auf seine seltsam verhüllte Sentimentalität. Es sagt viel, daß er den Briefwechsel mit seiner Mutter verstümmelt hat, indem er die Worte *mother* und *son* aus den Briefen herausschnitt.

Indem er das tat, versuchte er offensichtlich, die Verbindung mit dieser Seite seiner Herkunft zu verbergen, so als zerschnitte er absichtlich die Bande zu seiner Mutter. Andererseits bewahrte er ihr Haar und die Briefe auf. Es war, als versteckte er einen Makel, was es in gesellschaftlicher Hinsicht zu jener Zeit ja auch war. Natürlich war es gerade dieser Makel, der sein Interesse für Genealogie und historische Dokumente weckte. Sein unablässiges Gefühl der Unsicherheit scheint ihn auf seinen Weg zum theatralischen Sammeln gebracht zu haben. Die Frage »Woher komme ich?« wurde in eine dauernde Beschäftigung mit Abstammung und Ursprüngen sublimiert, wie sich an seiner anfänglichen Auswahl an Gegenständen des Sammelns zeigt: Kirchenbücher, Legate, Grabinschriften, Manuskripte, bibliographische Informationen und auch Bücher. Schließlich hatte er so viel Quellenmaterial dieser Art, daß Leute, die genealogische Studien betrieben, sich an ihn um Information wandten.

An dem in erster Linie emotionalen Fokus seines Sammelns ist nicht zu zweifeln. »Meine liebe [ausgeschnitten]«, schrieb er kurz nach seinem sechsundzwanzigsten Geburtstag am 20. Juli 1818:

> Als ich die Stadt verließ, fuhr ich nach Wiltshire und blieb drei Wochen dort, & von dort nach Cheltenham & und blieb eine Woche, & als ich nach Hause kam & meinen Va-

> ter bei bestem *Aussehen* fand, aber nicht ganz so gut in Wirklichkeit... Ich bin Dir sehr böse, daß Du mir nicht die Beschreibung Deiner Familie schickst, soweit Du sie über das hinaus kennst, was Du mir bereits gegeben hast. Wie war der Name Deiner Großmutter außer Sarah, und wie lauteten die Namen von Vater und Mutter Deines Großvaters. Wie sind die Namen von Deinen Onkeln und Tanten und die Namen Deiner Brüder und ihrer Frauen mit ihren Kindern, und die der Männer und Kinder Deiner Schwestern. Schreibe es in folgender Weise auf.
> Der Name meines Vaters war James Walton & und er war der Sohn von James Walton & Enkel von *welchem Namen.* Er hatte *(wie viele)* Brüder & Schwestern & *(wie viele)* Onkel und Tanten, & dann schreibe, wie viele Kinder sie hatten, geboren wurden & gestorben sind & wen sie geheiratet haben. Oder mache es folgendermaßen, »Mein Vater hatte 5 Söhne & 5 Töchter 1 Robert, 2 James, 3 Richard, 4 Isaac, 5 John ...«

Seine Anweisungen setzen sich über zwei weitere Seiten fort. Es ist unverkennbar, daß er einerseits versuchte, seine Vorfahren mütterlicherseits zu verheimlichen, während er andererseits die väterliche Abstammung überbetonte, aber dennoch war er wie wild hinter jedem Detail seiner Vorfahren her. Seine Obsession hinsichtlich seiner Herkunft war so stark, daß er sich über das Stigma der Unehelichkeit hinwegsetzte. Sein Fragebogen enthüllt diesen Wissensdurst, welcher der Quell seiner ganzen Persönlichkeit war. Letztlich war sein Lebenswerk die Folge seiner Ängste durch die unbestimmte Abstammung. Seine Mutterlosigkeit in ihren praktischen und alltäglichen Aspekten, die komplizierte Beziehung zum Vater und die Haltung seines Vaters gegenüber seiner Mutter sind miteinander verknüpfte Faktoren, die die Identität des Jungen dermaßen trübten, daß er sich selbst zum Mittelpunkt des Universums machte.

Ein paar frühe Briefe geben uns einen gewissen Einblick in das Geschehen. Der erste Hinweis auf einen indirekten Kontakt zwischen Phillipps Sen. und Hannah taucht in einem Brief von Ende November 1800 auf, als Thomas acht Jahre alt war:

> Mrs. Grahams entbietet ihre Hochachtung Mr. Phillips [sic] und bittet [unlesbar] um Verzeihung, daß sie sich herausgenommen hat, ihm von ihrer Bediensteten Hanah Walton zu schreiben, die Mrs. Graham bei ihrer Rückkehr in die Stadt schwer erkrankt vorgefunden hat. Sie suchte Sir Walter Farquher auf, der zu einer Luftveränderung riet, und da das Reisen so teuer ist und die arme junge Frau kein Haus hat, wohin sie gehen könnte, scheint ihr daran gelegen, daß jemand Sie bittet, ihr zu gestatten, nach Middle Hall zu kommen, wenn es ihr besser geht. Ich habe derzeit nichts dagegen, sie danach wieder aufzunehmen.

Auf der Rückseite des Briefs gibt es einen Entwurf von Phillipps' Antwort, eine Angewohnheit, welcher der Sohn gelegentlich folgte:

> Was das Thema angeht, von dem Sie schreiben, bedauere ich sehr zu erfahren, daß Ihre Bedienstete Hanah W. so krank ist, daß sie gezwungen ist, Ihr Heim zu verlassen, wo sie mit äußerster Freundlichkeit und liebenswürdiger Großzügigkeit behandelt worden ist... Jedoch bin ich, gnädige Frau, inmitten meiner Verwandten & Freunde in einer solchen Situation, daß der gesamte weibliche Teil von ihnen sofort sagen würde, ich hätte ihnen meine Türen verschlossen, und wie unberührt und rein wir auch lebten, so wäre doch der Anschein so sehr gegen mich, daß ich mit Sicherheit den öffentlichen Anklägern verfiele. Aus diesen Gründen, von denen ich glaube, daß Sie sie als gewichtige akzeptieren werden, kann ich ihr unter keinen Umständen erlauben, hierher zu kommen.

Phillipps' Beziehungen mit Hannah waren offenkundig nicht schon immer »unberührt und rein« gewesen, und wir wissen nicht, warum er jetzt diese Ausrede gebrauchte. Schließlich kam es aber zum direkten Kontakt zwischen Hannah und ihrem Sohn, obwohl es immer verdeckt geschah und von seiner Seite ziemlich pedantisch. Ein Brief des zehnjährigen Thomas an Hannah vom 13. Januar 1803 bezeugt, daß es zwischen ihnen zu einigen Begegnungen kam: »Es tut mir sehr leid, daß ich diesen Winter nicht nach London kommen kann. Ich hoffe, Du hattest eine gute Reise nach Schottland & bist gut wieder zurück & und ich wäre sehr froh, wenn Du mir einen weiteren Brief schriebest, um mich wissen zu lassen, wann Du wiederkommst.«

Aus einem späteren Brief an seine Mutter vom selben Monat erfahren wir, daß sein Vater in bezug auf die Zusammentreffen nachgiebiger geworden war. »Mein Vater läßt schön grüßen und bittet, eine Flasche Soja mitzubringen, wenn Du über Ostern herkommst. Ich habe auch die Geschenke erhalten, die Du mir liebenswürdigerweise geschickt hast, das Gebetbuch, Feigen und Orangen ... Bitte, wenn Du herkommst, vergiß nicht, den Don Quixote mitzubringen, denn mein Vater wünscht, daß ich ihn habe.«

Zwei Jahre später bedankt sich Thomas bei seiner Mutter »für die Absicht, die Bücher zu schicken, und ich bitte darum, daß Du sie mitbringst, wenn Du das nächste Mal nach Middle Hill kommst.« Es gab also Kontakte zwischen Mutter und Sohn, soweit es die Umstände erlaubten. Inzwischen war Thomas auf die Schule in Rugby geschickt worden und auf gutem Weg, ein gebildeter Engländer der oberen Mittelschicht zu werden. Aber es gab in ihm bereits einen Kern selbstbezogener Sturheit, der zum Grundzug seines Charakters werden sollte. Am 6. Januar 1807 dachte er an den bevorstehenden Osterbesuch seiner Mutter:

> Ich habe Dich seit langer Zeit nicht gesehen. Wenn Du herkommst, bring bitte den Don Quixote mit, schön gebunden und in gutem Druck, das heißt etwa so groß, wie ich jetzt schreibe ... Du kannst ihn in London kaufen, denn dort sind alle möglichen Bücher zu haben, denke ich mir. Da ist eines der letzten Bücher, die Du mir geschickt

hast, das ich nicht mag, es ist über die Konfirmation; ich werde es Dir also an Ostern wiedergeben: alle anderen Bücher mag ich sehr.

Das Ende dieses Briefes muß Sir Thomas übersehen haben, als er ihn vermutlich ein halbes Jahrhundert später erneut las: »Ich konnte nicht früher schreiben und kann nicht mehr schreiben, weil ich nichts mehr zu sagen habe; so lebe denn wohl, liebe Mutter, bis ich Dich wiedersehe. Ich bleibe, liebe [ausgeschnitten], Dein [ausgeschnitten] – T. Phillipps.«

Von Anfang an ließ sich Thomas wenig in die Quere kommen, wenn es ums Bücherkaufen ging, obwohl sein Vater schließlich über die Rechnungen schimpfte. Wie so viele passionierte Sammler begann Thomas früh mit dem Katalogisieren: »Kürzlich fand ich diesen Katalog«, schrieb er 1864 Sir Frederic Madden, »der entstand, als ich 16 war, etwa zu der Zeit, als ich in der Schule von Rugby war. Ich glaube, es gibt nicht viele Jungen, die mit 16 Jahren schon eine Bibliothek von 110 Bänden hatten.«[72] Irgendein besonderer intellektueller Scharfsinn läßt sich seinem Bücherverzeichnis aber nicht entnehmen; vielmehr impliziert sein Kommentar, daß schon damals die Quantität für ihn wichtiger war als Inhalt oder Qualität. Und gewiß ließ der Katalog nicht eine der herausragendsten Sammlungen illuminierter Handschriften und seltener Bücher erahnen, die je zusammengebracht worden ist. Die Briefe aus seiner Jugendzeit, geschrieben, bevor er an die Universität von Oxford ging, zeigen eine wärmere Beziehung zu seiner Mutter als vor und nach seiner Schulzeit. Anscheinend muß sie ihn danach gefragt haben, welche Bücher er haben wolle, denn er antwortete: »Wie ich Dir bereits gesagt habe, bekommst Du bei Middletons ganze Bretter voll Cicero, Preis eine Guinea, mit einem Cicero-Kopf am Anfang, 1. Band. Ich wäre Dir dankbar, wenn Du mir auch die anderen beiden Bücher besorgtest (Spectator & Pope), die unterschiedlich gebunden sind. Mein Vater ist nach Evesham gefahren, weshalb ich die Gelegenheit nutze, Dir zu schreiben.« (22. Januar 1810)

Zu dieser Zeit gab es auch vorsichtige Kontakte zwischen

Mutter und Sohn, die nicht die Zustimmung von Phillipps Sen. hatten:

> Ich versichere Dir, daß ich Dich nicht aus dem Sinn verloren habe, & ich hätte Dir schon vor langer Zeit geschrieben, aber ich wußte nicht, wo Du wohnst; Du wechselst so oft, daß ich wünschte, Du könntest an einem festen Platz bleiben, dann könnte ich öfter schreiben. Ich habe jetzt Rugby verlassen & gehe im kommenden Oktober nach Oxford. Mein Vater sagt, daß es ihm nicht paßt, wenn Du herkommst, & es nützt nichts, wenn ich versuche, ihn zu überreden, deshalb meine ich, es wäre besser für Dich, wenn Du zur jetzigen Zeit jeden Gedanken an ein Herkommen aufgibst & es der Vorsehung überläßt, unser Wiedersehen zuwege zu bringen. Es geht uns beiden sehr gut. Entschuldige diesen kurzen Brief, aber ich gehe zum Abendessen aus. Ich bleibe Dein [ausgeschnitten].

An diesem Punkt muß sich der Blickwinkel unserer Untersuchung auf die Beziehung zwischen Phillipps' Wesen und seiner zwanghaften Suche nach historischen Belegen, Manuskripten und anderen Quellen zum Zweck ihrer Obhut und Bewahrung verengen, denn bald darauf wurde er zum selbsternannten Schutzherrn und Kurator dokumentarischen Materials jedweder Art.

Thomas immatrikulierte sich am University College in Oxford, als er neunzehn Jahre alt war, also ziemlich spät. Wir wissen nicht, was die Verzögerung verursacht hat. Bald fiel den Freunden sein Ehrgeiz auf, wie sich aus einem lebhaften Briefwechsel mit zwei Kommilitonen ergibt. Mit Charles Henry Grove teilte er ein Interesse an Büchern und Siegeln, bei William Riland Bedford kam sein lebenslanges Interesse an Genealogie und Topographie zum Vorschein. Von seinem Vater erhielt er einen Wechsel von 300 Pfund pro Jahr, aber weder Sparsamkeit noch Wirtschaftenkönnen waren Thomas' starke Seite, und so entstanden trotz ständiger Ermahnungen seines Vaters bald große Schulden: »Sagen Dir Deine Abrechnungen nicht, daß, seit Du letztens nach Oxford gegangen bist, Du über den Wechsel hinaus mehr als 800 £ p. ann. ausgegeben hast, und wenn diese 60 £, derentwegen Du jetzt schreibst, auch bereits ausgegeben sind, wie ich fürchte, wird es sich auf über 1200 £ p. ann. belaufen... Ich mißbillige strengstens, daß Du zur Auktion gehst, wenn Du kein Geld hast, um zu bezahlen, was Du kaufst.«[73] (26. Juni 1812)

Thomas' schwer faßbare Abstammung und ziemlich bizarre Kindheit müssen für ihn eine nagende Beunruhigung und Unsicherheit bedeutet haben. Er spürte, daß er anderen gegenüber zu verbergen hatte, wer seine Mutter war, weil der autoritäre Vater ihm versagte, frei und ungezwungen mit ihr in Verbindung zu treten. Dies führte zu signifikanten Unterschieden zwischen ihm und anderen Kindern. Es gibt keinen Beleg dafür, daß sich in seinen ersten Kinderjahren irgendeine Frau um ihn gekümmert hätte. Was er an Anleitung erhielt, kam von einem intoleranten und vergleichsweise alten, unverheirateten Mann, der nicht gerade klare Vorstellungen von väterlichem Verhalten hatte. (Gegenüber seinen eigenen Kindern war Thomas' Haltung in mancher Hinsicht noch verschrobener und verständnisloser.) Jedenfalls wuchs er zu einem halsstarrigen, übellaunigen Mann heran, dessen Voreingenommenheiten und dessen Egoismus fast alle seine Beziehungen trübten. Katholiken konnte er nicht ausstehen und den Empfindungen anderen gegenüber war er zumeist blind; außerdem begegnete er, mit sehr wenigen Ausnahmen, jedem, mit dem er Kontakt hatte, voller Mißtrauen.

Phillipps war nie ein guter oder auch nur interessierter Student. Schließlich mußte ein Tutor bestellt werden, um ihm über seine »Langsamkeit der Auffassungsgabe & Mediokrität seines Talents« hinwegzuhelfen.[74] Er unterbrach seine Studien in Oxford, um nach Büchern zu suchen, so war bereits alles seiner Passion untergeordnet. Und es blieb dabei, daß er Bücher nach Hause nach Middle Hill schickte, wobei er dann seinem Vater schrieb: »Berichte mir von jedem Paket in der Reihenfolge, in der Du sie bekommen hast, und beschreibe ihr Aussehen, nicht, wieviel Fuß lang, denn ich habe keines von ihnen ausgemessen.

Ich wäre Dir sehr verbunden, wenn Du auch 10 £ übrig hättest & sie Deinem Brief beilegtest.«

Seine Studienfreunde waren ihm nützlich, besonders William Bedford, dessen Vater ein lebhaftes Interesse an Topographie hatte. Bedford nahm Phillipps mit nach Hause, um ihn mit seinem Vater zusammenzubringen, der schließlich auch seine Mitgliedschaft in der Society of Antiquaries befürwortete, eine Ehre, die er sich weidlich zunutze machte, ohne daß er viel Wertschätzung oder Dankbarkeit dafür gezeigt hätte. Trotz der wiederholten Klagen seines Vaters darüber, daß er all seine Zeit mit »Nichtstun, Zerstreuung & Extravaganz« (17. April 1815) verbringe, stellen seine historischen und genealogischen Interessen rasch seine akademischen Bemühungen in den Schatten.

Thomas versteifte sich darauf, die Vergangenheit wiederaufleben zu lassen. Er machte die Bekanntschaft anderer Altertumsforscher, bot ihnen seine Hilfe an und bereitete seine erste Veröffentlichung von alten Urkunden vor. Viele weitere sollten folgen. Schließlich wurde er unter dem Namen Middle Hill Press sein eigener Drucker und Verleger. Man könnte meinen, daß eine Veröffentlichung wie die *Parochial Collections for Oxfordshire* wohl kaum ein lohnendes Unternehmen war, aber inzwischen dürfte deutlich geworden sein, daß sich Phillipps' Interesse von Informationen über die verschiedenen Verwandten seiner Mutter zur Erforschung der Stammbäume der »bedeutendsten Personen« in der Grafschaft hin verlagert hatte. Brennpunkt und Perspektive seiner Bemühungen hatten sich zwar verschoben, aber eigentlich waren sie nichts anderes als eine weitere Variante seines eigenen existentiellen Dilemmas. Er versuchte beispielsweise, sich einzureden, daß er ein Abkömmling von Robert, dem Herzog der Normandie, und von Leofwine, einem Grafen von Mercia, sechsundzwanzig Generationen früher, sei, und zeichnete genealogische Karten, um seinen eigenen Familienroman zu beweisen und seine paranoide Identität abzustützen. Aus derselben Neigung heraus führte er seine Herkunft auch auf die Phillippsens von Picton Castle in Pembrokeshire zurück. Hin und wieder unterzeichnete er Dokumente mit Thomas

Phillipps, Esq. F. S. A. [Fellow of the Society of Antiquarians] – ein reines Tu-quoque-Argument gegen seine Illegitimität.

Im Jahre 1817 wurden seine antiquarischen Interessen eine Zeitlang beiseite gelegt, als er Henrietta Molyneux, die Tochter von General Thomas Molyneux, kennenlernte. Henrietta war eine junge Dame, deren Herkunft etablierte Familienverbindungen bot, ein Sachverhalt, der für ihn von beträchtlicher Bedeutung war. Thomas und Henrietta wollten heiraten, aber Phillipps Sen. bestand auf einer Aussteuer von sage und schreibe 10 000 Pfund. Als der General dieser Forderung nicht nachkommen konnte, verweigerte Phillipps Sen. seine Einwilligung. Thomas saß seinem Vater mit derselben Verbissenheit im Nacken, die er später bei seinen Anstrengungen an den Tag legte, die Bücher und Manuskripte zu bekommen, die er haben wollte.

Er versuchte, den alten Herrn zu überreden, indem er ihm in einem Brief darlegte, die Heirat werde seiner Verschwendungssucht ein Ende machen:

> Da Deine Taubheit verhindert, daß wir über längere Zeit ein Gespräch mit jener Ruhe führen, in der alle Gespräche ablaufen sollten ... gestehe ich, daß, solange ich allein lebe & niemanden und nichts habe, um das ich mich sorgen muß, ich nicht mit jener Umsicht und Sparsamkeit lebe, wie ich es tun würde, wäre ich in einer anderen Lage. In meinem gegenwärtigen Stand ist es belanglos, ob ich lebe oder sterbe. Aber lass' mich erst diesen Zustand verändern mit einer Person meiner Wahl & und die Sorgen & Pflichten, die mir unabdingbar & sofort zur Erledigung und Erfüllung auferlegt wären, würden, ich versichere Dir, zu einer sehr großen Veränderung in mir führen. Es Muß eine Person meiner Wahl sein, anderenfalls es keine Zuneigung gäbe, die mich zu Hause hielte, & es wäre für das ganze Leben Grund zur Trübsal ... Ich bin gänzlich frei von den großen Ursachen, die einen Mann in den Ruin führen. Ich spiele nie & ich mag keine Karten und Wetten jeglicher Art. (12. November 1817)

Dieser Brief zeigt Thomas in einem eher menschlichen Licht, aber er läßt keinen Ansatz für Selbsterkenntnis oder Voraussicht erkennen; nie gelangte Thomas zu jener »Umsicht und Sparsamkeit«, von denen er schrieb, noch pflegte seine Ehe eine Übung in jenen Sorgen und Pflichten zu sein. Wie dem auch sei, sein Vater ließ sich nicht überreden. Sein unbeugsamer Sinn war ebenso störrisch wie der des Sohnes, welcher sich ein Vierteljahrhundert später zeigen sollte, als dessen Tochter Halliwell heiraten wollte. Der junge Phillipps fügte sich seinem Vater, weil die Gewähr seines Lebensunterhalts zur Debatte stand, den er nicht riskieren wollte. Da er praktisch mutterlos war, hätte offener Widerstand gegen den alten Herrn seine einzige familiäre Bindung zerschnitten, und das konnte er nicht tun. Deshalb gab er seinem Vater nach.

Das Schicksal war mit Thomas' Hoffnungen im Bunde, sein Vater starb nur ein Jahr darauf. Nun stand der Hochzeit nichts mehr im Wege. Die Zeit, als er Henrietta Molyneux den Hof machte, war vermutlich die einzige im Leben dieses Sammlers, in der Empfindungen von Liebe und Begehren den Vorrang vor Selbstbezogenheit und Raffgier hatten.

Zwar trug die Heirat mit Henrietta Thomas nicht die wirtschaftlichen Vorteile ein, die sein Vater verlangt hatte, wohl aber Familienbeziehungen und einen gesellschaftlichen Rang, die dem unehelichen Sohn eines Neureichen dienlicher waren als ein Zuwachs an Vermögen. Die Hochzeit fand ungefähr drei Monate nach dem Tod seines Vaters statt.

Ein Jahr nach der Hochzeit wurde Phillipps zum Mitglied der Royal Society, eine beachtliche Anerkennung für seine Interessen. Gleichzeitig nutzte sein Schwiegervater seine Position und seinen Einfluß, um Thomas in den Ritterstand erheben zu lassen, eine Ehre, die ihm aus Anlaß der Thronbesteigung Georgs IV. im Jahr 1821 zuteil wurde. Von nun an war er Sir Thomas Phillipps, F. S. A., F. R. S. (Fellow of the Society of Antiquarians and Fellow of the Royal Society). Der Titel Sir rüstete ihn ein Stück weit mit jenem Stand und gesellschaftlichen Ansehen aus, die ihm seine Eltern nicht mitgegeben hatten. An ihn adressierte

Schriftstücke trugen die Initialen Sir T. P. oder Sir T. Phillipps, während seine eigenen Briefe korrekt mit Thos. Phillipps oder Thomas Phillipps unterzeichnet waren.

Das Erbe, das er beim Tod seines Vater antrat, war nicht unerheblich; es versorgte ihn mit einem Jahreseinkommen von 6000 bis 8000 Pfund, für die damalige Zeit eine sehr große Summe. Wäre er weniger zum Sammeln getrieben gewesen, dann hätten er und seine Familie durchaus standesgemäß leben können. An Konventionen hielt er sich freilich nur, soweit das seinen inneren Bedürfnissen entsprach. Die Undurchsichtigkeit, die seine Herkunft umgab, und seine zweifellos ungewöhnliche und einsame Kindheit führten zu einer Egozentrik, die sich als verachtungsvolle Behauptung seiner Überlegenheit äußerte und jeden und alles der Tyrannei seines unablässigen Triebes unterwarf, anzuhäufen, was immer in seine Sammlung zu passen schien. Obgleich er zur Zeit seiner Heirat mit Henrietta noch nicht der offensichtliche Monomane war, zu dem er später werden sollte, hatte sein Vater recht darin, daß er sich Sorgen machte. Gestundete Zahlungen, überzogene Konten, Kredite, Unzuverlässigkeit und längst fällige Rechnungen wurden bald die Regel, und dabei blieb es für den Rest seines Lebens.

Dafür gibt es schon einen frühen Beleg; als Thomas noch an der Universität war, mußte der Quästor ihn daran erinnern, »daß dies die vierte Semesterwoche ist« und die fälligen Zahlungen noch nicht eingegangen seien. Die Verzögerung, fährt der Brief fort, »macht mir erhebliche Unannehmlichkeiten«. (3. Mai 1817) An Nachlässigkeit oder Vergeßlichkeit dürfte es schwerlich gelegen haben. Vielmehr war es, wie sich an allen weiteren Versprechen bezüglich Zahlungen, Verpflichtungen und menschlichen Beziehungen zeigte, ein Präzedenzfall.

Zu Thomas' Schutz hatte sein Vater das Vermögen und den Grundbesitz, einschließlich Middle Hill, zu treuhänderischer Verwaltung hinterlassen. Mit dem Tode des Vaters veränderte sich Thomas' Verhältnis zu seiner Mutter etwas. So löschte er beispielsweise nichts mehr aus den Briefen an sie heraus, und sein Ton schien wärmer, wie sich in folgendem Brief zeigt:

Meine liebste Freundin, es tut mir leid, daß ich Dir die Brille nicht schicken kann, da ich sie schon einem Freund & Verwandten gegeben habe [vermutlich bezieht sich das auf die Brille seines Vaters, die sie anscheinend erbeten hatte]. – Mein Vater hat Dir eine Jahresrente von 50 £ hinterlassen, halbjährlich zahlbar, die erste Zahlung soll in diesem Monat erfolgen. Ich gedenke, in ein oder zwei Monaten in die Stadt zu kommen & und dann sollst Du sie haben, wenn Du so lange warten kannst. – Postwendend möchte ich Dein Alter genau erfahren. Ich muß es wegen der Erbschaftssteuer wissen. – Mit besten Grüßen an Mr. Judd bin ich Dein

Thomas Phillipps

Dieser veränderte Tonfall mit dem ziemlich kleinlauten »wenn Du so lange warten kannst« verschwand in späteren Jahren.

Thomas' Ehe mit einer Generalstochter war ein Mittel, den ihm zukommenden Platz in der Gesellschaft zu erlangen; jedenfalls sah er es so. Henrietta repräsentierte eher ein Symbol denn eine Frau, die er liebte und begehrte. Daß er sie gewonnen hatte, erhöhte sein Selbstgefühl. Nie richtete sich sein bewußtes Sehnen nach Liebe. Es war das Verlangen nach Prestige und Anerkennung, was ihn um die junge Dame aus der gehobenen Gesellschaft werben ließ, nicht so sehr wahre Zuneigung und der Wunsch, verheiratet zu sein; Phillipps war allem Anschein nach unfähig, überhaupt irgend jemanden zu lieben.

Angesichts der emotionalen Entbehrungen während seiner gesamten Kindheit war das chronische Fordern nach Nachschub für seine Sammlung eine logische Reaktion des immer bedürftigen Kindes. Nichts in seiner frühen Kindheit läßt irgendeine Art Anhänglichkeit an irgendeinen Menschen erkennen. Verwundet durch seine Mutterlosigkeit und in der Hausgemeinschaft mit seinem Junggesellenvater, der die Lebensmitte schon ein ganzes Stück überschritten hatte, gab es für den jungen Phillipps keine andere Lösung, als eine Kompensation in nahezu völliger Selbstbezogenheit und in der Freude an Objekten statt an Menschen zu suchen. Maßlosigkeit wurde für ihn zur Losung.

Als die von seinem Vater repräsentierte Autorität und Kontrolle wegfiel, legte er jegliche Zurückhaltung ab. Sein Verlangen nach Neuerwerbungen kannte keine Grenzen. Er nahm damals Kontakt mit Sammlerkollegen, Händlern, Antiquaren und Topographen auf und wurde zum Dauerbesucher von Auktionshäusern. Später gab es Kontakte mit europäischen und amerikanischen Forschern, die er unverkennbar als Zeichen der Anerkennung und als Rechtfertigung für seine Besessenheit betrachtete. Es geht hier nicht um die Tatsache, daß er eine wahrhaft einzigartige Sammlung zusammenkaufte. Worauf es ankommt, ist, daß die ersten seine Verhältnisse überschreitenden Ausgaben, die sein manischer Drang nach beständigem Zufluß von Neuerwerbungen mit sich führte, in die Zeit fallen, als sein Vater krank wurde und dann starb.

Um auf Tuchfühlung mit der Welt der Bücher zu bleiben, mietete er ein Haus in London. Rechnungen und Briefe zeigen, daß er allein im Jahr 1819 bei wenigstens fünfundzwanzig Buchhändlern Bücherkäufe tätigte. Wahrscheinlich hatte er auch andere Quellen, wo er vielleicht in bar bezahlte. Unter den fünfundzwanzig sind zahlreiche Händler, die wiederholt Bezahlung einforderten.

Nur zwei Jahre nach dem Tod seines Vaters stand Phillipps bereits tief in den roten Zahlen. Darüber hinaus stellte er eine Reihe Helfer an, die ihm Kirchenbücher, topographische Zeichnungen und paleographische Daten kopieren sollten. Zur gleichen Zeit ließ er von einem Drucker am Ort einen *Katalog der Bücher in Middle Hill, Worcestershire, 1819* veröffentlichen. Dieser Katalog führt 1326 Titel auf, aber da häufig dasselbe Buch unter verschiedenen Rubriken aufgelistet wird, ist die tatsächliche Anzahl etwas geringer.[75] Dies ist ein weiterer Beleg dafür, daß er vor allem an Quantität interessiert war und außerdem gewohnheitsmäßig in ungeordneten Verhältnissen lebte – das gilt für sein Haus, seine Angewohnheiten, seine Verpflichtungen und seine zwischenmenschlichen Beziehungen. Bereits zu diesem Zeitpunkt führte ihn seine Zielstrebigkeit und Egozentrik dazu, jeden auszunutzen, mit dem er irgendwie zu tun hatte.

Sobald sein Vater tot und alle väterliche Kontrolle und Autorität verschwunden war, begann er, zügellos Geld auszugeben, was ihn fast augenblicklich in Schulden brachte. Gläubiger präsentierten ihm ihre Forderungen, aber ohne Erfolg, und Drucker, denen er Aufträge gegeben hatte, blieben ohne Entlohnung und, wie sie ihn häufig wissen ließen, in bedrängendster Geldknappheit.

Als es soweit gekommen war, verschrieben ihm die Treuhänder seines Vermögens ein altes Heilmittel – eine Luftveränderung mit einer Reise in die Schweizer Alpen. Seine beiden Töchter im Alter von drei Jahren und einem Jahr wurden bei einer Kinderfrau in Pflege gegeben, während er Middle Hill und den Grundbesitz der Verwaltung der Treuhänder und des Generals Molyneux überstellte.

Zahllose Briefe mit Anweisungen ließ er zurück:

> Wenn irgendein Duns Ihnen künftig schreibt, müssen Sie antworten, daß ich außer Landes bin & Sie nichts von Rechnungen wissen, weshalb Sie ablehnen, sich in die Angelegenheit einzumischen: Daß ich außer Landes gegangen bin, um Geld zu sparen, um meine Schulden zu bezahlen, von denen die am längsten fälligen zuerst bezahlt werden, und sie werden bezahlt, wenn sie an der Reihe sind ... Was die Reparaturen an den Bauernhäusern anbetrifft, bitte ich Sie, nicht einmal die am schwersten beschädigten zu reparieren, bis ich wieder zu Hause bin. Dorthin geht ein Gutteil meines Geldes, & ich habe repariert & repariert ohne Ende, bis ich mich schließlich entschlossen habe, nicht mehr zu reparieren, & und wenn es den Leuten in ihren Häusern nicht mehr paßt, sollen sie halt gehen. Die Metzger müssen ein weiteres halbes Jahr auf ihr Geld warten. (8. Dezember 1822)

Wenn der Brief irgend etwas zeigt, dann die Konstanz seines Charakters, der schwerlich sehr ansprechend genannt werden kann. In gewissem Sinne schuf er sich seine Verfolger selbst, die er dann zu zerstören suchte. Tatsächlich mußten eine ganze Reihe Händler ihren Bankrott erklären, weil Phillipps ihren finanziellen Nöten gegenüber derart gleichgültig war.

Es bedarf keiner Erwähnung, daß der Luftwechsel auf seine Obsession und Egozentrik ohne Einfluß blieb. Durch Phillipps' gesamten Briefwechel läuft dasselbe Muster finanzieller Probleme, das sich zu einer nie endenden Folge böser Briefe, Beschuldigungen, gerichtlicher Beitreibungen und, von seiner Seite, arroganten Unverschämtheiten auswuchs. Für einen Mann von seinem emotionalen Zuschnitt war eine Reise keine Kur, und selbst in Bern, wo er und Henrietta einen Teil der Jahre 1822 und 1823 zubrachten, wurde er von einigen seiner Gläubiger verklagt, darunter auch von seinem Weinhändler.[76]

Überdies machte sein Aufenthalt auf dem europäischen Festland die Dinge nur schlimmer. Er machte neue Bekanntschaften und verbreiterte damit die Basis für seine Einkäufe. Mehrere Ausgaben seines *Catalogus Librorum Manuscriptorum*, die von ihm selbst herausgegeben und bei seiner Middle Hill Press gedruckt wurden, verzeichnen seine Neuerwerbungen aus jener Zeit und geben uns Kenntnisse über seine Lieferanten während seines Aufenthalts auf dem Festland. Er blieb eine Zeitlang in der Schweiz, weil er seinen Gläubigern zu Hause aus dem Weg gehen und seine Verpflichtungen gegenüber seinen Lieferanten auf der Insel reduzieren mußte. Aber während er und Henrietta in Bern lebten, fügte er seiner Sammlung sechzig Bücher eines Schweizer Jesuitenkollegs und mehr als hundert Handschriften hinzu. Auch mit Händlern in Frankreich, Holland, Belgien und Deutschland nahm Phillipps Kontakte auf, die er nach seiner Rückkehr nach Middle Hill im Herbst 1823 weiterhin pflegte.

Etwa um diese Zeit erhielt er einen Katalog von einem deutschen Theologen namens Leander van Ess, der eine Reihe äußerst wichtiger Handschriften verzeichnete, darunter ein aus dem 11. Jahrhundert stammendes Werk der Heiligen Hieronymus und Isidor von Sevilla aus einer Sammlung der Abtei von St. Matthias in Trier. Alles in allem umfaßte die Sammlung 367

Handschriften aus dem Westen und sieben aus dem Orient, dazu 56 Miniaturen und Illuminationen und 173 Holzschnitte. Außerdem gehörte noch eine Büchersammlung von ungefähr 900 Inkunabeln dazu.

Niemand war überrascht, daß Sir Thomas dem Kauf der kompletten Sammlung für den Preis von 870 Pfund nicht widerstehen konnte. Ein längerer Brief von van Ess bestätigt in vollem Maße Phillipps' Unzuverlässigkeit. Phillipps hatte versprochen, die Rechnung binnen weniger Monate zu begleichen, aber van Ess wußte offensichtlich nicht, mit wem er es zu tun hatte, und so gingen fünf Jahre ins Land, bevor Phillipps endlich bezahlte. Ein Brief von van Ess demonstriert den Umfang von Phillipps' aggressiven Machenschaften zu eigenen Gunsten:

> Unserer Abmachung zufolge haben Sie mir meine Handschriftensammlung für 320 £ abgekauft. [Im weiteren erwähnt er zusätzliche 550 £ für Inkunabeln und alte Dokumente.] Am 28. Jan. 1824 schrieben Sie mir: »Wäre es Ihnen ebenso recht, einen binnen 3 oder 4 Monaten zahlbaren Wechsel zu akzeptieren, der all Ihren Zwecken dienlich wäre und den Ihnen zu senden mir nicht schwer würde« ... Aber Sie haben Ihr Versprechen nicht gehalten: der Wechsel kam unter Protest zurück ... So war ich gezwungen, für Unkosten und Schadensersatz auf diesen Wechsel 34 Florins zu zahlen ... Es ist unter meiner Würde, ein weiteres Wort darüber zu verlieren.

Briefe in diesem Tenor – und dieser ist keineswegs einzigartig – liefern uns eine deutliche Skizze, wie Phillipps mit seinen Gläubigern umging. Fraglos war er längst ein Meister in dem Spiel, Zahlungen zu vermeiden oder wenigstens hinauszuschieben. Während van Ess noch wartete, machte Phillipps weitere bedeutende Einkäufe in den Niederlanden: 165 mittelalterliche Handschriften aus zwei Benediktinerklöstern, 64 weitere Handschriften aus drei Zisterzienserabteien in Belgien und wenigstens zwei Sammlungen in Holland.

Langsam verbreitete sich sein Ruf, das heißt der seiner Sammlung, und in den späten 20er Jahren kamen erstmals Briefe international bekannter Gelehrter, die ihn auch in Middle Hill besuchten. Die Händler konnten ihn trotz seiner wachsenden Reputation als höchst säumiger und häufig widerspenstiger Zahler, der sich nur unter Murren von seinem Geld trennte, als Kunden nicht übergehen.

Unterdessen hatte er sein Vermögen dermaßen überbeansprucht, daß er nicht einmal mehr seiner Mutter die laufenden Raten ihrer Jahresrente auszahlen konnte. Seine Antwort auf ihre Bitte klingt sehr nachlässig. Für ihn war sie nur ein weiterer Gläubiger, obwohl wir die Möglichkeit in Betracht ziehen müssen, daß sich im Verhalten ihr gegenüber seine Grundhaltung widerspiegelt: Daß er ein mutterloses und ungeliebtes Kind gewesen war, dürfte der wesentliche Grund für sein eigensüchtiges und unsensibles Betragen gewesen sein. Obgleich er sich der Umstände seiner unehelichen Geburt und der Abwesenheit seiner Mutter durchaus bewußt war, hatte dieses Wissen wenig Einfluß auf seine Einstellung ihr gegenüber: »Ich habe gerade Deinen Brief bekommen und bedaure sehr, sagen zu müssen, daß ich gegenwärtig Dich nicht bezahlen kann, noch vor dem 4. Juli weiß, wann ... Ich glaube, daß es mir möglich sein wird, Dir am 4. Juli einen in vier Monaten fälligen Wechsel zu geben, aber ich bin so knapp bei Kasse, daß ich nicht weiß was tun.« (22. Juni 1827)

Inzwischen unternahm er mehrere Reisen aufs Festland auf der Suche nach Handschriften und anderen frühen Veröffentlichungen in Klöstern, Stadtarchiven, Archiven und Auktionssälen. Seine Reisepläne waren genauso unvorhersehbar wie seine finanziellen Praktiken. Als er sich auf die Reise machte, schuldete er seiner Mutter noch immer die halbjährliche Zahlung von fünfundzwanzig Pfund, und auch seine Angestellten waren noch nicht bezahlt.

Er besuchte Arras, Lille, St. Omer und Rouen in Frankreich, um in den städtischen Bibliotheken zu arbeiten, machte einige Entdeckungen in bezug auf Manuskripte, die von einem ehemaligen Bibliothekar gestohlen worden waren, und hielt am 17. November 1830 einen Vortrag vor der Königlichen Literaturgesellschaft mit dem Titel »Bemerkungen zu einigen Klosterbibliotheken und Archiven in Französisch-Flandern«.[77] Es besteht kein Zweifel, daß er als Mann mit wissenschaftlicher Betätigung anerkannt sein wollte und daß er auf diese Weise sein monomanes Temperament rechtfertigte.

Jetzt fing er an, mehr und mehr Zeit auf Reisen zu verbringen. Während er unterwegs war, ließ er seine Frau und seine Kinder in Middle Hill zurück, mit wenig Geld und verfolgt von Gläubigern, welche die Bezahlung der offenen Rechnungen verlangten, darunter auch von Objekten, die ihm zur Ansicht zugeschickt worden waren und die er erst Monate, manchmal sogar Jahre später nach scharfen Briefwechseln zurücksandte. In seiner Kindheit hatte Phillipps gelernt, aller Hoffnung auf Liebe und Nähe zu entsagen, und jetzt zahlte er es der Welt zurück, wie sein ganzes Verhalten zeigt. In dieser Zeit war ihm seine nie endende Jagd nach Handschriften, Dokumenten und alten Büchern – allesamt stellen sie Belege des Vergangenen dar – bei weitem wichtiger als alle anderen emotionalen Bedürfnisse.

In seiner Haltung gegenüber seiner Frau war wenig Liebenswürdigkeit geblieben. Seine Briefe, die er ihr aus London schrieb, wo er inzwischen einen Großteil der Zeit verbrachte, weisen einen Ton gnadenlosen Mangels an Besorgnis und Rücksichtnahme auf: »Ich kann Dir nicht öfter schreiben, als ich es tue, weil ich nicht mehr zu erzählen habe, als daß ich jeden Tag von einem Archiv zum anderen wandere, bis meine Angelegenheit erledigt ist, was, wie Du weißt, für Dich überhaupt nicht interessant ist.« (22. Oktober 1831)

Mit größerem Takt, als Phillipps zu würdigen wußte, versuchte einen Monat später sein Verwalter Michael Russell ihm zu berichten, wie es stand: »Ich finde, daß sich Lady Phillipps in letzter Zeit sehr verändert hat; sie scheint ganz ohne Schwung und macht mir einen wirklich sehr niedergeschlagenen Eindruck... So viele Leute bedrängen sie mit der einen oder anderen Sache, was sie fast zu Tode sorgt.« (22. November 1831)

Zwölf Wochen später starb Lady Phillipps im Alter von siebenunddreißig Jahren.

Es gibt wenig in Phillipps' Korrespondenz oder Notizen, woraus sich eine Reaktion auf den Verlust seiner Frau und der Mutter seiner Töchter entnehmen ließe, falls er ihn überhaupt empfunden haben sollte. Bald darauf kehrte er nach London zurück und überließ seine dreizehn und elf Jahre alten Kinder der Pflege einer Gouvernante. Bei mehreren Gelegenheiten war die Gouvernante versucht zu gehen, weil sie Sir Thomas' Verhalten völlig unerträglich fand, aber ihre Zuneigung zu den mutterlosen Kindern muß ihren Sinn geändert haben. Klugerweise hielt sie sie dazu an, »Urkunden für Papa« zu kopieren, Dokumente zu transkribieren und Stammbäume durchzupausen, in der Hoffnung, ihr Vater werde sich dann ein bißchen mehr um ihr Wohlergehen kümmern.

Wie nicht anders zu erwarten war, nahmen Phillipps' Sammeln wie auch seine Verschuldung nach Henriettas Tod zu. Es gibt einen endlosen Strom Briefe von Buchverkäufern und Kunsthändlern. Sehr bald ist er auf der Suche nach einer neuen Gefährtin. Inzwischen übersteigt seine Gier jeglichen Takt und guten Geschmack: »Wissen Sie von irgendeiner Dame mit 50000 £, die einen Ehemann will. Zu dem Preis bin ich zu haben«, schreibt er am 16. April 1833 einem Bekannten.[78] Er steht im Briefwechsel mit einem Sammler aus Perthshire, einem W. M. Clarke. »Ich bin jetzt ein Mitgiftjäger, kennen Sie eine Reiche, die einen Ehemann will.« Clarke antwortete einige Monate später: »Wie steht's um Ihr Heiratsunternehmen? Ich kenne hier keine Person dieses Kalibers, ausgenommen die verwitwete Herzogin von Atholl, die eine gewaltige Hinterlassenschaft hat. Ich könnte eine Einladung besorgen, & falls erfolgreich, könnten Sie mir eine solide Prämie überlassen. Sie dürfte weit über sechzig sein!«

Phillipps ließ nicht nach. Dem einen oder anderen muß er lächerlich vorgekommen sein. Der Sohn eines seiner Anwälte bot ihm eine Frau mit einem Vermögen von 100000 Pfund – gegen einen Finderlohn. Munby zählte »nicht weniger als siebzehn gescheiterte Verhandlungen mit den Eltern von Erbinnen.«[79] Mit Liebe oder Anziehung hatten Phillipps' Anstrengungen, eine reiche Frau zu finden, nichts zu tun. Alles stand unter der Ägide der alles verzehrenden Leidenschaft, seiner bereits umfangreichen Sammlung immer weitere Neuerwerbungen hinzuzufügen. Keine Frau war für ihn so faszinierend wie eine seltene Handschrift oder konnte sich mit einer alten Landkarte oder einem schönen Buch messen. Was ihm an einer Frau begehrenswert war, stand und fiel allein mit ihrer materiellen Ausstattung, die es ihm erlaubte, seinen Besitz zu vergrößern.

Im Zuge seiner ständigen Suche nach Herkünften und Stammbäumen war er auf die reiche Familie von Francis Warneford gestoßen. Noch bevor er von Clarke auch nur eine Antwort erhalten hatte, fragte er bereits nach der Verfügbarkeit der beiden Warneford-Töchter. Aber Warneford durchschaute nur zu gut Phillipps' Absichten und seine Gefühllosigkeit. Er antwortete: »Ich hoffe nur, [meine Töchter] werden sich für einen *Gentleman* entscheiden, und zwar einen, der sie vermutlich glücklich machen wird.« Ungerührt von der treffenden Antwort des Mannes setzte Phillipps seine Jagd nach dessen Töchtern fort und hielt es für angebracht, ihrem Vater folgendes zu erklären:

> Sehr geehrter Herr:
> Es ist bloße Zeitverschwendung, wenn 2 Leute einander zu lieben beginnen, solange es noch irgendein Hindernis gibt, das ihre Vereinigung ausschließt. Ich beabsichtige nicht, eine Frau ohne ein gewisses Vermögen zu heiraten, & das ist der erste Punkt, den ich wissen will, bevor ich überhaupt liebe. Ich kenne schon genug von dem Elend, wenn man sein Herz verliert, während ein Stolperstein im Wege liegen bleibt.

Der letzte Satz ist offensichtlich ein Hinweis auf sein jugendliches Betörtsein von Henrietta Molyneux, aber zugleich ist er ein unbewußter Vorwurf an seine Mutter, die ihn enttäuscht hatte, wie auch immer die Umstände, die zu dieser Enttäuschung geführt hatten, gewesen sein mochten.

Man kann den Grund verstehen, auch wenn man nicht damit einverstanden ist, weshalb Phillipps alles, was menschlicher Zuneigung und Empfindsamkeit ähnlich war, aus seinem Leben ausgelöscht hatte. Seine Reaktion, die unzweifelhaft aus dem traumatischen Mangel an mütterlicher Fürsorge und aus der dominierenden Position seines Vaters erwachsen war, kam nicht unerwartet. Für ihn war es viel sicherer, all seine Anteilnahme und seine Gefühle in eine andere Art Beziehung zur Vergangenheit zu investieren. Die Dokumente, Handschriften, topographischen und genealogischen Quellen, die er zusammentrug, waren ohne weiteres ein Ersatz für menschliche Beziehungen, während sie zugleich seinen gesamten Sinn für Werte und seine Verpflichtungen gegenüber jedermann, einschließlich seiner Kinder, verzerrten und einfärbten. Es gab auch kein Bewußtsein irgendeiner Schuld wegen der Art seiner Empfindungen, beziehungsweise hatte er überhaupt kein Empfinden in diesen Dingen – Charaktermerkmale, die wir meistens mit Psychopathie verbinden. Das Recht war nach seiner Überzeugung immer auf seiner Seite, ein Glaube, der womöglich durch die Tatsache bestärkt wurde, daß, nach der kindlichen Vorstellung, sein Vater ihn seiner Mutter vorgezogen hatte.

Schaut man auf Thomas Phillipps in all seinen unerquicklichen Beziehungen zu anderen Menschen, dann fällt es schwer, einen objektiven Standpunkt einzunehmen. Wir dürfen nicht aus den Augen verlieren, daß sich alle seine Einstellungen und Interessen mit seinem Charakter in logischer Stimmigkeit befinden. Arroganz und Hartherzigkeit verhüllen Zweifel und Mißtrauen. Für Mitgefühl oder Rücksichtnahme ist kein Platz. Seine Briefe sprechen für sich. In allen seinen Aktionen und Affären gibt es eine offenkundige Entsprechung.

Im Herbst 1833 starb Phillipps' Sammlerkollege Richard Heber und hinterließ 200000 Bücher und 1717 Handschriften. Selbstverständlich konnte Phillipps sich diese Beute nicht entgehen lassen. Der Ankündigung, Hebers Sammlung solle versteigert werden, folgten lange und verwickelte Verhandlungen. Diesmal versuchte der Baronet, die Dinge so zu drehen, daß die Auktionsdaten verlegt würden. Dann forderte er von Auktionären und Buchhändlern jahrelange Kredite und erreichte schließlich nach langem hin und her eine Vereinbarung über Kommissionshöhe und Zahlungsdaten.

Bei der Versteigerung erwarb er 428 Manuskripte, darunter die wichtigsten dieser Sammlung, »nur um ein egoistisches und albernes Gefühl zu befriedigen, das sich darin manifestiert, daß er ganze Fuhren von Handschriften nach Hause schafft ... täglich wird er mißgünstiger«, wie Sir Frederic Madden in sein Tagebuch notierte. Hinzuzufügen ist jedoch, daß Madden bei seinem Kommentar nicht ganz objektiv war, denn Phillipps war ein Konkurrent des British Museum, welches von Madden als dessen Leiter der Handschriftenabteilung bei der Auktion vertreten wurde.

Es steht außer Frage, daß Phillipps trotz seiner begrenzten Kenntnisse und fehlenden Kultiviertheit eine gewisse Reputation und Achtung in der Welt der Bücher erlangt hatte und Händler und Gelehrte sich ungeachtet seiner Feilscherei und säumigen Zahlungen um sein Wohlwollen bemühten. Auch weiterhin bot man ihm Dinge zum Kauf an, weil sein Einkommen gesichert war, und letzten Endes bezahlte er seine Rechnungen, oder doch die meisten, wenn auch unter Protest.

Nachdem er die Heberschen Handschriften gekauft hatte, wendete sich der Londoner Buchhändler Thomas Thorpe an ihn und offerierte ihm »über vierzehnhundert Manuskripte«. Thorpe stellte eine detaillierte Auflistung der Handschriften zur Verfügung und kam für das Ganze auf einen Preis von 11928 Pfund, 10 Shilling und 10 Pence. Da er seinen Kunden kannte, hatte er vermutlich Phillipps' Gegenangebot einkalkuliert. »Sie wissen, daß ich mich selbst in meine gegenwärtige Armut gebracht habe, freilich auch durch meinen zu großen Eifer im Erwerb von Handschriften.« Phillipps bot »5000 £ *ohne* Zinsen oder 4000 £ mit Zinsen«. Die Transaktion wurde schließlich in Höhe von 6000 £ abgeschlossen, aber Phillipps, widerspenstig wie immer, wenn es ums Bezahlen seiner Schulden ging, und seinem Charakter entsprechend, brauchte acht Jahre, um seiner Verpflichtung nachzukommen, was nicht unwesentlich zu Thorpes Bankrott beitrug.

Es ist nicht leicht, sich das häusliche Leben in Middle Hill in dieser Zeit auszumalen. Wir wissen nicht, wie sein Verhältnis zu seinen drei Töchtern war, wenn es denn überhaupt eines gab. Reiten und Jagen bereiteten ihm ein bißchen Entspannung, aber im Haus war die alles überschattende Präsenz seines gierigen Erwerbens unübersehbar. »Bücher füllen nicht allein die Räume, sondern auch die Treppenhäuser und Gänge«, berichtete sein französischer Besucher Jean-Louis-Alphonse Huillard-Breholles.[80] Persönliche Bequemlichkeit, Muße und Freiheit von wirtschaftlichen Sorgen wurden ständig zugunsten der Sammlung geopfert.

Unablässig auf Ausschau nach neuen Entdeckungen, begann Phillipps damit, die Bestände von Altpapierhändlern anzukaufen. Ein Beispiel für viele, was er dabei fand: Unter den Tonnen wertlosen Materials, das er auf diese Weise erstand, grub er den Hauptteil des *Ovid* des frühen englischen Druckers William Caxton aus. Als der Band 1966 bei Sotheby's versteigert werden sollte, hieß es im Katalog, die entdeckten Blätter seien »hoffnungslos ungeordnet [gewesen], lose in den Fragmenten des Einbands, der Rest in einzelnen Blättern. Es ist ein fast beispielloser Glücksfall, daß das Werk aus diesen lamentablen Verhältnissen in gutem Zustand und völlig komplett wieder aufgetaucht ist.«[81]

Mit dem Wachsen der *Bibliotheca Phillippica* vergrößerte sich auch die Knickrigkeit ihres Eigentümers. Sogar die geringe Jahresrente seiner Mutter setzte er um 20 Pfund herunter. Die Beziehung zwischen Mutter und Sohn in den späteren Jahren zu rekonstruieren ist schwer; es gibt nur wenige Quittungen und einige Briefe. In einem Brief vom 30. Januar 1850 spricht die Mutter Thomas wie üblich mit »Mein liebster Freund« an und teilt ihm mit:

Heute geht es mir ein bißchen besser. Aber gelegentlich geht es mir sehr schlecht, weil mein Kopf und meine Augen am einen Tage besser & und am anderen schlechter sind. Aber ich danke meinem Herrgott, daß ich in meinem Alter überhaupt noch sehen kann, da ich bei meinem nächsten Geburtstag 80 Jahre sein werde. Ich danke dem allmächtigen Gott, daß er mir soviel Zeit gelassen hat. Ich hoffe sehr, daß ich so lange lebe, daß ich Dich noch einmal sehen kann, wenn dies sein geheiligter Wille ist. Ich schreibe all dies ohne Brille... Schreibe mir bald wieder & denke an mich.

Deine H. J.

Ihr letzter Brief an ihn, datiert vom 29. Oktober 1850, lautet: »Ich habe Deinen lieben Brief & das Beigelegte gut erhalten und bin Dir sehr dankbar dafür, weil es eine große Hilfe war... Alles Liebe für die Deinen.« Man fragt sich, ob sie je ihre Enkelinnen gesehen hat.

Phillipps war inzwischen 58 Jahre alt. Selbst in diesem Alter noch waren seine Egozentrik und seine Abneigung gegenüber anderen nicht geringer geworden. 1843, ein paar Jahre zuvor, hatte seine Tochter Mary ihrer Schwester geschrieben: »Er wird ziemlich spinnert. Jetzt ist er kaum je bei guter Laune.« Jeder und alles ärgerte ihn – der Papst, überhaupt der Katholizismus, staatliche Institutionen, Buchhändler, verschiedene Pächter seiner Bauernhöfe. Was nicht mit seinen Plänen und Absichten zu vereinbaren war, wollte er nicht hinnehmen. Seine blasphemischen Schimpftiraden über den Heiligen Vater und alles Katholische nahm groteske Dimensionen an. Er ließ ein Heftchen drucken und unter den »Einwohnern von Broadway« verteilen; in dem hieß es: »Die Katholiken sagen beim Sakrament des Heiligen Abendmahls, daß sie tatsächlich den ECHTEN LEIB und das ECHTE BLUT CHRISTI ESSEN. Wenn es so ist, sind sie dann nicht KANNIBALEN?«

Dies alles paßt bestens zu seinen endlosen Streitereien mit der Obrigkeit. Verstehen läßt es sich nur im Kontext seiner Animosität dem Vater gegenüber, aber nie gestattete er sich, sein Ressentiment in dessen ganzem Ausmaß zum Ausdruck zu bringen. Nach dem Tod des Vaters mußte er sich neue Zielscheiben suchen, dazu gehörten die staatliche Obrigkeit und im besonderen der Papst. Es gibt unzählige weitere Beispiele. So kam wenige Monate, bevor Mary ihn als »ziemlich spinnert« bezeichnete, der örtlich zuständige Steuereinnehmer nach Middle Hill. Seine eidliche Erklärung beschreibt die Szene: »Sir Thomas kam dann mit einem Paddel in der Hand herzu und sagte, ›Was wollen Sie?‹. Ich antwortete, ›Ihrer Majestät Steuern‹ – da schlug er mir mit dem Paddel quer über den Körper und hob das Paddel ein zweites Mal hoch, und ich ergriff es, um einen zweiten Schlag abzuwehren.«[82]

Der Vorfall bezeugt die Reizbarkeit und das verbohrte Betragen dieses Mannes. Er ereignete sich etwa zehn Monate, nachdem Sir Thomas schließlich doch noch einmal geheiratet hatte. Ein normaler Mann wäre von einer neuen jungen Frau aufgemuntert und beschwichtigt worden, aber Phillipps war alles andere als ein gewöhnlicher Mann. Zehn Jahre lang war er Witwer gewesen, bevor er Elizabeth Manzel fand, die mit ihren siebenundzwanzig Jahren nur vier Jahre älter war als seine Tochter Henrietta. In finanzieller Hinsicht erbrachte die Heirat nicht, was er sich ein Jahrzehnt früher erhofft hatte. Lange hatten sich die Verhandlungen mit Elizabeths verwitweter Mutter und anderen Verwandten hingezogen, bevor die Hochzeit stattfinden konnte. Am Ende willigte er in eine Aussteuer von nur 3000 £ ein, dazu eine jährliche Unterstützung für Kleidung in Höhe von 50 £.

Anfangs gab es wohl ein gewisses Maß an Wärme zwischen ihm und der neuen Lady Phillipps. Er nannte sie Vify oder Wyfy, und sie sprach ihn mit Tippy an, einem Kosenamen, der offensichtlich von seinen Initialen T. P. herrührte. Besucher sprachen von ihrer Anmut und ihrem Takt. Dann aber verminderte sich proportional zum rapiden Anstieg der Neuerwerbungen für die Sammlung der Raum für Geselligkeit.

Am 8. September 1857 lud Phillipps Jared Sparks, den Präsidenten der Universität von Harvard, zu einem zweiten Besuch nach Middle Hill ein. Schon im voraus warnte er Sparks: »Der Salon ist der einzige Raum, in dem wir wohnen, & 3 Schlafzimmer für uns und unsere Gäste.« Drei Jahre später schrieb er seinem alten Freund Robert Curzon: »Unser Salon & Wohnzimmer ist Lady Phillipps' Boudoir!!« (11. Dezember 1860) Im selben Brief äußert er, es gäbe »keinen Raum, um zu essen, es sei denn im Zimmer der Haushälterin!« Ohne Frage war er sich des Anwachsens seiner unablässigen Erwerbssucht bewußt.

Während der ersten beiden Jahrzehnte seiner zweiten Ehe war der Ton seiner Frau gegenüber erträglich. Man hat den Eindruck, als hätte es zwischen beiden sogar etwas Verspieltes gegeben, was bei einem Mann mit Phillipps' Temperament und innerer Ausstattung denn doch eher überrascht. So schrieb er etwa in einem Brief vom 16. August 1859 aus London nach der Versteigerung der Sammlung Lord Northwicks, desselben Mannes, von dem er später Thirlestaine House erwarb: »Mein liebes Wyfy, der Arme Tippy ist ruiniert von der Northwick-Auktion!!! Was für ein Jammer, daß sein umsichtig kluges Wyfy nicht bei ihm war. Ich konnt's nicht ändern! So hübsche Bilderchen! Aber wohin damit? Ja, da ist der Haken!«

Zwischen den Zeilen spürt man eine gewisse Beklommenheit. Ohne Zweifel muß Eliza in den ersten Jahren ihrer Ehe einen hemmenden Einfluß auf seine ansonsten unhaltbare Raffgier gehabt haben. Der Ton dieses Briefes ist jedenfalls ungewöhnlich. In seinem fast kindlich-reumütigen Klang spiegelt sich einer jener seltenen Blitze der Selbsterkenntnis.

Das zeigte sich, als er mit einem kühnen Fälscher zu tun bekam, einem Griechen namens Constantine Simonides. Simonides hatte sich an das British Museum und die Bodleian Library in Oxford gewandt und ihnen eine Reihe Schriftrollen und eine Auswahl griechischer Manuskripte angeboten. Als man sie sich genau anschaute, erkannte man sie als genialisch gemachte Fälschungen. Als Phillipps von ihm hörte, lud er Simonides zu einem Besuch nach Middle Hill ein. Der Grieche war ein hervorragender Menschenkenner und wußte, wie viele Händler, wie man den Appetit eines Klienten kitzelt. Er erzählte Phillipps allerlei Geschichten über seinen Schatzfund und wie er im Nahen Osten und auf dem Berge Athos an die Handschriften herangekommen sei. Er versorgte den Sammler mit einer ins einzelne gehenden Beschreibung einer bislang unbekannten Thukydides-Handschrift.

Als enthusiastischer Sammler war Phillipps von den Geschichten des Mannes fasziniert. Sofort beschloß er, einige der Handschriften zu erstehen, und notierte: »Ich muß seinen Pythagoras, seinen Phocylides & seine 3 Diatagmata Autokrator für eine bestimmte Summe haben.« (Dezember 1853) Eine Reihe Experten hatten ihn vor Simonides gewarnt, aber er zog es vor, den Kauf von Fälschungen zu riskieren, als derartige »Juwelen« in andere Hände gelangen zu lassen.

Zu dieser Zeit war ein Dr. Johann Georg Kohl, ein deutscher Gelehrter, in Middle Hill zu Besuch. Von Kohl erfahren wir, daß Phillipps ihn bat, ihm einen deutschen Zeitungsausschnitt über Simonides zu übersetzen. Auch dieser Artikel, in welchem der Grieche als ein Meisterfälscher beschrieben wurde, konnte Sir Thomas nicht daran hindern, ihm zweiundzwanzig Manuskripte von höchst fragwürdiger Echtheit abzukaufen.[83] Diese offene Weigerung, irgendeines anderen Meinung oder Fachkenntnis zu akzeptieren, hängt eng mit der Haltung eines bestimmten zwanghaften Sammlertyps zusammen. Er ist das genaue Gegenteil zu jenen Leuten, die ohne Zustimmung oder eigentlich Erlaubnis einer anerkannten Autorität keine Anschaffung zu tätigen wagen.

Niemals konnte Phillipps der Vergrößerung seiner Bestände widerstehen. Gegen Ende besaß er außer den Büchern und sonstigen Materialien an die sechzigtausend Handschriften. Immer war er bereit, Gelehrten und Sammlerkollegen sein Wissen und seine Erfahrung zur Verfügung zu stellen; diese Bereitschaft mag unbewußt vom Wunsch nach Versöhnung mit symbolischen Vaterfiguren geleitet gewesen sein. Während der 40er und 50er Jahre stand er mit wenigstens sechzig Forschern und Spezialisten in Europa und Amerika im Briefwechsel. Seine Gastfreundschaft konnte entwaffnend sein und stand in auffälligem Kontrast zu der kalten Wut, mit der er gelegentlich Familienmitglieder, Buchhändler, seine Pächter oder überhaupt jeden, der von ihm abhängig war, behandelte.

Jared Sparks aus Harvard, der 1840 Middle Hill besuchte, schrieb in sein Tagebuch: »Selten habe ich eine so angenehme oder so nutzbringende Woche verbracht. Sir Thomas Phillipps ist berühmt für seine Gastfreundschaft... Er widmete mir fast die gesamte Zeit, half mir beim Auffinden der Manuskripte und suchte selbst nach solchen, die ich gebrauchen könnte.«

Ein anderer Besucher, der französische Abt Jean-Baptiste Pitra, ein Historiker von großer Reputation, der die Christianisierung Frankreichs erforschte, erinnert sich. »Am Ende des Tages, als wir das Gefühl hatten, daß wir uns zu entschuldigen gehabt hätten, wurden wir von dem Baronet zu einer Erquickung eingeladen, die er als ›einen Manuskripte-Nachtisch‹ bezeichnete. Zu der Zeit, wo ein englischer Tisch gewöhnlich mit Wein, Obst und seltenen Gerichten bedeckt ist, fanden wir eine Auswahl seltener Handschriften von Middle Hill vor unseren Augen ausgebreitet.«[84]

Wissenschaftliche Besucher scheint Phillipps mit einer Art Sohnesrespekt behandelt zu haben, als suchte er nach Lob und Beifall, vielleicht wie ein widersetzlicher Sohn, der für sein anstößiges Verhalten schlußendlich Verständnis und die Einwilligung von höchster Stelle erhofft. Er muß sich wie ein generöser Beschaffer seltener Texte vorgekommen sein, wenn er für seine verehrten Gäste »Delikatessen« heraussuchte und damit seine unausrottbare Gier zu einer Tugend machte.

In seinen späteren Jahren bekannte er, daß seine Handschriften »ein nie ausbleibender Trost in jeder Schwierigkeit« seien. Wie seine erste Frau, konnte auch die zweite Lady Phillipps seine Selbstsucht und Intoleranz nicht lange ertragen. Wie zu erwarten, geriet seine Ehe ins Schlingern. Mit der Zeit litt ihre Gesundheit, und die Ärzte verschrieben das altbekannte Mittel, eine Reise ins Ausland. Die Kosten für einen Winter auf dem Kontinent schätzte man auf 250 £, eine Summe, die viel zu groß war, als daß Sir Thomas sich leicht davon getrennt hätte. Andererseits gab er in eben diesem Jahr, soweit ich es den Akten zu entnehmen vermag, mindestens 1384 Pfund, 13 Shillinge und 6 Pence für seine Sammlung aus, die Rechnungen von Druckern und Buchbindern nicht mitgerechnet.

Lady Phillipps beschied sich mit einer Reise ins Seebad Torquay, wo sie in einer Pension ein Zimmer nahm. Sie beklagte sich, sie verfüge nicht einmal über genügend Geld für Einkäufe und Zahnarztrechnungen. »Oh, wenn Du doch Dein Herz nicht so sehr an Deine *Bücher* gehängt hättest und sie zu Deinem Idol machtest, wie dankbar wäre ich!« bekniete sie ihn am 24. November 1868. Es war gerade ein Tag, nachdem er seinem alten Freund Robert Curzon geschrieben hatte: »Ich mache weiter mit meiner alten Manie des Bücherkaufens.«

Die Antwort an seine Frau erweist indessen wieder einmal seinen unbeugsamen Egoismus:

> Liebe E.
> Ich muß Dich bitten, mir nicht weitere Deiner Predigten zu schicken. Offenkundig bist Du in Torquay in schlechter Gesellschaft, denn Du warst noch nie so absurd ... Störe niemals das Glück anderer Leute. Ich mache aus meinen Büchern nicht mehr ein Idol als *Du* aus Deinen *Gesangbüchern*. Schreib mir deshalb nicht mehr in solchem Ton, wenn Du möchtest, daß ich Dir gewogen bleibe, & dann verbleibe ich Dein
>
> Dir zugetaner T. Phillipps

Nicht ganz vier Jahre später starb Sir Thomas Phillipps und hinterließ die umfangreichste und bedeutendste Handschriftenbibliothek, die es je gegeben hat. Middle Hill fiel – in völlig unbewohnbarem Zustand – an die Halliwells. Die Sammlung ging ohne ausreichende Finanzmittel, um sie in gutem Zustand zu erhalten, in die Obhut seiner Tochter Mary und ihres Mannes über. Weder den Halliwells noch irgendeinem Katholiken war die Besichtigung der Bibliothek gestattet.

KAPITEL 7

INTERIEUR IM HAUSE BALZACS
SAMMLUNG SPOELBERCH DE LOVENJOUL,
BIBLIOTHÈQUE DE L'INSTITUT DE FRANCE, PARIS

ZWEI SAMMLER: BALZAC UND SEIN *COUSIN PONS*

Am 27. Februar 1848 lud Honoré de Balzac den jungen Schriftsteller Jules Fleury-Husson, der unter dem Pseudonym Champfleury veröffentlichte, in sein neues Traumhaus in der Rue Fortunée in Paris ein. Champfleury war seit langem ein Bewunderer des berühmten Autors und hatte Balzac sogar *Feu Miette, Fantaisie d'Eté* gewidmet. Es war ein historischer Augenblick, denn am Vortage war Frankreich zur Republik proklamiert worden.

Balzac war erst zwölf Tage zuvor von einer seiner häufigen Rußlandreisen heimgekehrt, wo er im Haus der kürzlich verwitweten Gräfin Eveline de Hanska gewohnt hatte, der er seit sechzehn Jahren unverdrossen den Hof machte. Der Lebensstil auf ihrem Landsitz war luxuriös, weit jenseits seiner eigenen mehr oder weniger kleinbürgerlichen Herkunft und übrigens auch der seiner Freunde aus der französischen Aristokratie.

Er hatte die phantastische Vorstellung, der Dame, die er zu seiner Frau zu machen hoffte, in Paris ein *hôtel particulier* einzurichten, das ihrem schönen Landsitz in Wierzchownia in der Ukraine in nichts nachstünde. Ungefähr ein Jahr zuvor, am 28. September 1846, hatte er das Haus in der Rue Fortunée erstanden, das er seiner geliebten »Louloup« schenken wollte; »Louloup« war der Kosename, den er für Eve de Hanska in Tausenden von Liebesbriefen benutzte, die er ihr binnen fast zweier Jahrzehnte schrieb. Seither hatte er das Haus mit ausgewählten

Möbeln, kostbaren Teppichen, Porzellan, Gemälden, Silber und vielen Nippsachen vollgestopft.

Balzacs großzügiges Geldausgeben und seine Freude am Luxus hatten eine lange Geschichte, die bis in die Anfänge seines Erwachsenseins zurückreicht. Seit seiner Jugend kannte seine Leidenschaft für dekorative Gegenstände keine Grenzen. Er kaufte wie besessen. Kein Schriftsteller, so erfolgreich er auch sein mochte, hätte zur damaligen Zeit die Kosten solchen Sammelns und eines derart extravaganten Lebensstils aus den Erlösen seines Schreibens aufzubringen vermocht. Dennoch konnte er nicht widerstehen, weitere 400000 Francs für sein Traumhaus, wie er es nannte, auszugeben. Er rechtferigte diese Ausgaben damit, daß eine Großnichte der vormaligen Königin von Frankreich ein angemessenes Zuhause brauche.

»Ich habe die Hoffnung, durch Romane reich zu werden«, hatte er etwa fünfundzwanzig Jahre zuvor an seine Schwester geschrieben.[85] Sein ganzes Leben lang wog er sich in dieser Hoffnung, aber sie sollte unerfüllt bleiben, und nachdem er sein Haus gekauft und ausgestattet hatte, war er – wie zu erwarten – hoch verschuldet.

Champfleury war vom verschwenderisch schmucken Haus seines Idols tief beeindruckt. Balzac verbrachte mehrere Stunden mit dem jungen Autor im Gespräch über die Hochs und Tiefs ihres Berufs und insbesondere über den Nachteil, Romancier und nicht Dramatiker zu sein. Balzac war damals überzeugt, im Theater und nicht durch Romane sein Glück zu machen.

Drama und Theater beschäftigten Balzac sehr, denn drei Monate später sollte sein neues Stück *La Marâtre (Die Stiefmutter)* am Théâtre Historique in Paris uraufgeführt werden. Wie üblich war er überzeugt, daß das Stück ein Riesenerfolg werde und das dringend benötigte Geld einspielen könne, das er dann dazu verwenden würde, die immer drückenderen Schulden zu begleichen. Ihm kam nicht in den Sinn, daß das Stück keine gute Aufnahme finden könnte, weil der Gedanke an einen Fehlschlag ihm einfach nicht in den Kopf wollte.

Das Theater, so versicherte er Champfleury, bringe direkten

Lohn, nicht aber Romane und Erzählungen. Während er über sein neues Zuhause sprach, erklärte er, seiner Meinung nach solle ein Künstler komfortabel und stilvoll leben. Um dieser Äußerung Nachdruck zu verleihen, nahm er den jungen Schriftsteller mit auf einen Rundgang durch das Haus, das inzwischen seine – auf den ersten Blick – eindrucksvolle Sammlung beherbergte. Während Champfleury von einem überreich ausgestatteten Raum zum nächsten geleitet wurde, dachte er bei sich: »Das ist die Galerie von *Cousin Pons*, das sind die Gemälde von *Cousin Pons*, die Raritäten von *Cousin Pons* ...«[86]

Champfleurys Äußerung war keineswegs seiner Einbildungskraft entsprungen, Balzacs Haus in der Rue Fortunée kam demjenigen des *Cousin Pons*, der Hauptfigur seines vor kurzem veröffentlichten Romans gleichen Namens, in der Tat sehr nahe. *Le Cousin Pons*, eines der letzten Bücher von Balzac, das 1847 erschien, ist die Geschichte des Scheiterns eines passionierten Sammlers. Balzac hatte die Idee zu *Pons* vor dem Erwerb des Hauses, aber die Haltung und Handlungsweisen dieses Mannes weisen verblüffende Ähnlichkeiten zu Balzacs eigenen Phantasien auf, wenn auch nicht zu seinen Gewohnheiten. Das Traumhaus des Vetters Pons und das seines Urhebers sind fast ein und dasselbe.

Bemerkenswerterweise arbeitete Balzac zur selben Zeit an seinem Roman und an seinem neuen Haus. Die Geschichte beschreibt Leidenschaft und Leid des eingefleischten Sammlers und die in seiner Kindheit und Jugend erlebten Qualen und Heimsuchungen, die Kälte eingeschlossen, die von vorenthaltener Mutterliebe herrühren. Vielleicht ist das Wichtigste, daß Pons' Haltung gegenüber den Gegenständen in seiner Sammlung ein Echo derjenigen Balzacs ist. An einer Stelle in seinem Roman beschreibt der Autor Pons als einen Mann, der »in seinen Sammlerfreuden einen so reichen Ersatz für seinen erloschenen Ruhm fand, daß Pons, wenn er zwischen dem Besitz seiner Antiquitäten und dem Ansehen Rossinis hätte wählen können, sich für sein teures Kunstkabinett entschieden hätte, so unglaublich das auch klingen mag«.[87]

Im Roman ist Pons ein alternder Junggeselle, der in seiner Jugend ein vielversprechender Geiger gewesen war und sogar den Prix de Rome gewonnen hatte. Aber das Leben war ihm nicht freundlich gesonnen. Die eigenen Verwandten schauen auf den unattraktiven und wenig einnehmenden Mann herab und geben ihre Verachtung dadurch zu erkennen, daß sie sich hochmütig von ihm absetzen. Pons ist Untermieter in einem Haus im Marais (demselben Stadtteil des bürgerlichen Paris, wohin Balzacs Familie umgezogen war, nachdem sie ihr Haus in Tours, Balzacs Geburtsstadt, aufgegeben hatte). Hier freundet sich Pons mit einem anderen unverheirateten Mieter an, einem ehemaligen Dirigenten namens Schmucke.

Das Thema des armen Verwandten oder verarmter und unverstandener Leute kommt in Balzacs Schriften häufig vor. Die meisten seiner Romane sind durchwirkt von einem Gespür für soziale Unterschiede, und in den permanenten Verweisen auf Name, Besitz und gesellschaftliche Stellung klingen die Ideale des Autors an.

Vetter Pons ist der unwillkommene und verspottete Verwandte der kaltherzigen, neureichen und ignoranten Camusots de Mervilles, die zur neuen, postnapoleonischen Gesellschaft von Paris gehören und jeglichen Kontakt mit ihrem häuslichen und mausgrauen Cousin auf das Nötigste zu beschränken trachten. Die Camusots waren durch Frankreichs finanzielle und politische Umtriebe und den raschen Fortschritt der Industrialisierung während der napoleonischen Ära zu Wohlstand gekommen. Ihr ostentatives Auftrumpfen vor Pons bei seinen seltenen Besuchen und sein Unbehagen spiegeln deutlich Balzacs Gefühl des Liebesentzugs und der Vernachlässigung während seiner Kindheit und Jugend. Die Verschränkung von gesellschaftlichem Klima und historischen Ereignissen des frühen 19. Jahrhunderts mit seiner Biographie und seinem Selbstbild sind für Balzacs Werk äußerst bezeichnend.

Dann und wann laden die Camusots Pons ein, zu ihnen zum Essen zu kommen, Höhepunkte in seiner ansonsten ereignislosen und einsamen Existenz. Mit Wonne beschreibt er seinem

Freund Schmucke diese Diners.[88] Bei einer dieser Gelegenheiten bringt Pons seiner Cousine, Madame la Présidente Camusot, einen wunderschön bemalten Fächer mit. Sie macht die obligatorische, flüchtige Dankesgeste, zeigt ihn ihrer hochnäsigen Tochter und macht im übrigen wenig Aufhebens davon. Pons, leicht aus der Fassung gebracht, fühlt sich zu der Erklärung gedrängt, der Fächer sei von Watteau bemalt und habe einstmals Mme. de Pompadour gehört. Mme. Camusot ist jedoch unbeeindruckt, weil sie noch nie etwas von Jean-Antoine Watteau gehört hat.

Wie oft in Balzacs Schriften besteht auch hier die Welt des Helden aus kaum verhüllten autobiographischen Einzelheiten. Die Szenerie, der Hintergrund, die Charaktere und das gesamte Ambiente knüpfen an die eigene Vergangenheit Balzacs an, spiegeln die widersprüchlichen Charakterzüge, die für seine Persönlichkeit kennzeichnend waren. Sie werden zu Bestandteilen eines Gesellschaftsdramas, das sich vor dem Hintergrund der nachnapoleonischen Zeit in Frankreich abspielt.

Als *Le Cousin Pons* veröffentlicht wurde, war Balzac ein berühmter und anerkannter Autor, dem die Türen zur Pariser Gesellschaft offen standen. Wäre er nicht ständig auf der Suche nach neuen Objekten gewesen, um sie seiner Sammlung hinzuzufügen, und hätte er nicht dadurch gewaltige Schulden gemacht, wäre er vermutlich als zufriedener Mann gestorben, der so erfolgreich gewesen wäre, wie er es sich in seiner Kindheit und Jugend geträumt hatte. Wenn wir verstehen wollen, was alles bei der Entwicklung dieses hoch komplexen Charakters eine Rolle spielte, müssen wir in das verstörende Gemütsleben eintauchen, das die Jahre, in denen sich seine Persönlichkeit ausbildete, bestimmte; die Tagträume, die verwickelten Pläne und ungezügelten Ausbrüche seiner Phantasie, die seine private Welt beherrschten, nahmen von dieser Epoche ihren Ausgang.

Honoré de Balzac wurde am 20. Mai 1799, in der Zeit von Napoleons Konsulat, in Tours in Zentralfrankreich geboren. Sein Vater Bernard-François – ein Selfmademan, voller Tatendrang, Ehrgeiz und flexibel gegenüber dem Auf und Ab der Zeitverhältnisse – war der älteste Sohn eines Bauern, Bernard Balssa, ein Name, den er später in Balzac umänderte.

Der nach Höherem strebende Bernard-François war zunächst Angestellter in einem Rechtsanwaltsbüro und ging dann, »als er noch sehr jung war, ›hinauf‹ nach Paris, mit nichts in seinem Besitz als einem Paar genagelter Schuhe, einer Bauernjacke, einer geblümten Weste und drei Hemden aus grobem Stoff«. Das taucht in Balzacs Beschreibung eines seiner Helden, César Birotteau, wieder auf, der nichts hat als »ein Paar Schuhe mit Nägeln auf den Sohlen, ein Paar Strümpfe, eine blaue Hose, eine bunte Weste, drei grobleinene Hemden und einen Knotenstock«, als er sich auf den Weg von Tours nach Paris macht.[89]

Seinen Vater beschrieb Honoré als exzentrischen Mann, gesprächig, großtuerisch und voller abstruser Theorien und Ideen, aber humaner und gewiß freundlicher als die kalte, narzißtische Mutter, der allem Anschein nach ihre Kinder gleichgültig waren, ausgenommen vielleicht das jüngste, Henri. Der Vater war bereits im Großvateralter, als Honoré und seine beiden Schwestern Laure und Laurence zur Welt kamen. Henri war das Lieblingskind der Mutter, womöglich deshalb, weil Bernard-François nicht sein Vater war.

In seinem späteren Leben nahm Balzac Charakterzüge seines Vaters an. Es gab eine Reihe ausgesprochen deutlicher Identifikationselemente, insbesondere die wiederholt geäußerte Überzeugung, selbst ein ganz besonderer Mensch zu sein; mindestens für diesen Anspruch scheint der Sohn bessere Gründe gehabt zu haben als der Vater. Auch hatte der Vater vermutlich nicht das einnehmende, fast verführerische Wesen Honorés. Der Vater, der gern ein Auge riskierte und sich von jungen Damen betören ließ, war darauf versessen, das Mittel zu finden, das ihm ein langes Leben und, implicite, Potenz verschaffte. Das brachte ihn zur chinesischen Literatur, weil er davon überzeugt war, daß chinesisches Denken und chinesische Schriften auf alles eine Antwort enthielten. In seiner Freizeit verfaßte er kleine Traktate über alle möglichen Themen – Politik, Handel, gesellschaftliche

Fragen –, und unablässig war er darum bemüht, die finanzielle und soziale Lage seiner Familie zu verbessern.

Diesem Ziel entsprach seine grandiose Phantasie, daß ein Zweig der Familie einem frühen und vornehmen Stamm gallischen Ursprungs entsprossen sei. Erinnern wir uns, diesen Familienroman teilen Bernard-François und Sir Thomas Phillipps miteinander, und auch für Honoré war es eine reizvolle Vorstellung. In diesem Zusammenhang ist festzuhalten, daß, so wie sein Vater den Versuch unternahm, seine Herkunft auf die adlige Familie der Balzac d'Entragues zurückzuführen, auch Honoré anläßlich seines ersten Rendezvous' mit der Gräfin de Hanska in Neuchâtel das Pseudonym eines Marquis d'Entragues benutzte.[90]

Es gibt einen wichtigen Umstand, dessen wir uns bewußt sein müssen. Balzacs frühe Jahre waren eine einzige Folge von Zurückweisungen, Enttäuschungen und Einsamkeit. Zeit seines Lebens sagte er immer wieder: »Ich hatte nie eine Mutter.« In seiner Persönlichkeit blieb eine Narbe zurück. Das erklärt seine vielen Versuche und Strategien, sich ein Gefühl von wirklicher Sicherheit zu verschaffen. Sie stehen im Gegensatz zu den frühen Empfindungen der Vernachlässigung und Verlassenheit, die zu einem fast beliebigen System phobischer Abwehrhaltungen führten – seinem weltmännischen Gehabe, seinem Auftreten als Pseudoschürzenjäger, seinen abenteuerlichen Spekulationen und seiner obsessiven Sammelei –, allesamt Linderungen der inneren Bedrohtheit, die seine Kindheitsängste mit sich brachten.

Als Honoré Balzac war er zur Welt gekommen.[91] Sein Vater, der Bürger Balzac, ohne das »de«, das er eines Tages seinem Namen hinzusetzte, sprach oft und halb im Scherz von seinen aristokratischen Vorfahren. Sein verbissener Kampf um Anerkennung in der Gesellschaft von Tours wurde irgendwann von einem gewissen Erfolg gekrönt. Kurz vor Honorés Geburt war er Heereslieferant geworden, was seit jeher ein lukratives Geschäft war. Nachdem er einen soliden wirtschaftlichen Status und eine prominentere gesellschaftliche Stellung in seiner kleinstädtischen Provinzwelt erreicht hatte, heiratete Bernard-François im

Alter von einundfünfzig Jahren Laure Salambier, eine neunzehnjährige Pariserin. Die Heirat mit einem zweiunddreißig Jahre jüngeren Mädchen spiegelte das Bedürfnis, sich zu beweisen, die Verleugnung seines Alterns, die Sehnsucht nach Anerkennung und seine unablässige Selbstidealisierung. Letztere Charaktereigenschaft klingt in den Exzentrizitäten des Sohnes nach, besonders in der Art und Weise, wie sich Honoré als Sammler verhielt; oft hatte er die illusionäre Vorstellung, er habe großartige Entdeckungen gemacht.

Der erhebliche Altersunterschied zwischen seinen Eltern, die Selbstbezogenheit seiner Mutter und die damit einhergehende Unachtsamkeit gegenüber den Bedürfnissen und Empfindungen anderer, die ewige Angeberei und Grandiosität seines Vaters hinterließen in der vergeblichen Hoffnung des Jungen auf Liebe und Zuwendung ihre Spuren. Aufgeblasenheit war eine bemerkenswerte Eigenschaft, die der Sohn vom Vater übernahm, und so wird denn auch in einem Brief an die Herzogin Laure d'Abrantès aus Honoré Balzac, dem einfachen Citoyen Balzac, im Alter von sechsundzwanzig Jahren Honoré de Balzac.[92] In den darauffolgenden Jahren erscheint der Artikel immer häufiger in seinem Namen, ganz im Einklang mit seinem raschen Aufstieg in der Pariser Gesellschaft.

Dieser angenommene Adelstitel war nicht nur Honoré anzulasten, auch sein Vater hatte sich schon für den Abkömmling einer alten aristokratischen Familie gehalten. Die Selbstidealisierung war beim Vater psychopathischer als bei Honoré, denn letzterer war schließlich damit großgeworden, daß sich der Vater so sehr mit einer eingebildeten Familienabkunft beschäftigte. Es besagt viel, daß Honoré noch in seinen Zwanzigern eine Reihe kitschiger Geschichten und Romane unter so seltsamen Pseudonymen wie »Lord R'Hoone« oder »Horace de Saint-Aubin« schrieb – sie klingen wie Echos der väterlichen Phantastereien.

Balzacs Sehnen nach Zugehörigkeit zu einer höheren Gesellschaftsschicht rührte sowohl von den emotionalen Entbehrungen während seiner gesamten Kindheit als auch von der exhibitionistischen Persönlichkeit seines Vaters her. In Wirklichkeit hoffte

Honoré noch immer auf ein warmherziges, fürsorgliches Bemuttertwerden durch eine Person, die dann zu einer aristokratischen Dame erhoben werden könnte. Es ist eine Vorstellung, die er immer aufs Neue in seinen vielen Beziehungen zu aristokratischen Geliebten auslebte und wieder und wieder in seinen Romanen beschrieben hat. Während seines gesamten Lebens blieb die Vernachlässigung durch die Mutter eine offene Wunde.

In Balzacs autobiographischem Roman *Die Lilie im Tal* verspürt der Held in sich den Wunsch, der Herzog von Angoulême zu sein, zu dessen Ehren ein Fest veranstaltet wird. Später im Roman spricht der Held vom ehrwürdigen Alter seines Namens als der wertvollsten Auszeichnung eines Mannes.[93] Balzacs obsessive Beschäftigung mit Namen, gesellschaftlichen Stellungen und Finanzen sind ein unmißverständliches Attribut seiner Neigung zu dramatischer Übertreibung dessen, was für ihn von Wert und Wichtigkeit war. Alles, was mit ihm zu tun hatte – Menschen, Güter, Objekte –, machte er gern ein paar Nummern größer (und ganz besonders die mittelmäßigeren Dinge in seinem Besitz). Das funktionierte in beiden Richtungen: Die Objekte gewannen an Rang, weil er sie besaß, und seine – immer schwankende – Selbsteinschätzung erhöhte sich, weil er sich vorstellte, Objekte von ausnehmender Bedeutung oder großer Seltenheit zu besitzen.

Honoré teilt diese Neigung mit vielen Sammlern, die das Bedürfnis haben, sich davon zu überzeugen, daß ihr Objekt etwas Besonderes, wenn nicht gar »das Beste« oder »das Höchste« sei. Es ist natürlich eine Projektion, die mit ihrem Selbstbild zu tun hat. In Balzacs Fall ist es leicht, die Wurzeln dieses Bedürfnisses aufzuspüren. Der emotional ausgehungerte und von Kindheitsängsten geplagte Honoré hatte mit dem Elend von Hunger, Krankheit, elterlicher Vernachlässigung und am Ende auch noch mit zerstörerischer Einsamkeit fertig zu werden. Er mußte sich hinter lebhaften Phantasien verbarrikadieren und sich zu einem Menschen mit außergewöhnlichen Fähigkeiten und einem besonderen Weitblick idealisieren. Er hatte einen »Aschenputtel-Komplex«, insofern er davon überzeugt war, daß eines Tages eine wunderschöne Prinzessin käme und ihn rettete.

Bevor wir uns eingehender mit der Persönlichkeit des Sammlers Balzac beschäftigen, müssen wir den Nichtdialog zwischen ihm und seinen Eltern besser verstehen. Von Laure Salambier haben wir nur ein vages Bild. Ihre Familie kam aus demselben Pariser Viertel, in das die Balzacs zwanzig Jahre später umzogen und in welchem Pons und sein Freund Schmucke ihr Inselleben führten. Die Salambiers waren geachtete Kaufleute und aus einer höheren Schicht als der ursprünglich ohne einen roten Heller dastehende Bernard-François. Nach dem Eindruck, den Honorés Schwester von Laures Eltern hatte, müssen diese warmherzigere und freundlichere Leute gewesen sein als ihre Tochter.[94]

Die Großmutter mütterlicherseits, Sophie Salambier, war keine Frau, mit der sich leicht auskommen ließ. Obwohl sie ihrem ältesten Enkel eine gewisse Zuneigung entgegenbrachte, scheint sie ihrer Tochter gegenüber streng und fordernd gewesen zu sein. Ein »Täglicher Stundenplan für meine Tochter Laure« zeigt etwas von der Strenge der Umgebung, in der Honorés Mutter ihre Kindheit verbrachte: Aufstehen um 7, Zähne putzen, Gesicht und Hände waschen, Schlafzimmer aufräumen von 7 bis 8, Frühstück und Freizeit von 8 bis 9, schreiben zwischen 9 und 10 und »nützliche Arbeit« zwischen 10 und Mittag, womit schneidern, stricken, säumen und sticken gemeint war.[95] Die Kraft und Strenge dieses Trainings hatten auf Laures Charakter zweifellos ihre Wirkungen.

Es gibt keinerlei Anzeichen dafür, daß es während Balzacs gesamten einundfünfzig Lebensjahren auch nur einen einzigen Moment echter Nähe und Zuneigung zwischen ihm und der eitlen, distanzierten und narzißtischen Frau, die seine Mutter war, gegeben hätte. Die ausgedehnte Familienkorrespondenz, die noch existiert, bestätigt dies; sie besteht weitgehend aus Briefen Honorés an seine Mutter, die hauptsächlich seine Geschäftsbeziehungen mit Verlegern, Druckern und Gläubigern und die Einzelheiten seiner oft konfusen wirtschaftlichen Angelegenheiten im allgemeinen beschreiben. Ein typischer Brief beginnt so: »Liebe Mutter, vorgestern erhielt ich Deinen Brief mit der Abrechnung seit dem 10. Mai, wonach Du noch einen Betrag von 614 Fr. und 54 Centimes hast, und ich antworte als erstes im Hinblick auf das Geschäftliche.«[96] (22. Oktober 1849)

Danach geht es Seite um Seite ausschließlich um finanzielle Dinge, wobei es sich zumeist um Trivialitäten handelt. Der Brief kam aus der Ukraine, wo Balzac damals mehrere Monate auf dem Landgut der Gräfin Hanska verbrachte. Seine Finanzangelegenheiten hatte er derweil den Händen seiner nicht gerade kompetenten Mutter überlassen, die über siebzig und nicht in bester Verfassung war. Nur in fünf kurzen Sätzen geht es um sie persönlich: »Pass' gut auf Dich auf; spare an nichts. (Ah! Ich hoffe, Du hast die Heizungsrohre reinigen lassen, bevor sie im Winter benutzt wurden, denn sie müssen jedes Jahr gesäubert werden.)« Bestenfalls weisen die Briefe an seine Mutter das Pflichtgefühl eines Sohnes auf, Liebe ganz gewiß nicht. Als er weniger als ein Jahr später starb, wies sein Testament Eve de Hanska an, Mme. de Balzac eine Unterhaltsrente auszusetzen.

Bis Honoré fünfzehn war, lebte die Familie in Tours, der Provinzhauptstadt, die der Schriftsteller nie ganz hinter sich ließ. Tours war der regelmäßige Spielort vieler seiner Geschichten und Romane, in denen sich eine ausgesprochene Liebe zum Loire-Tal und zur heimischen Landschaft niederschlägt. Er kehrt immer wieder dorthin zurück. Trotzdem war es nicht sein Elternhaus in Tours, das in seinen frühesten Lebensjahren das Zentrum seiner Eindrücke bildete.

Unmittelbar nach seiner Geburt wurde er der Pflege einer Mietamme in Saint Cyr-sur-Loire anvertraut. Die Mutter erklärte dies damit, daß sein Bruder, der genau ein Jahr früher zur Welt gekommen war, von ihr versorgt worden und nach nur dreiundzwanzig Tagen gestorben war. Wir kennen weder den Grund für den Tod des Babys noch Laures Reaktion darauf. Es ist jedoch kaum zu bezweifeln, daß für Honoré, dem von Anfang an die mütterliche Liebe und Hingabe vorenthalten blieb und der von beiden Eltern während der ersten vier Lebensjahre getrennt war, dies zur Grundlage seiner vorwiegend obsessiven Abwehr wurde, die sein ganzes Leben lang fortbestand.

Darüber, wie es ihm erging, als er bei der Amme in Pflege war, ist kaum etwas bekannt. Nach sechzehn Monaten bekam er dort von seiner Schwester Laure Gesellschaft. Es gibt viele Anzeichen dafür, daß ein Gutteil der Anhänglichkeit an die erste Frau, die sich um ihn gekümmert hatte, auf seine Schwester verschoben wurde. Ihre Gegenwart gab ihm sicherlich etwas Trost in seiner Trauer und Verzweiflung, und die Bindung an sie blieb die beständigste und wahrscheinlich am wenigsten ambivalente von allen, die er je einging. Laures Anwesenheit garantierte so etwas wie emotionale Kontinuität und Zugehörigkeit, und seine fortdauernde Zuneigung zu ihr zeigt an, daß er dies wußte. Und tatsächlich gleichen viele seiner Briefe an sie aus späteren Lebensjahren eher Liebesbriefen denn einer Korrespondenz zwischen Geschwistern. Dennoch vermochte diese Nähe das Grundgefühl der Einsamkeit nicht auszulöschen, das sein ganzes Leben lang blieb und ihn mit seinen kreativen Phantasien und seinen bewundernswert fruchtbaren und detailreichen imaginären Exkursionen in die Welt anderer Leute versorgte. Darüber hinaus erlaubte es ihm sowohl seinen asozialen Lebensstil wie auch die ihn entschädigenden und ihm wohltuenden Obsessionen.

Man sollte hier erwähnen, daß es in der französischen Gesellschaft zur Zeit Napoleons nichts Ungewöhnliches war, kleine Kinder außer Haus in Pflege zu geben. Angesichts der emotionalen Kühle ihrer Mutter ging es den Kindern bei einer einfachen Frau vom Lande womöglich besser als zu Hause. Auch dürfen wir nicht die Vorteile außer acht lassen, die darin lagen, daß Bruder und Schwester miteinander aufwuchsen; sie konnten sich immer aufeinander verlassen. Wenn man die ersten Lebensjahre getrennt von den Eltern gelebt und ohne die innere Sicherheit verbracht hat, die hinreichend gute mütterliche Fürsorge – immer ein Bollwerk gegen die Wirren des Lebens – vermittelt, dann sind dies mehr als ausreichende Gründe für die Flucht in Einbildung und Phantasie und für die hoffnungslosen und obsessiven Manöver, die Frustration und seelische Kümmernis abwehren sollen.

Eine Kindheitsszene, an die sich Laure erinnerte, wirft ein gewisses Licht auf Honorés blühende Phantasie: »Stundenlang kratzte er die Saiten einer kleinen roten Violine, und sein strahlendes Gesicht bewies, daß er Melodien zu hören meinte. Er war daher auch sehr erstaunt, als ich ihn anflehte, endlich mit dieser Musik aufzuhören. ›Hörst du denn nicht, wie hübsch das ist?‹, fragte er.«[97]

Jahre später, nachdem Balzac zu Ruhm und Erfolg gelangt war, schrieb er über Pons und Schmucke, zwei ehemalige Musiker, einsam, ohne Freunde und Opfer von emotionaler Impotenz. Pons, der erfolglose Geiger, der sich zum außerordentlichen Sammler gewandelt hatte, fand Trost und Gesellschaft in den Objekten, die er mit äußerster Umsicht und Sorgfalt sammelte. Wie Pons, so halfen auch Balzac die Höhenflüge der Phantasie oft über die Selbstzweifel, Enttäuschungen und Leiden seiner Kindheit hinweg. Als er noch klein war, hatten sich andere über das Froschgequake beschwert, das für ihn wunderschön klang; in seinem späteren Leben trieb er mittelmäßige Kunstwerke auf, die nach seiner Überzeugung überragende Arbeiten von seinen Lieblingskünstlern waren. Die Grundlage für diese bizarre Selbsttäuschung wurde ganz offensichtlich in seiner Kindheit gelegt, als er zu solchen Höhenflügen der Einbildungskraft Zuflucht nehmen mußte.

Wenn die anfänglichen Lebensumstände der beiden Kinder bereits verwirrend waren, war es ihre traumatische und unglückliche Heimkehr nach ungefähr drei Jahren um so mehr. Ihre Mutter war alles andere als einfühlsam und verständnisvoll und schalt sie für jede Missetat. Dann traf eine neue Gouvernante ein, was die Dinge nur verschlimmerte, weil sie genauso kalt und streng war wie die Mutter.

Einige Leute bedeuteten dennoch eine gewisse Stütze. Die Großeltern mütterlicherseits sorgten für ein bißchen Wärme und Verständnis, und später gab es noch einen Freund der Familie, den »petit père Dablin« – einen wohlmeinenden, besonnenen und reichen Junggesellen –, der zur immer verfügbaren Vaterfigur wurde und Honoré oft aus der finanziellen Patsche half.

Es ist bekannt, welch wohltuende und heilsame Wirkung aus dem Gefühl entsteht, gewollt und umsorgt zu sein. Auch nur ein kurzer Besuch bei seinen Großeltern in Paris gab dem jungen Honoré das dringend benötigte Gefühl familiärer Bindung und Zugehörigkeit. Laure zufolge weinte der kleine Junge, als der Großvater starb – seine einzigen Tränen, an die sich seine Schwester erinnern konnte.

Auf der Suche nach einem Platz in der Welt und nach Sicherheit und Inspiration wandte sich Honoré den Büchern zu. Bald wurde er ein unermüdlicher Leser. Das Phantasieleben, das aus dieser Lektüre erwuchs, wurde zum geheimen Fluchtweg aus einem immer gegenwärtigen Gefühl der Angst und Verzweiflung, zur magischen Waffe. Honoré fand auch andere Abwehrmethoden. Er identifizierte sich mit seinem Vater und wurde ein bisweilen aufgeblasener und exhibitionistischer oder sogar zynischer und arroganter Mann, der zu jener aristokratischen Gesellschaftsstellung emporzusteigen suchte, von der sein Vater phantasiert hatte.

Während jener frühen Kindheitsjahre, wenn echte Fürsorge und Wärme, die Erfahrung des Geliebtwerdens und Liebenswertseins einem Menschen innere Stabilität und Selbstachtung geben, hatte Honoré nahezu keine persönlichen Bindungen und war ein sehr vereinsamtes Kind. Ein Artikel, der 1830 unter dem Titel »Über Künstler« in *La Silhouette* publiziert wurde, bringt sein etwas introspektives Verständnis für diesen Zusammenhang zur Sprache: »Einem Mann, der es gewohnt ist, seine Seele zu einem Spiegel zu machen, in dem sich das ganze Universum widerspiegelt, fehlt notwendigerweise die Art Logik, jene Sorte Beständigkeit, die wir ›Charakter‹ nennen. Er ist ein bißchen wie eine Dirne. Wie ein Kind sehnt er sich nach allem, was ihm in den Sinn kommt.«[98] Aus solchen Aussagen folgert Maurois berechtigterweise, Balzac verteidige hier sein Recht auf Flatterhaftigkeit.[99]

Balzacs Schriften sind übersät mit Hinweisen auf Erlebnisse und Erfahrungen aus seiner Kindheit und frühen Jugend: auf den Egoismus seiner Mitmenschen, ihr Elend und ihre wankenden und unzuverlässigen Verbindungen. Vieles ist Ausdruck einer Kindheit voller Bedrohlichkeiten, ambivalenter Beziehungen und Enttäuschungen. Man hat den Eindruck, als läge dahinter der Drang, zu seinen frühen Lebensumständen zurückzukehren, zuweilen in verhüllter Form, gelegentlich nahezu unverdeckt.

Seine junge Mutter war reizvoll, gesellschaftlich voller Ambitionen und vermutlich recht gelangweilt neben ihrem viel älteren Mann, bei dem sich alles um seine Position drehte, um absonderliche Ideen über Politik, Religion, um eine lange Lebensdauer und irgendwelche Lebensziele, worüber er fade Traktate ausbrütete und veröffentlichte.

Wie der Sohn später beschrieb, glaubte er, seine Gesundheit und das, was er als »das perfekte Leben« definierte, hätten »in einer provinziellen Existenz und einem stillen Heim« ihr Refugium gefunden.[100] Es fällt leicht, sich diesen engstirnigen, von fixen Ideen beherrschten Mann mit seinem erborgten Gefühl der eigenen Wichtigkeit auszumalen, verheiratet mit einer narzißtischen Frau, die über eine Generation jünger war, aus einer Pariser Familie der Mittelschicht stammte und in ihrem Mann einen sturen und eigentlich unsicheren Provinzler sah. Aus diesen spießbürgerlichen Fesseln suchte sie in pseudo-philosophischen Spekulationen Ausflucht – worüber Balzac sich später in seinen Romanen *Louis Lambert* und *Seraphita* ausließ.

Wie nicht anders zu erwarten, verwandelte sich das junge Mädchen aus Paris in Tours in eine unzufriedene Hausfrau. Später hatte sie ein Verhältnis zu einem etwas jüngeren Adligen vom Ort, einem Jean de Margonne, von dem sie ihr viertes und jüngstes Kind bekam, Henri. Sie war eine seichte und verstiegene Frau, ihren Kindern gegenüber – Henri wohl ausgenommen – knausrig und streng.[101] Honoré, der sich über ihren Charakter völlig im klaren war, schrieb einmal an seine Schwester: »Mme. Balzac steht mit einem Bein in Paris und mit dem anderen auf dem Lande, sie ist müde von ihrer Hatz nach Geld ... Papa sagt, daß unsere Mutter eine boshafte Frau ist.«[102] (Januar 1822)

Nachdem Bruder und Schwester wieder nach Saint Cyr-sur-

Loire »heim«gekehrt waren, erfährt man wenig über ihre Situation. Die Gouvernante stand zwischen den Kindern und der Mutter, aber das half nicht viel, weil sie lieblos war und nichts Fürsorgliches oder Mütterliches an sich hatte. Kurz darauf wurden die beiden Mädchen in ein Internat geschickt. Die Trennung von Laure kann Honorés Gefühl der Einsamkeit nur noch verstärkt haben. Kurz vor Henris Geburt gab man den achtjährigen Honoré ein zweites Mal außer Haus, in das Kolleg der Oratorianer in Vendôme, wo er von 1807 bis 1813 blieb. In diesen sechs Jahren sah er seine Mutter nur zweimal.

Das Internat war für seine Strenge bekannt. Das Essen war knapp und die Heizung minimal. Gelegentliche Ausgänge ähnelten im Zweifel militärischen Gewaltmärschen – typisch dafür war ein 15-Kilometer-Marsch zu einer Gießerei oder einem Observatorium, der morgens um vier losging. Uns lassen derartige Übungen eher an ein Gefängnis denn an eine Schule denken. Ganz gewiß hielten wir es nicht für das Richtige für einen nachdenklichen kleinen Burschen, der mehr Fürsorglichkeit und mütterliche Wärme als harte Disziplin bräuchte.

Balzac beschreibt in seinem autobiographischen Roman *Louis Lambert* die Strenge des Schulregimes, die körperliche Vernachlässigung, die sogar zu Wunden und Frostbeulen in kalten Wintern führte. In dem Internat fühlte sich der Junge ungeliebter und verlassener als in Saint Cyr-sur-Loire, es gab dort kein weibliches Aufsichtspersonal und keine liebevolle Schwester. Nicht einmal ein Besuch zu Hause war den Schülern gestattet.

Honorés Kindheit hatte ihn an Einsamkeit und Vernachlässigung gewöhnt. In *Louis Lambert* schrieb er: »Aber im Gegensatz zu anderen Schülern, die sich den Annehmlichkeiten eines *dolce far niente* hingaben, das uns in jedem Alter verlockend erscheint, holte er sich am frühen Morgen schon Brot und Bücher, lief dann tief in den Wald hinein, um zu lesen und nachzudenken ... Von diesem Augenblick an war das Lesen bei Louis zu einer Art Hunger geworden, den nichts stillen konnte; er *verschlang* Bücher jeglicher Art und *nährte* sich ohne Unterschied von religiösen, geschichtlichen, philosophischen und naturwissenschaftlichen Büchern.«[103]

Nachdenkliche Betrachtung, Hunger und Essen sind Themen, die in Balzacs Werken immer wiederkehren. Nie kam er mit seinen frühen Entbehrungen und dem Unglück seiner Kindheit zu Rande. Unablässiges Lesen und das Ansammeln von Kenntnissen auf allen möglichen Gebieten verschafften ihm Massen von Informationen, die er wirkungsvoll in seinen Romanen verarbeitete. Das Bewußtsein der eigenen Isolation, das Sehnen nach irgendeinem Band mit der Außenwelt, das permanente Bemühen um materielle Sicherheit, die Gier nach Objekten, Besitz und Leuten und die überwältigenden und ständigen Schulden – im Kern sind dies alles eng miteinander verknüpfte psychische Reaktionen. Balzac war nicht nur darauf aus, alle möglichen Gegenstände zu sammeln, er sammelte auch Menschen. Überdies gab es in ihm einen Hunger nach Zuneigung und Erwünschtsein als Abwehr gegen die immer gegenwärtige Gefahr, im Stich gelassen zu werden.

All dies hatte eindeutig und nachweislich seine Wurzeln in jenen frühen Jahren der Unsicherheit und Verwirrung hinsichtlich Vorbildern, mit der Unzuverlässigkeit seiner kapriziösen und unsensiblen Mutter und einem Vater, dessen Sinn nach Höherem stand als den Bedürfnissen seiner Kinder, zu tun. Der Einfluß auf die Entwicklung von Balzacs höchst komplexen Charakter ist erheblich.

Balzac schrieb *Louis Lambert* im Alter von dreiunddreißig Jahren, als er in Saché, dem Landsitz Jean de Margonnes, des Liebhabers seiner Mutter, weilte. Er hielt diesen Roman für sein persönlichstes und vielleicht bestes Buch. Für den Leser von heute ist es das Werk eines noch jungen und potentiell vielversprechenden, aber unerfahrenen Schriftstellers, dem Leichtigkeit und die Kraft zu einer durchgehenden Gestaltung noch fehlen, die in seinen späteren Werken und insbesondere in *Die menschliche Komödie* so auffällig sind. *Louis Lambert* gehört zu jenen autobiographischen und selbstenthüllenden Werken, die jungen Autoren oft als Katalysatoren dienen, indem sie verborgenerem, häufig unbewußtem, jedenfalls unzugänglichem schöpferischem Vermögen den Weg ebnen.

Immer hat man *Die Lilie aus dem Tal* und *Louis Lambert* als die bekenntnishaftesten und folglich als die aufschlußreichsten unter Balzacs Romanen betrachtet. In anderen Werken wie *Das Chagrinleder*, *Vater Goriot*, *Cousine Lisbeth* und *Facino Cane* kommen ebenfalls Persönliches und Enthüllendes zur Sprache, aber für den Kliniker geben sie weniger her als jene Bücher, die einen faszinierenden Einblick in seine frühen Jahre, in seine Jugend und seine Konflikte als junger Erwachsener gewähren.

Louis Lambert und Felix de Vandenesse, der junge Held aus *Die Lilie im Tal*, liefern uns den Schlüssel zum Verständnis des Sylvain Pons, oder, was wichtiger ist, von Honoré de Balzac. Pons lebte in Armut und Balzac mit dauernden Schulden; beider Passionen grenzen ans Manische, und beider Begehren lebt von einem fanatischen Bedürfnis nach Nachschub. Beide sind unersättliche Esser, jedenfalls können sie es sein.

Louis, der als frühreifer Sohn armer Landleute beschrieben wird, ist zu seinem Onkel, einem Pfarrer im Loire-Tal, geschickt worden, weil er später einmal Priester werden soll. Als intelligenter Bursche von unwiderstehlichem Charme erhält er auf Kosten und unter dem Schutz der berühmten Madame de Staël am bekannten Oratorianer-Kolleg in Vendôme eine höhere Schulbildung. Sie hatte Louis eines Tages auf einem Spaziergang entdeckt, »fast in Lumpen, in ein Buch vertieft«. Der Junge wird also von einer »Dame von Rang« gerettet (ein Thema, das später im Buch wiederaufgenommen wird, als seine Braut, die jüdische Erbin Pauline de Villenoix, ihm ihre selbstlose Hingabe erweist, als er einen psychotischen Zusammenbruch erleidet).

Bei ihrer ersten Begegnung führen Louis und Madame de Staël ein kurzes Gespräch über Gott und Mystik. Nach ihrem Gespräch sagt sie von ihm: »Das ist ein wahrer Seher!« Tatsächlich ist sein Denken sehr anders als das der übrigen Schüler. Doch seine Schulkameraden halten ihn für ganz normal und keineswegs für den ungewöhnlichen Jungen, der er in Madame de Staëls Augen ist. Nur Balzac kennt in der Rolle des Erzählers die Wahrheit. Er teilt den Lesern mit: »Ich allein also durfte die Erhabenheit, ja warum soll ich nicht sagen Göttlichkeit, dieser

Seele anschauen«. Und weiter: »Unsere Verbrüderung wurde so eng, daß die Kameraden unsere beiden Namen verknüpften; einer wurde nicht ohne den anderen ausgesprochen.«[104]

Fiktive Freundschaften findet man in Balzacs Romanen nicht selten. Pons und Schmucke sind ein ähnliches Paar. Derartige Beziehungen fußen auf einer starken homoerotisch-identifikatorischen Bindung, die jenen defensiven Persönlichkeitsmerkmalen innewohnen, die sich oft als Reaktion auf frühe emotionale Entbehrungen entwickeln. Man wüßte gern, ob sich Balzac auch nur vage der Häufigkeit bewußt war, mit der er von Vertrauen und Intimität zwischen zwei Männern spricht.

Die emotionalen Traumatisierungen, die Honoré von seiten seiner Eltern, der Gouvernante und einigen Lehrern widerfuhren, wurden durch sein körperliches Leiden im Internat noch verstärkt. Oft verbannte man ihn in den »Alkoven«, eine Art Karzer. Es war eine Absonderung von den anderen Schülern und galt als schwere Strafe. Dadurch aber erhielt er reichlich Gelegenheit, seine unersättliche Leserei unbemerkt fortzusetzen, und das war die einzige Möglichkeit, der Außenwelt zu entkommen, und das erste Anzeichen für seine Sammelwut. Zur gleichen Zeit unternahm er seinen ersten schriftstellerischen Versuch, einen Aufsatz mit dem Titel »Traité de la Volonté«, der von einem seiner Lehrer entdeckt und vernichtet wurde. In seinem Roman *Seraphita* hat er dieses Thema später weiter ausgeführt; hier findet sich ein höchst aufschlußreiches Beispiel einer halluzinatorischen Erfahrung der Vermischung männlicher und weiblicher Identität und des androgynen Moments im Menschen.

Der Schlußteil von *Louis Lambert* entspricht Balzacs melodramatischem Stil, insbesondere in seinem Frühwerk. Nach Louis' plötzlichem Abgang von der Schule verliert der Erzähler ihn aus den Augen. Jahre später, 1823, trifft dieser unversehens den Onkel seines alten Freundes in einer Reisekutsche (Zufallsbegegnungen sind bei Balzac ein beliebtes Mittel) und erfährt von Louis' unglücklichem Schicksal: »Mein armer Neffe sollte die reichste Erbin von Blois heiraten, aber am Tag vor der Hochzeit ist er wahnsinnig geworden... Louis hatte einige ausgeprägte

Starrkrampfattacken ... Er hielt sich für impotent.« Seine Braut Pauline de Villenoix besteht darauf, sich ganz seiner Gesundung zu widmen. Die Ehe – »eine Glückseligkeit, die allein wir verstehen können«, sagt Louis zu Pauline – wird nie vollzogen.

Die Porträts, die er von Vetter Pons, Raphael de Valentin, Lucién de Rubempré, von Vautrin und Rastignac und vor allem von Louis Lambert zeichnet, tragen allesamt Persönlichkeitszüge ihres Autors. Diese Charaktere helfen uns, einen außergewöhnlichen Mann zu verstehen, der trotz seines Unvermögens, sich den Forderungen seiner Umgebung anzupassen und die Spielregeln der Welt, in die er hineingeboren war, zu akzeptieren, im Sammeln von Objekten eine Möglichkeit zur Selbsttherapie gefunden hatte.

Intuitiv begriff Balzac die menschliche Leidenschaft mit ihren fleischlichen Gelüsten, Affekten und Ambitionen. All das kannte er von sich. Wenn bespielsweise Felix de Vandenesse der Gräfin Nathalie de Manerville offenbart, »auf dem Grund meiner Seele sind gewichtige Erinnerungen begraben, gleich jenen unterseeischen Gewächsen, die bei ruhigem Wetter sichtbar sind und die der Sturm stückweise auf den Strand wirft«, ist dies nicht bloß dahingesagt.[105] Er weiß sehr wohl, daß seine Gefühle, sosehr er sie auch zu beherrschen scheint, nur so gerade unter der Oberfläche gehalten werden. Wir sehen den gewandten Schreiber, wie er mit analen Bildern und einem inneren Aufruhr, bei dem der Außenwelt zerbrochene Dinge entgegengeschleudert werden, beschäftigt ist. Im Angriff will er seine tiefsten Ängste loswerden und seiner Wut über die langen Jahre der Traumatisierungen, des Leidens und der tiefen Verdrängung erlittener Schmerzen Ausdruck verschaffen.

»Welcher Dichter«, schreibt er, »wird uns von den Leiden eines Kindes sprechen, dessen Lippen an bitteren Brüsten trinken und dessen Lächeln vom verzehrenden Feuer eines strengen Auges verscheucht wird? ... War es ein körperlicher oder geistiger Fehler, der mir die Kälte meiner Mutter eintrug? War ich ein Kind der bloßen Pflichterfüllung?« Und dann klagt er weiter: »Ein Enterbter aller Liebe, fand ich nichts, das ich hätte lieben dürfen, und die Natur hatte mich zum Lieben geschaffen! Ob wohl die Engel die Seufzer einer unaufhörlich zurückgestoßenen Zärtlichkeit sammeln?«[106]

Hier begegnen wir einem Temperament, das bei seiner unentwegten Suche nach einem Gegengewicht zu frühen Entbehrungen Befriedigung in Kunstobjekten, im Applaus und in Liebschaften zu finden glaubte. Leicht könnte Felix de Vandenesses Kindheit ein Kapitel in einem Lehrbuch der Kinderpsychiatrie sein. Wir besitzen damit eine Beschreibung von Honorés eigenen Gemütskonflikten und seiner Seelenpein.

Die Frau dieses Mannes, jünger als er und zart, wird die Geliebte des Erzählers. Oder nehmen wir *Un Début dans la Vie*. Darin verliebt sich der Comte de Seris, ein Angehöriger des französischen Hochadels, in eine jüngere Frau, die er auch heiratet. In seinen Gefühlen ist er von ihr abhängig, auch wenn sie ihm Intimität versagt. Der Graf leidet an einer Hautkrankheit, die seiner Frau als Entschuldigung für ihre Verweigerung dient. Obzwar sie so tun, als hätten sie eheliche Beziehungen miteinander, führt die Gräfin ein Eigenleben voller Glanz und Luxus, ähnlich dem von Honorés Mutter.[107]

In *Tolldrastische Geschichten* beschreibt Balzac »die reumütige Bertha«, die den um vieles älteren Sire Lambert de Bastarnay, einen der mächtigsten Grundbesitzer in der Touraine, heiratet. Der alte Herr trifft das junge und unschuldige Mädchen Bertha de Rohan »und verliebte sich so bis über beide Ohren in das reizende Mädchen, daß für ihn sofort feststand, er müsse, koste es was es wolle, sich ihres süßen Leibes erfreuen. Er entschloß sich also auf der Stelle, sie zur Frau zu nehmen ... Und gleich in der ersten Nacht, als er sie nach Herzenslust umarmen durfte, zeugte er ihr ohne viel Umstände ein Kind, wofür er schon zwei Monate nach der Hochzeit den untrüglichen Beweis besaß ...« Bertha läßt den unsensiblen Mann »in das niedliche Venusgärtlein hinein, als gelte es, eine Stadt im Sturm zu nehmen, ohne auf das Wehgeschrei der weinenden Einwohner zu achten, und [er] pflanzte sein Kind, wie man etwa mit einer Armbrust ins Schwarze trifft«. Bertha, die erst fünfzehn Jahre alt war, hatte

»zwar Mutterfreuden erlebt..., aber um die Freuden der Liebe [war sie] betrogen worden«.[108]

Für Balzac ist Bertha ein »Spiegel aller Tugenden«, woran »zu einem guten Teil das artige Bübchen schuld war, mit dem sich sechs Jahre lang die hübsche Mutter Tag und Nacht abgab. Ihre erste Sorge ließ sie ihm angedeihen, als sie ihn mit ihrer Milch nährte, und es ersetzte ihr vollauf einen Liebhaber, wenn sie ihm ihre entzückenden Brüste gab und ihn herzhaft hineinbeißen ließ, soviel er wollte, und immer war ihr dabei, als sei er ihr Liebster. Die zärtliche Mutter kannte keine anderen Liebkosungen als die täppischen Küsse seiner rosigen Lippen... sie hörte keine andere Musik als sein Plappern und Schreien, das ihrem Ohr wie Engelsmusik klang.« Diese Schreie, die zu himmlischen Klängen werden, sind dem Kratzen des kleinen Honoré auf seiner Geige bemerkenswert ähnlich, das ihm wie Himmelstöne vorkam. Die Erzählung setzt Berthas Hingabe der Gefühlskälte von Honorés Mutter entgegen; was noch wichtiger ist, sie gibt uns einen Einblick in seine nicht gerade subtile Inzestphantasie, für seine Idealmutter so »wie der Liebste« zu sein.

So gesehen ist es kaum ein Zufall, daß die Liebesbeziehungen des jungen Balzac eindeutige Versuche waren, die frühen Entbehrungen durch Triebbefriedigung zu kompensieren. Er war noch keine dreiundzwanzig, als er seine erste Liebesaffäre mit der Gräfin Laure de Berny begann, die damals ungefähr fünfundvierzig war.

Es gibt einen Aufsatz von Sigmund Freud über das Phänomen, daß jemand sich für einen außergewöhnlichen oder auserwählten Menschen hält.[109] Sie empfinden sich als erwählt, über andere erhoben und insistieren darauf, daß Nonkonformität ihnen zustehe und ihr angeborenes Recht sei. Die ontogenetischen Ursprünge dieses speziellen Selbstbildes liegen in ihrer ungewöhnlichen Kindheit und in bestimmten frühen Erfahrungen und Umständen, die ihre Entwicklung, ihr ganzes Benehmen und ihren Lebensstil beeinflußt haben. Ihre ersten Lebensjahre sind ein Vorratslager emotionaler Verstörungen und erlittener psychischer oder physiologischer Leiden. Es sind

Menschen, die in ihrem ganzen späteren Leben dazu neigen, Entschädigungsansprüche oder, wie es Freud einmal formuliert hat, eine »Unfallspension« einzufordern. Das Bedürfnis, eine Ausnahmeerscheinung zu sein, kann auch ein Insistieren auf Exzentrizität mit sich bringen, die sich in mehr oder weniger ostentativem und oft zwanghaftem Ehrgeiz manifestiert.

Honoré stellte sich unbeirrbar als etwas Besonderes dar und erwartete von anderen, daß sie seine Einzigartigkeit achteten. Um seiner verwundeten Selbstachtung etwas entgegenzusetzen, verfügte er über eine Fülle von Projekten, Plänen und Luftschlössern, die ihn seinen Zielen näherbringen sollten. Womöglich wollte er sein eigenes Potential wie auch das seiner Umwelt ausloten. Damit befand er sich in einer Zwangslage. Seine frühen Kindheitserfahrungen hatten ihre Spuren in ihm hinterlassen, und er rechnete deshalb mit Enttäuschung und Zurückweisung. Andererseits erinnerte er sich seines Fluchtwegs – Grandiosität und Exhibitionismus. Seine Gelüste und Illusionen hatten sich während eines Stadiums ausgeprägt, als er sich ungeliebt und sogar unerwünscht fühlte. Mal ging er völlig in seinem Werk auf, dann wieder war er der große Verschwender von Zeit und Geld; mal lebte er von nichts als schwarzem Kaffee, von dem er eine Tasse nach der anderen in sich hineinschüttete, zu anderen Zeiten als Schlemmer von nachgerade erstaunlichen Proportionen. Dieser erratische Stil, diese obsessiven Neigungen sind als affektive Reaktionen auf die frühen, nie erfüllten Bedürfnisse und als die ständige Suche nach Entspannung mittels eines verzweifelten und oftmals wahnhaften Mühens um Anerkennung und Applaus ein anschauliches Zeugnis des ihnen zugrunde liegenden Charakters. Sein häufig groteskes und selbstgefälliges Bramarbasieren ist dem kindlichen Hin und Her zwischen Wut und Lachen auffallend ähnlich. Impulsiv in seinen Entscheidungen, naiv und sentimental in seiner Vernarrtheit in die Comtesse de Hanska, zuweilen eitel und irritierend prätenziös, fand Balzac, seine Besonderheit gebe ihm das Recht zu Temperamentsausbrüchen und Stimmungsumschwüngen als Ausdruck der früh erfahrenen Lieblosigkeit und Vernachlässigung.

Seine Kindheit war eine Chronik der Enttäuschungen und Ablehnungen, was sein Benehmen als Erwachsener zu einem Gutteil erklärt. Er wurde zum Arbeitstier, das bis zu achtzehn Stunden hintereinander an seinem Schreibtisch verbrachte. Dann seine unerhörten Schulden, die weitgehend durch seine Protzerei und seine unaufhörlichen Neuanschaffungen zustande kamen. Man versteht durchaus sein Faible für ältere Damen aus gesellschaftlichen Schichten, die der seinen weit überlegen waren. Weil er nie hinreichend bemuttert und umsorgt worden war, blieb ihm nichts, als von Liebe zu träumen, während er selbst außerstande war, jemals einen Menschen mit echter Hingabe und frei von selbstbezogenen, narzißtischen Vorstellungen zu lieben.

Immer war er, wie schon seine Eltern, darauf aus, seine soziale Stellung zu verbessern. Seine Bemühungen waren ziemlich erfolgreich, besonders als sein literarisches Talent ihm mehr und mehr Prestige einzubringen begann. Der Erfolg seiner Bücher öffnete ihm bald die Türen vieler der in den zwanziger und dreißiger Jahren modischen Pariser Salons. Ehrgeizig und findig, war er entschlossen, sich bei anderen Frauen die Zuwendung zu holen, die ihm die Mutter in seiner Kindheit verweigert hatte.

Rasch nahmen sein wacher Kopf und seine geistreiche Konversation die Herzogin de Rauzun, die Marquise de la Bourdonnaye und Madame Sophie Gay gefangen, und er war gerade dreißig, als er erstmals eine Einladung in den Salon der Madame Récamier erhielt, womit er wohl den Gipfel der Pariser Gesellschaft erreicht hatte. Seine narzißtische Selbstsicherheit, sein Dandytum, seine Zügellosigkeit und besonders sein hektischer Ankauf von immer mehr Objekten für seine ständig wachsende Sammlung erhielten durch den gesellschaftlichen Erfolg, den er in den Salons genoß, übersteigerten Auftrieb. In seiner wachsenden Selbstverliebtheit – nicht in sein wahres Selbst, sondern in sein Phantasiebild, in sein ideales Selbst – wurde es ihm zur Gewohnheit, immer unbekümmerter Geld auszugeben.

Damals lebte er bereits in einer sehr komfortablen Wohnung in der Rue Cassini Nummer eins in Paris, die nicht nur aufs schönste möbliert und dekoriert war, sondern auch ein Badezimmer besaß – für die damalige Zeit ein bemerkenswerter Luxus für einen Junggesellen. Da seine Ansprüche seine Mittel bei weitem überstiegen, geriet er in Gefahr, von seinem Pomp erstickt zu werden, und es dauerte nicht lange, bis sein launisches Sichgehenlassen jegliches Gefühl für Verantwortung verdrängt zu haben schien. Bald mietete er im selben Haus ein weiteres Zimmer und stattete es verschwenderisch aus, besonders, was die Teppiche anging, die André Maurois lakonisch als »dick, mollig und sündhaft teuer« beschrieb.[110]

Inzwischen hatte sich der ehrgeizige und talentierte junge Mann aus der Provinz in allen Kreisen der Pariser Gesellschaft etabliert. Jeder wußte von ihm. Auch in der Welt der Künste war er zu Hause und mit Delacroix, Gavarni, Dumas (père), Rossini, Merimée, Victor Hugo und vielen anderen tonangebenden Künstlern und Schriftstellern bekannt.

Seine Brillanz als geistreicher Gesellschafter und seine grenzenlose Energie müssen mehr als ausgereicht haben, sein unansehnliches Äußeres zu überspielen. Man hat ihn als untersetzt, kurz und wenig ansprechend beschrieben, mit einem zahnlückigen Lächeln – sehr anders als die eindrucksvolle Gestalt, die uns von Rodins berühmter, überlebensgroßer Skulptur her bekannt ist. Diese Skulptur ist Ausdruck des geistigen Bildes, das er hinterließ. Die Leute schienen seine wirkliche Erscheinung zu vergessen, sobald er eine Geschichte erzählte oder dieses oder jenes Geschehen beschrieb.

Schon während vieler Jahre und lange, bevor es den geringsten Hinweis auf seine Heirat mit der Comtesse de Hanska gab, hatte er dekorative Objekte und Nippsachen gesammelt. Seine lebenslange und vielleicht einzig beständige Freundin, Zulma Carraud, sah rasch, woran es mangelte: »Ich verstehe Ihren Eifer, Ihr kleines Paradies fertigzustellen; nach dem Porzellan und dem Silber braucht es eine *weibliche* Seele, denn ansonsten fehlt es an nichts.«[111] (10. September 1832) Schon in dieser Zeit hatte Balzac seinen eigenen Tilbury (die damals modische Kutsche), zwei Pferde und – ganz ohne Frage – seine Schulden.

Daß für einen prosperierenden Kaufmann oder erfolgreichen Unternehmer der damaligen Zeit Balzacs aus dem Impuls getätigte Anschaffungen allesamt durchaus in Reichweite gelegen hätten, vielleicht auch für einen Autor von seinem Ruhm und seiner Statur, sollte erwähnt werden. Das Problem bestand darin, daß seine ungezügelte Besitzsucht in seiner Identitätskonfusion wurzelte. Es war ihm unmöglich, zwischen den Grenzen dessen, was ihm seine finanziellen Umstände erlaubten, und seiner blühenden Phantasie – oder, genauer gesagt, dem magischen Verlangen des einsamen und vernachlässigten kleinen Buben, der er gewesen war – zu unterscheiden.

In dieser Zeit pflegte Balzac sich in regelmäßigen Abständen als aufwendiger Gastgeber zu betätigen und im Luxus zu schwelgen, als lebte er die Tagträume seiner Knabenjahre voller Einsamkeit und Gefühlshunger aus. Zunächst einmal steigerte er sich in ein tägliches fünfzehn- bis achtzehnstündiges Schreiben; er lebte dann nur von seinem schwarzen Kaffee und trug eine Kutte wie ein Mönch. Dann belohnte er sich mit einem epikuräischen Mahl, das jenen ähnelte, denen sich der fiktive Sylvain Pons hingab. Bei einer derartigen Gelegenheit gab er dem gefeierten Komponisten Gioacchino Rossini ein Essen, mit dessen Freundin Olympe Pelissier und weiteren Mitgliedern der Pariser Gesellschaft. An Eve schreibt er darüber, er habe »die exquisitesten Weine aus ganz Europa, die seltensten Blumen und die leckersten Bissen« aufgetischt, und setzt hinzu, »der Goldschmied Lecointe hatte fünf silberne Platten geliefert, drei Dutzend Gabeln und eine Kuchenschaufel mit reich verziertem Griff, und all das ging, nachdem es seine Wirkung getan, direkt zum Mont-de-Piété«, dem Pfandleiher.[112]

Drei Monate zuvor hatte derselbe Juwelier Balzac einen Spazierstock mit einem goldenen, mit Türkisen verzierten Knauf zum Preis von 700 Francs gefertigt. »Was meine Vergnügungen anbetrifft, so sind dieselben recht harmlos«, schrieb er der Comtesse mit auffallend wenig Einsicht.[113]

Die pathologische Seite dieser Freuden verstand Balzac nie. Neben seinen üppigen und kostspieligen Einladungen bezeichnet er als seine »harmlosen« Freuden »die Möbel meines Zimmers, die erneuert worden sind,... ein[en] Spazierstock, von dem ganz Paris redet, ein herrliches Augenglas, das mir meine Chemiker bei dem Optiker des Observatoriums haben machen lassen; die goldenen Knöpfe an meinem blauen Rock, Knöpfe, die von Feenhänden ziseliert sind, denn ein Mann, der im 19. Jahrhundert einen Spazierstock besitzt, der eines Louis XIV. würdig wäre, der konnte doch keine gewöhnlichen chrysokalen Knöpfe mehr tragen. Diese kleinen, unschuldigen Marotten bringen mich in den Ruf eines Millionärs. Ich habe für die elegante Welt eine Sekte der ›Stockophilen‹ gegründet, und man hält mich für einen frivolen Menschen. Das amüsiert mich!«[114]

Was ihn wirklich erfreut, ist die Tatsache, daß er nun endlich im Rampenlicht steht. Seine Selbstzweifel und womöglich sogar seine unbewußten weiblich-empfänglichen Wünsche scheinen durch die Bestätigung, die er von seinen Bewunderern und insbesondere von seiten jener älteren und meist adligen Damen erfährt, zu denen er sich hingezogen fühlte, nur umso stärker verdrängt. In einem einige Monate zuvor an Eve geschriebenen Brief heißt es: »Die Liebe eines Dichters birgt immer ein bißchen Verrücktheit... wir [sind] selbst ein bißchen frauenhaft.«[115] Und voller Stolz auf die Popularität, die sein extravaganter Spazierstock erlangt hat, schreibt er Eve ein weiteres Mal: »Sie können sich nicht vorstellen, welchen Erfolg dieser Stock, der eine europäische Berühmtheit zu werden droht, gehabt hat.«[116] Sein Maler-Freund Auguste Borget, der gerade von einer Italienreise zurückgekehrt war, hatte Leute in Neapel und Rom von dem Spazierstock reden hören: »Der ganze Dandyismus von Paris beneidet mich... Er scheint mir Stoff für eine Biographie zu liefern..., und sollte man Ihnen auf Ihren Reisen irgendwo erzählen, ich besäße einen Zauberstab, der Pferde und Paläste entstehen läßt und Diamanten spuckt, so wundern Sie sich nicht und lachen Sie mit mir darüber.«[117]

Daß das Vorbild für Balzacs Verhaltensweisen und Ambitionen aus Tours und von beiden Eltern herrührte, ist, auch wenn er dies fast bis zur Unkenntlichkeit fortentwickelte und aufblies, mühelos erkennbar. Und doch bleibt der unausweichliche Eindruck eines provinziellen Grundtons in seinen Werten und Neigungen. Phantasie war der Schlüssel zu Honorés Selbstbild, jene Phantasie, die tatsächlich, obwohl ihm das Wahnhafte seiner Ideen nicht ganz verborgen blieb, eine wirksame Verteidigung gegen jene entscheidenden Jahre der emotionalen Verarmung war. Besitz, Objekte zum Angeben und Eindruckmachen, die Benutzung von Titeln und bewundernde Damen von Rang – für ihn war das alles eigentlich ein und dasselbe: All das läßt sich als unbewußtes Bitten um Selbstachtung oder als Bestandteil seiner Zauberwelt auffassen. Alles hatte etwas Phallisch-Narzißtisches an sich, das ihm das Bewußtsein von Überlegenheit und Besonderheit gab. Nach außen hin waren seine Spazierstöcke, seine Goldknöpfe, die Gemälde, Orgien und Frauen verschiedene Dinge, aber nicht in ihrem Kern.

Festmahl und Hunger, Prahlerei und Zurückhaltung, rationale Intelligenz und unlogische Ideen oder Entschlüsse – alles hing eng miteinander zusammen und zeigt nur unterschiedliche Facetten seiner Persönlichkeit. Eine Handvoll ihm ergebener und unbeirrbarer Freunde hielten seinen launischen und unvorhersehbaren Selbstbetrug und seine Schreibwut aus. Sie gaben sich Mühe, sein Schwanken, seine Marotten und seine Paradoxien zu tolerieren.

Wer aber war der wirkliche Balzac? Der Dandy, der den Großteil des Tages in eine Mönchskutte gekleidet arbeitete? Der Schürzenjäger, der sich in eine Frau, die nicht zu haben war, verliebte und ihr fast zwei Jahrzehnte hinterherlief? Dieser scharfe Beobachter menschlicher Schwächen, der selbst ein lebenslanger Gefangener seiner obsessiven Abwehr war? Der Verschwender seines eigenen und anderer Leute Geld?

Vertrackte Manöver verhalfen ihm dazu, mit seinem Selbstzweifel und seinen Ängsten fertig zu werden. Seine Hingabe und hartnäckige Zielstrebigkeit auf der einen, seine Schrullen und Absonderlichkeiten auf der anderen Seite dienten ihm als Bollwerk gegen die morbide Furcht vor Zurückweisung, vor dem Unbeachtetbleiben und dem Vergessenwerden. Man kann das an vielen Rettungsthemen erkennen, die sich in seinen Romanen finden lassen, und an der Unordnung in den eigenen Angelegenheiten, aus der er immer wieder gerettet werden mußte.

In seinen frühen Zwanzigern hatte er verschiedene geschäftliche Anläufe unternommen, die einer nach dem anderen scheiterten. Erst wurde er Verleger französischer Klassiker, was von Anfang an zum Scheitern verurteilt war, weil er ohne jegliche Kenntnisse im Verlagswesen war. Dann versuchte er sich mit der Schriftgießerei, aber allein Madame de Bernys Großzügigkeit und die Tatsache, daß seine Schwester ihre Mutter zu überreden vermochte, ihm 85000 Francs zu leihen, bewahrte ihn vor dem Bankrott. Ohne Ende brachte er Verbindlichkeiten und Ausgaben durcheinander. Binnen weniger Jahre stand er mit fast 100000 Francs in der Kreide. Diesmal war sein Vetter Charles Sédillot der Retter, der eine Regelung mit den Gläubigern fand. Hyacynthe de Latouche, vierzehn Jahre älter als er, half durch seine Unterschrift auf Wechseln zugunsten mehrerer Händler aus und leistete damit Balzacs Passion Vorschub, seine Sammlung immer weiter wachsen zu lassen.[118] Daß sein Name und seine Ehre durch die Opferbereitschaft seiner Mutter und die Gutherzigkeit seines Vaters gerettet würden, gab Balzac zur gleichen Zeit einem anderen Beschützer, dem General Baron de Pommereul, zu verstehen.[119]

Nachdem wieder reiner Tisch gemacht war, beschloß Honoré, sich hinzusetzen und seine Karriere als engagierter Schriftsteller zu beginnen. Die ersten Schritte zum angesehenen Autor lagen damals schon eine Weile hinter ihm. Die Erstausgabe von *Le Dernier Chouan* erschien im März 1828. Zwar begründete das Buch im wesentlichen seinen Ruf, aber er bekam dafür nur 1000 Francs, kaum genug, um seine laufenden Ausgaben zu bezahlen, von seinen Schulden ganz zu schweigen, die wieder einmal auf fast 100000 Francs angestiegen waren. Seine Fähigkeit, scheinbar unerträgliche äußere Bedrängnisse und Ansprüche zu ignorieren und zugleich seinen Obsessionen nachzugehen, ist ein bekanntes psychologisches Symptom: Er vermochte unsichtbare Wände zwischen einander widersprechenden Handlungen und

Emotionen zu errichten und entstellte damit die eigentliche Bedeutung seines Verhaltens.

Aus psychoanalytischer Sicht beschreiben wir derartige Phänomene als einen Isolierungsmechanismus, der dazu dient, mit irgend etwas zu Rande zu kommen, was Ängste oder Unbehagen verursachen könnte. Honoré war ein Meister darin. Seine unablässigen Neuerwerbungen sind ein Beispiel dafür, seine verschiedenen an den Haaren herbeigezogenen Versuche als Unternehmer ein anderes. Der Zusammenhang ist offenkundig. Von Planung wie von Perspektive keine Spur: Seine Kenntnisse von Kunstwerken oder Porzellan sind bestenfalls begrenzt, und unternehmerische Erfahrungen im Handel hatte er keine. Weitgehend dieselbe Haltung, die nie mit irgendeinem Realitätsgefühl in Einklang stand, zeigt sich in seinen Beziehungen zu Frauen.

Seine inneren Zwänge sind in seinen eigenen Schriften gut belegt. Tatsächlich erzählte er seine Erfahrungen in immer neuen Versionen und Ausarbeitungen und so oft, daß wir, ohne zu urteilen, seinen Charakter und seine emotionalen Konflikte verstehen können. In *Illusions Perdues* beispielsweise ändert Lucien Chardon, ein bettelarmer und idealistischer junger Poet aus dem Dorf L'Houmeau im Angoulème, seinen Namen in Lucien de Rubempré, als er Madame de Bargeton vorgestellt wird, dem Leitgestirn der besseren Gesellschaft der Provinzhauptstadt. Sie vergucken sich ineinander und werden bald Liebesleute. Das ist nur eine Variation Balzacs eigener Begegnung mit der Comtesse Berny. Er schreibt darüber: »Madame de Bargeton zählte damals sechsunddreißig Jahre und ihr Gatte achtundfünfzig. Dieser Unterschied war umso auffälliger, als Monsieur de Bargeton einem Siebziger glich, während seine Frau unbescholten das junge Mädchen spielte, sich in Rosa kleiden oder sich kindhaft frisieren konnte.«[120]

Wie wir wissen, machte Honoré, als er sechsundzwanzig war, die Bekanntschaft der Duchesse Laure d'Abrantès, berühmt für ihre Liebesaffäre mit Fürst Metternich, von dem sie einen Sohn hatte. Obwohl Honorés Verhältnis mit der Comtesse Berny noch bestand, gab es bald auch eine – alles andere als versteckte – mit der Duchesse. Kurz darauf folgte eine Affäre mit der Marquise de Castries. Alle drei Frauen waren deutlich älter als er. Die Wahl seiner Geliebten überrascht keineswegs.

In groben Zügen läßt sich Balzac als jemand beschreiben, der an manisch-depressiven Symptomen, denen obsessive Abwehrversuche entsprachen, litt. Kindheit und Jugend konfrontierten ihn nicht nur mit einer Reihe Zurückweisungen und einer Vielzahl traumatischer Geschehnisse, sondern verlangten von ihm schon früh den Verzicht auf jedwede Art emotionalen Rückhalts. Die Folge war, daß er nur seine Schwester Laure und ein paar zeitweilige Freunde hatte. Die Wurzel seiner Gemütsverfassung findet sich in der wiederholten Aussage: »Ich hatte nie eine Mutter«, was sich, keineswegs überraschend, zu einer tiefen, unbewußten Ambivalenz gegenüber Frauen und einer latenten Homosexualität auswuchs.

Vermochte er wirklich gegen den Strom seines zwanghaften inneren Drucks anzurudern? Offensichtlich konnte er es nicht. Ende 1835 gründete er eine Intellektuellenzeitschrift, die *Chronique de Paris*, lud seine berühmten Autoren zum Wein und Diner – und sich nur immer weitere Schulden auf. Er sehnte sich danach, der Mittelpunkt intellektuellen Lebens zu sein, aber es sollte nicht dazu kommen. Wie seine früheren kommerziellen Unternehmungen, so war auch die Publikation der Zeitschrift von Anfang an zum Scheitern verurteilt; sie wurde eingestellt.

Es ist nur ein weiteres Beispiel für Balzacs Konflikt mit der Wirklichkeit, ein Problem, das seine gesamte Lebensweise beeinflußte. Wie seine Psyche funktionierte, zeigt ein Dialog in *»Das Chagrinleder«*. Raphael de Valentin, der junge Held, hat im Palais-Royal beim Spiel seinen letzten Sous verloren und will sich das Leben nehmen. Benommen wandert er durch die Pariser Straßen und betritt einen Antiquitätenladen. Der Händler bietet dem jungen Mann eine Gnadenfrist in Form eines Talismans, der gegerbten Haut eines Wildesels. Der alte Herr gibt ihm ein paar gute Worte mit auf den Weg: »Kein Übermaß hat meinen Körper noch meine Seele versehrt«; zum Schluß richtet er die entscheidende Frage an Raphael: »Kommt das Wort Weisheit nicht von Wissen? Und was ist die Torheit, wenn nicht das Übermaß eines Wollens oder Könnens?« Es folgt Raphaels fatale Entscheidung:

»›Gut denn, ja, ich will mit Übermaß leben!‹

›Junger Mann, hüten Sie sich!‹ rief der Alte mit unglaublicher Lebhaftigkeit.«[121]

Eindeutig klingt hier Honorés eigener Konflikt zwischen Gewissen und Hemmungslosigkeit, Beherrschung und Nachgiebigkeit an. Ständig ringt er mit ungelösten, regressiven und widersprüchlichen Tendenzen, die ihn zwischen dem von seiner gleichgültigen und unachtsamen Mutter beigebrachten narzißtischen Trauma und seiner Phantasievorstellung von einer engagierten, generösen und verständnisvollen Frau hin und her treiben, einer Vorstellung, die er in *Louis Lambert* in der Person der Madame de Staël beschreibt und die er auf Eve de Hanska projiziert.

An allen Fronten mühte sich Honoré, den Mangel an Mutterliebe zu kompensieren. Immer war er auf Zuwendung und Beifall aus. Er suchte die Liebe älterer und gesellschaftlich höherstehender Frauen. Im Kern gehörten seine Freundschaften mit bedeutenden Künstlern zu den Versuchen, Selbstzweifel in Großartigkeit zu verwandeln (wie sich an den Beschreibungen seiner Einladungen oder an seiner Bewunderung für seine Spazierstöcke und Knöpfe zeigt). Sein Sammeln ist eine Variante desselben Problems: seines Bedürfnisses nach Selbsterhöhung, das den Hang hatte, sich nicht um Schicklichkeit und Feingefühl, um Verpflichtungen und Schulden zu scheren.

Als Balzac entdeckte, daß er das Reisen genoß, beschleunigte sich sein Finanzverbrauch noch mehr. In Neuchâtel in der Schweiz war er zu seinem ersten geheimen Rendezvous mit der Comtesse de Hanska gewesen, die seine Schriften bewunderte und mit ihm in Korrespondenz gestanden hatte. Auch in München und Wien war er gewesen. Jetzt besuchte er Italien und die Schweiz, Sardinien, Holland, Sachsen und die Ukraine, dabei immer hektisch getrieben von jenen inneren Kräften, die ihn zum Schlemmer, zum Dandy und zwanghaften Käufer mittelmäßiger Dekorations- und Kunstgegenstände machte.

Das Leben in Paris sei zu anstrengend, erklärte er Eve. Im Dörfchen Ville d'Avray, nur zehn Minuten entfernt, beabsichtige er, ein kleines, aber ideales Haus zu bauen, »Les Jardies«. Er kaufte das Land und entwarf das Haus, das mit Teppichen, teurem Mobiliar und Bronzen bestens ausgestattet werden sollte. Damit seine empfindsame Komposition nicht gestört würde, sollten sich die Treppen außerhalb des Gebäudes befinden. Das Gelände liege am Hang und sei deshalb perfekt geeignet für eine Ananasplantage.

Einer seiner Freunde, Léon Gozlan, erinnerte sich, auf den blanken Wänden des Hauses von Balzac hingekritzelte Vermerke gesehen zu haben: »›Hier eine Verkleidung aus parischem Marmor – Hier ein Säulenfuß aus Zedernholz – Hier eine von Eugène Delacroix gemalte Decke – Hier Türen in der Art des Trianon – Hier ein Mosaikparkett aus allen möglichen seltenen Kolonialhölzern.‹ Diese Herrlichkeiten gab es nie, es sei denn als Notizen mit Holzkohle.«[122] Das Haus krachte zusammen. Die Unebenheiten des Geländes ließen eine solche Konstruktion nicht zu und waren auch gefährlich; Honoré stürzte und war für einige Wochen außer Gefecht gesetzt.[123]

Optimismus und der Glaube an sich selbst und das eigene Tun sind nützliche und hilfreiche Charakterzüge. Man muß aber auch innerlich bereit sein, aus vergangenen Erfahrungen zu lernen. Weigerte sich Balzac, in die Vergangenheit zurückzuschauen und zu erkennen, daß seine Verschrobenheiten und Übertreibungen immer aufs neue die So-tun-als-ob-Spiele seiner Kindheit wiederholten, etwa, daß er schöne Musik statt seines Kratzens auf der Geige hörte? Sein gesamtes Handeln war eine einzige bemerkenswerte Illustration seiner ursprünglichen Fixiertheit auf Masochismus und die emotionalen Entbehrungen und Enttäuschungen seiner Kindheit. »Les Jardies« war nur eines seiner vielen zum Scheitern verurteilten Unternehmen.

Sein Verhalten weist alle Merkmale eines traumatisierten Kindes auf, das als Erwachsener instinktive Ausdrucksweisen findet, die die Enttäuschungen seiner Entwicklungsjahre zwanghaft neu inszenieren, und oftmals außerstande ist, zwischen Illusion und Wirklichkeit zu unterscheiden. Es paßte zu diesen Eigenheiten, daß Honoré versuchte, mit einem gewissen Amüsement auf sich selbst zu schauen. Er konnte über sich lachen und hatte seinen Spaß daran, daß sein Freund Gozlan seinen Notizen auf die leeren Wände eines anderen Zimmers die folgende hinzusetzte: »Hier ein Gemälde von Raphael, überaus teuer und eines, das man noch nie gesehen hat.«[124]

Im Herbst 1840 zog Balzac wieder nach Paris um. »Les Jardies« hatte ihn an die 100000 Francs gekostet, was seine damaligen Schulden auf über eine Viertelmillion Francs erhöhte.

In Anbetracht der kummervollen Erfahrungen einer lieblosen Kindheit erkennen wir, daß sein Optimismus und sein fast blindes Vertrauen einer massiven Verleugnung nahezu unablässiger Qual und Einsamkeit gleichkamen. Daß dies zusammen mit Aufschneiderei seine Form war, der Hoffnungslosigkeit und der Selbstzweifel Herr zu werden, war zwangsläufig. In dieselbe Richtung ging, daß er auch an Hellseher und Spiritualismus glaubte und ein geradezu kindliches Vertrauen in seinen »Bedouk« genannten Siegelring setzte, den ihm der bekannte Arabist Baron von Hammerstein-Purgstall geschenkt und von dem er behauptet hatte, er habe einstmals keinem geringeren als dem Propheten selbst gehört. Dann gab es da noch seine Spazierstöcke, offensichtliche Phallussymbole selbst für Leute, die psychoanalytischen Gesichtspunkten gegenüber skeptisch sind.

Die frühkindliche Zeit der Einsamkeit und des ständigen seelischen Kummers war der Urgrund für sein Abheben in Imagination und Phantasie, das sich nicht einfach auf seine literarische Kreativität beschränkte. Wie sein Lebensstil, seine geschäftlichen Unternehmungen, seine Häuser, seine Eßgewohnheiten und selbstverständlich auch seine spontanen Kunstanschaffungen wieder und wieder zeigen, war er ein Träumer.

Im September 1847 besuchte Balzac zum ersten Mal Eveline

de Hanska auf ihrem Landsitz in Wierzchownia in der Ukraine. Seine Begeisterung war grenzenlos: »Genau wie der Louvre«, übertrieb er.

Klingt in seiner Rhetorik Verzweiflung an? Versucht er, sich zum Unikum zu machen, indem er groß macht, was immer ihm gerade wichtig und bedeutsam erscheint? Liebte er Eve oder die Comtesse de Hanska oder die Großnichte einer früheren Königin von Frankreich? Oder war es eine Art Überbesetzung, in der Liebe im wesentlichen durch ein tiefverankertes Bedürfnis nach Nähe und Halt und als Abwehr gegen den ständig gegenwärtigen Zweifel motiviert ist, den ein Kind zu beseitigen sucht, wenn es ins Ideal überhöhte Vorstellungen auf wirkliche Menschen überträgt?

Zuweilen ist sich Balzac seines Dilemmas bewußt. Am Beginn seiner Beziehung zu Laure d'Abrantès beispielsweise beschreibt er sich mit einer Offenheit, die mit seinen Versuchen verknüpft ist, die widersprüchlichen Tendenzen in seinem Inneren gegeneinander abzuschotten. Seine Selbsterkenntnis ist gewagt, aber sie trifft den Punkt:

> In meinen einen Meter fünfundsechzig enthalte ich alle möglichen Unvereinbarkeiten, alle Gegensätze, und diejenigen, die mich für eitel, verschwenderisch, stur, flatterhaft, unverständlich, geckenhaft, unachtsam, faul, ziellos, gedankenlos, unbeständig, geschwätzig, taktlos, grob, ungehobelt, aufsässig und unausgeglichen halten, könnten gleichfalls mit gutem Grund auf jene verweisen, die sagen würden, ich sei sparsam, bescheiden, mutig, verläßlich, energisch, vernachlässigt, arbeitsam, beständig, verschlossen, voller Finesse, höflich, immer fröhlich. Wer mich einen Feigling nennt, wird sich nicht mehr irren als derjenige, der mich äußerst mutig nennt, mit einem Wort gescheit oder dumm, sehr begabt oder unfähig; über nichts staune ich mehr als über mich. Am Ende glaube ich, daß ich nur ein Instrument bin, auf dem die Umstände spielen.[125]

Sein Selbstporträt zeigt eine unerschrockene, dabei aber verständige Charakterskizze, unromantisch und unnachsichtig, wenngleich vielleicht nicht ganz ohne Affektiertheit.

Hat Honoré jemals sein tiefes Gefühl der Einsamkeit überwunden? Hat er je das Bild von sich als »dem melancholischsten Menschen, dem unglücklichsten unter allen Unglücklichen« aufgegeben?[126] Allzu oft verfällt er ins Irrationale, um seine depressiven Stimmungen zu negieren: »Jetzt ist mein Teller leer«, lamentiert er gegenüber seiner Schwester, »er ist nicht vergoldet, das Tischtuch ausgeblichen, das Essen schal. Ich bin hungrig und nichts bietet sich, meine Gier zu stillen! Was will ich ... Gartenammern, weil ich nur zwei Passionen habe, Liebe und Ruhm, und bis jetzt war nichts befriedigend, und nichts wird es je sein«, schließt er voller Ernüchterung.[127]

Was ich hier zeigen will, ist, daß er in seinem eigentlichen Wesen recht depressiv war und daß er als Abwehr gegen diese immer präsente Bedrohung auf eine Reihe obsessiver Befriedigungsmöglichkeiten verfiel. Oft ist er verzagt und deshalb unersättlich, ähnlich wie Vetter Pons. Hielt er sich für ebenso häßlich, wie er Pons beschrieb? Empfand er sich, wie Pons, als Mißgeburt? Warf er sich Selbstsucht vor? War er wirklich »ein Mann voller Seele und Zartgefühl«? Kam »›Erfolg bei Frauen‹ für ihn nicht in Frage«?[128]

Balzac erzählt seinem Leser, daß »Pons die verhängnisvolle Gewohnheit annahm, gut zu essen«, und daß die »Verdauung ... durch Aufbietung der menschlichen Kräfte einen inneren Kampf [hervorruft], der bei den wahren Schlemmern den höchsten Freuden der Liebe gleichkommt«. In Wirklichkeit aber spricht er hier von seinen eigenen Konflikten und Impulsen, seinen eigenen Leidenschaften und Gelüsten, ist er doch zwischen prägenitalen oralen Bedürfnissen und reifer Geschlechtlichkeit und einer erfüllenden Liebesbeziehung hin- und hergerissen. Er weiß jedoch, daß er nicht aus eigenem freien Willen handelt, denn er liebte, wie er richtig spürt, seine Objekte, seine Gemälde, seine Teppiche und sein Porzellan, mit »der Liebe des Liebhabers zu einer schönen Geliebten«.[129]

Seine Habgier und Verschwendungssucht vertragen sich gut mit seinen Stimmungsschwankungen. Mönchisch-puritanische Selbstverleugnung und Zeiten des Arbeitens bis zur Erschöpfung wechseln sich mit Perioden des Sichgehenlassens und des pompösen Prassens ab. Seine Briefe an Eve, voller Sentimentalitäten und unablässigen Geplappers über seine Finanzen, sagen viel über seine Not: »Mein Sehnen nach Dir ist wie ein Hunger«, schreibt er ihr.[130] Aber dieser Hunger kam aus viel verwinkelteren Tiefen, als Eve es hätte ermessen können.

1843 verbrachte er zehn Sommerwochen in St. Petersburg und kehrte von dort entschlossener denn je, seine Verbindung mit der Comtesse unter Dach und Fach zu bringen, obwohl es rechtliche Hindernisse wie auch ihr Zögern zu bedenken galt, nach Hause zurück. Der Gedanke an die Heirat gab ihm Kraft, seine Sachen in Ordnung zu bringen, und es hatte den Anschein, als ginge er realistischer daran, seine Schulden zu verringern. Eine Weile schien er zielstrebiger, und vielleicht war sein Leben sogar etwas weniger turbulent. Spannungen und Krisen traten nicht mehr ganz so akut auf wie bis dahin. Eves Zögern gegenüber einer Heirat – sie war inzwischen verwitwet – nahm ab. Sie hatte Honoré eine erhebliche Geldsumme gegeben – »trésor louloup« nannte er diese liebevoll –, die er für sie investieren sollte.

Im Frühjahr 1844 erschien *Modeste Mignon*, wodurch sich die Schulden des Autors um einiges verringerten. Nachdem Eve zu Hause ihre Angelegenheiten geregelt hatte, entschloß sie sich im Herbst, Rußland zu verlassen und eine Weile in Sachsen zu bleiben. Einige Monate später, im Frühjahr 1845, gab sie Honoré endlich die Erlaubnis, sie in Dresden zu besuchen. Der junge polnische Graf Georges Mniszech, der in ihre siebzehnjährige Tochter Anna verliebt war, hatte sich dort den beiden Damen hinzugesellt.

Zu viert reisten sie durch Deutschland, Holland, Belgien und das Elsaß. Es muß ihnen gut gegangen sein. Sie nannten sich *Saltimbanques*, Gaukler, und gaben einander Spitznamen. Als greifbares Unterpfand für die Bande zwischen den beiden Männern, die in die beiden Damen Hanska verliebt waren, bestellte

Honoré bei seinem Juwelier Froment-Meurice zwei Spazierstöcke.[131] Diese Geste ist ein weiteres Beispiel für den bei Balzac immer wieder hervortretenden Zug verdrängter Homosexualität.

Allem Anschein nach war es die unbeschwerteste Zeit in Honorés Leben. Man kann dies daraus schließen, daß er nur in dieser Zeit imstande war, sich bei seinem Geldausgeben eine gewisse Einschränkung aufzuerlegen. In Rotterdam freilich erwarb er ein paar Antiquitäten und war versucht, einen Schrank zu kaufen.

Letzten Endes scheiterte sein Kampf, was eigentlich nicht überrascht. Er hatte den ernsthaften Willen, war aber unfähig, auf Dauer ohne Spannungsabfuhr zu leben. Was über die längste Zeit seines Erwachsenenlebens eine Narretei gewesen war, entwickelte sich nun zur Passion. Im Herbst 1845 machten sich die *Saltimbanques* auf, von Toulon aus eine Reise nach Neapel zu unternehmen. In Marseille traf Honoré einige Antiquitätenhändler, insbesondere einen gewissen Lazard. Eine vom 13. November 1845 datierte Rechnung verzeichnet eine Suppenterrine, drei Soßenschiffchen, vierundneunzig Teller, zwölf runde und neun längliche Platten, zwei große Vasen, eine Uhr aus vergoldetem Kupfer und eine Garnitur Korallenschmuck.[132] Einen Monat später, als die Fracht in Paris eintraf, beschwerte er sich bei Lazard, daß drei Teller zerbrochen waren.

Am 18. Februar 1846 schreibt er Eve von seiner neuesten Entdeckung:

> Ich habe das Porträt von Maria Leczinska [Eves Großtante]. Es ist nicht von Coypel, sondern, wie man glaubt, in seiner Werkstatt von einem Schüler Lancret gemacht, man muß ein Kenner sein, um zu bezweifeln, daß es ein Coypel ist, es ist ein prächtiges Familienporträt... Der Rahmen ist bei einem Händler 75 bis 80 Francs wert, und ich habe insgesamt nur 130 Fr. bezahlt. Chenavard zufolge könnte ich dabei nie Geld verlieren; unter 3000 Bildern habe ich aber ein wundervolles Porträt entdeckt (ohne jeglichen Beweis beschuldigt man Holbein, Bronzino und

> Schidone dieses Juwels). Der Rahmen läßt sich für 100 Fr. verkaufen, und ich habe es für 120 Fr. gekauft. Chenavard hat mir gesagt: ›Keiner könnte heutzutage dieses Bild malen ... M. Ingres könnte es nicht; und man könnte hundert Louisdor verlangen und wäre doch nicht imstande, solch eine solide Arbeit zu schaffen, selbst wenn man Decamps hieße. Es ist kein großes Meisterwerk, keine Arbeit, die bekannt sein wird; aber es wird in einem Raum unter Meisterwerken bestehen, kaufen Sie es.‹ Hier ist es 120 Fr. wert, in Polen wird es 1200 wert sein.[133]

Später adelt Balzac das Porträt zu einem Holbein und nimmt es in sein »Inventar des persönlichen Besitzes« der Rue Fortunée aus dem Jahr 1848 auf.

Voll nobler Ambitionen schreibt er ein Frauenporträt aus dem genannten Inventar Allori zu, den man gewöhnlich als Bronzino kennt.[134] Sechsundzwanzig weitere Gemälde werden Meistern wie Domenichino, Palma Vecchio und Giorgione zugeschrieben. Bei der Lektüre von *Vetter Pons* zeigt sich, daß die Sammlung im »Musée Pons« neben den nahezu zweitausend anderen Objekten – Uhren, Porzellan, Trödel – siebenundsechzig Bilder enthielt, darunter viele Werke der bedeutendsten Meister. Inzwischen dürfte klar geworden sein, daß Pons in vielerlei Hinsicht ein Porträt des wahren Balzac ist, Pons, der sich so aufführte, wie es sein Autor gern getan hätte, wäre er nicht durch eine zugegebenermaßen minimale Selbstbeherrschung daran gehindert worden. In Pons, oder vielmehr in dessen Sammlung, kommen die wirklichen Ausmaße der Balzacschen Phantasiewelt zum Ausdruck.

Im Winter 1848 besuchte er erneut den Landsitz der Gräfin Hanska und legte auf seiner Rückreise nach Paris bei einer Reihe Antiquitätenläden Zwischenstops ein. In Dresden tätigte er bei dem Händler Louis Wolf einige größere Einkäufe und in Mainz suchte er den Antiquar Schwab auf, bevor er, genau eine Woche vor Ausbruch der Februarrevolution, wieder in Paris eintraf.

An dem Tag, an dem die Revolution ausbrach, schrieb er Wolf, er wünsche eine Kreditverlängerung, und berief sich auf die besonderen Umstände, die jetzt herrschten (»l'état actuel des évenements«). Schwab, so versichert er Wolf, habe ihm ein ganzes Jahr Zahlungsaufschub gewährt.[135] Als jedoch die Lieferung teilweise beschädigt eintrifft, schreibt er Wolf, nie zuvor habe er Komplikationen solcher Art mit Händlern gehabt, als hätte er seine Beschwerde gegenüber Lazard vergessen.[136] Inzwischen bestellt er bei Wolf weitere Objekte, informiert ihn aber gleichzeitig darüber, daß er ihn nicht vor Jahresende bezahlen könne.[137]

So wie Honoré dazu neigte, viele seiner inneren Konflikte in wahllosen Anschaffungen auszuagieren, manipulierte er seine Schulden. Er hatte sich in seine finanziellen Grenzen, die ihm schmerzlich bewußt waren, zu fügen. Als er aber Sylvain Pons porträtierte, konnte er diese Grenzen überschreiten und kaufen, was sein Herz begehrte.

Die Aussicht auf die Heirat mit der Comtesse gab seiner Selbsttäuschung neue Nahrung. Ein anderer Mann wäre im sicheren Wissen, daß die Verbindung mit der Frau, die er zu lieben meinte, außer Frage stand, vermutlich zufrieden gewesen. Balzac machte dies statt dessen nur noch mehr zum Sklaven seiner Selbsttäuschung und seines Ehrgeizes. Als er Zulma Carraud seine Heirat mit der Comtesse de Hanska ankündigt, schreibt er ihr:

> Diese Vereinigung ist, glaube ich, die Entschädigung, die Gott für mich für alles Unglück bereit hielt... die Jahre der Mühe – ich empfinde das Glück der Jugend, die Blütenpracht des Frühlings; jetzt werde ich den leuchtendsten Sommer haben, den süßesten Herbst... ich, das mißhandelte Kind, der mißverstandene Arbeiter, so oft zerschmettert unter körperlichem und moralischem Elend. Ah! Ihre Mütterlichkeit, Ihre göttliche Sympathie für die Leidenden werden ich nie vergessen.[138]

Ist er so glücklich und erfüllt, wie er klingt? Jetzt kauft er das Haus in der Rue Fortunée und macht sich daran, Hunderttausende Francs auszugeben, um es verschwenderisch einzurichten. Eve sagt er, alles geschehe um ihretwillen und daß sie die entsprechende Umgebung brauche und verdiene. Es bedarf jedoch wenig Scharfsinn, um zu erkennen, daß er in Wirklichkeit seinen eigenen Phantasien und Bedürfnissen nachging, indem er seiner ewigen Sucht nach weiterem Nachschub und ständiger Auffüllung seiner Vorräte nachgab. Wenn er Eve, die wieder in Wierzchownia weilt, schreibt, er schaffe ihr ein Heim, in dem sie ihre Cousine, die Prinzessin de Ligne, empfangen könne, spürt man, wie er sich mit ihr identifiziert.

Nachdem er den *Vetter Pons* beendet hat, reist er im September 1847 in die Ukraine ab. Erneut ist er überwältigt vom Reichtum des eindrucksvollen Besitzes, auf dem er vier Monate mit Eve verbringt. Die Heimkehr nötigt ihn freilich, sich wieder der Realität zu stellen. Kaum ist er in Paris, dankt König Louis-Philippe ab und wird die Monarchie abgeschafft. Honoré beobachtet die Straßenkämpfe und die Plünderung der Tuilerien. Er mischt sich unter die Aufständischen, die in den Palast eindringen, und nimmt einige Dekorationen und Draperien aus dem Thronsaal und auch die Schulhefte eines der Kinder des Königs mit.[139]

Im folgenden September kehrt Balzac noch einmal nach Wierzchownia zurück. Diesmal bleibt er anderthalb Jahre. Am 14. März 1850 heiraten er und Eve endlich, und Ende April reisen sie nach Paris ab; sie fahren über Dresden, wo er wieder neue Anschaffungen tätigt. Vier Monate nach der Hochzeit wird Balzac an Bauchfellentzündung sterben, aber nicht, ohne zuvor seinem »Schmuckkasten« in der Rue Fortunée das wahre Kronjuwel seiner Sammlung und sein meistgeschätztes Schmuckstück hinzugefügt zu haben: die Großnichte einer früheren Königin von Frankreich.

KAPITEL 8

WOHNZIMMER EINES SAMMLERS
MIT SKULPTUREN AUS NEU GUINEA
ANONYME SAMMLUNG, U.S.A.

FÄHRNISSE DER LEIDENSCHAFT: DIE ABENTEUER DES MARTIN G.

Wer ins 19. Jahrhundert oder weiter zurückblickt, stößt unweigerlich in jeder Untersuchung über Schwerpunkte und Trends des Sammelns und über persönliche Eigenarten von Sammlern auf Lücken. Auch Begegnungen mit heutigen Sammlern liefern auf die entscheidende Frage nach dem letztlichen Antrieb kaum eine Antwort: Worauf sind Sammler wirklich aus, und worum geht es ihnen eigentlich? Selbst der dramatische Freimut und die Enthüllungen eines aktiven Sammlers gegenüber dem wissenschaftlich interessierten Beobachter werden mit der Zeit immer verschwommener und lückenhafter.

Allerdings bietet die direkte Beobachtung eines Sammlers in seinen Unternehmungen und Bestrebungen die Möglichkeit, einen Eindruck von den subjektiven Motiven und objektiven Zielen zu gewinnen. Man sieht, wie Interesse und Begeisterung oder etwa Erregung, Impulsivität oder sorgfältiges Nachforschen und gründliche Kenntnisse ihren individuellen Stil haben. Manchmal kann man beobachten, wie ein Sammler vorgeht, und es ist fast so, als schaute man einem choreographierten Passionsspiel zu – vom ansteckenden Reiz und der Verlockung über die Versuchung (bei der gelegentlich Vorstellungen von Sünde und Begehren aufkommen) bis zur Lusterfüllung beim Erwerb eines geschätzten Objekts.

Wir erkennen, daß allen wirklichen Sammlern ein gemeinsamer Grundzug eigen ist – es gibt schlechterdings keinen Sättigungspunkt. Der Geschmack mag sich wandeln, Interessengebiet und Zielsetzungen mögen sich ändern; Kenntnisse und Verständnis können sich vertieft haben, und manchmal wird der Entschluß gefällt, dem wilden Ankauf Einhalt zu gebieten oder aufzuhören, Opfer der eigenen Regungen oder voreiliger Entscheidungen zu sein. Oft habe ich bei Sammlern Selbstkritik und einen Hang zur Selbstzensur bemerkt, aber nichts dergleichen hat zu einer tieferen Einsicht geführt.

Sammler hungern nach weiteren Objekten, ähnlich, wie der Körper seine Vorräte wieder auffüllen muß oder der Süchtige nach dem nächsten Glas oder der nächsten Droge verlangt oder der zwanghafte Spieler unfähig ist, dem Spieltisch oder dem Wettbüro beim Rennen zu widerstehen. Damit ist keineswegs gesagt, daß die Motive hinter den Bedürfnissen des Sammlers asozial oder eine Art Krankheit wären, sondern nur, daß wir es mit einer fast unbezähmbaren Leidenschaft zu tun haben. Das ist die Grundbedingung allen Sammelns, gleich, ob der Betreffende das Seltene und Außergewöhnliche oder das Übliche und Bekannte bevorzugt, denn das Eigentliche dieses Triebs, die inneren Zwänge, sind gewissermaßen irreduzierbar und haben mit äußeren Standards oder Bewertungen nichts zu tun.

Wie auch immer es ein Sammler anstellen mag, an neue Stücke für seine Sammlung zu gelangen – diskret, abwägend oder auftrumpfend, wie man es gelegentlich bei Auktionen beobachten kann, oder pedantisch nach vielen Recherchen und gründlicher Gewissenserforschung –, die Macht der Objekte auf ihren Besitzer läßt sich nur als emotionale Erfahrung beschreiben und verstehen, die offenbar einen mehr oder weniger ständigen Nachschub braucht. Die Objekte stellen also immer nur ein Stückchen Wunscherfüllung dar.

Dieses Muster zeigt, weshalb es hier nur um ein bißchen Wunscherfüllung gehen kann. Das Grundbedürfnis nach »Nachschub« und Wohlbefinden wird durch eine Entdeckung oder Neuanschaffung nur zeitweilig gestillt. Es bleibt nicht aus, daß früher oder später das Hochgefühl über einen erfolgreichen Fund verebbt. Ist das Objekt der Sammlung einverleibt und haben sich die anfänglichen Empfindungen der Freude, des Stolzes, der Neuheit erschöpft, drängt im Einklang mit dem seelischen Geschehen der Wiederkehr des Verdrängten die unbewußte Erinnerung an frühe Sehnsüchte wieder nach vorn. Wieder wird die äußere Realität auf die Probe gestellt, und die charakteristische Unruhe setzt ein, bis ein weiteres Objekt der Lusterfüllung gefunden ist.

Martin G. war einer jener reuelosen Sammler, der von Zeit zu Zeit den Entschluß faßte, die »Angewohnheit dranzugeben« und der »Sammelmacke« nicht länger zu erliegen, ähnlich wie der Kettenraucher, der gern zwischen dem eher realitätsnahen Funktionieren des Ich und der Suspendierung einer erwachsenen und klaren Selbstbeherrschung hin- und herschwankt.

Nur im Rückblick konnte G. die Rolle ausloten, die das Sammeln in seinem Alltagsleben spielte. Seine zwei älteren Geschäftspartner verließen sich auf seinen Scharfsinn und seine Gründlichkeit. Einer der beiden verglich ihn mit einem einfallsreichen Erfinder, voller neuer Ideen und intelligenter Vorschläge, während Martin G. sich selbst eher als Künstler sah oder, witzigerweise, als talentierten Koch. Er fand sein Selbstbild treffender, weil sich der Künstler in sein Atelier zurückzieht, vor allem, um mit sich selbst in einen Dialog einzutreten, und die Küche, die vom übrigen Haus weniger abgeschieden ist, die Domäne des Kochs ist.

In Martins Haus waren mehrere Räume seiner Sammlung und der umfangreichen Bibliothek, die überwiegend orientalischer Kunst und Geschichte gewidmet war, vorbehalten. Unsichtbare Wände trennten Wohnräume, Büro und den Bereich seiner privaten Interessen voneinander. Er war ein zurückgezogener Mann ohne starke emotionale Bindungen. Trotz seines beruflichen Erfolges fühlte er sich in der Geschäftswelt nicht zu Hause, und selbst wenn er sich unter gleichgesinnten Sammlern und Wissenschaftlern befand, war ihm sein Alleinsein wichtig, und es war nicht leicht, ihm nahezukommen. Er arbeitete hart und häufig bis in den späten Abend, aber seine Sammlung empfand er als seine eigentliche Aufgabe. Er pflegte sich sogar als einen »unterentwickelten Intellektuellen« zu bezeichnen, weil sein ideales Selbst das eines Wissenschaftlers und nicht das des Unternehmers war. Sowohl im Geschäftlichen wie im Sammeln ging es ihm um hervorragende Leistungen.

Solche Eigenschaften sind nie isoliert, und mit Recht erwarten wir eine gewisse Konsistenz. In den Werten eines Menschen wie in seinen Zielen, Interessen und Idealen schlägt sich ein bestimmtes Muster nieder. Martin G. gab sich Mühe, in seiner Arbeit Hervorragendes zu leisten, und auch mit seiner Sammlung zählte er nach einer gewissen Zeit zu den Besten.

Die Wechselwirkung zwischen der Leidenschaft des Besitzens und dem emotionalen Rückhalt, der von den magisch aufgeladenen Objekten herrührt, ist, wie wir an einer Reihe von Beispielen gesehen haben, eine Rekapitulation alten Verlangens nach Zuneigung, das seinerseits für ein Gefühl der Überlegenheit und Meisterschaft sorgt. Obwohl die Sammelstücke nur äußere Zeichen sind, zeigt ihre Bedeutung, wie sie der Besitzer erlebt, einen augenfälligen Unterschied zwischen dem Kenner und dem Sammler. Der Kenner mag ein Objekt schätzen oder bewundern, aber aus seinem Besitz bezieht er wenig emotionalen Gewinn. Bei ihm gibt es mit anderen Worten keine affektive Bindung an das Objekt. So mag zwar beispielsweise eine Majolikaschale für den Spezialisten oder Antiquitätenhändler ein wertvolles oder seltenes Exemplar sein. Er mag sie als ungewöhnliches Beispiel schätzen und auf ihre besonderen Farben oder ihren perfekten Erhaltungszustand verweisen, aber er muß sie nicht haben und kann ohne sie leben. Der begeisterte Sammler dagegen kann das nicht. Ein Händler ist daran gewöhnt, sich von einem Objekt zu trennen; der Sammler jedoch kann es nicht abgeben. Der Buchhändler Hans Peter Kraus hat diesen Unterschied einmal mir gegenüber prägnant und mit überzeugendem Selbstbewußtsein beschrieben: »Einmal ein Kraus-Buch, immer ein Kraus-Buch.« Für ihn war der Verkauf kein Verlust, was er für den passionierten Sammler sehr wohl wäre. Die spezielle und oftmals persönliche Mühe, die mit dem Erwerb und der sich anschließenden Weitergabe von etwas Sammelbarem verbunden ist, wird vom Händler nicht als Verlust empfunden. Aus seiner Warte ist er eher ein Verteiler oder Lieferant magischer Objekte. Während das Eigentum des betreffenden Artikels für den Sammler ein Zugewinn an *mana* sein kann (anders gesagt: eine narzißtische Verstärkung darstellt), verleiht der selbstsichere Händler dem Objekt einen zusätzlichen Nimbus.

Martin G. bevorzugte in der Regel Objekte mit einer Provenienz, einer eigenen Geschichte mit den Namen der Besitzer und Händler, durch deren Hände sie gegangen waren. Er war ein gewissenhafter Mann, der sich durchaus in der Hand hatte, und ein allem Anschein nach viel zu ausgeglichener Mensch, als daß er Gegenstände hätte zum Idol machen oder gar als beseelte Wesen auffassen können. »Sie haben schließlich keine Seele, oder?« äußerte er einmal. Andererseits neigte er zur Rationalisierung seiner Parteilichkeit für Objekte »mit einer Geschichte«, wenn er seine Vorliebe fürs Besondere und Ausgefallene zu verstehen gab.

Eine Liste der Vorbesitzer oder der Ausstellungen, auf denen ein Objekt gezeigt worden war, oder von Publikationen, in denen es angeführt oder abgebildet ist, liest sich manchmal wie ein Familienstammbaum eines Adligen oder kommt den Abstammungstafeln von Rennpferden gleich, wie es Horace Walpole einmal ausdrückte. Manchen Sammlern ist sie eine erborgte Geschlechterlinie oder Genealogie, vor allem dann, wenn sie mit einigen ihrer Objekte umgehen, als wären sie Belege für den eigenen Rang und die eigene Besonderheit. Weder Martin noch viele seiner Sammlerkollegen waren jedoch bereit, meine Überlegung hinsichtlich einer verborgenen Verbindung mit derlei tiefsitzenden Affekten ohne Widerspruch hinzunehmen.

In den Jahren, in denen es ihm vornehmlich um asiatische Objekte ging, hatte sich Martins Interesse von japanischen Drucken und *Netsukes* (den raffiniert ersonnenen Knöpfen aus Elfenbein, Holz und sogar Stein und Metall) auf Porzellane und Gemälde und in späterer Zeit auf frühe chinesische Bronzen verlagert. An vielen seiner ersten Ankäufe hielt er fest, weil er sich nie so recht dazu entschließen konnte, sich von etwas zu trennen, was ihm gehörte. In bezug auf Qualität, Seltenheit und Herkunft hatte er in den letzten Jahren eine Reihe wichtiger Zukäufe getätigt, womit er, wie er mir erklärte, der Vergangenheit seine Achtung erwies.

Es gab bei ihm so etwas wie einen Entwicklungsgang von marginalen und anfänglich unzusammenhängenden Akquisitionen hin zu sehr scharfsichtiger Auswahl und qualitätsbewußter Erwerbung. Dies ist für die meisten gut unterrichteten Sammler bezeichnend.

Trotz seiner Zurückhaltung war Martin G. ein umgänglicher Mann, der mir bereitwillig seine mit orientalischen Gegenständen gefüllten Räume zeigte, die auf mich den Eindruck eines kleinen Privatmuseums machten. Da ich mit seinem Spezialgebiet nur wenig vertraut war, machte er mich auf ein paar offenkundig hervorragende und bedeutsame Stücke aufmerksam. Er erläuterte mir viele Details, insbesondere zu den Bronzen, bei denen er mir zeigte, wie sie gegossen worden waren. Er kommentierte die verschiedenen Gestaltungsformen und wie sie im Vergleich mit anderem aus demselben Gebiet und der gleichen Periode zu sehen waren. Aus seinen Beschreibungen war mehr als nur ein Anflug von Stolz herauszuhören, und bei einigen bemerkenswerten Stücken war die schiere Lust am Besitz zu spüren.

Wenn es so weit ist, sind die Objekte der eigenen Sammlung nicht länger Fremdkörper im strikten Sinne. Vielmehr entsteht eine magische Verbindung mit ihnen; ihr Eigentümer neigt dazu, seine Besitzstücke als stumme und dennoch beredte Erklärer seiner selbst zu empfinden. Oder er sieht sich, was die Geschichtlichkeit angeht, als den verständnisvollen und würdigen Nachfolger, wenn nicht gar Erben eines berühmten Vorbesitzers. Wenn Martin G. einem Krug oder einer Schüssel Eigenschaften wie Seltenheit, künstlerischen Wert, Schönheit oder überragenden Rang beilegte, gab er nicht nur seine Bewunderung für Kunst und handwerkliches Können im frühen China zu erkennen, sondern verriet auch seine Hingabe an dieses Verlangen und seinen libidinösen Affekt.

Wenn ein Sammler seine Sammlung vorführt, ist das in der Regel ein wesentlicher Bestandteil seiner Selbstdarstellung. Es gibt freilich Ausnahmen, wie ein mir bekannter Sammler, der zwar seinen neusten Ankauf vorzeigt, aber nichts sonst, oder wie Graf Antoine Seilern, der sich Besuchern gegenüber ablehnend verhielt, es sei denn, sie konnten ein besonderes wissenschaftliches oder ästhetisches Interesse vorweisen. Es sind dies Facetten eines psychologischen Stils des umgekehrten Exhibitionismus. Andere wieder zeigen einen Teil ihrer Sammlung als Beleg für ihren Geschmack oder ihre Voraussicht, wie zum Beispiel Leute, die erklären, sie hätten »ihre« Jackson Pollocks oder klassischen Automobile oder seltenen afrikanischen Skulpturen mit dem Mut der eigenen Überzeugung erworben, noch bevor Museen den Wert beglaubigt hätten. Selbstverständlich gibt es bei derlei Vorführungen alle nur denkbaren Nuancen. Worum es jedoch allemal geht, ist der Versuch, die eigene Person als außergewöhnlich erkennen zu lassen.

Nur wenige Sammler sind sich der inneren Prozesse bewußt, die darauf aus sind, ein ideales Selbst zu behaupten oder gar zu untermauern, indem sie die Objekte für sich sprechen lassen, oder, nicht selten, sich eine besondere Identität zu borgen, weil das ihnen hilft, ihr narzißtisch gesteigertes Selbstgefühl zu stützen.

Was war bei Martin G. der entscheidende Antrieb für sein Sammeln? In der Art und Weise, in der er viele seiner Sammlungsstücke – und hier und da auch ihre Bedeutung und Geschichte – erklärte und kommentierte, steckte ein Stück Selbstporträt. Wiederholt betonte er ihre Einzigartigkeit, ihren makellosen Zustand und ihr Zeugnis wahrer Könnerschaft. Sein ziemlich großes Haus war übervoll bestückt mit Orientalia aller Art – chinesischen und japanischen Gemälden, dekorativen Gegenständen und Skulpturen aus Indien, Nepal, Kambodscha und dem hindu-buddhistischen Java. Er hatte immer noch seine Netsuke-Sammlung, auch wenn er sie nicht mehr erweiterte. Gern schwelgte er in Erinnerungen an bestimmte Stücke und erzählte hier und dort eine Geschichte, etwa, wie er Glück gehabt hatte, als er dieses oder jenes Objekt erwarb, oder von Hindernissen, Fehlern oder Funden. Manchmal, gab er zu, war es einfach nur ein Glücksfall gewesen. Und dabei beobachtete er ständig meine Reaktion sowohl auf die ansehnliche Sammlung wie auf seine jeweiligen Äußerungen dazu. Unaufgefordert gestand er ein, daß er seine Wünsche nach Objekten hoher Qualität einschränken müsse, weil sie inzwischen allzu teuer geworden seien, vor allem der Aktivitäten neu hinzugekommener japanischer Sammler wegen. Schwer zu sagen, ob die Entschlossenheit, die er in dieser Hinsicht bekundete, ernst gemeint war. Wenn ja, dann wäre er in der Tat eine Ausnahme unter den Sammlern.

Vor einiger Zeit hatte er eine Einladung ins Haus eines prominenten Sammlerkollegen auf dem Feld der Orientalia erhalten, eines älteren Herrn mit einer Vorliebe für archaische chinesische Bronzegefäße. Im Verlauf seines Besuchs wurde Martin ein besonders schöner Weinkrug (*ku*) aus der Shang-Dynastie (1766 bis 1122 v. Chr.) gezeigt. Martin konnte sich in etwa ausmalen, welchen Preis der Mann für den Krug bezahlt hatte, und obwohl er sehr hoch war, hielt Martin die Anschaffung in jeder Hinsicht für vernünftig. Stücke von solcher Qualität und Eleganz gebe es nur wenige, erklärte ihm der Herr, und man kenne sie nur aus zwei oder drei Sammlungen. Das klang so, als müßte der Herr seinen Kauf verteidigen. Da engagierte und gebildete Sammler sich des Affekts, der ihren Entschlüssen zugrundeliegt, und der damit zusammenhängenden Konflikte bisweilen etwas bewußt sind, haben sie häufig das Bedürfnis, sich zu rechtfertigen.

Nach diesem Besuch fand sich Martin G. in bezug auf sein Sammelbestreben plötzlich an einem Scheideweg. Er meinte, von jetzt an nach vergleichbaren Stücken Ausschau halten zu müssen. Nachdem er von einem anerkannten und kenntnisreichen älteren Sammler als Gleicher behandelt worden war, hatte er das Gefühl, daß er sich bemühen sollte, ihm auch wirklich ebenbürtig zu sein.

Mühelos fand Martin Rechtfertigungen, seine Sammlung zu verbessern, ungeachtet seines vorausgegangenen Entschlusses, weitere Anschaffungen zu unterlassen. Er besann sich darauf, daß sein Erfolg als Geschäftsmann seiner Besonnenheit und seinem Gleichmut zu verdanken war. Die Stücke des anderen Sammlers hatten ihn in einen träumerischen Zustand versetzt. War er neidisch? War er ärgerlich? Mobilisierten, oder vielmehr remobilisierten die außergewöhnlichen Objekte uralte und weitgehend verborgene Gefühle des Ungenügens, die aus dem Weg geschafft werden mußten, indem er sich der Konkurrenz stellte?

Zweifellos ging die wahre Bedeutung dieser affektiven Reaktion auf viel weiter zurückliegende, innerpsychische Konflikte zurück, die dem gerade Erlebten zugrundelagen. Während ein Großteil des Verlangens nach Besitz eine Fortsetzung frühkindlicher Bedürfnisse nach Wiedergutmachung ist, kam es nun zu Überlagerungen und einer Vermischung mit anderen Zielen. Als der ältere Sammler ihm solch rare und begehrenswerte Objekte zeigte, waren alte Gefühle der Unzulänglichkeit wieder erwacht, die weitgehend für Martin G.s sture Beharrlichkeit im Geschäftlichen verantwortlich waren. Hinsichtlich seiner Betörung durch die Objekte seiner Sammlung führte er neben seinen alltäglichen Pflichten, jedoch im Gegensatz zu ihnen, eine losgelöste und fast romantische Existenz, als hätte er einen Teil seiner kritischen Fähigkeiten abgelegt.

Ich habe diese Reaktion bei mehreren Sammlern beobachtet. Sie ähnelt jener des rauschhaften Spielers im Kasino oder des aufgeregten Käufers, der vom Auktionsfieber mitgerissen wird. Unbewußte Herrschafts- und Besitzansprüche verknüpfen sich mit Jagdinstinkt und in gewisser Hinsicht auch mit kämpferischen und angriffslustigen Absichten. Es kommt vor, daß sich die aggressive Provokation gegen einen selbst richtet, beispielsweise beim Überbieten eines Konkurrenten, das oft nur zur Erhöhung der Selbsteinschätzung geschieht und nicht, weil man das Objekt so sehr mag. Solche Leute können für Objekte weit höhere Preise bieten, als sie es je in Erwägung gezogen hätten, wenn sie emotional weniger unter Druck stünden.

In Martin G.s Fall hatten die bewunderswerten Stücke im Besitz eines anderen Sammlers eine kränkende Wirkung, der gegenüber er meinte, auf der Hut sein zu müssen. Findet ein Sammler ein besseres oder erstrebenswerteres Objekt im Besitz eines anderen, dann kommen komplizierte Emotionen zutage – Bewunderung, Neid, Angst, Kummer, Unterlegenheitsgefühle oder, im extremen Fall, Wut –, von denen keines die anderen ausschließt. In diesen Reaktionsweisen steckt eine Logik: Sofern diese Objekte magisch aufgeladen sind, heißt das, daß ihr Besitzer über größere Macht gebietet als man selbst. Dies führt zum Gefühl einer potentiellen Unterlegenheit und in dessen Folge zum Bedürfnis der Rückversicherung mittels symbolischer Äquivalente. Ihrer unbewußten Verbindung mit dem Instinkt der Selbsterhaltung wegen dürfen solche Bedürfnisse nicht unerfüllt bleiben.

J. Paul Getty steckte im gleichen Dilemma wie Martin G. Seine Tagebücher eines »unheilbar süchtigen Sammlers« liefern eine Fülle von Belegen dafür:

> Im Jahre 1960 war ich ein weiteres Mal entschlossen, mich zu ändern.
> 15. Juli: Ich glaube, ich sollte mit dem Bilderkauf aufhören. Ich habe genug in sie investiert. Ich höre auch mit meinen Ankäufen griechisch-römischer Marmorstatuen und Bronzen auf. Mit dem Kauf französischer Möbel ist es vorbei. Mein Entschluß ist gefaßt. Ich werde ihn nicht ändern.
> Die am besten ausgedachten Pläne ...
> Unglücklicherweise war dies das Jahr, in dem Snyders-Boeckhursts *Küche* und Bonnards *Nackte* zum Verkauf kamen. Entschlossen oder nicht, war ich außerstande zu widerstehen. Im folgenden Jahr wurde mir Peter Paul Rubens' atemberaubend leuchtende *Diana und ihre Nymphen gehen auf die Jagd* angeboten. Erneut konnte ich nicht widerstehen ...
> So leid mir auch tut, daß ich es gestehen muß, ich bin nicht bloß ein Süchtiger. Wie die vorangehenden Aufzeichnungen – und die Geschichte meines Kunstsammelns zwi-

schen 1965 und 1975 beweisen, wenn es ums Sammeln geht, bin ich auch ein chronischer Ausflüchtemacher.[140]

In Martin G.s Fall ging es Schlag auf Schlag. Kurz nach seinem Besuch beim Sammler chinesischer Bronzen erwähnte ein Museumskurator irgendein Gerücht über eine mysteriös wichtige archäologische Entdeckung in einem nicht näher bezeichneten Gebiet auf dem Festland Chinas. Angedeutet war, daß es irgendwelche herausragende bronzezeitlichen Entdeckungen gebe, und ein paar Wochen später wurde auf dem Kunstmarkt von Bronzegefäßen und Schmuck aus demselben Fund gesprochen.

Zunächst dachte Martin G. nicht ernsthaft daran, dieser Information vom Hörensagen nachzugehen, insbesondere, weil so wenige Fakten und Einzelheiten verfügbar waren. Andeutungen über Neuentdeckungen haben Sammler seit Jahrhunderten in Versuchung geführt. Alte Gräber und ausgedehnte Grabfelder haben spätestens seit den Zeiten Roms Plünderer angezogen. Die Überreste alter Siedlungen oder Grabstätten haben einige der exquisitesten Beispiele alter Kunst und Kunstfertigkeit geliefert. In der übergroßen Mehrheit der Fälle bleibt es jedoch bei solchen Gerüchten. Und dennoch, trotz seiner Zweifel hatte die Geschichte Martins Phantasie mobilisiert. Um seine Skepsis zu entschärfen, verbrachte er mehrere Abende zu Hause mit dem inneren Abwägen des Für und Wider.

Selbst wenn sich das Gerücht tatsächlich als richtig herausstellen sollte, war es wirklich nötig, den jetzigen Stand seiner Sammlung zu verbessern? Das war in etwa die erste Frage, die er sich stellte. Aber auch seiner Ambivalenz war er sich bewußt. Konnte er sich leisten, eine weitere Gruppe bedeutender Objekte anzuschaffen? Andererseits würden ein oder gar ein paar erlesene Objekte aus dem Fund fraglos den Ruf seiner gesamten Sammlung vergrößern. Überdies, so argumentierte er mit sich, wäre die damit verbundene Ausgabe deshalb gerechtfertigt, weil der Wert dieser Objekte nachgerade steigen mußte.

Diese suchende Unsicherheit ist vielen Sammlern vertraut. Martin G. wendete die Argumente in seinem Inneren hin und her, als ob er seinen Fall vor einem Gericht verträte. Es ist ein Konflikt zwischen einem inneren Dämon und dem Pochen des Gewissens.

Martin war nicht blind gegenüber seiner Neigung. Wir haben zu bedenken, das der ganze Verlauf seines Überlegens und seine gegenwärtige innere Unruhe vom Vergleich seiner eigenen Sammlung mit derjenigen eines älteren Sammlers herrührte. Sieht und bewundert man die Besitztümer eines anderen, kann dies Gefühle der Konkurrenz und zugleich der Bewunderung hervorrufen, die Frustration oder sogar Verzweiflung nicht unbedingt ausschließen. Unter den gegebenen Umständen brachten die eindrucksvollen Objekte des älteren Sammlers bei Martin frühkindliche Zweifel und das Gefühl der Unzulänglichkeit wieder zum Erwachen. Jetzt mußte er, ging es in ihm um, zu einer Entscheidung kommen: Entweder konnte er sich diesem irritierenden tieferen und nicht völlig bewußten Unterlegenheitsgefühl hingeben oder handeln und seine Konkurrenzphantasien ausleben.

Es geschah angesichts dieser akuten widersprüchlichen Gefühle, daß Martin sich schließlich entschied, dem Gerücht nachzugehen. Er ließ sich von einer ihm zur Gewohnheit gewordenen inneren Bilanz von Soll und Haben leiten, mittels derer er seinen momentanen Konflikt zu lösen suchte. Dies war der Beginn dessen, was sich dann zu einer langen und ziemlich ungewöhnlichen Odyssee entwickelte. Es war ein einsames Unterfangen, fast wie ein Spionagestück, bei welchem, was Emotionen, Zeit und Mühe anbetrifft, eine Menge auf dem Spiel stand. Da er nun aber dazu getrieben war, sich Bestätigung zu verschaffen, nahm er die Herausforderung an.

Als erstes machte er in Hongkong halt, wohin er ohnehin geschäftlicher Verhandlungen wegen flog. An diesem seltsamen Außenposten hatte er viele wichtige Geschäftsverbindungen und kannte eine Reihe Kunsthändler und Vermittler. Auch war er sich einigermaßen sicher, daß, wenn an dem Sachverhalt der kürzlich gemachten Entdeckung überhaupt etwas dran war, über das ziemlich verläßliche Buschtelefon handfestere Informationen zu erfahren wären. Obwohl es in der Volksrepublik China, anders als in anderen Gegenden Südostasiens und in Lateinamerika, keine geheimen Ausgrabungen gab, war es immer möglich, daß ein paar ausgewählte Objekte ihren Weg aus China in die Kronkolonie gefunden hatten. In der Praxis, dachte er, waren die Bande alter Familienverbindungen und Verpflichtungen trotz Maos Lehren und Philosophie immer noch stark.[141]

Wenige Stunden nach seiner Ankunft nahm er Kontakt mit einer Reihe von Leuten auf, von denen er meinte, daß sie ihm weiterhelfen könnten. Er schickte einen Boten zu einem Mittelsmann, von dem er bei einem früheren Besuch einige schöne Stücke erworben hatte, und sprach mit einem seit langem tätigen und verläßlichen Händler für orientalische Kunst, dessen Sachkenntnis und Erfahrung außer Frage standen. Auch mit einem gewissen Mr. Lee nahm er Kontakt auf, einem rätselhaften Mittelsmann, der aber eine unerschöpfliche Informationsquelle war, manchmal zuverlässig und zuweilen auch nicht.

Dieser Mann war es, der ihn zu einer jener obligatorischen Mahlzeiten einlud, die viele Chinesen als eine Art Vorprogramm vor wichtigen Verhandlungen jeglicher Art abhalten. Martin nahm es als gutes Omen und akzeptierte die Einladung. Weil er den Mann seit einer Reihe von Jahren kannte, glaubte er, zwischen seiner Angeberei und seinen faktischen und oftmals lohnenden Informationen unterscheiden zu können. Jedenfalls wollte er das glauben.

Das Essen dauerte bis spät in den Abend. Die beiden Männer sprachen über Martins Sammlung und auch über andere Sammlungen in Hongkong, Europa und den Vereinigten Staaten. Sie unterhielten sich übers Reisen, über Besucher und politische Fragen. Schließlich und scheinbar fast zufällig kam ihr Gespräch auf die letzten Ausgrabungen.

Jetzt wurde Mr. Lee etwas überschwenglich, und Martin G. bemerkte, daß die Antworten auf viele seiner eindringlichen Fragen irgendwie ausweichend waren und nur wenige, wenn überhaupt irgendwelche Fakten enthielten. Trotzdem sagten Mr. Lees Anstrengungen, bestimmten Erkundigungen auszuweichen, Martin mehr als manche direkte Antworten, die er bekam. Eine Information lieferte Mr. Lee jedoch, und zwar die Neuigkeit, daß ein gewisser Professor Y., ein anerkannter Orientalist und eben jener Mann, den Martin in dieser Sache zu konsultieren beabsichtigte, ebenfalls in Hongkong eingetroffen war.

Wir sehen, wie sich Martin G.s Verwicklung in die Hetzjagd nach den gerade entdeckten Objekten intensiviert, wie bei seinen Überlegungen Ängste aufkommen und sich die erste Ahnung, und sei sie noch so schwach, regt, daß seine Suche erfolgreich sein könnte.

Am nächsten Morgen versuchte er, mit dem Professor Kontakt aufzunehmen, aber der Mann hatte sein Hotel schon am frühen Morgen verlassen, und man sagte, daß man ihn erst am späten Nachmittag zurückerwarte. Jetzt geriet Martin ins Schwimmen. Er suchte nach Hinweisen, wo der Professor wohl sein könnte, und machte sich Sorgen: Die Vermutung hinsichtlich der angeblichen neuen Funde war zu wichtig, als daß sie geheim bleiben würde. Als er gerade mit einem anderen Händler Kontakt aufnehmen wollte, gab ihm der Telefonist seines Hotels eine Nachricht von Mr. Lee, der ihn zum baldmöglichsten Zeitpunkt zu sehen wünsche.

Als Mr. Lee einige Stunden später eintraf, legte er einige Fotos von Objekten vor, von denen er behauptete, sie stammten aus der neuen Ausgrabung; man erwarte sie bald in Hongkong, fügte er hinzu. Obwohl die Aufnahmen keineswegs von professioneller Qualität waren, sahen die abgebildeten Gegenstände sehr vielversprechend aus. Martin wußte, daß es zumindest riskant war, Qualität und Wichtigkeit von Objekten anhand einfacher Fotografien zu beurteilen. Eine der Aufnahmen zeigte eine bronzene Urne (*fang yi*) von anscheinend ungewöhnlicher Form und komplizierter, aber kaum entzifferbarer Musterung. Immerhin gab es deutliche Anzeichen, daß es sich um eine gute Arbeit handelte. Sie erinnerte Martin sogleich an Stücke aus Sammlungen in Skandinavien, Taiwan und den Vereinigten Staaten.

Er befand sich, nachdem er die Aufnahmen gesehen hatte, im Zwiespalt zwischen Zweifel und Erregung. Sollten sich die Objekte als echt herausstellen, würde er wohl, dachte er, seinen letzten Penny dafür ausgeben, denn dann wäre es die große Gelegenheit, die man nur einmal im Leben hat. Auf der anderen Seite wäre ein Fehler nicht nur kostspielig, sondern brächte ihn, was noch schlimmer war, in arge Verlegenheit, denn in der kleinen Welt der Sammler gibt es keine Geheimnisse.

Gab es eine Möglichkeit, sich mit Experten wie Professor Y. zu beraten, bevor er eine bindende Entscheidung zu treffen hatte? Sein anfänglicher Enthusiasmus wurde durch ein paar nüchterne Überlegungen gedämpft. Vielleicht könnte es ihm gelingen, an ein paar kleine Metallsplitter für spektroskopische Untersuchungen und möglicherweise Thermoluminiszenztests zu kommen? Und obwohl Martin G. an Mr. Lees Zuverlässigkeit glaubte, war die Expertise dieses Mannes schwerlich das letzte Wort auf diesem Gebiet. Mehr als einmal hatte er schon eine buntgemischte Gruppe echter und gefälschter Objekte verkauft – nicht böswillig, sondern aus schlichter Ignoranz. Das waren Fragen, die Martin G. durch den Kopf gingen.

Mr. Lee erklärte, diese Objekte seien in der Provinz Hunan auf einem alten Tempelareal entdeckt worden. Seine Informanten hätten ihm mitgeteilt, einige dieser Objekte seien, noch bevor Behördenvertreter am Ort erschienen und offizielle Archäologen sich der Sache angenommen hätten, in andere Hände gelangt. Die wenigen Stücke, die aus dem Areal herausgebracht worden seien, träfen bald in Hongkong ein.

Eine verwirrende Geschichte, fand Martin. Untypisch war sie aber nicht in Fällen verdeckter Herkunft, nicht nur im Fernen Osten. Daß Martin seine Entschlossenheit, keinerlei weitere Objekte zu kaufen – ein Versprechen, das er sich gegeben hatte, aber nicht halten konnte –, aufgab, war nur noch eine Frage der Zeit; fast alle Sammler kennen das von sich. Wie J. Paul Getty es unmißverständlich ausgedrückt hat, ist Selbstbeherrschung unter fanatischen Sammlern nicht gerade verbreitet. Nur wenige Sammler wissen jedoch um ihre unbewußten Motive, und auch nur zeitweilige Abstinenz ist gewöhnlich mehr, als sie ertragen können. Martins zeitweilige Zurückhaltung gegenüber weiteren

Anschaffungen war kaum noch auszuhalten, sobald er bestimmte Lücken in seiner eigenen Sammlung zu erkennen begann, insbesondere im Vergleich mit einer anderen.

Die Einzelheiten mögen in derlei Fällen sehr unterschiedlich sein. Alle möglichen Umstände und Ereignisse können bei einem Sammler Gefühle des Neids, des Ungenügens oder der Selbstzweifel auslösen. Wichtig ist, daß Martin G. den Dingen gegenüber nicht gleichgültig bleiben konnte, vor allem deshalb, weil das gerade Erlebte alte Konflikte und Ängste neu entfacht hatte. Noch bevor er sich dessen auch nur halbwegs bewußt war, hatte er sich ein weiteres Mal in eine innere Krise verstrickt, in der frühere Zeiten seines Lebens aufklangen.

In solchen Zuständen diffuser, banger Erwartung steckt ein mysteriöser Reiz. Er wurzelt in einer emotionalen und sicherlich erotisch aufgeladenen Kraft jenseits rationaler Kontrolle. Es gibt das Moment des Gewinnens oder Verlierens, des Bekommens oder Unterliegens; eine innere Zwangslage, die sowohl Sammler wie auch Spieler immer wieder und in manchen Fällen sogar in ritualisierter Weise durchmachen. Im Moment sah sich Martin G. außerstande, aus dieser Zwangslage heraus zu finden. Er änderte seine Reisepläne und beschloß, ein paar Tage länger zu bleiben, und sei es nur, um mehr Informationen zu bekommen.

Gelegentlich hört man von einem sechsten Sinn bei entschlossenen und hartnäckigen Sammlern. Ich kenne einige Sammler, die stolz darauf sind, nie ohne die eine oder andere »Entdeckung« von einer Reise, und wäre es auch nur eine zufällige, zurückzukommen. Ein sechster Sinn führe Sammler in eine mysteriöse außersinnliche Welt, in der Telepathie, Hellsehen und Vorahnungen etwas ganz Normales sind, berichtete Wilmarth Lewis, den seine Freunde »Lefty« nannten, über seine eigenen Erfahrungen bei der Entdeckung aller möglicher Dokumente von und über Horace Walpole (sie befinden sich jetzt in der Yale University Library). »Auch wenn man den Hang eines Sammlers in Rechnung stellt, seine Entdeckungen so recht herauszuputzen und die Zeiten zu vergessen, als diese okkulten Impulse ihn nicht weiterbrachten, bleibt doch eine

Menge übrig, die sich nicht mit den fünf Sinnen erklären läßt«, meinte er.[142]

Auch Martin G. hatte bei einigen Gelegenheiten ausgesprochenes Glück gehabt. So fand er einmal in einem Gebrauchtwarenladen in einer kleinen Stadt in Holland eine sehr schöne blaßgrüne Schale mit ganz feinen Blumenmustern aus der Sung-Zeit. Ein andermal ging er in einen Trödelladen, wo ihm der Besitzer eine Schublade voller alter Kacheln zeigte. »Mittlerer Osten«, hatte er gemurmelt. Martin aber wußte es besser. Er kaufte das Ganze, das er sofort als seltene und zarte Terrakotta-Kacheln mit Darstellungen von Menschen- und Tierszenen etwa aus dem 1. Jahrhundert der Han-Periode (206 v. Chr. bis 221 n. Chr.) erkannte.

Martin G. war kein Amateur. In bezug auf die einschlägige Literatur und die meisten wichtigen Museumssammlungen war er auf dem neusten Stand. In den letzten Jahren hatte er mit Sorgfalt und wachsenden Kenntnissen angekauft. Seine Schwärmerei erklärte er gern als eine Art Obhut für die Kunstwerke. Es ist eine Scheinrationalisierung, die man ab und an von Sammlern zu hören bekommt, deren obsessiven Motive offenbar nach einer anscheinend akzeptablen Erklärung verlangen. Wie viele Sammler (insbesondere, wie es scheint, von Antiquitäten und mittelalterlicher und afrikanischer Kunst) versuchte auch Martin G., seine Leidenschaft mit einem ziemlich einseitigen A-priori-Selbstbild als nur zeitweiliger Bewahrer der Objekte in seiner Sammlung zu untermauern. Es ist ein durchsichtiger Versuch, das gefühlsmäßige Engagement, das jeder Sammler entwickelt, und die tieferen Zusammenhänge, die für diese Gewohnheit verantwortlich sind, zu verschleiern.

Frühe Bronzen waren für Martin von einem besonderen Reiz. Er hatte die Unterschiede der Formen, die Typen der häufig eindeutigen Varianten im ikonographischen Detail und ihre chronologische Entwicklung studiert. Er hatte sogar einmal von Mr. Lee ein viel bewundertes *ting*, ein archaisches Gefäß für Nahrungsmittel, gekauft. Es war eines der bemerkenswertesten Beispiele aus der mittleren Shang-Periode (etwa 15. Jahrhundert

v. Chr.) – ein Objekt von rarer Eleganz und Präzision. Während er sich jetzt mit Mr. Lee unterhielt, konnte er nicht vergessen, wie sehr sich dieses Stück bewährt hatte. Es war auf mehreren Ausstellungen gezeigt worden und in einer wichtigen Publikation abgebildet. So unvollkommen die Fotos auch waren, die ihm Mr. Lee gerade gezeigt hatte, versprachen sie doch einige ganz außergewöhnliche Stücke, besser als alles in der Königlichen Sammlung in Stockholm, in der Washingtoner Freer Gallery oder überhaupt irgendwo sonst außerhalb Chinas, wenn nicht sogar dort ...

Nachdem Martin nach dieser Ouvertüre ein paar Tage nichts mehr von Mr. Lee gehört hatte, wurde er unruhig. Nur wenige Sammler haben die Fähigkeit, geduldig zu warten, wenn ein wirklich ersehntes Objekt in Griffweite ist. Das Warten dämpft gewöhnlich Hoffnungen und Erwartungen, und die Spannung der Ungewißheit ist nur schwer zu ertragen. Es ist wie bei Kindheitsängsten, etwa der Furcht, allein und schutzlos gelassen zu werden, die nach sofortiger Beruhigung verlangt. Die Ungeduld vieler Sammler rührt gewöhnlich von solchen ungelinderten Kindheitsfrustrationen her. Martins Unruhe wurde aber auch durch den aufkommenden Verdacht geweckt, er könne womöglich Opfer eines Schwindels sein. Trotzdem beschloß er, nicht sofort in die Vereinigten Staaten zurückzukehren. »Ich konnte nicht anders«, gestand er und gab damit ein Gefühl der Erfolglosigkeit zu erkennen, welches das genaue Gegenteil von dem war, was er – mit Hilfe dieser neuen magischen Objekte – zu erreichen gehofft hatte.

Zu Sammlern wie Martin G. passen solche emotionalen Schwankungen. Sehr oft wird durch den eigentlichen Erwerb des erstrebten Objekts ein Ausgleich gegen die innere und immer gegenwärtige Furcht davor geschaffen, ohne spürbaren Rückhalt zu sein. Eine Nachricht von Mr. Lee reichte bereits aus, Martins Stimmung umschlagen zu lassen. Der Händler erwähnte am Telefon einige weitere Fotos und murmelte auch etwas von ein paar Skizzen von jüngst gefundenen Exemplaren. Einige Stunden später trafen sie ein weiteres Mal zusammen und Lee legte die Zeichnungen vor. Sie stellten sich als bloß hingeworfene, aber erkennbare Blätter heraus und schienen die Wahrscheinlichkeit zu bestärken, daß es sich um einen höchst ungewöhnlichen Fund handelte.

Martin entdeckte zwar rasch gewisse stilistische Varianten bekannter Stücke des gleichen Typs, aber das bedeutete nicht, daß die Neuentdeckungen Kopien oder Fälschungen waren. Eher das Gegenteil, denn Martin wußte, daß man sich bei Fälschungen gewöhnlich an die Regeln hält und bei guten Exemplaren eines bestimmten Typs bleibt und Varianten vermeidet, die unter Umständen versehentlich aufdecken, daß es sich um eine Fälschung handelt.

Es gab nur zwei Möglichkeiten, dachte sich Martin: Entweder stellten ihn gut gemachte und skrupellose Fälschungen auf den Prüfstand, oder er befand sich nah an der Quelle einer wichtigen Entdeckung. Jetzt gewann ein unwiderstehliches Gefühl der Erregung die Oberhand über seine Zweifel – ein auffälliger Zug, der für obsessive Sammler bezeichnend ist.

Zu diesem Zeitpunkt traf plötzlich ein prominenter internationaler Kunsthändler in Hongkong ein. Es war eben jener Händler, der Martins Sammlerfreund einige dessen wichtigster Bronzen geliefert hatte. Ob dieser Mann von den Ausgrabungen gehört haben konnte? Der Händler würde schwerlich seine Zeit in Hongkong verschwenden, überlegte sich Martin, wenn es an der Authentizität des Fundes Zweifel gab. Und dann war da noch die Anwesenheit des Professors. Martin hatte ihn immer noch nicht erreicht. In einer Hinsicht war das beruhigend, aber auf der anderen Seite traf ihn die Ankunft eines potentiellen Rivalen wie ein körperlicher Schlag. Nie kam ihm inmitten dessen, was er als verwirrend und bedrohlich erlebte, der Gedanke, daß diese Männer zusammenarbeiteten. Das dämmerte ihm erst viel später.

Daß Martin G. mit dem Fernen Osten zu tun hatte, war nicht zufällig, es war auch keine ausschließlich romantische Angelegenheit. Zu seiner ersten Begegnung mit dem Orient kam es, als er als junger Professor an einem College ein Graduiertenstipendium in Wirtschaftswissenschaften erhalten hatte. Durch eine seiner Veröffentlichungen wurde ein Industrieunternehmen auf ihn aufmerksam, das ihm eine Position anbot, die bei weitem reizvoller war als alles, was er damals in der akademischen Welt hätte finden können. Es war der Anfang einer erfolgreichen Karriere, zu der häufige Reisen in den Fernen Osten und nach Südostasien gehörten. Daß östliche Kunst eine so starke Anziehung auf ihn ausübte, erklärte er als angenehme Entlastung von den Zwängen und Verpflichtungen seiner Arbeit. Wenn der Arbeitstag zu Ende war, empfand er ein Bedürfnis nach ästhetischer und intellektueller Abwechslung.

Martin G. war in den Zwischenkriegsjahren in einer gesellschaftlich und wirtschaftlich gut situierten Familie zur Welt gekommen. Sein vier Jahre älterer Bruder war ein Sportfan, der am Lernen und an Bildung wenig Gefallen fand. Zum Entsetzen der ehrgeizigen Mutter wurde er später Geschäftsführer eines Kaufhauses am Ort. Weil Martin der bessere Schüler war, hielt er sich für intelligenter als seinen Bruder. Dieser und einige Klassenkameraden hänselten Martin und nannten ihn einen Waschlappen und ein Muttersöhnchen. Im Gegensatz zu seinem Bruder hatte Martin nur wenige Freunde und neigte zum Einzelgänger. Er erinnerte sich an zwei dramatische Zusammenstöße, bei denen sein Vater sich auf die Seite seines Bruders geschlagen und er sich in ein anderes Zimmer zurückgezogen hatte, wo ihn seine Mutter tröstete.

Die Mutter war eine Amateurmalerin, deren Arbeiten bei einigen von der Kirche veranstalteten örtlichen Benefizausstellungen gezeigt worden waren. Martin war immer der Ansicht gewesen, die Stilleben seiner Mutter hätten seine frühe Liebe zu Blumen und Schmetterlingen geweckt. Als Kind hatte er seiner Mutter eine Sammlung gepreßter Blumen zu Weihnachten geschenkt. Fragte man ihn, was er einmal werden wolle, war seine Antwort gewöhnlich Gärtner oder Botaniker, in erster Linie deshalb, weil dies die Zustimmung seiner Mutter fand, aber auch, weil es ihn von seinem einfallslosen Bruder unterschied.

All dies änderte sich in der Zeit des Zweiten Weltkrieges, als Martins Vater zu den amerikanischen Streitkräften ging. Martin war zwölf Jahre alt, als die Familie erfuhr, daß der Vater in Südostasien gefallen war. Daraus ergaben sich in mehr als einer Beziehung gewichtige Konsequenzen. Weil sein Vater schon über ein Jahr fort gewesen war, dauerte es eine Weile, bis sein Tod Martin mit voller Wucht traf. Das Verhalten seiner Mutter änderte sich sofort und spürbar. Sie wurde launisch und gelegentlich aufbrausend. Die finanziellen Verhältnisse verschlechterten sich. Der Bruder half, indem er die Schule verließ und eine Arbeit als Installateurgehilfe annahm. Als der Krieg vorbei war, gewann Martin ein Stipendium fürs College und entschloß sich, Volkswirt zu werden.

Kurz nachdem er seine vielversprechende Stellung in der Geschäftswelt angetreten hatte, heiratete er eine Kommilitonin seines Collegejahrgangs. Ungezwungenes Selbstbewußtsein und Umgänglichkeit gehörten zum Wesen seiner Frau, und instinktiv bejahte sie seine neuentdeckte Wertschätzung fernöstlicher Kunst und Kultur. Sie verbanden ihre etwas verspäteten Flitterwochen mit einer Geschäftsreise nach Taiwan und Japan und erwarben dort verschiedene dekorative Stücke für ihr neues Zuhause. Einige Monate nach ihrer Rückkehr wurde seine Frau bei einem tragischen Verkehrsunfall verletzt und blieb für ihr weiteres Leben an den Rollstuhl gefesselt. Sie wollte von Martin die Scheidung, aber er lehnte ab.

Die Anfänge ihrer Ehe fielen mit Martins ersten Jahren als ernsthafter Sammler zusammen. Manchmal sprach er davon als einer Zeit der Vorbereitung, in der er »wieder zur Schule gegangen war«. Noch hatte seine Freude an östlicher Kunst nichts von der Faszination, die er schließlich als unwiderstehlich empfinden sollte. Gemeinsam besuchten sie Museen, wurden mit anderen Sammlern und auch einigen Wissenschaftlern bekannt und verbesserten durch planvolle Lektüre ihre Sachkenntnis. All dies brachte etwas wie Zärtlichkeit und eine traurige Sensibilität in ihre Beziehung. Trotzdem fiel es Martin schwer, seine sexuelle Frustration zu verbergen.

Es war in dieser Zeit, als Martin vom Tod eines bedeutenden Sammlers und Gelehrten erfuhr, dem eine Reihe seltener Bronzen gehörten. Er erkundigte sich nach dem Verbleib dieser Objekte und brachte heraus, daß der Testamentsvollstrecker gerade dabei war, ihren Verkauf auf einer öffentlichen Versteigerung vorzubereiten. Dies erhöhte Martins Interesse, und später, nachdem er über die Sache nachgedacht hatte, schloß er, daß damals sein wirklicher Sammelinstinkt erwacht war. Er entdeckte, daß es in ihm den brennenden Wunsch gab, ein paar Kunstwerke von anerkannter Qualität und Herkunft zu kaufen. Der Rang der Objekte, die zum Verkauf kamen, stand außer Frage. Er erörterte mit seiner Frau das weitere Vorgehen und fing an, den Gerüchten und dem Gerede Aufmerksamkeit zu schenken, die in der kleinen Gruppe spezialisierter Sammler und Experten auf jedem beliebigen Gebiet durchaus gängig sind.

Hier waren verschiedene Triebkräfte am Werk. Martins frühes Interesse am Schönen war, wie er meinte, durch das Malen seiner Mutter angeregt worden. Dazu kam, und wahrscheinlich war dies das Entscheidende, daß er damit eine größere Nähe zu ihr und sein Anderssein als sein stärkerer älterer Bruder, der ihn immer drangsalierte, beweisen wollte. Seine Geschäftstüchtigkeit und sein berufliches Können waren ein weiterer Triumph, insofern er in dieser Hinsicht seinen Bruder und seinen Vater ausgestochen hatte. In diesem Zusammenhang war es nicht ohne innere Bedeutung, daß er seine Erfolge in demselben geographischen Raum errungen hatte, in welchem sein Vater zu Tode gekommen war, ein Umstand, dessen er sich vor unseren Gesprächen nur schemenhaft bewußt war. Es kam hinzu, daß nun, da die Bindung an seine Frau sich von Liebe zu Kameradschaft verschob, er immer mehr von seiner Zeit und Aufmerksamkeit der Kunst und dem Kunsthandwerk Südostasiens widmete. Der Tod des anerkannten Sammlers und die Verfügbarkeit seines Besitzes wurden zu einem Wendepunkt in Martins Leben.

Es ist nichts daran auszusetzen, daß jemand ein Meisterwerk zu schätzen weiß. Wenn aber ein Sammler dem Namen oder der Provenienz eines Objekts größere Bedeutung beimißt als diesem selbst, hat man es mit Faktoren zu tun, die über das Objekt hinausweisen. Es wird von seiner ursprünglichen Bedeutung getrennt, und andere Wertmaßstäbe treten in den Vordergrund. Wird einem Objekt wegen seiner Geschichte, etwa der Vorbesitzer, oder aus anderen Gründen größere Bedeutung und gesteigerter Wert beigemessen, wirft dies ein Licht auf tieferliegende Bedürfnisse seines Eigentümers (nämlich auf Bedürfnisse nach Bestärkung wie jene, die der primitive Mensch empfindet, den die Schädel und Knochen der Ahnen mit magischer Kraft ausstatten).

Was Martin G. an den Bronzen des verstorbenen Sammlers so besonders reizte, war nicht ihre Provenienz. Vielmehr war es die Tatsache, daß es sich um hervorragende Exemplare handelte und Entsprechendes so leicht nicht wieder zu finden war. Für Martin lagen die Verhältnisse noch etwas anders. Er befand sich in einem Konflikt, der durch die nahezu völlige körperliche Abhängigkeit seiner Frau von ihm entstanden war. Er bedurfte neuen Ansporns. Anfänglich, als sie noch unter dem Eindruck des Unfalls standen, hatte das Auswählen und Sammeln von Objekten ihnen geholfen (so sah er es jedenfalls), Spannungen in ihrer Beziehung zu übergehen, und ihnen neue und konstruktive Ideale gegeben. Es war ein ganz bewußt eingesetztes Mittel, mit ihrer Frustration zurecht zu kommen. Bald gewann das Sammeln eine dominierende Rolle in ihrem Leben und entwickelte sich, was Martin betraf, rasch von einem Hobby zu einer ständigen Passion.

Daß der Tod des prominenten Sammlers mit dem durch die körperliche Verfassung seiner Frau beeinträchtigten Zustand seiner Ehe zusammenkam, schien Martins verstärkte Hingabe an seine Sammlung zu sanktionieren. Seine Gedanken gingen in die Zeit zurück, als sein Vater gestorben war, und er entsann sich, daß er sich damals zunächst fast wie taub gefühlt hatte und nur den Schmerz seiner Mutter mitfühlen konnte. Ihre Trauer war es, die dem Geschehen eine übertriebene Schmerzlichkeit verlieh. Wie konnte er helfen? Aber auch: Gab es Gründe zum Selbstmitleid? Vage begriff er, daß es eine symbolische Gleichsetzung zwischen dem Tod seines Vaters im Orient, dem emotionalen Rückzug seiner Mutter und seinem eigenen Erkennen gab, daß er wenig Rückhalt hatte. Damals spürte er, wie Unsicherheit sich seiner bemächtigte und er sich gleichzeitig entschloß, Schutz gegen weitere Verletzungen zu suchen und erfolgreich zu werden.

Dies sind nur Bruchstücke aus einer komplexen Lebensgeschichte. Worauf es hier ankommt, sind die Echos von Streß und schleichender Angst, die gebieterisch nach Abfuhr von Spannungen verlangten. Daß er diese Entlastung mit Hilfe weiterer und gewichtigerer Ankäufe fände, war von Martin nicht beabsichtigt, aber unter solchen Umständen haben die eigenen Affekte die Tendenz, zu fluktuieren. Und das Verhalten eines Menschen kann leicht durch unbewußte Triumphbedürfnisse, welche die Neigungen zu Verunsicherung und Desorientierung verscheuchen, überwältigt werden.

Zu der Zeit, als sich all dies ereignete, war Martin für seine Leistungen und seine geschäftliche Position noch ein junger Mann. Der Sammler, der gerade gestorben war, war beträchtlich älter als er; auch jener hatte eine bemerkenswerte Industriekarriere gemacht. Folglich empfand Martin eine gewisse innere Bindung an ihn und trauerte um diesen verehrten älteren Herrn. In einem tieferen Sinne hatte er den Vater vertreten, dessen Abwesenheit Martin in seinen späteren Jugendjahren als Verlust empfand.

Martin erwog damals also, auf eines oder sogar mehrere der Objekte zu bieten, die er als Zeichen eines über den Tod hinausreichenden Bandes empfand, ohne sich bewußt zu sein, daß in den Empfindungen gegenüber den Objekten ein Rest vom Reliquienkult steckte oder daß dies animistischen Glaubensvorstellungen an die Weitergabe von Macht, ja sogar von *mana* gleichkam (die, wie ich weiter oben gezeigt habe, bei Naturvölkern den Umgang mit den Gebeinen ihrer Vorfahren bestimmen). Unabsichtlich folgte Martin diesem Beispiel und gesellte sich zu jenen Sammlern, die infolge von Konflikten, die ihrem Verhalten zugrunde liegen, nach einem *imprimatur* Ausschau halten, das

Zustimmung und Einverständnis garantiert. Man darf davon ausgehen, daß sich in derartigen Verhaltensweisen Restbestände einer alten und unbewußten Ambivalenz und primitiv-aggressiver Wünsche in bestens rationalisierter Drapierung offenbaren.

Ich will diesen Punkt noch etwas erläutern. Daß man sich bei Sammlungsobjekten für ihre Herkunft und ihre Vorbesitzer interessiert, ist sowohl verständlich als auch von historischer Bedeutung. Das heißt aber nicht, daß solche Neigungen nicht auf magischem Denken oder irrationalen Gefühlen beruhen. Dasselbe gilt auch für die Bevorzugung makelloser oder perfekter Objekte, wie eine prägefrische Münze oder eine unaufgeschnittene Erstausgabe eines begehrten Buchs.

Wenn jedoch die Bevorzugung zum obsessiven Beharren wird und Perfektion oder Vorbesitz alle anderen Erwägungen überschattet, erkennen wir eine ganze Reihe von Phänomenen: Die Besessenheit vom perfekten Zustand kann mit irrationalen Ängsten zu tun haben oder eine Manifestation von feindselig-destruktiven Abwehrhaltungen sein, sie kann aber ebenso eine unbewußte Furcht vor den eigenen Unvollkommenheiten abfangen. Oder, wenn wir das Beispiel mit der Provenienz nehmen: Schon Walter Benjamin hat bemerkt, daß die Kenntnis der vormaligen Besitzer dem Sammler eine identifikatorische Solidarität mit der Vergangenheit verschafft, ganz so, als wäre der Zauber der Vorbesitzer im Objekt verkörpert.

Objekte, denen solcherart irrationale Eigenschaften zugeschrieben werden, dienen im wesentlichen demselben Zweck wie der Kopf des Hln. Markus, der Zeh des Hln. Antonius, das Stückchen von der Hln. Vorhaut oder der Nagel vom Hln. Kreuz. Sie sind hauptsächlich dazu bestimmt, das Unbehagen des Sammlers gegenüber seinen Begierden zur Ruhe zu bringen.

Diese Ereignisse geschahen mehr als ein Jahrzehnt vor Martin G.s Eintreffen in Hongkong. Er hatte damals einige hervorragende Stücke gekauft, die zuvor seinem sehr bewunderten, verstorbenen Sammlerfreund gehört hatten. Mit Sorgfalt, gutem Geschmack und beträchtlichem Wissen hatte er mittlerweile eine bemerkenswerte Sammlung aufgebaut und sich unter den Kennern auf diesem Gebiet eine geachtete Position verschafft. Für Ausstellungen war er zum großzügigen Leihgeber geworden, und sein Haus stand Gelehrten und Forschern offen, mit denen er sich gern über gemeinsame Interessen unterhielt. Ja, es schmeichelte ihm, wenn man ihm Komplimente machte oder sein Name in einer wissenschaftlichen Publikation auftauchte. Anerkennung und Beifall flößen einen neuen Glauben an die eigenen besonderen Qualitäten ein und können jedermanns Selbstbild heben, besonders aber das des passionierten Sammlers. Ich habe jedenfalls den Sammler noch nicht getroffen, der – bewußt oder unbewußt – ohne Schuldgefühl hinsichtlich seiner »Frivolitäten« wäre, wie es ein mir bekannter Mann einmal formuliert hat.

Martin G.s Hongkong-Reise war natürlich Teil eines geschäftlichen Routinevorgangs, der diesmal aber infolge der Gerüchte über wichtige neue Funde in China extra geplant worden war. Gewöhnlich bestand Martin auf der Trennung zwischen geschäftlichen Tätigkeiten und persönlichen Interessen. Das besagt aber nicht, daß es sich um wasserdicht gegeneinander abgeschottete Teile handelte. Tatsächlich war ein Hongkonger Bankier, mit dem er recht oft zu tun hatte, ein ebenso passionierter Sammler (in seinem Falle ging es um chinesische Kalligraphie).

Es erstaunte Martin, wie sehr er jetzt gerade von dieser Schatzsuche gefesselt war. Die Spannung, die er bei seinen Kontakten mit Mr. Lee verspürte, erinnerte ihn an ein Kind am Weihnachtsabend. Ein weiteres Mal traf er sich mit Mr. Lee, diesmal in der Wohnung des Kunsthändlers. Als er dort ankam, geleitete ihn ein Bediensteter in einen nahezu leeren Raum, der nur mit einem Tisch, ein paar Stühlen und einigen Stehlampen möbliert war. Für kurze Zeit saß er da, allein und ohne zu wissen, was ihn erwartete. Es gab einen Moment, als er Stimmen in einem anderen Zimmer zu hören meinte, aber was vor allem seine Aufregung wachsen ließ, war die verblüffende Stille. Dann erschien Mr. Lee, gelassen und dem Anschein nach unheilvoll.

In einem etwas defensiven Tonfall sagte er, die Fracht sei eingetroffen. Und dann fügte er mit einem provozierenden Zögern hinzu, leider seien die Objekte, die er erhalten habe, nicht die auf den Fotos abgebildeten. Diese seien ihm für einen späteren Zeitpunkt versprochen. Er könne sich gar nicht genug dafür entschuldigen, setzte er mit echtem Bedauern hinzu.

Martin verspürte eine hilflose Wut. War dem Mann zu trauen? Meinte er es ernst? Obwohl es keinen Beweis für Betrug oder Unehrlichkeit gab, war Martin außer sich und fast bereit, daß ganze Unterfangen dranzugeben, das nach seinem Gefühl inzwischen aus dem Ruder gelaufen war. Ihm schoß der Gedanke durch den Kopf, daß offensichtlich die Möglichkeit bestand, daß hier ein falsches Spiel getrieben wurde. Schließlich kennt man in der Welt der Kunst und Antiquitäten Verschlagenheit und Hintertücke seit Jahrtausenden.[143] Die bloße Tatsache der obsessiven Not des Sammlers verleiht einem gewieften Händler als dem Lieferanten magischen Nachschubs eine schamanistische Position.

Außerstande, die verschiedenen Elemente seiner Zwangslage zu formulieren, sah sich Martin in einem Labyrinth zwischen sehnendem Verlangen und gesundem Menschenverstand. Einiger alter chinesischer Töpfe und Schalen wegen hatte er sich in eine Situation manövrieren lassen, in der es nur Einfältigkeit und kritikloses Vertrauen gab. Als Mr. Lee ihm erklärte, er müsse ihn jetzt an einen anderen Ort bringen, in ein Lebensmittelgeschäft in Kowloon, wo einige der Objekte zu sehen seien, wuchs seine Konfusion nur noch weiter an.

Es lohnt sich, an dieser Stelle noch einmal für einen Augenblick den Ausgangspunkts dieses Unternehmens in den Blick zu nehmen. Martin hatte einige besonders gute und verlockende Bronzegefäße in einer bekannten Privatsammlung gesehen. Er hatte davon gehört, daß man ähnliche oder sogar noch bessere Gefäße entdeckt hatte. Er war enttäuscht, sogar ein wenig verärgert, was wiederum durch Gefühle des Selbstzweifels und der Unterlegenheit verdrängt wurde; diese Gefühle empfand er als einen persönlichen Mangel, der zu beheben war. Ob sein Ungenügen jetzt durch seinen Fehler bewiesen war, hätte er sich fragen können (wenn er sich des Durcheinanders in seinem Inneren völlig bewußt gewesen wäre). Schritt für Schritt und ahnungslos war er in eine passiv-masochistische, ausweglose Situation geraten, der seine normalerweise nüchterne vernünftige Sichtweise zum Opfer zu fallen drohte. Hin- und hergerissen zwischen der immer noch nicht aufgegebenen Hoffnung, ein unzweifelhaftes Meisterwerk zu erhaschen, und den Selbstvorwürfen, die Teil seines Dilemmas waren, kam ihm sein Wunsch, durch den Erwerb solcher Schätze für seine Sammlung ganz oben zu stehen, nur halb zu Bewußtsein.

Mr. Lee war kein Hamelner Rattenfänger. Martins eigene Monomanie war schuld daran, daß er sich an diesem Scheideweg dafür entschied, Mr. Lee auf die andere Seite des Hongkonger Hafens nach Kowloon zu folgen. Es war einer der typischen dunklen, süßlich riechenden Lebensmittelläden in einer der unzähligen labyrinthischen Gassen. Der Händler begrüßte sie, wobei er sich zunächst auf Chinesisch an Mr. Lee wandte und darauf in stockendem Englisch ein paar freundliche Worte an Martin richtete. Dann tauchte weiter hinten ein anderer Mann auf, und das Gespräch wurde auf Chinesisch fortgesetzt. Die ganze Szene machte auf Martin den Eindruck einer Geheimversammlung, aus der er ausgeschlossen war. Dann gingen sie miteinander in einen schwach beleuchteten Lagerraum, der mit Tüten und Körben angefüllt war. Einer der Männer schob einen großen Korb beiseite, hob einen weiteren aus dem Weg und brachte eine Teekiste zum Vorschein. Während der Lebensmittelhändler einige Lagen eines weichen Papiers von dem wegnahm, was es auch immer bedecken mochte, ging das chinesische Palaver weiter. Martin kam das Ganze wie eine rituelle Entkleidung vor. Das Auspacken des Bündels hatte, wie er später sagte, die Aura des Rituals einer Geheimgesellschaft. Da er wußte, daß er nicht die Objekte auf den Fotos zu sehen bekommen würde, hatte er sich ziemlich in der Hand. Sobald er aber merkte, wie sehr und offenkundig Mr. Lee von dem Geschehen gefesselt war, stieg seine Anspannung aufs neue. Der Händler hatte ihn nicht getäuscht, sagte er sich. Gab es eine Täuschung, dann waren sie beide aufs Kreuz gelegt worden.

Für Martin G. war das ganze Erlebnis umso verwirrender, als er sich infantilisiert fühlte, wie das Kind, das dem Gespräch der Erwachsenen nicht zu folgen vermag und ihr Tun und Treiben nicht recht versteht. Es blieb ihm jedoch genug von seiner Haltung und Objektivität, um später imstande zu sein, im Detail zu beschreiben, was in diesen wenigen frenetischen Momenten vor sich gegangen war. Immer wieder versuchte er, sich einzureden, das Ganze sei eigentlich nichts als ein faszinierendes Spiel. Dann begann er, sich als Feigling zu sehen, der sich – im Gegensatz zu seiner Ethik im Geschäftsleben – auf eine dubiose Situation eingelassen hatte. Die sonderbare Atmosphäre von Heimlichkeit, Intrige und Unbestimmtheit, die im Raum herrschte, führte dazu, daß er fast die Rollen durcheinander brachte und vergaß, wessen Spiel hier gespielt wurde. Er hatte sich immer für einen rationalen, vernünftigen und sogar scharfsichtigen Mann gehalten. Jetzt empfand er sich als Anfänger, der lauter Fehler machte und von einem bohrenden Gefühl der Desorientierung übermannt war – »als gäbe es keinen Weg hinaus«, um ein oft zitiertes chinesisches Sprichwort zu benutzen.

In Martins Bericht fallen seine Hartnäckigkeit und seine unbeugsame Entschlossenheit auf, die mehr zu einem verstockten Kind als zu einem leitenden Geschäftsmann passen würden. Was hatte ihn dazu gebracht, dieses dubiose Unternehmen zu beginnen? Hatte sein überwältigender Wunsch, Objekte zu besitzen, die denjenigen seiner Sammlerkollegen überlegen wären, sein Selbstbild in Gefahr gebracht? Oder sollte man sein Verhalten eher im Rahmen seiner Lebenserfahrung und, nachdem seine Ehe von der Tragödie heimgesucht worden war, als Schritt in Richtung auf ein neues Ziel sehen? Mit einem Mal fand er sich mitten unter Schmugglern und Grabräubern – und eigentlich sogar mit ihnen unter einer Decke.

Der Lebensmittelhändler gab Mr. Lee zwei kleine Gegenstände, die ins Helle gebracht werden mußten, damit man sie deutlich sehen und untersuchen konnte. Mit einem flüchtigen

Blick sah Martin etwas, was ihm wie ein Paar wundervoll geformter *tai kou* vorkam, dem chinesischen Ausdruck für Kleiderhaken, mit feinen goldenen Inlays. Unzweifelhaft stammten sie aus einer frühen und wahrscheinlich sogar aus archaischer Zeit – falls sie echt waren, dachte Martin. Er merkte, daß er zitterte. Er spürte sein Herz im Überschwang des Triumphs beben. Als er die Haken in der Hand hielt, empfand er geradezu körperlich, wie seine Zweifel und Skrupel sich wie Nebel verzogen. Sein Unbehagen wich einer neuerlichen moralischen und emotional aufgewühlten Hochstimmung. Hatte er wirklich »die Entdeckung seines Lebens« gemacht, den Beweis des Zaubers erhalten, von dem jeder wahre Sammler träumt? Während diese Gedanken ihm durch den Kopf rasten, fiel ihm auf, daß er fast vergessen hatte, sich das *fang yi* oder *p'an* (ein Wasserbehälter) genau anzuschauen, das er zu sehen erwartet hatte.

Die Haken waren »toll«, um Martins Ausdruck zu gebrauchen. In der meisterlich geformten Arbeit, die unter dem Vergrößerungsglas phantastische Tiere, vermutlich Drachen oder Vogelmenschen, zu sein schienen, erkannte er den Beleg für eine Handwerkskunst von seltener Qualität. Er spürte dem besonderen Arrangement ineinandergeschlungenen Rankenwerks und den geometrischen Schmuckformen nach, welche die Figuren umspielten, die er in diesem Augenblick nicht zu entziffern vermochte. Ikonographisch schienen ihm die beiden Stücke mit Mustern aus der frühen östlichen Zhou-Periode (7. bis 6. Jahrhundert v. Chr.) verwandt. Die exquisite Patina würde unter radiographischer Prüfung später den Beweis liefern. Als er so die Objekte prüfte, hielt er plötzlich inne und blickte erschreckt auf. Jeder, der ihn beobachtet hatte, hätte seinen Umgang mit den beiden Stücken vermutlich eher als Liebkosung beschrieben, so sehr hatte er sich von seiner Begeisterung mitreißen lassen. Urplötzlich hatte er sich jedoch auf etwas besonnen, was er vor Jahren gelernt hatte – daß in der Sung-Zeit (dem 10. bis 13. Jahrhundert n. Chr.) gute Kopien angefertigt und Patinas gefälscht worden waren.[144] Könnte es sich um frühe Fälschungen handeln?

Er versuchte, seine Konfusion zu verbergen, und gab Mr. Lee

Zeichen, daß es an der Zeit sei, den Besuch zu beenden. In seinem Verhalten muß er ziemlich auf der Hut gewesen sein, denn Mr. Lee hatte zu diesem Zeitpunkt keinen Hinweis, zu welchem Schluß Martin hinsichtlich der Objekte gekommen war. Niemand hatte einen Preis erwähnt und es fiel auch kein Wort über ihren Herkunftsort. Über Belege zur Frage des Eigentums an den Stücken wurde nicht gesprochen, von ihrer Echtheit ganz zu schweigen, obwohl derlei Dinge gewiß nicht Sache des Ladenbesitzers waren. Ob er die *tai kou* in Erwägung ziehen wolle, fragte Mr. Lee.

Ein rasches Überdenken der Lage sagte Martin, daß jetzt keine Zeit für lange Verhandlungen war, geschweige denn für eine spätere Beratung mit Professor Y. Außerdem, was wußte der Professor über diese speziellen Funde? Ein altes Gefühl stellte sich wieder ein, etwas, was vielen Sammlern bekannt ist. Er wurde verlegen. Mr. Lee vor den Kopf zu stoßen, würde er nicht wagen. Der Mann hatte ihm schließlich eine ganz ungewöhnliche Chance gegeben. Nie wieder würde er ihm ein anderes Objekt anbieten, wenn er sich durch die Ablehnung dieser Chance als undankbar erwiese. Jetzt fühlte er sich wie das Lieblingskind, eine Empfindung, die eindeutig viel von der psychischen Verfassung des Sammlers zu erkennen gibt.

Martin dachte daran, daß er vor einer Reihe von Jahren bei einem europäischen Antiquitätenhändler eine frühe chinesische Bronze gefunden hatte. Nach ein paar Wochen war er anderen Sinnes geworden und hatte darum gebeten, das Stück zurückgeben zu können. Als er die sorgsam verpackte Bronze der Sekretärin des Händlers aushändigte, öffnete sie das Paket nicht einmal. Zwar war Martin mit ausgesuchter Höflichkeit empfangen worden, aber nie wieder sollte er von diesem Händler ein Objekt gezeigt bekommen, das von mehr als durchschnittlicher Qualität war. Bei einer anderen Gelegenheit hatte ihm ein Händler eine schöne Schale gezeigt, die ihm gefiel, aber über die er noch einmal nachdenken wollte. Er fragte den Mann, ob er sie ihm für eine Woche reservieren könne, und der Händler willigte ein. Als Martin wenige Tage danach zurückkam, um den Kauf abzuschließen, sagte ihm der Verkäufer, daß ein Mißverständnis vorliege; die Schale sei zuvor einem anderen Sammler angeboten worden, der sich inzwischen entschlossen hätte, sie zu nehmen. Martin betrat die Galerie nie wieder.

Überblickt man diese kleinen Vignetten in ihrer Gesamtheit, fällt auf, daß die Beziehungen zwischen Sammler und Händler anders sind als irgendein üblicher Kontakt zwischen Käufer und Verkäufer, und zwar infolge des offenbar komplexeren Wechselspiels, das weitgehend mit der Macht zu tun hat, die dem Lieferanten magischer Mittel innewohnt. Jene Zwangslage ist einer der potentesten Aktivposten des erfolgreichen Händlers, dessen Rolle häufig der eines Arztes, Priesters oder Schamanen gleicht.

Für den Augenblick war die einzige Antwort, die sich Martin erlaubte, daß er es vorzöge, sich die Haken in der bequemeren und entspannteren Umgebung von Mr. Lees Räumen genau anzuschauen. Sie verließen also den recht schäbigen Hinterraum und gingen auf die Gasse hinaus. Für Martin war es ein zauberischer Ort, an dem ein Traum wahr geworden war. Er brauchte einige Augenblicke, bis er seine Fassung wiederfand. Im Rückblick sah er ein, daß er zum Teil durch den Umstand außer Fassung gebracht worden war, daß er sich mit den Objekten, die man ihm angeboten hatte, nicht auskannte. Er hatte sich nach den einfachen Fotos, die man ihm gezeigt hatte, ein innere Vorstellung von dem gemacht, was er zu sehen bekommen und womöglich erwerben würde. Passionierte Sammler schwelgen darin, die Objekte zu antizipieren, die sie vielleicht bekommen können. In der Vorstellung hatte Martin bereits einen seiner Schaukästen neu arrangiert, in dem er sein neues Gefäß vorzeigen wollte. Eines der ihm vorgeführten Fotos war das eines *fang yi*, einer bronzenen Urne gewesen, die an eines der schönsten Exemplare in einer berühmten europäischen Sammlung erinnerte.

Jetzt fühlte er sich verpflichtet, hinsichtlich der *tai ku* eine sofortige Entscheidung zu treffen. Er wußte nur, daß er entweder zwei sehr spezielle Varianten eines wohlbekannten Typus kunsthandwerklicher Arbeiten oder zwei sehr raffinierte Pastiches oder vielleicht Kopien gesehen hatte, die vor Jahrhunderten, vermutlich während der Sung-Periode, angefertigt worden waren. Dann wären sie nur ungefähr achthundert Jahre alt und gingen nicht an die zwei oder drei Jahrtausende zurück. Wohin immer Martin auch blickte, sowohl für pro wie für contra gab es eine Reihe von Argumenten. Es war, als unterhielte er sich mit einem unsichtbaren alter ego.

Diese stille innere Zwiesprache habe ich überraschend häufig bei Sammlern angetroffen, die einer derartigen Versuchung gegenüber nur geringen Widerstand aufzubringen vermögen – ein Kampf, der so wirkt, als erkenne ein innerer Widerpart des eigenen Selbst instinktiv die Bedrohung, die ein fast zügelloses Wünschen mit sich bringt. Wir haben dies schon im Fall des kleinen Paul und seiner Geheimsprache mit den Spielzeughunden gesehen. Auch der Bericht über Kardinal Mazarins »Gespräch« mit seinen Bildern kurz vor seinem Tod ist bekannt.[145] In diesen inneren Monologen artikuliert sich das starke seelische Engagement des Sammlers; sie implizieren, daß das *Objekt* in gewisser Hinsicht ein *Subjekt* ist.

Dieselbe scheinbar äußere Kraft sehen wir in Martin G.s Reaktion auf die Haken. Beides ist da, der dringende Wunsch und die Unsicherheit. Einerseits möchte er die beiden Objekte um der Befriedigung des Besitzens willen und wegen der seltsamen Lust daran, sie im Untergrundmarkt gefunden und fast entdeckt zu haben, unbedingt haben; auf der anderen Seite ist er beunruhigt, weil er erstens vielleicht Fälschungen kauft – und wären es achthundert Jahre alte Fälschungen – und zweitens diese seltenen Stücke womöglich an einen anderen Sammler verlieren könnte, wenn er seinen Entschluß zu lange hinauszögerte. Wie soll er sich entscheiden? Als er diese Unsicherheit erkannte, wurde er ungehalten über sich selbst, weil ihm einfiel, seine Verwirrung bedeute die Weigerung, Verantwortung zu übernehmen.

Vielleicht hatte Mr. Lee etwas von diesem Konflikt bemerkt. Als sie bei ihm ankamen, wurde Martin in ein Zimmer geführt, das als Fotostudio diente. Hier legte Mr. Lee zunächst den einen und dann den anderen Teil der Haken unter ein starkes Vergrößerungsglas. Was er sah, ließ ihn vor Zufriedenheit die Augen verdrehen, und er lud Martin ein, sie selbst zu betrachten. Als er Mr. Lees offenkundig echte Begeisterungsäußerung sah, verflüchtigten sich seine Zweifel. Er fühlte sich wie verwandelt, als wäre ein fast körperlicher Druck von ihm genommen.

Im Vollgefühl seiner wiedergefundenen Selbstsicherheit gab Martin seinem Denken eine neue Richtung. Unzweifelhaft waren die *tai kou* echt. Jetzt, nachdem seine Unsicherheit verschwunden war, war er auch zu Größerem bereit. War er entschlossen, sich einen weiteren Angstanfall aufzuhalsen? Hatte allein schon die Anspannung einen unwiderstehlichen Reiz? Damals hätte Martin nicht zugegeben, daß es wie ein Bedürfnis nach Selbstbestrafung war. Später freilich, zur Zeit unserer Begegnung, gestand er ein, daß er, sobald er erst einmal die Erleichterung verspürt hatte, sofort wieder bereit war, sich weiterem Streß auszusetzen. »Ich wollte nichts unversucht lassen«, hieß das, nachdem er bereits so weit gegangen war.

Am folgenden Morgen deutete er Mr. Lee gegenüber an, daß man sie womöglich beide hinters Licht geführt habe; ihm sei der Gedanke gekommen, die besten Objekte aus dem Fund könnten bereits von dem wichtigen Händler ergattert worden sein, der ebenfalls in Hongkong war, oder sogar von Professor Y., der für einen anonymen Käufer tätig geworden sein könnte. Immer noch zögernd telefonierte Martin mit dem Hotel, wo der Professor wohnte, erfuhr aber nur, daß er auf dem Weg zum Flughafen sei. Schlagartig kehrten seine Zweifel zurück. Weshalb war nicht an ihn heranzukommen? Daß der Professor unerreichbar blieb, wurde zu einem weiteren Stolperstein.

Daraufhin entschloß er sich, einen anderen seiner Bekannten anzurufen, einen renommierten Händler aus Taipeh. Vorsichtig ließ er den Grund für sein längeres Bleiben in Hongkong durchblicken. Sein Kopf war noch klar genug, daß ihm bewußt war, daß in der kleinen Welt ostasiatischer Kunst der Aufenthaltsort eines der führenden Kenner wie Professor Y. sehr rasch aufzuspüren sein würde. Der Händler konnte ihm nur den Namen der

Universität mitteilen, wo man den Mann jeden Moment zurückerwarte. Von sich aus sagte er noch, daß auch er von den ungewöhnlichen Exemplaren gehört habe, die vor kurzem aus Festland-China herausgebracht worden seien.

Daß er dem – wie ihm schien – großen Fang so nahe war, hatte nicht bloß Martin G.s Verlangen hochgetrieben; es schien auch seinen brennenden Wunsch, mehr außergewöhnliche Sammelstücke zu besitzen, zutage gebracht zu haben, ganz so, als hielte er, wenn auch nicht bewußt, nach weiteren irrationalen Ängsten Ausschau.

Was die *tai kou* anbetraf, blieb sich Mr. Lee seiner Sache sicher. Auf seine unaufdringliche Weise überzeugte er Martin, den Kauf abzuschließen. Und Martin, der inzwischen im Zustand konkurrenzbesessener Hochstimmung war, gab zu, kein anderer Ankauf hätte bei ihm je dermaßen viele Facetten unerklärter und unerwarteter Reaktionen ausgelöst.

Es vergingen Monate, bis Martin den Zusammenhang zwischen den Umständen zu Hause und seiner als inneres Gegengewicht funktionierenden Aktivität bei seinem Hongkonger Wagnis durchschaute. Er erkannte, daß die Gegenwart oder die Abreise des Professors einem gewieften Manager einen plausiblen Grund für seine Jagd auf seltene und für ihn magische Objekte geliefert oder nicht geliefert hatte. Welche Schlüsse er aus Professor Y.s Kennerschaft zog, hing von seiner Bereitschaft ab, zu vertrauen und sich täuschen zu lassen. Er war es gewöhnt, daß er den kürzeren zog, wenn er sich auf andere Leute verließ – wenn nicht durch ihre Schuld, dann durch die Umstände. Als er ihn brauchte, war sein Vater nicht da, und als er noch lebte, hatte er es mit Martins Bruder gehalten. Seit sie vom Tod des Vaters erfahren hatte, war seine Mutter praktisch abwesend gewesen, und schließlich hatte Martin auch noch früh jegliche körperliche Intimität mit seiner jungen Frau verloren.

Er begann einzusehen, daß sein völliges Gefesseltsein vom Auffinden und Erwerb seltener Kunstwerke kaum weniger als eine Flucht war, um den wiederholten Enttäuschungen zu entkommen. Es war seine Antwort auf ein dringliches Bedürfnis nach Versorgtsein und Unterstützung, wenn nicht gar eine fundamentale Garantie seiner Existenz und deren Fortdauer. Es ist deutlich geworden, wie und warum Martin G. zum Sammeln getrieben wurde: von einem tiefen und turbulenten Hunger nach Wiedergutmachung und Heilung mittels greifbarer Dinge, die ihm als Schutzschild vor Enttäuschung dienten.

Wie es nach der Hongkonger Episode weiterging, ist, was die inneren Triebkräfte anbetrifft, ohne Belang. Uns sollte sie ein Hinweis darauf sein, daß gesammelte Objekte das bleiben, was sie im wesentlichen sind – Objekte. Sie mögen Gefühle wachrufen, aber Leben haben sie keines. Und so bleibt es beim Fahnden, das – erfolgreich oder nicht – immer wieder aufs neue Hoffnung, Spannung, Aufregung und sogar Gefahr verspricht. Die Suche endet nie. Sie kann sich, wie sich immer wieder zeigt, nur wiederholen, während die höchste Erfüllung am Ende nur eine Fata Morgana bleibt.

TEIL IV
EXKURSIONEN IN DIE VERGANGENHEIT

KAPITEL 9

ale et ce te donra grant aise
de toy retraire. Si prens garde
en chacant a quelle main le cerf
que tu chaceras se destournera
en fuyant ou a destre ou a senes
tre car il est de certain que en
faisant ses ruses il se destorne
voulentiers a une main et celle
ou il se destourne maintient
tout le iour communement.
Ces deux choses que je tay
dites donnent grant aise
en chacant cest de faire les
brisees pendans et davoir
avisement a quelle main ilz
se destournent. Car se tes
chiens chacent le contre ongle
cest a dire le revers par ou ilz
seront alez tu le sauras par les
brisees pendans et sidoment
avisement de retraire ses chiens
pour deffaire la ruse. Puis
nous dirons coment len doit
relaissier au cerf ce que len
chace. Quant len envoye
ses chiens aux relés len y doit
envoier tel qui ait congnois
sance du cry des saiges chiens
et la cause si est que silz oyent
venir aucune partie des chiens
chacant combien que tous
ceulx que len avoit laissie
courre ny feussent mie
ny eust guaire de chiens et q

HIRSCHJAGD AUF EINER ILLUMINIERTEN HANDSCHRIFT
AUS LE LIVRE DU ROI MODUS,
2. HÄLFTE DES 15. JAHRHUNDERTS, NORDFRANKREICH
EHEMALS IN DER PHILLIPPS COLLECTION. SAMMLUNG DER
J. PIERPONT MORGAN LIBRARY, NEW YORK, M.820, F.12

DIE ERKUNDUNGEN DER RENAISSANCE

Bei unserer Suche nach den Wurzeln des Sammelns haben wir bisher unser Augenmerk auf das individuelle Erleben gerichtet und dabei im Bedürfnis nach Bindung und im Sichklammern an Gegenstände den primären Antrieb für das Anhäufen greifbarer Besitztümer erkannt. Wie ich in den drei vorangegangenen Kapiteln zu zeigen versucht habe, kann bei einem Sammler diese Konzentration auf Objekte den ganzen Lebensstil bestimmen.

Während das grundlegende Motiv auf der individuellen Geschichte und den prägenden Erlebnissen des Einzelnen beruht, werden Art und Weise des Auswählens und Sammelns entscheidend von den vorherrschenden Kulturmustern, von Stimmung und Werten des jeweiligen Zeitgeists bestimmt. Bei aller Unterschiedlichkeit legen viele Sammler ein sichtbares Zeugnis des Wesentlichen und der Standards ihrer Zeit ab, auch wenn die Geisteshaltung einer Generation während der nächsten nicht einfach verloren geht.

Schauen wir uns den Fall des Cosimo de Medici III. (1642 bis 1723) an, eines Sammelenthusiasten des 18. Jahrhunderts. Er war besonders auf Heiligenreliquien erpicht, ein Rückfall in mittelalterliche Zeiten. Man kann ihn als Beispiel dafür nehmen, wie bestimmte frühere Traditionen und Glaubensvorstellungen (in seinem Fall religiöse Vorteile) bis ins sogenannte Zeitalter der Aufklärung durchschlugen. Reliquiensammeln hatte zu dieser Zeit bereits einen anachronistischen Beiklang. Widersprüchlichkeiten dieser Art setzen ein Fragezeichen hinter den Versuch, durch strikte Abgrenzungen und Einteilungen exakte zeitliche Phasen oder Perioden zu bestimmen.

Jeder, der sich für Geschichte interessiert, wird mir beipflichten, wie irreführend es sein kann, geschichtliche Demarkationslinien zu ziehen. Zwar gibt es vorherrschende Trends[146] – politische, gedankliche, gesellschaftliche und kulturelle –, aber es wäre naiv, stellte man sich das frühe oder das Hochmittelalter oder die Renaissance als genau umgrenzbare, ausgereifte Abschnitte im historischen Prozeß mit nachweisbaren Unterschieden vor, gleich ob aus kultureller, technologischer, ideologischer, ästhetischer oder wirtschaftlicher Sicht. Die Bezeichnungen, die wir den einzelnen Perioden geben, sind tatsächlich kaum mehr als Versuche, dominante Merkmale und Zustände der Entwicklung und des Wandels voneinander abzusetzen.

Vom dynamischen Wesen soziokultureller Entwicklung und den entsprechenden technologischen Fortschritten her betrachtet ist der Versuch des Historikers, mehr oder weniger abgegrenzte chronologische Phasen zu postulieren, an sich nicht gerechtfertigt. Wir verwenden diese historischen Unterteilungen um unseretwillen, so wie wir auch die kindliche Entwicklung in dominante, organspezifische Stadien einzuteilen suchen. Dabei sehen wir aber durchaus, daß beispielsweise orale oder anale oder phallische Elemente in der Persönlichkeit des Erwachsenen bestimmte Charakterzüge auszubilden helfen, genauso, wie sich heutzutage noch mittelalterliche Ideologien finden lassen, sogar in einer hochgradig rational funktionierenden Industriegesellschaft.

Die entscheidenden Ereignisse zählen: Katastrophen, wie Kriege und Epidemien. Denken wir an den Schwarzen Tod in der Mitte des 14. Jahrhunderts, der neue Sichtweisen hervorbrachte, geistige Trends lenkte und die Verschiebung der Prioritäten zur Folge hatte. Unterschiede des Geschmacks und der Interessen können keine allgemeine Billigung finden. Cosimo ist ein Beispiel für einen Menschen, der mit einem Bein in einer Periode und mit dem anderen in einer anderen stand.

Oder nehmen wir einen anderen Fall: Mehr als zwei Jahrhunderte vor der Zeit Ludwigs XI. (1423–1483) wurde Aristoteles' Philosophie an der jungen Universität von Paris gelehrt. Aristotelisches Denken, der Glaube an die Dominanz der Vernunft und das Grundprinzip des Wissens, war Grundlage der Lehre und der Erforschung der Logik. Weil es jedoch in seinem Wesen atheistisch war und damit auf eine Bedrohung der christlichen Lehre hinauslief, wurde es verurteilt und mit Bann belegt, bevor es die geistlichen Weisungen der Kirche weiter untergraben konnte.

Wir brauchen kaum nach weiteren Beispielen zu suchen, wenn wir davon sprechen wollen, daß regressive und fortschrittliche Bewegungen nebeneinander bestehen. Beide sind wesentliche Bestandteile des historischen Prozesses. Daß feststellbare Veränderungen und Transformationen nicht von einer Kraft allein oder einem einzigen Umstand diktiert werden, von territorialer Ausdehnung oder politischer Sicht, den Manifestationen von Volksbewegungen oder aufkommenden geistigen, kulturellen und ökonomischen Entwicklungen, steht außer Frage. Und es gibt unterschiedliche und häufig höchst wirksame Ursachen, wie etwa Hungersnöte, Seuchen oder andere Katastrophen, die entscheidend zu Verschiebungen und Veränderungen im Lebensstil eines ganzen Zeitalters beitragen. Auch dürfen wir nicht vergessen, daß es bedeutende Erfindungen gibt, wie die der mechanischen Uhr im 14. Jahrhundert oder die Anfänge des Gebrauchs von Brillen etwa ein Jahrhundert davor oder, vermutlich wichtiger, die Verwendung beweglicher Lettern. All dies offenbart einen zunehmenden, tieferreichenden Einfluß des Realismus, zugleich eine potentiell größere Komplexität äußerer Reize und ein komplizierteres Reizreaktionsschema.

Ich habe die Erfindung der mechanischen Uhr erwähnt, einen der wichtigen technologischen Fortschritte des 14. Jahrhunderts, den wir Giovanni de' Dondi (1318–1379?) verdanken. Dondi war Arzt, Architekt, Uhrmacher und nicht zuletzt begeisterter Sammler. Er gehörte zu dem Kreis um Petrarca (1304–1374) und war dessen Arzt, wenngleich keiner jener »gottlosen Ärzte«, die durch die Humanisten so heftig attackiert wurden. Petrarca war ein Romantiker, der nur ein Fürsprecher des technischen Fortschritts, für den Dondi stand, war, weil er ein Kämpe jener folgenreichen Bewegung war, welche die dramatische Eroberung der Vergangenheit zustandebrachte. Es war ein idealistischer Humanismus, der mit dem Aufkommen der Renaissance anklang. Petrarca stand zwischen den traditionellen Lehren des Katholizismus und den schrittweise vordringenden Ideen eines rationalen Begriffs des Daseins, wie sie die Aristotelianer vertraten, die ihrerseits durch die islamische Philosophie beeinflußt waren.

Die Kirche war damals in großem Aufruhr. Es gab einen Papst in Rom, der als Häretiker galt. Der andere Papst saß in Avignon, das bis 1377 Sitz der Kurie blieb, und für kurze Zeit gab es sogar noch einen dritten Heiligen Vater in Pisa. Dieses Schisma spiegelte den Machtkampf, der nicht allein innerhalb der Kirche stattfand, sondern sich praktisch gegen alle kirchlichen Lehren richtete. Es war ein Ausdruck des geistigen Wandels und wachsenden Realismus, der auch in der Installierung von Stadt- oder Kirchturmuhren, die den Menschen ein größeres Zeitbewußtsein gaben, sichtbar wurde. All dies zeigte eine Veränderung im Denken und eine Verschiebung der Werte.

Die Gründung zahlreicher Universitäten während des 13. und 14. Jahrhunderts ist nur ein Beleg für den wachsenden Einfluß des neuen Bewußtseins, wovon der petrarchische Humanismus eine der bezeichnendsten und nachhaltigsten Ausdrucksformen war.

In Westeuropa waren die ersten Jahrzehnte des 14. Jahrhunderts eine Zeit der Qual und des Leidens. Zwischen 1315 und 1317 gab es zwei schwere Hungerjahre, insbesondere in Frankreich, den Niederlanden und auf den Britischen Inseln. Diese Zeit war von einer tiefen Wirtschaftsdepression begleitet. Gesellschaftliche Unruhen und eine religiöse und intellektuelle Krise drohten in der Folge die vereinigende Kraft und die Ansprüche Roms aus den Fugen zu bringen. »Jeden Tag starben so viele Menschen«, schrieb der Abt von St. Martin in Tournai, »daß die Luft wie verwest schien.«[147]

Es bedurfte vieler Jahre, bis Westeuropa die verheerenden Folgen von Hunger, Krankheit und Hoffnungslosigkeit und, was die ärmeren Schichten betraf, von Unterdrückung und Ausbeutung bewältigt hatte. Es war die Konsequenz dieser Jahre fortgesetzter Traumatisierungen und Leiden, daß die kirchlichen und soziokulturellen Formen fundamentale Veränderungen durchmachten. Derlei kritische und potentiell explosive Erfahrungen bergen immer die Gefahr, jegliches Gefühl der Verläßlichkeit und die Kriterien für Sicherheit zu untergraben.

Ungefähr drei Jahrzehnte später kam die schlimmste Seuche, von der man je gehört hatte, die Pest. Sie begann sich über Europa hin auszubreiten und hatte bleibende Folgen für das gesamte Gefüge menschlicher Existenz. Für viele war der Schwarze Tod nicht weniger als ein Zeichen göttlichen Zorns. Die grauenerregenden Auswirkungen der Pest trugen ihren Teil dazu bei, den Einfluß der Kirche und ihre ererbte Machtstellung abzubauen. Den Berichten zufolge wurde Europas Bevölkerung um ein Drittel bis zur Hälfte vermindert. Die Krankheit raffte Fürsten wie Bettler dahin. Achtzehn Monate lang starben allein in Paris täglich an die achthundert Menschen. Es gibt viele Zeugnisse dafür, daß die Krankheit zur Erosion der Stimmung und moralischen Textur der damaligen Zeit geführt hat. »Daß ein Bruder den anderen im Stich ließ, der Oheim seinen Neffen, die Schwester den Bruder und oft die Frau den Mann«, berichtet Boccaccio, ein Augenzeuge der Pest, zu Beginn vom *Dekameron.*[148] Die moralischen Regeln, die Gesetze der Ethik und die traditionellen Loyalitäten schwanden im langen Schatten von Krankheit und Tod dahin. Massenpsychosen, wie Flagellantentum, Pogromen, Hexenjagden und sexueller Bestialität gehörten zum täglichen Geschehen. Es scheint, als hätte das emotionale Klima der damaligen Zeit bei jedem hysterische Symptome mobilisiert.

In Frankreich schlug der Schwarze Tod in der Mitte des 14. Jahrhunderts zu. Das Land war, vor allem infolge des Krieges mit England, innerlich zerrissen. 1345 hatten die Engländer die Franzosen in der Schlacht von Crécy besiegt. Jean de Berry

(1340–1416), der dritte Sohn des künftigen Königs von Frankreich, war damals sechs Jahre alt.

Während Boccaccio im *Dekameron* auf beredte Weise verzweifelte gesellschaftliche Szenen wiedergegeben hatte – er sprach von Eltern, die unter dem Druck der Pest die eigenen Kinder ihrem Schicksal überließen –, war Jean bei seiner Mutter und Großmutter in guter Obhut. Trotzdem hatte er die Verwüstungen und die Hoffnungslosigkeit dieser Zeiten miterlebt. Schon vor dem Krieg mit England war Frankreich in innere Unruhen verstrickt. Die Familie des Herzogs der Normandie war in jedem Sinne arm. Der Herzog selbst befand sich bei der Armee. Jeans Mutter, Bonne de Luxembourg, mußte sich Geld borgen, um ihren neun Kindern zu essen zu geben und sie zu kleiden.[149] Von der Königin, Jeanne de Bourgogne, die ein besonderes Faible für ihren Enkel Jean zu haben schien, kam viel Hilfe. Aber die Pest forderte ihren Blutzoll. 1339, auf dem Höhepunkt ihres Wütens, fielen ihr Mutter und Großmutter zum Opfer, und Jean war im Alter von neun Jahren mutterlos.

Hier haben wir ein sprechendes Beispiel dafür, wie ein Trauma von einer derartigen emotionalen Dimension ein dauerndes Zeichen in der Entwicklung und inneren Kohärenz eines Menschen zurückläßt. Jean de Berry wurde zu einem der größten Sammler seiner Zeit. Millard Meiss, einer seiner Biographen, bezeichnete ihn und seine Brüder sogar als »die in der Geschichte bemerkenswerteste Brüdergruppe unter den Sammlern.«[150]

Was Blick, Unterscheidungsvermögen, Einfluß und Ruhm angeht, war Jean der prominenteste unter den Brüdern. Wie viele begeisterte Sammler scheint er eigentlich ein einsamer Mann gewesen zu sein, rastlos, dynamisch und aufgeklärt. Immerzu war er von einer seiner Residenzen zur anderen unterwegs – kein geringes Unterfangen, wenn man bedenkt, daß er deren zehn oder zwölf besaß. Meiss charakterisierte ihn als »reichen Nomaden«, ein Zug, der sich auch bei vielen Sammlern mit ihrer unablässigen Suche nach Neuanschaffungen findet. Jean de Berry hatte drei Söhne. Keiner überlebte ihn, und als der letzte, der ebenfalls Jean hieß, im Jahr 1397 gestorben war, begann er, in noch größerem Stil zu sammeln (was uns als Betrachter keineswegs überrascht).

Seine Sammlung, berühmt wegen der vielen Gemälde und Illuminationen, die er in Auftrag gab, und insbesondere seiner Gebetbücher, der *Très Riches Heures*, ähnelte in mancherlei Weise derjenigen seines Urgroßneffen, des Königs Ludwig XI. Beide hatten eine große Zuneigung zu Tieren, insbesondere zu Hunden. Beide waren hingebungsvolle Reliquiensammler (was auf eine starke Unsicherheit und die Angst vor ewiger Verdammnis verweist). Im Jahre 1384 bekam er von Papst Clemens VII. einige Bruchstücke der Nägel vom Heiligen Kreuz. Er war auch stolzer Besitzer des Kelchs, aus dem Christus beim letzten Abendmahl Wein zu sich genommen hatte, und besaß ein Stück seiner Dornenkrone und den Kopf eines der Opfer des bethlehemitischen Kindermords.

Wir haben hier ein eindrucksvolles Zeugnis für die nahe Beziehung zwischen dem Sichverlassen auf den Besitz heiliger Reliquien, die ihren Eigentümer vor der drohenden Pein des Fegefeuers schützen sollen, *und* meiner Überlegung, daß Angst bei jeder Art zu Sammeln ein entscheidender Faktor ist. Was immer der einzelne Sammler auswählt, jedes »Ding« ist letztlich dazu bestimmt, für den Besitzer unbewußt ein Vorbeugemittel gegen das Gefühl des Bedrohtseins der hilflosen Enttäuschung zu sein.

Jean de Berry war nicht bloß ein gieriger Sammler christlicher Reliquien. Seine Vorliebe für ästhetisch besonders reizvolle Objekte war bekannt. Seine Bibliothek enthielt an die dreihundert exquisit illuminierte Bücher, und seine Sammlung wertvoller Steine, Gemmen, Siegel und Kameen wie auch Medaillen war weitgehend von Florentiner Händlern bestückt worden. Einer seiner wichtigsten Lieferanten war der Juwelier Antoine Machin beziehungsweise Antonio Mancini, der sowohl in Paris arbeitete wie auch von seinem Florentiner Wohnsitz aus Handel trieb, was zeigt, in welcher Blüte die Florentiner Kunst damals am französischen Hof stand.

Jean de Berry gehörte zu den ersten Sammlern, deren Enthusiasmus und Vernarrtheit sich nicht auf ein einziges Gebiet begrenzen ließen, was eine weniger strikte und weniger monomane Vorgehensweise zeigt. Man könnte ihn sogar als einen Vorläufer der Sammler für Wunderkammern oder Kuriositätenkabinette etwa zwei Jahrhunderte später bezeichnen (wovon im nächsten Kapitel die Rede sein wird). Wenn man Jean de Berry wegen seines einfallsreichen Engagements für alle möglichen Objekte als Kuriositätensammler sehen möchte, war er dies nicht nur in großem Stil, sondern auch der Mode um mehrere Generationen voraus. Freilich ist in Rechnung zu stellen, daß Jean de Berry, auch wenn er an der Schwelle eines Zeitalters stand, das ein konkreteres Realitätsempfinden entwickelte, im fast ungebrochen traditionellen Sinne ein gläubiger Mensch war, wie sein fanatisches Reliquiensammeln zeigt. Obwohl er noch in den Fängen der Frömmigkeit des 14. Jahrhunderts steckte, versuchte er, die Welt auf »modernere« Weise zu sehen. Er war ein Zeitgenosse der frühen Humanisten. Hätte er, statt in Frankreich, in Florenz oder Padua gelebt, hätte man ihn vermutlich zu den Anhängern Petrarcas gezählt, da er ein vorausschauender und unabhängiger Mann war.

Was ich damit sagen will ist, daß sich im ausgehenden Mittelalter das Interesse bestimmter Sammler eng an die geistigen Orientierungsweisen, die aus den Mißständen und dem Elend der Zeit resultierten, knüpfte. Daß individuelle und kulturelle Elemente in Interaktion treten und daraus kumulative Wirkungen entstehen, ist einleuchtend. Hier halfen existentielle Ängste und Desillusionierungen als Folgen der Pest, den Weg der Abwendung von der Kirche zu bereiten und nach anderen Quellen der Inspiration zu suchen. »Die Epoche des Humanismus setzte an die Stelle der fest geschlossenen mittelalterlichen Weltanschauung eine gänzlich neue und grundverschiedene Ansicht von Gott, der Welt, vor allem aber dem Menschen«, folgerte der Schweizer Historiker Ernst Walser.[151]

Wenn sich etwa Jean de Berry oder König Ludwig XI. eine Art Privatzoo hielten, so war dies womöglich ein wesentlicher Bestandteil neuer Empfindungen und weitergesteckter Interessen, bei welchen es um Beobachtung und die Erlangung größeren Wissens ging. Solches Wissen sorgte für eine verläßlichere Grundlage zum Verständnis natürlicher Phänomene; auch dann verstand man sie freilich weiterhin als etwas, das in die Grenzen eines göttlichen Plans eingebunden war. Es läßt sich demnach sagen, daß, während der Primat der Papstkirche im Niedergang begriffen war, Stil und Geist des Sammelns neue Interessen, insbesondere für die Vergangenheit, die Welt der Vorfahren, die Antike, und fast unmerklich eine sich wandelnde Weltsicht anzeigen.

Zur Zeit Jean de Berrys gab es eine wachsende Popularität von Gemmen und Kameen, der Zeugnisse der griechischen und römischen Kultur. Sie waren nicht einfach bildliche Repräsentationen für gute Steinschnitzerei früherer Jahrhunderte, sondern standen für die zwingende Schlußfolgerung, daß bereits lange vor der christlichen Zeit Handwerker zu großartigen Leistungen fähig gewesen waren. Obwohl Jean de Berry diese Schätze aus der Antike sammelte, war er auch auf der Suche nach Heiligenreliquien und glaubte an die Geschichten und Legenden, die mit ihnen verbunden waren. Die Bedeutung unrealistischer (das heißt magischer) Projektionen war bestimmend für die Funktion dieser Objekte.

Die umfassende Transformation vom Wunder- und Mysterienglauben zu der kritischen Erforschung des Menschen, der Tiere und der Naturphänomene eröffnete dem Sammler neue Wege.

Man könnte sagen, damit sei die Beweissammlung initiiert worden – die Sammlung von Beweisen der Errungenschaften früherer Generationen, von Naturphänomenen am eindrucksvollsten jedoch von Beweisen »dafür, wie der menschliche Körper beschaffen ist, wie sich an Guido da Vigevanos (circa 1280–1345) Illustrationen in seiner *Anathomia per figuras designata* zeigt«.[152]

Dank technischer Neuerungen wurde das Reisen leichter. Gegenstände aus allen möglichen fernen Ländern und unbekannten Zivilisationen eröffneten neue Ausblicke auf das Kuriose, vielleicht weniger in den italienischen Staaten als in Frankreich und dann in den nördlichen Ländern. Mit dem Aufkommen der Renaissance begann der Mensch, seine Unschuld zu verlieren.

Damals herrschte nicht allein eine Zeit physischer Knappheit, sondern auch geistigen Hungers und sozioökonomischer Veränderungen, die einen Wandel der Werte und Ideale mit sich brachten, wenngleich dies vorwiegend auf die progressive intellektuelle Elite beschränkt blieb. Dieser Wandel tritt in einer Vielzahl symbolischer Ausdrucksformen zutage, doch die zunehmend systematischere Erforschung der menschlichen Anatomie ist das deutlichste Anzeichen für den Stimmungsumschwung und die intellektuelle Klimaveränderung. Die Künste, vor allem die Malerei und die Dichtung, bezeugen jedoch ebenfalls den schrittweisen Wandel zu einer Objektivierung des Universums.

Nehmen wir zum Beispiel die Zeit zwischen 1420 und 1530. Während dieser hundert Jahre sehen wir in der Malerei eine auffällige Verschiebung der Themen in der Ablösung vom Religiösen. Es gab damals eine graduelle Hinwendung zu weltlichen Themen von zunächst fünf Prozent bis zu zwanzig, obgleich die Fragwürdigkeit derlei Statistiken sich darin zeigt, daß sie häufig dazu dienen, zweifelhafte Hypothesen zu belegen.[153]

Jedenfalls ist es nicht überraschend, daß wir Petrarca unter dem Sammlern römischer Münzen und Medaillen finden, war er es doch in erster Linie, der den Stolz seiner Zeitgenossen auf ihre römischen Vorfahren anregte. Solches Tun war viel mehr als bloßer Zeitvertreib, es war einer unter vielen Aspekten der neuen Suche nach greifbaren Fakten statt des seit langem praktizierten Glaubens an (nichts als) die doktrinären Lehren der Kirche. Der Schub ging in Richtung Vernunft und beweiskräftigerer Information, wofür beispielhaft die Uhr steht, die Lewis Mumford zu Recht als »Schlüsselmaschine des modernen Industriezeitalters« und als »wichtigste Maschine in der modernen Technik« bezeichnet hat.[154]

Petrarca erkannte den intellektuellen Wert des Studiums der Antike und bewog eine Gruppe seiner jugendlichen Anhänger, alten römischen Stücken besondere Aufmerksamkeit zu widmen. Er hatte enge Freunde, die seine Freude an antiken Münzen teilten. Lombardo della Seta, sein Ratgeber im Alter und Testamentsvollstrecker, folgte dem Vorbild des Meisters und sammelte Antiquitäten, und ebenso sein mit ihm befreundeter Arzt Giovanni de' Dondi. Bedenkt man, wie weit sich seine Interessen erstreckten, war Dondi zweifellos ein Mann von großer Gelehrsamkeit mit einer echten visuellen Neugier. »Ich habe mich darin geschult, alles Erstaunliche sorgfältig zu betrachten, darüber nachzudenken, was ich sehe, und mir niemals zu erlauben, übermäßig verblüfft zu sein«, hatte er geschrieben.[155] Berühmt war er nicht nur als Uhrmacher; er war auch Altertumsforscher, Astronom und außerdem ein Arzt, der seine Arbeit mit derselben akribischen Genauigkeit beschrieb, mit der seine Uhren funktionierten.[156]

Dondi war ein weiterer Vorläufer der späteren *Wunderkammer*-sammler, denn selbst in dieser frühen Zeit schon versuchte er, eine Art von Ordnung für die Objekte zu finden, die er sammelte. Tatsächlich war Dondi der Zeit, als die Sammler ihre Schätze in *naturalia* und *artificialia*, in natürliche oder künstliche, vom Menschen gemachte Exemplare einteilten, an die zweihundert Jahre voraus. Nach Dondis Ordnung waren die *mirabilia* des Universums den *miracula* gegenübergestellt. Mit anderen Worten, Wunderbares gab es außer den Wundern auch im Endlichen. Wie andere Humanisten, Brunelleschi und Donatello, zog es auch ihn, wenn er in Rom war, nicht in die Kirchen und zu heiligen Stätten. Statt dessen erkundete er archäologische Fundstätten und erwarb Antiquitäten als Bestätigung einer reichen Vergangenheit, der gegenüber er tiefe Ehrfurcht empfand.

Diese Sammler des 14. Jahrhunderts waren keine gewöhnlichen Leute. Petrarca beispielsweise war von seiner Familie nach Avignon gebracht worden, wo er den größten Teil seiner Jugend in der Umgebung des päpstlichen Hofs zubrachte; sein Vater war aus Florenz dorthin ins Exil gegangen. Mit all ihren Streitigkeiten und Schismen hatten die Päpste in Rom und Avignon ein Gutteil ihrer Aura des Heiligen verloren. »Petrarca«, schreibt

Jacob Burckhardt, »gibt uns noch Kunde von einer zwischen klassischem und christlichem Altertum geteilten Stimmung; er erzählt, wie er oftmals mit Giovanni Colonna auf die riesigen Gewölbe der Diocletiansthermen hinaufgestiegen« war und mit ihm von der Geschichte der Stadt gesprochen habe, »wobei Petrarca mehr das Altertum, Giovanni mehr die christliche Zeit vertrat«.[157] Christliche Frömmigkeit mußte nicht länger den Vorrang vor dem Interesse für die Antike haben, und der sich entfaltende Trend hin zu sichtbaren oder greifbaren Beweisen zeigte, daß zumindest die Gelehrten ihr Augenmerk auf natürliche Phänomene richteten, anstatt auf theologische Erklärungen.

Das stand im Einklang mit der Begeisterung der Humanisten für ihre lateinischen Vorfahren. Mag sein, daß Filippo Brunelleschi (1377–1446) als vielversprechender junger Architekt, Maler und Bildhauer etwas von einem Exzentriker hatte, als er nicht als Pilger nach Rom ging, sondern als enthusiastischer Sammler auf der Suche nach Antiquitäten. Was er finden wollte, waren Inspiration und Bestätigung in seinem kulturellen Erbe. Dieser Enthusiasmus für archäologische Funde lag ganz auf der Linie von Petrarcas Florentiner Anhängern, denn der Meister hatte völlig Recht damit, als er in seinem Epos *Afrika* die Prophezeiung aussprach, »unsere Enkel werden imstande sein, in den strahlenden Glanz der Vergangenheit zurückzugehen«.

Unter heutigen Bedingungen ist eine Reise von Florenz nach Rom kein kompliziertes Unterfangen. An der Wende zum 15. Jahrhundert (und auch später noch) war Italien jedoch in einander bekriegende Stadtstaaten aufgeteilt. In Brunelleschis Fall scheint das römische Unternehmen eine Mischung aus echtem Interesse und Sentimentalität gewesen zu sein. Wenn wir uns auf eine Beschreibung verlassen können, die einer seiner jüngeren Freunde, sein Biograph Antonio Manetti, hinterlassen hat, dann verließ der Architekt Florenz in Begleitung Donatellos (1386 bis 1466), der, obwohl er noch nicht erwachsen war, zum Kreis seiner Bewunderer gehörte.

Um ihre Reise zu bezahlen, verkaufte Brunelleschi einige Grundstücke, die er geerbt hatte. »Keiner von beiden hatte irgendwelche Familienprobleme«, berichtete Manetti, »weil sie weder Frau noch Kinder hatten ... Man nannte sie im allgemeinen *quelli del tesoro* (die Schatzjäger), weil man meinte, sie lebten von und suchten nach Schätzen. Sie sagten: Die Schatzjäger suchen heute hier und morgen da. Tatsächlich fanden sie manchmal, wenn auch selten, ein paar silberne oder goldene Medaillen, geschnitzte Steine, Chalcedon, Karneole, Kameen und ähnliche Objekte.«[158]

Die beiden jungen Freunde regten die Erforschung der römischen Ruinen und Monumente an, und ihr Sammeln von Artefakten war ein ernster und leidenschaftlicher Dialog mit der Vergangenheit. Auf ihre spätere Kunst und ihr Denken hatte der Romaufenthalt einen spürbaren Einfluß. »Brunelleschis Kenntnisse der alten römischen Architektur und Donatellos Beherrschung der Antike setzen ein sorgfältiges Studium dessen voraus, was vom alten Rom übrig geblieben war«, folgerte Roberto Weiss.[159]

Das klassische Rom fand nicht nur bei ihnen einen solch starken Anklang. Andere schlossen sich an, darunter der Bildhauer Lorenzo Ghiberti, aber am wichtigsten war ihr etwas jüngerer Zeitgenosse Cosimo de' Medici (1389–1464). Es war eine eng miteinander verbundene Gruppe fortschrittlicher und enthusiastischer Humanisten der dritten Generation. Antiquitäten, Skulpturen, Münzen, Medaillen und auch Manuskripte zu sammeln, wurde für die Mitglieder dieser Gruppe sowohl zum persönlichen wie auch zum objektiven Erlebnis.

Die Wißbegierde gegenüber der Vergangenheit war ein Ausdruck der Hoffnung auf eine andere Zukunft. Man sollte sie als Beleg einer zum Teil unbewußten Rebellion gegen die geistige Zwangsjacke kirchlicher Dogmen sehen. Sie zeigte dieselbe Art intellektuellen Appetits, die, ungefähr ein Vierteljahrhundert vor ihnen, Giovanni de' Dondi im Jahre 1375 nach Rom geführt hatte.

Diese Romunternehmungen waren sehr viel mehr als bloße Besichtigungsreisen oder auch Gelegenheiten, bei denen sammelbare Objekte zu entdecken oder zu beschaffen waren. Solches Sammeln ist unter dem Aspekt eines ausgeprägten Wunsches zu sehen, mehr über das eigene Erbe – und vor allem mehr über das eigene Selbst *in der Welt* – zu erfahren und es besser zu verstehen. (Bei dieser Gelegenheit sollte ich erwähnen, daß ein Gutteil dieses Interesses an der Vergangenheit eine sublimierte Form der uralten Frage ist: »Wo komme ich her?«)

Für die Humanisten waren Vergangenheit oder Universum nicht länger in geheimnisvolles Dunkel gehüllt oder etwas, das man blind hinzunehmen hätte. Ihre lebendige Wißbegierde und unablässige Suche nach Erkenntnis gemahnt an junge Leute, die Schmetterlinge oder Briefmarken sammeln und dadurch mehr über die Natur oder die Welt erfahren. Diese Männer verband ein starker und, wie ich annehmen möchte, fundamentaler Wunsch, sich mit Hilfe sicht- und greifbarer Objekte aus der Antike einen Wissensfundus zuzulegen, was eine Voraussetzung für ihre romantisierende Überhöhung der römischen Vorfahren gegenüber dem Credo der Kirche war. In ihrer idealisierten Sicht vom Rom Cäsars und Ciceros schufen sie sich eine subjektive Leitlinie, die ihnen half, die Realität ihrer Gegenwart zurückzuweisen, in der einander bekämpfende Päpste und die Herrscher der vielen Stadtstaaten die Oberhand hatten.

Einer der Schwärmer aus dem Kreis um Cosimo de' Medici war ein etwas umstrittener, aber gleichwohl bemerkenswerter Mann namens Poggio Bracciolini (1380–1459). Bracciolini wies viele Züge und Angewohnheiten des unermüdlichen Liebhabers irgendwelcher Gegenstände auf. Am meisten interessierten ihn alte Handschriften und literarische Quellen. In vielerlei Hinsicht war er ein (allerdings höflicherer und kultivierterer) Vorgänger von Sir Thomas Phillipps im 15. Jahrhundert. Überdies war er – Dondi nicht unähnlich – einer der Vorläufer der *virtuosi* oder *dilettanti*, die durch eine im wesentlichen narzißtische, sich als intellektueller Forschungsdrang drapierende Neugier motiviert waren.

Wie dem auch sei, Poggio Bracciolini wurde jedenfalls einer der wichtigsten Bibliophilen der Renaissance und war außerdem ein Sammler griechischer und römischer Skulpturen und alter

Münzen, Medaillen und Gemmen (falls das alles war, was er sammelte). Schon vor seinem zwanzigsten Geburtstag als einer der besten Kopisten alter Manuskripte bekannt, verdiente sich der aus kleinen Verhältnissen stammende, aus eigener Kraft emporgekommene junge Mann sein Auskommen zunächst als Schreiber. Weil er ein eifriger Briefschreiber war und viele seiner Briefe erhalten sind, wissen wir einiges über seine Tätigkeiten, seinen Freundeskreis, die Weise, wie er an seine Schätze kam, und über die Vielfalt seiner Interessen.

Poggio, wie er gewöhnlich genannt wird, stammte aus einem Dorf auf einer Anhöhe oberhalb von Arezzo. Dort, in Terranova, war sein Vater ein Kleinbauer, der seine Einkünfte durch den Erlös von Heilmitteln aufbesserte. Poggio schilderte seine frühe Kindheit als vergnüglich und sorglos, aber da man weiß, daß er sich mit Kinderarbeit seinen Lebensunterhalt zu verdienen hatte, bevor die Last von Armut und Schulden seine Mutter dazu zwang, das Dorf zu verlassen, kann es mit diesen Empfindungen nicht so ganz stimmen. In ersichtlich phantasievoller Idealisierung sprach er später von Terranova als seinem *castellum splendidum*.

Sein Vater war offenkundig weder ein gut sorgender noch verläßlicher Familienvater. Als Poggio acht war, war seine Familie völlig verarmt und mußte ihren Besitz im Dorf verkaufen und nach Arezzo umziehen. Um seinen Eltern zu helfen, die Familie mit den drei kleineren Geschwistern durchzufüttern, verdingte sich Poggio als Landarbeiter. Er muß jedoch auch weiterhin etwas für seine Bildung getan haben, denn einige Jahre später, im Alter von sechzehn oder siebzehn Jahren, arbeitete er als Kopist in Florenz. Außerdem begann er ein Studium und erhielt den prestigeträchtigen Titel des *notario*. Als er zweiundzwanzig Jahre alt war, konnte er in dieser statusbewußten Gesellschaft seinem Namen bereits den Titel »ser« anfügen.

Unzweifelhaft war Poggio ein sehr ehrgeiziger junger Mann, der sich bald in den Intellektuellenkreisen von Florenz bewegte. Er war vom selben Geist beseelt wie einige der in alte Bücher vernarrten Florentiner Sammler. Sie wollten die Bücher für ihre

Bibliotheken kopieren lassen und waren so auf Poggios Fähigkeiten, Wissen und Enthusiasmus aufmerksam geworden. Zu diesen Männern gehörten Coluccio Salutati, ein Gelehrter, Schriftsteller und Lehrer, vor allem aber »der geistige Erbe des großen Meisters« Petrarca und sein väterlicher Freund Niccolò Niccoli, ein wohlhabendes Mitglied der Florentiner Aristokratie, der den Großteil seines Vermögens darauf verwendete, eine ansehnliche Bibliothek zusammenzubringen. Poggio hatte nicht nur eine Passion für Bücher und alte Inschriften, sondern studierte auch voller Hingabe die Schriften Ciceros. Salutati, in gewissen Grenzen auch Niccoli, und der junge Poggio kamen einander rasch näher, vielleicht deshalb, weil der junge *notario* nach einem intellektuellen Vater Ausschau hielt, nachdem sein eigener skrupelloser Vater, der seine ganze Familie verlassen hatte, Poggio weder den äußeren Lebensunterhalt gewährt hatte noch ein Vorbild gewesen war.[160]

Allzu großer Hilfe bedurfte Poggio nicht. Im geistigen Klima des frühen 15. Jahrhunderts traf die Begeisterung des jungen Mannes für die klassische Literatur, für epigraphische Texte und originale Inschriften bei den einflußreichen und interessierten Humanisten, zu denen auch einige der führenden Bürger des Stadtstaates gehörten, auf viel Verständnis und Unterstützung.

Ciceros Eloquenz und rednerische Meisterschaft war zu einer Art Vorbild geworden, zu einer lebendigen Verbindung mit einer schwärmerisch verherrlichten Vergangenheit. Die Identifikation mit diesem Aspekt der römischen Kultur war eine logische Folge des Sammeldrangs dieser Humanisten, und Poggio war fraglos ein sehr bewußter Repräsentant jener, die sich als die wahren Erben ihrer römischen Vorfahren betrachteten. Er begann nach alten Dokumenten und bislang unbekannten Texten Ciceros zu suchen. Binnen kurzem sollte er zu einem der erfolgreichsten Entdecker alter Handschriften werden, die für die Humanisten des 15. Jahrhunderts sakrosankte alte Dokumente waren.

Dank der Beziehungen seiner gut situierten Florentiner Gönner fand Poggio Anstellung bei der römischen Kurie und gelangte schließlich in das Amt eines päpstlichen Sekretärs, wobei es ihm in erster Linie darum ging, immer noch mehr Funde für seine Sammlung zu machen. Der Vatikan barg wahre Schätze an seltenen oder bis dahin unbekannten alten Texten, und er kopierte sie mit seiner kalligraphischen Könnerschaft, die inzwischen bestens bekannt war. Nebenbei fertigte er Kopien von Inschriften auf römischen Steinen an und sandte das Material gen Norden zu seinem Mentor Salutati. Poggios Position und Ruf gewannen rasch an Bedeutung, und bald wurde er zum Mitglied des päpstlichen Gefolges. Florenz blieb dennoch seine geistige Heimat.

Lag es an seiner Identifikation mit Salutati und den Florentiner Humanisten, was zu jener Begeisterung führte, die ihn Entdeckung nach Entdeckung machen ließ? Gelegentlich dürfte sein Enthusiasmus für Inschriften und Inschriftenkunde mit ihm auch durchgegangen sein. So scheint es zumindest, wenn man Leonardo Bruni folgt, einem Zeitgenossen, der ebenfalls päpstlicher Sekretär und ein Freund von Salutati war. Bruni beschrieb seinen Kollegen als Romantiker, sorglos, nicht gerade zuverlässig, zuweilen rücksichtslos und sympathisch. Poggio hatte etwas von einem Charmeur, und es hat den Anschein, als wäre diese Kombination charakterlicher Eigenarten ihm dabei zustatten gekommen, vieler begehrter Objekte für seine eigene Sammlung habhaft zu werden.[161]

Ähnliche Wesenszüge habe ich auch bei anderen gefunden, die Sammeln als Selbstbedienung betreiben und, so echt ihre Begeisterung auch sein mag, gelegentlich der Versuchung erliegen, unredlich zu handeln, und infolge eines gewissen Mangels an Selbstkritik zum Opfer ihrer unbeherrschbaren und weitgehend unbewußten Begehrlichkeit werden. In diesem Zusammenhang wäre ein Vorfall aus der Zeit zu erwähnen, als Poggio als Mitglied des inneren Kreises um den Papst in Bologna weilte. Während dieses Aufenthalts ergriff er die Gelegenheit zu einem Abstecher in sein geliebtes Florenz. Zur damaligen Zeit war Florenz nicht nur das kulturelle Zentrum der Renaissance, des Studiums der Antike und, was die Elite anbetrifft, des *decorum* (ein von Cicero geborgter Begriff)[162], sondern wirtschaftlich auch ein wichtiges Zentrum der Tuchmanufaktur. Als Poggio den Stadtstaat wieder verließ, gelang es ihm, eine große Menge teuren Tuchs direkt unter den Augen der Grenzwachen herauszuschmuggeln.[163]

Wäre da nicht der Umstand, daß der päpstliche Sekretär Poggio Bracciolini ähnliche Techniken benutzte, um an wertvolle Manuskripte zu kommen, dann wäre ein solcher Vorfall von kaum mehr als anekdotischem Interesse. Ein paar Jahre später jedoch geschah in voller Absicht und Überlegung etwas Ähnliches, nachdem er in der Bibliothek des alten Klosters Einsiedeln in der Schweiz unter Staub und Dreck ein Lager mit bislang unbekannten lateinischen Texten entdeckt hatte. Da seine Begeisterung stärker war als seine moralischen Regeln es waren, konnte er die Mönche dazu bringen, ihn nach Belieben darin herumstöbern zu lassen. Ganz unten in der Klosterbibliothek, »beherbergt in einem düsteren, schmutzigen Verließ ..., fand er Lukrez' *De rerum natura*, eine Geschichte von Amminius Marcellinus, ein Kochbuch von Quintillian«.[164] Daß Poggio einiges an sich nahm, rechtfertigte er später als Rettungsakt und als Bestätigung des Bandes zwischen den lateinischen Vorfahren und dem gegenwärtigen humanistischen Eifer, weshalb einige seiner Funde prompt unter seiner Kleidung verschwanden.[165]

Ich möchte mit diesem Beispiel einen Persönlichkeitszug veranschaulichen, der sich im Sinne des egozentrischen Anspruchs eines kleinen Kindes, das gegenüber moralischen Werten ausgesprochen indifferent ist, verstehen läßt. Es ist wohl keine gewöhnliche Dieberei, denn Poggio glaubte zweifellos an seine eigene rationalisierende Interpretation des Geschehens, das in seinen idealistischen Bemühungen als Retter wurzelte. Wahrscheinlich wären diese Manuskripte sogar verschwunden oder zerfallen, da sie in den Verliesen der Klosterbibliothek unter vielen anderen und vermutlich unwichtigen Dokumenten praktisch begraben und ungeschützt lagen. Allem Anschein nach war Poggio ein Mann von beträchtlichem Charme und, bedenkt man seine Geschichte, von großer Überzeugungskraft. Von einigen passionierten Sammlern und Antiquitätenhändlern, Archäologen, aber auch von skrupellosen Grabräubern und -plünderern habe ich schon das Argument von der eigenen Rettungsmission gehört, wenn mittels Bestechung, Verlockung oder schierer Täuschung an wertvolle, aber ungeschützte Objekte zu kommen war.

Ohne Poggios Enthusiasmus und seine Erfolge herabzusetzen, lassen sich Geschick und Talente eines Mannes schwerlich unterschätzen, der wußte, wie man Leute wie die Stadtwachen von Florenz oder die schweizer Mönche überlistet, die die leichtgläubigen Wächter der lateinischen Handschriften waren. Männer wie Poggio verstehen sich darauf, im Gewand von Charme und Ausstrahlung Aggressionen zu mobilisieren. Poggio hätte sich als Sammler wahrscheinlich mit der Überlegung verteidigt, daß dank seiner Schliche schließlich wichtige historische Dokumente vor dem Ruin bewahrt worden seien; daß er das, was er tat, als Retter im Dienst seiner wissenschaftlichen und antiquarischen Aktivitäten getan habe. Nicht immer läßt sich eine solche Perspektive widerlegen, aber die Erklärung zu akzeptieren und die innere Wirklichkeit und unbewußte Bedeutung dieses Tuns zu verstehen sind zweierlei. Diese Verhaltensweisen stehen unter dem Einfluß eines Getriebenseins, das aus aggressivem Besitzstreben und ebensolchen Imperativen erwächst, wenn sie nicht gar dadurch motiviert sind. Psychoanalytisch gesprochen, handelt es sich um einen obsessiven, sich wiederholenden Versuch, den eigenen Zauber zu testen: Ihre Fähigkeit, ihren persönlichen Magnetismus zu mobilisieren, funktioniert zu ihrem Vorteil. Es gibt hier eine offensichtliche Verbindung zwischen Don Juan und dem überzeugenden Sammler.

Zur Zeit des Konstanzer Konzils in den Jahren 1414 bis 1418 war Poggio einer der Privatsekretäre des Gegenpapstes Johannes XXIII. In dieser Position hatte er leichten Zugang zu Abteien und Klöstern. Statt seine Zeit mit sich hinziehenden Disputen und Auseinandersetzungen zu vertun, reiste er, seiner Zwangsneurose entsprechend, auf der Jagd nach mehr Dokumenten und neuen Schätzen gen Norden. Im Kloster von St. Gallen machte er gewaltige Funde. Er verließ den Ort mit zwei Wagenladungen voller alter Handschriften, nachdem er den Mönchen erklärt hatte, er wolle diese Schätze abschreiben, da er einer der besten Kopisten seiner Zeit sei. Ob aufgrund der Ignoranz oder Einfalt der Mönche oder ein weiteres Mal seiner Überredungskünste – die Mönche überließen ihm seine Beute gegen eine simple Quittung.[166]

Er besuchte auch die Klöster von Langres, Cluny, Basel und Köln, und obgleich er dort bei weitem nicht so erfolgreich war wie in St. Gallen, gelang es ihm immerhin, weitere Cicero-Reden und eine Anzahl alter Stadtpläne von Rom auszugraben.[167]

Allein der Abt des bekannten Klosters Fulda war nicht geneigt, Poggios inständigen Bitten nachzugeben und sich von den Handschriften zu trennen, die dieser dort aufgefunden hatte.

Im August 1430 begleitete Poggio den Papst nach Grottaferrata und erkundete den ganzen Bezirk, wobei er viele der alten Villen in der Umgebung besuchte, von denen eine ganze Reihe »immer noch mit allerlei Ornamentstücken und Statuenfragmenten angefüllt waren ... In Grottaferrata gab es eine Villa, die einstmals Cicero gehört haben muß«, schloß er in einem Brief an seinen väterlichen Freund Niccolò Niccoli.[168]

Poggio war inzwischen fünfzig. Er hatte seinen festen Platz in der Gesellschaft und war ein bekannter Mann, aber noch immer hatte er das Bedürfnis nach einem idealen Vater. Er wußte nicht nur über Ciceros Landhaus Bescheid, sondern auch von dessen Statuensammlung. Also kaufte auch er sich, so wie Cicero, eine Villa auf dem Lande. Es verwundert nicht, daß er sich für Terranova entschied, das Bergdorf, das er gerne *castellum splendidum* nannte und das die verarmte Familie hatte verlassen müssen, weil der Vater vor seinen Schulden geflüchtet war, als Poggio noch ein kleiner Junge war. Nun kehrte er zurück, in hoher kirchlicher Position und später sogar als Kanzler des Stadtstaates Florenz. Der arme Provinzbub kam als Stadtpatrizier zurück, der über Macht gebot und ein Ausbund an humanistischer Gelehrsamkeit und Bildung war. Es ist durchaus wahrscheinlich, daß vieles, was er in seinem Berufsleben, aus gesellschaftlichen Ambitionen und in seinen Aktivitäten als herausragender Sammler getan hat, durch frühe Wunschträume von einer hohen gesellschaftlichen Position motiviert war, und er sich als Mann in den mittleren Jahren und inzwischen Mitglied der Florentiner Elite in seinem Heimatdorf wieder niederlassen konnte – als der erfolgreiche Sohn eines davongelaufenen armen Teufels.

Poggio sah sich als Liebhaber der Antike mit wissenschaftlichen Idealen. Sein Hauptaugenmerk galt griechischen und römischen Texten, doch sein Enthusiasmus für skulpturale Kunst war kaum geringer. Hier wußte er sich seine hohe Stellung zunutze zu machen. Einmal versuchte er, päpstliche Gesandte in Griechenland zu überreden, ihn mit schönen Exemplaren antiker Plastik zu versorgen.[169]

Als einer seiner Späher auf den griechischen Inseln ihm eine komplette Statuensammlung offerierte, die man, wie es hieß, in einer Höhle auf Rhodos entdeckt hatte, war er jedoch nicht sofort Feuer und Flamme, sondern wurde mißtrauisch.[170] Ein anderer seiner Lieferanten war »Meister Franciscus« oder Fra Francesco da Pistoia, der ihm bereits drei marmorne Köpfe von Juno, Minerva und Bacchus besorgt hatte und ihm überdies von fast »hundert unbeschädigten Marmorstatuen in zauberhaft schöner Arbeit« schrieb. Unglücklicherweise bot Fra Francesco die Skulpturen, die er Poggio versprochen hatte, auch Cosimo de' Medici an, der als der bei weitem reichere Sammler sich die Beute schnappte.

Bei Poggio läßt sich nicht allein eine Leidenschaft für Antiquitäten als Zeugnisse einer glorreichen Vergangenheit erkennen, mit der er und viele seiner humanistischen Zeitgenossen sich identifizierten, sondern auch eine nicht nachlassende Zwanghaftigkeit, die fast kindliche Züge trägt. So hörte er beispielsweise 1457 – er war damals siebenundsiebzig – von etlichen Livius-Handschriften, die in einem Kloster in Dänemark entdeckt worden waren. Sofort versuchte er, den gerade ernannten Bischof von Bergen dazu zu bewegen, ihm den Fund zur Verfügung zu stellen. Schon hatte er sich in seiner manischen Verfassung eine praktische Route für den Transport der Handschriften über Brügge und Genf nach Florenz ausgedacht, wo er nach seinem Ausscheiden aus dem Dienst an der römischen Kurie nun residierte. Zwei Kardinäle würden, wie er schrieb, als Vermittler dienen, und selbstverständlich sei er bereit, alle Unkosten zu übernehmen.[171] Keine Frage, noch in diesem fortgeschrittenen Alter war er, wie viele Sammler, vom nie endenden Bedürfnis nach weiteren Anschaffungen beherrscht.

Was für ein Mann war Poggio Bracciolini? Was seine Ziele und Ambitionen angeht, sind seine Schriften und seine gewaltige Korrespondenz auf offene und subtile Weise aufschlußreich. Man kann mit seinen Widrigkeiten mitfühlen und spürt die enorme Energie, die in seiner Gewinnsucht steckte. Poggios Besessenheit und Dynamik sind bei Sammlern seines Temperaments keineswegs ganz ungewöhnlich.

Als Epikuräer, der seine Sammlung gern vorzeigte, lebte Poggio in seiner Villa in Terranova auf eine Weise, die einem höchst erfolgreichen Mann wohl anstand. Die Villa war im Stil Ciceros mit einer Reihe griechischer und römischer Statuen dekoriert. Dort empfing er viele Leute von Rang und Ansehen, die bewundern sollten, was der einstmals arme Junge aus eben diesem Dorf sich anzuschaffen vermocht hatte. Einer seiner Besucher war Lorenzo de' Medici, ein weiterer Donatello, der mittlerweile als Experte für antike Kunstwerke galt. »Donatellus vidit et summa laudavit«, schrieb er an Niccolò Niccoli.[172]

Von großem Interesse an Poggios Persönlichkeit ist sein extravagantes Bemühen, wiederauferstehen zu lassen, »was vom alten Rom noch übrig war«, um es in Weiss' Worten zu sagen.[173] Unzweifelhaft entstammte seine Dynamik dem Versuch, eine frühe Unsicherheit zu überwinden, deren Quelle der unzuverlässige Vater war. Ersatzväter fand er in seinen Förderern wie Salutati und Niccoli – Salutati als dem anerkannten Erben Petrarcas und Niccoli als dem »fraglos wichtigsten italienischen Kunstsammler des frühen 15. Jahrhunderts«.[174]

Sein persönliches Bedürfnis, eine neue Identität zu finden, ließ ihn sich an Mentoren hängen, die von seinem Charme und Talent fasziniert waren. Doch abgesehen davon suchte er nach einer Art geistigem Erbe. Er hatte mit der intellektuellen Vorhut seiner Zeit gemein, was Männer wie Giovanni de' Dondi vorausgesehen hatten: die Welt zu bestaunen, statt die überkommenen Axiome der römischen Kirche zu übernehmen.

In einem Brief an Battista Guarino berichtete Poggio von seinem Erfolg im Kloster von St. Gallen. Dort finden wir folgende höchst aufschlußreiche Äußerung: »Als Mutter Natur der Menschheit Verstand und Vernunft gab, zwei wundervolle Führer in ein rechtschaffenes und glückliches Leben, konnte sie sich nichts Besseres ausdenken, was sie hätte geben können.«[175]

Diesen Satz, den er als Sekretär des Gegenpapstes schrieb, macht unumwunden klar, wie wenig einer der einflußreichsten Kirchenmänner seiner Zeit auf die göttliche Vorsehung gab und wie sehr der Sinn eines Sammlers vom Geist seiner Zeit geprägt sein kann.

KAPITEL 10

BESUCH BEI EINEM KURIOSITÄTENHÄNDLER,
VON CORNELIS DE MAN (1621–1706)
ÖL AUF LEINWAND 64,5 X 51,5 CM
ARCHIVES MUSÉE DAPPER, PARIS

DAS ZEITALTER
DER WISSBEGIERDE

Wollte man auf die Vorlieben all jener Humanisten aus der Zeit Poggio Bracciolinis näher eingehen, deren Geschmack und antiquarische Interessen auch alte Skulpturen oder epigraphische Texte oder sonst etwas, was mit der Welt des Humanismus zu tun haben mochte, begehrten, so wäre das keine leichte Aufgabe. Freilich gab es einige, die sich für anderes als Überreste der römisch-griechischen Antike und die Kunst dieser Zeit interessiert haben mögen. Zu ihnen gehörte Sigismondo Tizio, ein Mann, der vor allem etruskische Objekte schätzte, obwohl seine Aufmerksamkeit auch »natürlichen Kuriositäten« galt. Während sich andere ausschließlich auf römische Überreste konzentrierten, scheint Tizio seiner Zeit weit voraus gewesen zu sein.

Immerhin hat Poggio, bewußt oder unbewußt, ähnliche Gedanken gehabt. Poggio sammelte nicht einfach Statuen und Handschriften. »Es genügte ihm nicht, bloß zu beschreiben, was er sah«, so Roberto Weiss; »vielmehr ging es ihm darum, die alten Überbleibsel zu befragen und von ihnen Antworten zu erhalten.«[176]

Das besagt, daß diese Männer von einem neuen Geist der Wißbegierde und einer intellektuellen Neugier beflügelt waren, die bald für das Interesse und die Beschäftigung vieler Sammler bestimmend sein sollten. Zum ersten Mal wagte der Mensch die Frage: Wo stammt all dies her? Solche Fragen sind tief in den Gefühlen der Kindheit verankert, nun freilich auf höherer (oder sublimierter) Ebene. Es gibt die Zeit, da Kinder wissen wollen, woher sie kommen, und sich nicht länger mit der Geschichte vom Storch zufrieden geben. Allgemeinheiten haben für sie dann wenig Reiz, weil sie wirklich über die Sexualität ihrer Eltern Bescheid wissen wollen.

Männer vom Schlage Poggios waren bereit, die traditionellen Tabus hinter sich zu lassen. Sie bereiteten den Weg für eine leidenschaftliche Beschäftigung mit der Vergangenheit, die ihrerseits wiederum zur Erforschung der wahren Wurzeln des Daseins führte. Die nächstfolgenden Jahrhunderte sahen den Niedergang der Wunder und Rätsel. Sammler machten nun häufiger einen Unterschied zwischen von Menschen gemachten und natürlichen Fundstücken in ihrem Besitz (von *artificialia* und *naturalia*). Die Wirkung rationalen Beobachtens machte sich bemerkbar.

Dieser intellektuelle Wandel gab den Sammlungen eine neue innere Spannung. Anfänglich war es ein subtiler Stimmungsumschwung, der sich in vielerlei Hinsicht und auf mehreren Ebenen bemerkbar machte. Wissensdurst lag den Spekulationen der Humanisten über die römische und griechische Vergangenheit und die arabische und hebräische Geschichte zugrunde. Das Sammeln alter Handschriften und römischer und etruskischer Antiquitäten war mehr als ein bloßer Ersatz für traditionelle Ausdrucksformen der Frömmigkeit. Fast war es eine neue Religion oder zumindest eine »nahezu religiöse Verehrung noch für die kleinsten Krümel der Antike«.[177]

Ich brauche nicht zu erwähnen, daß solche Phänomene vielerlei Aspekte haben. Gleich, ob wir das Interesse an der Antike, die Wissenschaften, das Reisen oder die Exkursionen betrachten – sie alle trugen das Zeichen ihrer Zeit. Wenn Wißbegierde obenan stand, war es unzweifelhaft in dem Geiste, den Jacob Burckhardt beobachtete.

Der rapide Fortschritt in der Seefahrt, der vornehmlich von den hispano-arabischen Kartographen und der Erfindung des Kompasses herrührte, erbrachte vorzeigbare Belege anderer Kulturen und bislang ungekannte fremde Waren. Wenn die »romantische« Suche von Rom ihren Ausgang genommen hatte (durch toskanische Entdeckungsreisende), brachten Reisen nach fernen Ländern erstaunliche Offenbarungen über Dinge und Menschen jenseits der Meere zurück. Daß der Humanismus, die damaligen Entdeckungen und Erfindungen und die schrittweise Auflösung des spätmittelalterlichen sozialen Gefüges sich gegenseitig befruchteten und die sich ständig erweiternden Sphären des Wissens und Entdeckens aufeinander zuliefen, ist ganz offenkundig. In diesem Ambiente des Suchens und Entdeckens und der Fortschritte in Konstruktion und Navigation hat die neu geweckte Wißbegierde ihren Ort.

Petrarcas Mentorschaft hatte starken Einfluß auf spätere Generationen und nicht bloß auf diejenige der Salutatis und Bracciolinis. Der Reiz griechischer und römischer Münzen, die zu »modernen« Sammelobjekten geworden waren, wurde größer und größer. Es ging um mehr als den bloßen Besitz von Münzen verschiedenster Arten, denn ikonographisch trugen diese Münzen viel zur Bereicherung der historischen Kenntnisse bei.[178]

Wenn ich hier die Kenntnisse betone, möchte ich auf den zunehmend weltlichen Ansatz dieses Zeitalters im Hinblick auf Gelehrsamkeit und Faktenwissen aufmerksam machen. Das Interesse der Humanisten an der klassischen Vergangenheit und die Bewunderung, die sie ihr entgegenbrachten, wie auch ihre Beschäftigung mit den Gesetzen der Natur waren nur einige der Anzeichen dafür, daß die doktrinären Forderungen der Kirche auf der Strecke zu bleiben begannen. Der Realismus war im Kommen, selbst wenn die Idealisierung der Vergangenheit seitens der Humanisten hier und da von Sentimentalität und Ambivalenz gegenüber den Lehren der römischen Kirche benebelt war.

Eines dieser dogmatischen päpstlichen Diktate war die Bulle aus dem Jahre 1300, mit der Papst Bonifaz VIII. ausdrücklich das Ausweiden von Leichnamen untersagte. Die Bulle richtete sich vornehmlich gegen den schwunghaften Handel mit Heiligenreliquien. Es war üblich geworden, aus dem Heiligen Land mit den Gebeinen von Kreuzfahrern zurückzukehren, die während ihrer Pilgerschaft gestorben waren.[179] Kochte man ihre Leichen, dann konnte man, wenn das Fleisch entfernt war, die Knochen nach Europa mitnehmen. Das hatte sich zu einer Gewohnheit ausgewachsen, die sich letztlich nicht von den Sitten vieler Eingeborenenstämme Ozeaniens unterschied. Das päpstliche Edikt suchte dem Einhalt zu gebieten.

Wichtiger war, daß dieses Verbot auch für Sektionen und Autopsien galt, die Anatome durchführten. Die Kirche versuchte, das Studium der Anatomie zu verhindern. Was man bis dahin auf diesem Feld erreicht hatte, war eher obskur. Die Ärzte verließen sich zumeist auf Galen, obwohl das Werk dieses griechischen Arztes (er starb zu Beginn des 3. Jahrhunderts in Rom) den Anatomen erst vertraut wurde, nachdem 1322 eine Übersetzung erschienen war. Trotz der Haltung der Kirche führte Mondino de' Luzzi (1275? – 1326) an der Universität von Bologna Sektionen an Leichen durch und veröffentlichte 1316 seine Ergebnisse – ein weiteres Beispiel dafür, daß faktisches Wissen wichtiger genommen wurde als kirchliche Intoleranz. Mondinos *Anatomia* wurde rasch zur Standardlektüre für Medizinstudenten.

Der Trend in Richtung rationaler Beobachtung und Entdekkung war weder einheitlich noch gradlinig. Es gab ihn neben traditionellen oder sogar regressiven Bestrebungen. Noch immer war die Medizin eine Mischung aus magischen Prozeduren und allmählich sich erweiternden physiologischen und anatomischen Kenntnissen. Die Chemie blieb mit der Alchemie verflochten, und die Astronomie schmälerte den Rang der Astrologie. Aberglaube und Vernunft waren heterodoxe Partner, fanden aber nichtsdestoweniger einen Weg, ihre gegenläufigen Neigungen in Einklang zu bringen.

»Die Schwierigkeit lag nicht darin, daß zwischen Naturphilosophie und mystischer Wissenschaft kein Unterschied gemacht wurde, sondern eher darin, daß man erkannte, jede rationale Wissenschaft habe ihr magisches, okkultes oder übernatürliches Gegenstück«, schreibt Boas.[180]

Das übergreifende Motiv war ein neues Bewußtsein, zu dem eine noch simple, aber echte und in viele Richtungen gehende Wißbegierde gehörte: In Rom wurde gegraben und gemessen;

Reisen führten in bislang unbekannte Länder; über fremde Völker, ihre Sitten und Götter galt es sich Kenntnisse zu verschaffen; die überkommenen Pietäten waren durch die Entdeckung der Grundprinzipien der menschlichen Anatomie herausgefordert. All dies zeigte eine graduelle Verlagerung an, die zur Anregung für eine andere Weltsicht wurde. Fünfzig Jahre nach Mondino veröffentlichte, um ein Beispiel zu nennen, Guy de Chauliac, ein Chirurg der Universität von Montpellier, eine *Cyrurgia Magna*.

Bei unserem Bemühen, die sich allmählich ausbildende Strömung im Interesse der Sammler oder eher noch in der Art und Weise, in der sie ihrer Vorliebe Ausdruck verliehen, zu verstehen, ist die starke Wirkung zu bedenken, die Stimmung und Temperament der damaligen Zeit darauf hatten. Der Prozeß des Sehens und Entmystifizierens nahm als ein Moment der Mentalität der Frührenaissance auf die meisten Unternehmungen und Interessengebiete in vielerlei Hinsicht Einfluß. Die Kirche sandte Missionare in den Fernen Osten. Kaufleute und Reisende wie die Brüder Polo brachten in ihrem Tun, wenn nicht in ihrem Denken, den entscheidenden Wandel in Werturteilen und Erwartungen zum Ausdruck.

Die kulturelle Entwicklung zeigt eine gewisse Gleichzeitigkeit von Veränderungen auf verschiedenen Gebieten. Das große Interesse an der lateinischen Vergangenheit ist nur ein Beispiel, ein anderes ist der wachsende Einfluß der hispano-arabischen Mathematik und deren Auswirkungen auf die Navigation.

Reisende kehrten mit überraschenden Objekten und erstaunlichen Geschichten heim. Allerdings hatten schon frühere Berichte von Kreuzfahrern und Pilgern ins Heilige Land von der Reise durch Kleinasien erzählt und waren einige Händler und Missionare sogar noch weiter gezogen, nach Indien, in den Malaiischen Archipel und nach Cathay, wie China damals genannt wurde. Einer von ihnen war Odorico de Pordonore, der mit einer Vielzahl verblüffender Informationen über Ostasien nach Europa zurückkehrte.

Während der zweiten Hälfte des 13. Jahrhunderts und im Verlauf des 14. und 15. Jahrhunderts gelangten mehr und mehr erstaunliche Gegenstände nach Europa; Wissenschaftler, Künstler und Sammler wurden davon in Versuchung geführt und inspiriert. Bei Jean de Berry findet sich beispielsweise »porcelaine« unter seinen Raritäten. Auch Narwalhörner, Straußeneier und orientalische Parfüms gehörten dazu.

Reiseberichte weckten den Appetit der Sammler. Sir John Mandevilles *Travels*, das aus der zweiten Hälfte des 14. Jahrhunderts stammt, war ein solches Buch.[181] Es ist ein gut geschriebenes, prickelndes Gebräu aus faktischen Informationen und utopischen Phantasien; dem Autor waren Plinius' Schriften vertraut. Es sollte unterhaltsam sein und fand ungewöhnlich großen Anklang. Am Ende des 15. Jahrhunderts war das Buch in mindestens sieben Sprachen übersetzt. Es besteht aus einer Reihe weithergeholter und verfälschter Geschichten, die Mandeville auf Gulliver-Art sich nicht nur von Plinius, sondern auch von anderen frühen Reisenden wie dem fanatischen Asienmissionar Odorico de Pordonore geborgt hatte.

Daß fesselnde Geschichten von fernen Ländern und bis dahin unbekannten Gütern und Sitten bei den weniger gebildeten Zeitgenossen der frühen Humanisten Anklang fanden, ist verständlich. Neugier und Wißbegierde gingen Hand in Hand mit den zunehmend eindrucksvollen merkantilen Unternehmungen, bei denen zunächst Kaufleute aus Venedig und Genua führend waren, obwohl ihnen bald die Portugiesen, Spanier, Holländer und Engländer folgten.

Diese schrittweise ausgreifende Inszenierung von Entdeckungen, Experimenten und Erfindungen war nichts weniger als der Versuch, empirische Beobachtung und Wissen an die Stelle des althergebrachten Glaubens an magische Kräfte und Praktiken zu setzen. Theologische Debatten wurden bemüht, um im latenten Konflikt zwischen traditionellen christlichen Lehren und aufgeklärtem Denken, zwischen Magieglauben und empirischer Wahrheit zu vermitteln.

Die Geisteshaltung, die zu diesem Schwebezustand gehört, ist ein eloquenter Ausdruck dessen, was Friedrich Heer als doppelstöckige theologische Struktur bezeichnet hat, die sich auf die übernatürliche Welt bezieht, der aber doch zugleich Verletzungen durch konkrete Daten und greifbare Gegenstände der Realität widerfahren.[182] Der Wandel von der magisch-religiösen Spekulation zum erregenden Lernen und Entdecken – anders gesagt, das Vordringen einer säkularen Bewegung und einer wirklichen Erforschung der wahrnehmbaren Welt – war für Sammler ein ausgesprochen spannendes Geschehen. Zudem sollte diese Entwicklung bald durch eine weitere wichtige kulturelle Errungenschaft Auftrieb erhalten: durch die Erfindung der Druckpresse.

Auch wenn der Schwerpunkt zunächst auf der Bibel und religiösen Texten lag, begannen bald Bücher mit Holzschnitten zu erscheinen, die naturalistisch abgebildete Säugetiere, Pflanzen, Blüten, Vögel und Insekten zeigten, manchmal in Proportion und Symmetrie nicht korrekt, aber dennoch informativ und anregend. Neue Bücher über Anatomie, Botanik, Physiologie und Geometrie deuten darauf hin, daß ein geistiger Wandel im Gange war. So gab es beispielsweise ein *Fasciculo di Medicinae* von 1493, das den weiblichen Körper mit seinen Fortpflanzungsorganen vorführte[183], und ein *Herbal* des griechischen Arztes und Botanikers Dioscorides. Hinsichtlich der Genauigkeit und Lebensechtheit der Illustrationen in den verschiedenen neuen Büchern und Übersetzungen gab es Unterschiede. Das galt auch für die Abbildungen von Tieren. Bezeichnenderweise war das Interesse an zoologischen Illustrationen deutlich geringer als das an Pflanzen und Blüten mit ihren Heilkräften, was bedeutete, daß das Wohlergehen der Menschen nicht mehr nur dem Schicksal und dem Gebet anheimgestellt blieb.

All dies demonstriert eine immer stärker werdende Tendenz, dem Studium der menschlichen Natur und der bewußten Wahrnehmung der realen Welt größeres Gewicht beizulegen. In ihren Anfängen ist diese Entwicklung insofern folgenschwer, als sie in einem wachsenden Forscherdrang und einer zunehmenden Unzufriedenheit mit vom bloßen Hörensagen Gewußten à la Mandevilles wilden Geschichten ihren deutlichen Widerhall fand. Es stecken Elemente darin, die in den folgenden Jahren und selbst bei heutigen Sammlern von entscheidender Bedeutung sein werden: Die immer reichlicher sprudelnden Nachschubquellen ermöglichen eine größere Differenzierung und Spezialisierung der Interessengebiete. Sammeln wird wesentlich zum Ausdruck des Individuellen.

Die rapide Ausweitung des Handels, der Handelswege über Land und zunehmend auch übers Meer brachte tiefgreifende Veränderungen im internationalen Warenaustausch mit sich. Bislang hatte es praktisch zwei kombinierte See- und Landwege in den Fernen Osten gegeben, einen über Kairo, Alexandria und das Rote Meer, und eine zweite, nördlichere Route über Konstantinopel, Aleppo und den Persischen Golf. Venedig war das europäische Zentrum des Fernhandels, bis Vasco da Gama den neuen Seeweg um das Kap der Guten Hoffnung entdeckte, der bald den transozeanischen Warenaustausch revolutionieren und schließlich zur Verlagerung des Schwerpunkts von Handel und Kultur nach Norden führen sollte – nach Antwerpen und Amsterdam und über Land nach Augsburg und Nürnberg.

Mehr und mehr wandte sich die Aufmerksamkeit fremdartigen Dingen und bislang unbekannten oder höchst seltenen Produkten und nicht mehr nur Antiquitäten oder alten Handschriften zu. Sammler entwickelten neue Vorlieben für Dinge wie seidene Stoffe, Edelsteine und exotischen Schmuck. Die Entwicklung inspirierte neue Trends eines extravaganten Luxus'[184] und die Ausbildung sich verändernder Muster des visuellen Unterscheidungsvermögens.

Selbstverständlich geschah diese Entwicklung weder in vollem Bewußtsein noch einheitlich, wie die Beispiele von Cosimo de' Medici III. oder Luthers Beschützer, Friedrich dem Weisen von Sachsen mit seinen 17433 (sic) Heiligengebeinen und dem Leichnam eines der bethlehemitischen Kinder, beweisen. Friedrich war schließlich ein Zeitgenosse von Albrecht Dürer, Verrochio und Verrochios Schüler Leonardo da Vinci, die allesamt, so wie viele andere Künstler auch, unter dem Einfluß humanistischer, anatomischer und medizinischer Texte anatomische Studien betrieben hatten – als Teil des weit ausgreifenden Prozesses ideologischen Wandels und der sich erweiternden Grenzen des Wissens.[185]

Dieses Szenario zeigt die neue Machtstellung des Wissens, freilich nicht des Wissens als solchen. Es war ein Wissen mit methodischem Vorgehen und der intellektuellen Lust am Klassifizieren und Ordnen. Die enthusiasmierten Sammler sprachen nun nicht mehr von *miracula* und *mirabilia*, sondern schieden ihre Objekte nach *antiquitates*, *artificialia* und *naturalia*. Vermutlich sollten die ersten Ansätze von Ordnungskategorien den frühen Sammlern, die Gegenstände aller Art sammelten, helfen, ihren Besitz in verschiedene Abteilungen zu sortieren.

Dieser vergleichsweise plötzliche Aufschwung von Sammlungen in jener enzyklopädischen Weise, die gegen Ende des 16. Jahrhunderts in den Vordergrund trat, war unzweifelhaft von der Entdeckung bislang unbekannter Gegenstände aus anderen Kontinenten angeregt. Die *Wunderkammer* sollte die Wunder der Welt verkörpern. Die Wunderkammern und Gemälde der damaligen Zeit liefern schöne Belege für die zuweilen verwirrende Zurschaustellung aller möglichen Beispiele, sowohl von *naturalia* wie von Objekten der materiellen Kultur von Völkern und Stämmen, die erst vor kurzem entdeckt worden waren. Es war der Versuch, einen allegorischen Kosmos zu schaffen, der dem Betrachter erlaubte, einen phantastischen und stark verdichteten Blick auf einen Gutteil des Universums zu genießen. Während die Sammlungen Petrarcas und seiner Anhängerschaft die Traditionen der Vergangenheit evozierten, versuchten die Sammler für Wunderkammern und ihre Nachahmer, die *virtuosi*, sich an der Zusammenstellung einer metaphorischen Repräsentation der Facetten der Welt im ganzen.[186]

Für das, was Menschen dazu bewogen haben muß, seltene oder unbekannte Dinge jedweder Art zu sammeln, oder ihre Aufmerksamkeit in gleicher Weise Muscheln, Pflanzen, Schmetterlingen und ebenso auch Antiquitäten und Gemälden zu schenken, gibt es zumindest einen weiteren Hinweis. Es war die Faszination, welche die Entdeckungen neuer Länder weckte. Viele der Bilder von Wunderkammern zeigen bezeichnenderweise einen Globus als symbolischen Repräsentanten der wirklichen Welt.

Das Fasziniertsein von der sichtbaren Welt war nicht nur im Bereich der Entdeckungen und in den neuen Entwicklungen der Anatomie, Astronomie und wissenschaftlichen Kartographie verankert. Ein Großteil der Kraft, die diese Betätigungen antrieb, verdankte sich dem Niedergang der religiösen Zensur. Die Tatsache, daß Mondino de' Luzzi nicht zögerte, zur Erforschung der Anatomie Leichen zu sezieren und sich damit in Gegensatz zum päpstlichen Edikt aus dem Jahr 1300 zu bringen, demonstriert nicht nur den wissenschaftlichen Forschergeist der Zeit, sondern ist auch ein anschauliches Beispiel für den Rückgang kirchlicher Autorität im Vorfeld der Reformation. In diesem Zusammenhang stellen Werke wie Leonardos anatomische Abhandlungen oder Berengario de Carpis (etwa 1460–1530) Buch mit dem uns amüsierenden Titel *Eine kurze, aber sehr klare und fruchtbare Einführung in die Anatomie des menschlichen Körpers, veröffentlicht auf Betreiben seiner Studenten*[187] ein überzeugendes Bindeglied zwischen der allmählichen Abdankung der – mit Tawney gesprochen – »geistlichen Blindheit« der Kirche[188] und dem wachsenden Hunger nach neuen Kenntnissen dar.

Ich muß aber hervorheben, daß sich selbst in enzyklopädischen Sammlungen die individuelle »Handschrift« und Sichtweise ihres Besitzers abzeichnet. Eine der aufschlußreichsten Beschreibungen einer Wunderkammer nennt sie »Vernunfft-Kammer«[189]. Diese Bezeichnung macht die ideologische Ausrichtung des Besitzers deutlich, denn sie weist darauf hin, daß an die Stelle von Okkultismus, Phantasie und Allegorie sichtbare und greifbare Belege und die Realität treten sollten. Andere Sammler entschieden sich für *theatrum mundi*, Welttheater, um ihre spezielle Sicht darzutun. Der Titel einer der frühesten Veröffentlichungen über das Sammeln, Samuel Quicchebergs *Theatrum sapientiae* aus dem Jahre 1565, verweist direkt auf das Bedürfnis nach Faktenwissen; jedes einzelne Objekt in dem Buch ist vom Autor sorgfältig mit Datum und Ort dokumentiert.

Ein Großteil der Dinge, die sich üblicherweise in diesen

frühen Kuriositätenkabinetten finden ließen, hätten sich auch in Jean de Berrys umfassender Sammlung befinden können. Während dieser jedoch in erster Linie an ihrer Schönheit und Bedeutung Freude gehabt haben dürfte, war ein Sammler des 16. Jahrhunderts ebenso sehr an ihrer Klassifizierung wie an ihrem ästhetischen Wert interessiert.

Diese Veränderung in Auffassung und Zielsetzung tritt bei zwei Männern von fast megalomanischem Ehrgeiz deutlich hervor, dem Erzherzog Ferdinand II. (1520–1595), dem jüngeren Bruder Kaiser Maximilians II., und seinem Neffen, Kaiser Rudolf II. (1552–1612). Ferdinand hatte eine reiche Bürgerstochter geheiratet und ließ sich in seinem Schloß Ambras in Tirol nieder. Julius von Schlosser zufolge war seine Sammlung »viel besser und sorgfältiger« organisiert als die der meisten seiner Sammlerkollegen der Zeit.[190] Wie leidenschaftlich er sich ihr widmete, demonstriert ein höchst eindrucksvoller Band, der sechs Jahre nach seinem Tod erschien und einen Teil seines Sammlungsbesitzes beschrieb und mit 125 Stichen wiedergab.[191]

Die Sammlung reichte von der höchst exquisiten Skulptur von Giovanni da Bologna über das vielleicht feinsinnigste aller Werke Cellinis, dem berühmten Salzfaß (heute im Kunsthistorischen Museum in Wien), bis zu ausgestopften Vögeln, Haifisch- und Stoßzähnen von Elefanten, einem Stück jenes Seils, an dem sich Judas erhängt hatte, und einem enormen Arsenal an Rüstungen, Waffen, Harnischen, besonders solchen, die einmal berühmten Zeitgenossen gehört hatten. (Ob der Erzherzog wohl meinte, den Gegenständen dieser letzteren Gruppe wohne ein Teil der »Seele« ihrer vormaligen Besitzer inne?) Überdies hatte Ferdinand eine Leidenschaft für Musikinstrumente, Uhren und vertrackte Schlösser und besaß auch noch eine Sammlung ethnologischer Exemplare, die sich heute im Wiener Völkerkundemuseum befindet.

Wir müssen hier in Betracht ziehen, daß eine derartig umfangreiche Sammlung nicht notwendigerweise eine Frage der Raffgier oder der demonstrativen Besitzwut eines Hamsterers war, vor allem nicht im 16. Jahrhundert, als neue Handelswege alles beschleunigten und Quantität gewöhnlich als das Bessere galt. Sie könnte schlicht die Wißbegierde eines großartigen und begeisterten Sammlers auf seiner Suche nach einer Art Panorama des dem Verstand zugänglichen Universums gelindert haben – ein Wunsch, der gewiß dem Zeitgeist entsprach.

Von Rudolf II., dem – womöglich wider Willen – Kaiser des Heiligen Römischen Reiches, wurden Ferdinands Ambitionen geteilt, vielleicht imitiert, jedenfalls schließlich übertroffen. Ob Rudolf in Ferdinand, dem jüngeren Bruder seines Vaters, ein Vorbild sah, läßt sich schwer sagen, vor allem, weil Rudolf sieben sehr bedeutsame Jahre seiner Jugend, nämlich vom zwölften bis neunzehnten Lebensjahr, unter der Obhut Philipps II. von Spanien, eines anderen Verwandten, verbrachte.[192] Philipp, einer der scharfsichtigsten Sammler unter den Habsburgern, besaß viele Werke von Tizian, Veronese, Hieronymus Bosch und anderen hervorragenden Künstlern. Daß Rudolf von der Quantität und Qualität von Philipps Sammlung beeinflußt gewesen sein muß, ist nicht zu bezweifeln.

Ob er jedoch einer besonderen Inspiration bedurfte, ist eine andere Frage. Seit langem war das Sammeln bei den Habsburgern Familientradition, auch wenn Ferdinand und Rudolf II., jedenfalls im nördlichen Zweig der Familie, bestimmt die leidenschaftlichsten Sammler waren. Beim Sammeln im großen Stil zeigen beide einen bemerkenswerten Zug zur Selbstbestätigung, vielleicht noch mehr der ältere, weil Rudolfs Interessen mit vorrückendem Alter immer absonderlicher wurden.

Rudolf war der faszinierendere und möglicherweise besessenere Sammler. Mit den Jahren umgab er sich mit einigen führenden Wissenschaftlern, Malern, Bildhauern und Instrumentenmachern seiner Zeit. Alchemisten, Astrologen und sogar Kabbalisten gesellten sich dazu. Sein Hof spiegelte nicht nur seine komplexe Persönlichkeit, sondern auch die außerordentliche ideologische Umwälzung der Spätrenaissance. Als frommer Katholik erzogen und mit allen Spuren der Vergangenheit aufgewachsen, war Rudolf dennoch für neue und forschende Gedanken aufgeschlossen und stand den auf Wandel bedachten Überlegungen der Reformation mit Sympathie gegenüber. Gleichzeitig weist die Gegenwart von Alchemisten und Kabbalisten an seinem Hof auf eine gewisse Ambivalenz im kaiserlichen Wesen hin.

Andererseits holte er einen der bedeutendsten Astronomen seiner Zeit auf den Hradschin, an seinen Hof in Prag. Der Däne Tycho de Brahe (1546–1601) wurde kaiserlicher Mathematicus, dem ein eigenes Schloß und das dazugehörige Personal zur Verfügung stand.[193] Kurz darauf kam ein weiterer berühmter Astronom, Johannes Kepler (1571–1630), an den kaiserlichen Hof und übernahm nach dessen Tod Tychos Stellung. Bekannte Uhr- und Instrumentenmacher bauten dem Kaiser komplizierte Geräte, während der Krieg nahte und ihre Köpfe und Energien statt dessen auf Militärisches hätten konzentriert werden können. In Ungarn war es schon zur Rebellion gekommen, und deutlich zeigten sich bereits die ersten Zeichen jenes Aufruhrs, aus dem der Dreißigjährige Krieg erwachsen sollte. Es war der Krieg, der schließlich schwedische Truppen nach Prag brachte, die einen Gutteil von Rudolfs Schätzen konfiszierten.

Rudolfs Suche nach Objekten aller Art beanspruchte den größten Teil seiner Zeit und nahezu seine gesamte Energie und Aufmerksamkeit. Er bediente sich einer Vielzahl von Agenten, um Gemälde, Uhren, Fossilien, Tiere, Mineralien und – in seinen eigenen Worten – »res quasdam nobis curiosas« zu beschaffen, alles, was seine Neugier weckte.[194] Was der anfängliche Grund für seine Sammelmanie war, läßt sich nicht leicht ausmachen. Es ist bekannt, daß er sich schrittweise mehr und mehr aus der Welt zurückzog und sich in die Privatgemächer seiner Burg einschloß. Wie sehr er emotionell mit seiner Sammlung verbunden war, spricht aus vielen Anekdoten über ihn. Als er nach langen Verhandlungen mit dem herzoglichen Hof in Modena endlich das ersehnte Relief des Giovanni da Bologna erhielt, trug er es mit Siegermiene in seine Gemächer und sprach: »Jetzt gehört es mir!«[195] Während er seine Berater und Minister, die mit dringenden Nachrichten oder Bitten zu ihm kamen, schnell abfertigte, verbrachte er seine Zeit bei den Instrumentenmachern an der Drehbank. Derweil leerten sich die Kassen.

Wir sprechen hier keineswegs von Zufällen. Dieses Verhalten trägt alle Kennzeichen eines anal-obsessiven Charakters. In Rudolfs Fall scheint es der Versuch gewesen zu sein, Depressionen abzuwehren – eine Verfassung, die bei manischen Sammlern nicht selten ist. Süchtige können wir sie nicht nennen. Ihr Zwang scheint durch eine sie unablässig bedrohende Furcht vor dem Nicht-Haben oder Nicht-Bekommen ausgelöst, und die erstandenen Objekte dienen als eine Schutz- oder Beruhigungsvorrichtung, als verkörperten sie Magie. Was Rudolf angeht, schien das wenig zu helfen, bedenkt man seinen Vorsatz, *alles* zu besorgen, was seine Neugier erregen könnte.

Die Dokumente über Rudolf bezeugen seine komplexe Persönlichkeit, die möglicherweise progressiv-paranoiden Typus war und unverkennbar sein Handeln beeinflußt hat, beziehungsweise sein Unterlassen (wie bei seiner Weigerung, als Oberhaupt des Heiligen Römischen Reiches zu fungieren, und sich statt dessen hinter die Mauern der Prager Burg zurückzuziehen). Ungeachtet dessen war der Kurs, den er hinsichtlich seiner Interessen und seiner eindrucksvollen Sammlung einschlug, stark von den geistigen Bewegungen beeinflußt, die an der Schwelle des 17. Jahrhunderts die intellektuellen Werte bestimmten. Während Rudolfs Erziehung und Ausbildung in der militant katholischen Kultur Spaniens wurzelten, trugen seine emotionalen Neigungen deutliche Spuren protestantischer Ideen. Außerdem gab es da noch die offenkundige Ambivalenz zwischen einer am Faktischen orientierten wissenschaftlichen Forschung und thaumaturgischer Verzückung. Damit stand er freilich nicht allein. Auch sein kaiserlicher Mathematiker Tycho de Brahe, der prominenteste Astronom seiner Zeit, hatte die Brücken zur Astrologie als Wege zur Wahrheit nicht abgebrochen.

In diesem zwiespältigen ideologischen Klima war der Hradschin nicht nur für führende Künstler, Wissenschaftler und Instrumentenmacher eine höchst begehrte Behausung, sondern auch für Schwindler und Quacksalber. Wie lebendig Prag in kultureller Hinsicht auch gewesen sein mag, an der Wende des Jahrhunderts war es eher der Sitz eines eigensinnigen, kapriziösen und willkürlich handelnden Staatsoberhaupts als das pulsierende internationale Zentrum Nordeuropas.

In dem Maße, wie Rudolfs Sammlung wuchs, ging es mit seiner Staatsverwaltung bergab. Vergeblich warteten seine Minister auf eine dringliche Audienz, während der Kaiser in alchemistische Experimente oder kabbalistische Riten versunken war oder sich an einem neuen Objekt berauschte, das gerade zu seiner Sammlung hinzugekommen war. Statt seine Verpflichtungen als Oberhaupt des Reiches wahrzunehmen, bat er einen seiner offiziellen Gesandten, ihm »Schätze, Metalle, kostbare Steine und alle verborgenen Geheimnisse der gesamten Natur« zu besorgen.[196] Seine Tante, die Erzherzogin Maria von Steiermark, wußte von seiner alles verzehrenden und unbeherrschbaren Manie: »Alles, wovon der Kaiser weiß, meint er, er müßt's haben.«[197]

Ohne Rücksicht auf die entstehenden finanziellen Lasten förderte Rudolf einige führende Künstler, die er an seinen Hof band. Bartholomäus Spranger und Arcimboldo gehörten zu seinen Hofmalern, und Spranger trat auch als Rudolfs Abgesandter auf, als er den Bildhauer Adriaan de Vries, einen Schüler Giovanni da Bolognas, nach Prag brachte. Man könnte sich fragen, ob seine kaiserliche Majestät Gefallen daran fand, daß Spranger nackte Frauen in laszivsten Posen malte, ein häufiges Thema in dieser Zeit. Falls es so war – vorstellbar wäre es, weil die Bilder seines Zeitgenossen Hans van Aachen verwandte Themen aufgreifen –, wäre das ein Schlüssel zu Rudolfs ohne Frage komplexer psychologischer Verfassung. Für einen Mann, der immer wieder von Depressionen und, wie hinzuzufügen wäre, von ausgeprägten psychosozialen Konflikten gequält war, dürften solche Bilder, oder vielmehr ihre Sujets, ohne Zweifel von Interesse gewesen sein.

Ohne Rücksicht auf seine Stellung als Staatsoberhaupt und auf das, was man seine Pflicht, einen Thronerben zu zeugen, nennen könnte, widerstand er dem politischen Druck und heiratete nie. Es hieß, es habe mehrere Damen von weit niedererem Stand gegeben, die er gern neckte und zwickte und vielleicht auch mißbrauchte. Die meiste Zeit verbrachte er jedoch mit seinen auserwählten Gefährten, mit seinen Tieren, mit seiner Sammlung oder seinen Künstlern, Instrumentenmachern und Kunsthandwerkern.

War Rudolf ein melancholischer Voyeur? War es ein Zufall, daß ein Mann von suchendem und aufgeschlossenem Denken, aber unsicherem und in sich gekehrtem Gemüt, einen Bezoar, einen Magenstein, auf dem Leib trug? Einer seiner Ärzte hatte ihm geraten, einen solchen Stein – ein steinartiges Material, das sich im Magen gewisser Tiere findet – zu tragen, denn man nahm an, daß Bezoare über magische Eigenschaften und damit auch über medizinische Kräfte verfügten.

Vielleicht läßt sich die Schlußfolgerung ziehen, daß der Kaiser eine Strategie verfolgte, die sich bei obsessiven Sammlern nicht selten findet, die in ihrer fundamentalen Einsamkeit ihren täglichen »Schuß« brauchen oder ein brennendes Bedürfnis nach ständiger Versorgung und neuer Triebkraft empfinden. In allen Richtungen hielt Rudolf nach Hilfe Ausschau. Er suchte magische Lösungen, beteiligte sich gern am Tüfteln der Uhrmacher, deren Arbeit präzis und konkret war. »Die gesamte Natur« sollte in seiner Sammlung sein, ein folgerichtiger Anspruch für einen Mann, der auf der Schwelle zwischen rationalem Denken und Mystizismus stand.

Da er sich immer mehr in seiner Prager Zuflucht isolierte, gibt es Grund zu der Annahme, daß sich mit der Zeit aus seiner gelegentlichen Depression ein Zustand chronischer Melancholie entwickelte. Seine egoistischen Belange waren schließlich mehr, als das Reich zu ertragen vermochte, und so wurde er endlich von seinem jüngeren Bruder Matthias abgesetzt. Trotz seiner offenkundig zunehmenden Absonderung ist das, was er als Sammler im großen Maßstab geleistet hat, ein dokumentarischer Beleg für den kulturellen Wandel im 16. Jahrhundert. Der Stilwandel von der Renaissance zum Barock trug sich auf einer größeren Bühne zu als nur derjenigen der Künste.

Es gibt keine festen Kriterien fürs Sammeln, aber die enzyklopädische Wunderkammer Rudolfs II. war vermutlich eine der ehrgeizigsten, die je zusammengetragen wurde. Zwar hatte sich der Kaiser in vielerlei Hinsicht von der Außenwelt abgeschlossen, aber das nützte wenig, die Sammelei eines Mannes einzudämmen, der allzeit nach Neuem für seine Sammlung Ausschau hielt.

Das 16. Jahrhundert war im großen und ganzen eine Zeit ständig sich erweiterender Dimensionen. Güter und Menschen reisten weiter, wenn auch nicht rascher, als zwei Jahrhunderte zuvor.[198] Während die mediterranen Zivilisationen die vorangegangenen Jahrhunderte dominiert hatten, verlagerte die ökonomische und kulturelle Expansion die hauptsächlichen Aktivitätszentren ins Heilige Römische Reich und besonders in die Niederlande und nach Österreich-Ungarn. Von diesen soziokulturellen Realitäten profitierte auch Rudolfs Sammlung.

Möglich, daß der Kaiser dazu beitrug, den Standard für jenen Sammlungstypus zu setzen, an dem seine eigene Zeit und die nächstfolgenden Generationen Gefallen fanden. Kuriositätenkabinette und Wunderkammern spiegeln und unterstreichen allesamt die bemerkenswerte kulturelle Erweiterung in dem der Renaissance folgenden Zeitalter. Während Dondi von den Wunderdingen sprach, die sich in nächster Nähe finden ließen, schwärmten die Menschen der Barockzeit für orientalische und amerikanische Artefakte wie für Antiquitäten, Münzen und Medaillen; aber sie waren ebenso an dem interessiert, was man *naturalia* nannte.

Der bekannte Basler Patrizier Felix Platter (1536–1614), Rektor der Universität und ein berühmter Arzt, hatte neben den Musikinstrumenten und Antiquitäten, die er um 1556 während der Zeit seines Medizinstudiums im südfranzösischen Montpellier erstanden hatte, eine große Kräuter-, Wasserpflanzen- und Muschelsammlung. Er sammelte auch Zeichnungen, die mit seinem Interesse an Pflanzen und Blüten zu tun hatten, und legte sich eine Reihe der berühmten botanischen Skizzen seines Landsmanns Conrad Geßner (1516–1565) zu, die nach dessen

Tod im Jahr 1565 als Grundlage des modernen Gartenbaus galten.[199]

Während Sammler der Renaissance, speziell diejenigen aus der Gruppe der Humanisten, ihr profundes Interesse an der römischen und vorrömischen Antike bekundeten, weiteten Sammler des 16. Jahrhunderts den Bereich ihrer Wißbegierde aus. Im 15. Jahrhundert steckte, um noch einmal daran zu erinnern, das Sammeln von antiken Gegenständen, von Kunstwerken, Kuriositäten und *naturalia* noch in den Kinderschuhen; in den folgenden beiden Jahrhunderten wurde es weitaus schöpferischer und erkenntnisorientierter und mit größerer Systematik betrieben.

Bevor ich darauf zurückkomme, möchte ich auf eine parallellaufende und intellektuell eng verwandte Bewegung aufmerksam machen, die der sorgfältigen und anspruchsvollen anatomischen Forschung. Sie hatte mit Mondinos Arbeiten in Bologna begonnen, fand ihren Höhepunkt jedoch bezeichnenderweise während des 16. Jahrhunderts im Werk des in Paris und an der Universität Löwen lehrenden Andreas Vesalius', *De Humani corporis fabrica*. Daß es 1543 in Platters Heimatstadt Basel publiziert wurde, dem Zentrum des Buchdrucks und Verlagswesens, ist ein weiteres Anzeichen für die wachsende Bedeutung des Nordens in kultureller wie in wirtschaftlicher Hinsicht.

Sich selbst und das Mysterium seines Körpers – oder, mit Vesalius gesprochen, das *fabricum* seines Körpers – hatte der Mensch zum Gegenstand seines Forschens gemacht; im großen galt sein Suchen den Zeugnissen für alles, was in der Natur existierte. Was für einen Einzelgänger wie Rudolf II. zum Mittelpunkt, wenn nicht gar zur Lösung, eines unzweifelhaft gestörten Charakters geworden war, wurde bald ein verbreiteter Trend.

Diese Tendenz, die »Dingwelt« zu ergründen, und ihr Widerhall, der sich mit leidenschaftlicher Wißbegierde und dem Anlegen von Sammlungen verband, fand vielerorts erstaunlichen Anklang. Keine zwei Jahrzehnte nach Kaiser Rudolfs Tod erschienen Etiquettebücher, die sich mit gutem Benehmen befassen und dabei auch das Sammeln von Objekten aus der Antike –

wie Gemmen, Münzen, Medaillen und anderen Beispielen archäologischer Artefakte – erwähnen. Dann gab es noch die *naturalia* und *artificialia* und daneben Sammelstücke aus bislang völlig unbekannten Kulturen im Fernen Osten, Amerika und Afrika südlich der Sahara.

Ich werde später noch auf diese »modische« Perspektive zurückkommen, die in mancher Hinsicht wie ein durch das Vergrößerungsglas getaner Blick auf den Versuch anmutet, konkrete Antworten auf eine – besonders in Zeiten rapiden Fortschritts, wie im 16. Jahrhundert – zunehmend komplexere Welt zu finden.

Leute wie Rudolf II. müssen einen so scharfsinnigen Beobachter wie den Gelehrten Robert Burton (1577–1640), der am Oxforder Christ Church College das Amt des Bibliothekars versah, dazu bewogen haben, sich Gedanken über die Funktion des Sammelns zu machen. Burton schrieb: »Ebensosehr sind manche von den Stücken des Michelangelo, des Raffael von Urbino, des Francesco Francia angetan, und von vielen jener italienischen und niederländischen Maler, die in ihrer Epoche herausragten; und schätzen als einen höchst angenehmen Anblick, wenn sie diese gepflegten Architekturen, Gerätschaften, Schilde, Wappen betrachten, solche Bücher lesen, alte Münzen allerlei Arten in einer schönen Galerie durchsehen; Kunsthandwerke, Perspektivgläser, alte Relikte, römische Antiquitäten, Vielfalt von Farben.«

Burton machte diese Bemerkungen in seiner *Anatomy of Melancholy*, die erstmals 1621 erschien und noch vier weitere Auflagen hatte, bevor ihr Autor neunzehn Jahre später starb. Mit der klassischen Literatur bestens vertraut, fuhr Burton fort:

> Als Achilles trauerte und sich um den Tod seines lieben Freundes Patroklus grämte, brachte ihm seine Mutter Thetis einen höchst raren und kunstreich von Vulkan geschmiedeten Schild, auf dem Sonne, Mond und Sterne eingraviert waren, Land und Meer, kämpfende, rennende, reitende Männer, scheltende Weiber, Berge, Täler, Städte, Burgen, Bäche, Flüsse, Bäume &c., mit vielen hübschen

> Landschaftsszenen und Aussichten; über diesen Anblick war er unendlich entzückt und in seinem Kummer sehr getröstet... Wer wäre nicht in solchem Fall ebenso hingerissen? Oder beim Anblick der wohlausgestatteten Säulengänge und Galerien römischer Kardinäle, so reich bestückt mit allen möglichen modernen Gemälden, alten Statuen und Antiquitäten? Oder bei Betrachtung eines fürstlichen Kabinetts, wie es der Großherzog von Florenz besitzt, oder Felix Platter in Basel; beim Besuch adeliger Häuser, angesichts so vielfältiger Gewänder, Gesichter, so vieler, so seltener, so ausgesuchter Bilder von Menschen, Vögeln, Tieren &c., so vorzüglicher Landschaften,... so gefälliger Perspektivansichten, indianischer Federbilder, chinesischen Porzellans, von Maschinen, wunderbaren Mechanismen, fremdländischen Spielereien &c... Und wer, der nicht völlig von Trägheit übermannt ist oder aber sich im Labyrinth weltlicher Sorgen, Beschwerden und Ärgernisse verrannt hat, wird nicht in seinem Geiste merklich erheitert werden...?[200]

Burton begriff, daß das Zwangsmotiv bei Sammlern nicht eine Frage von Muße und Luxus war, sondern daß ihr Zusammenhang mit Depression, mangelnder Zuwendung, mit voyeuristischen Tendenzen und der Flucht vor »weltlichen Sorgen« auf Persönlichkeitsspaltungen und -konflikte verwies.

Die Verfasser der Benimmbücher hingegen waren auffällig weniger sensibel als der Oxforder Gelehrte. Während Burton einige der Ursachenfaktoren erkannte, die beim Sammeln ins Gewicht fallen, hatten die Autoren von diesen Büchern oder auch die der damaligen Beschreibungen von Kuriositätenkabinetten bestenfalls vage Vorstellungen vom Ersatzcharakter des Sammelns. Es ist faszinierend zu sehen, daß der Ruf einiger Sammler sich über ganz Westeuropa und sogar den Kanal hinweg verbreitet haben muß; Burton wußte jedenfalls von den Interessen der Medici und hatte auch von Sammlungen wie derjenigen Felix Platters in Basel und anderen gehört.

Die lebhafte Beschäftigung mit griechischer und römischer Skulptur und mit alten Büchern oder botanischen Sammelstücken war natürlich sehr anregend, und zweifellos wurden viele Leute darauf aufmerksam; möglicherweise kamen Neid- und Rivalitätsgefühle auf. Trends haben immer mit Wettbewerb und Nachahmung zu tun, weil sie zum Vehikel der Selbstdefinition werden: Da ist der Wunsch, sich auf individuelle Weise darzustellen, und zugleich der Hang, dem gerade Gängigen zu folgen und sich mit anderen zu identifizieren. Immer steckt in solchen Bewegungen ein Stück Mode und Modernseinwollen. Eines der führenden und für die heutige Generation höchst unterhaltsamen Benimmbücher des 17. Jahrhunderts, Henry Peachams *The Compleat Gentleman*, kommt darauf zu sprechen.[201]

So erzählt Peacham seinen Lesern von »dem Vergnügen an *Statuen, Inschriften und Münzen*, das denjenigen bestens bekannt ist, die in Frankreich, Spanien und Italien waren, wo die Gärten und Galerien bedeutender Männer mit Ornamenten dieser Art verschönert sind und Bewunderung erregen … Die sich darin auskennen, werden von den Italienern Virtuosi genannt«.[202] Peacham scheint sich hier auf die Popularisierung des Sammelns und auf die sich verbreitende Anerkennung ästhetischen Genießens zu beziehen, was etwas anderes ist als der oftmals kaum verhehlte Fluchtversuch des monomanen Sammlers. Ebensosehr unterscheidet es sich aber vom mehr forschenden Geist des 16. Jahrhunderts, der sich eher auf Methode und Ordnung konzentrierte und »Über die versteckten Ursachen der Dinge« nachdachte, wie es im aufschlußreichen Titel einer Publikation des französischen Physiologen Jean Fernel aus dem 16. Jahrhundert heißt.

Während nur wenige Generationen zuvor das Sammeln Sache einer vergleichsweise kleinen Zunft von Adligen, Intellektuellen und Künstlern gewesen war, wie Peacham andeutet, hatte es sich allmählich zu einem Trend und einer Beschäftigung für die Stunden der Muße entwickelt, die jedem Gentleman zumindest bekannt sein sollte, wenn er sie sich auch nicht selbst zu eigen machte. Im Konzept eines *virtuoso*, des *amateur* oder der *dilettanti* zeigt sich der tiefgreifende Wandel seit der enthusiastischen Entdeckung alter Inschriften, Handschriften und anderer Artefakte aus dem antiken Griechenland und Rom durch die Humanisten.

Es läßt sich durchaus vertreten, daß solche Veränderungen zwischen dem 16. und 17. Jahrhundert eher Reaktionen auf einen elementaren Prozeß als dessen Ursachen waren. Wenn sich Benimmbücher über den gesellschaftlichen Wert des Sammelns an sich auszulassen beginnen, dürfen wir dies als verläßliches Anzeichen für einen Wandel sowohl im intellektuellen Ton wie im kulturellen Klima betrachten.

Daß die Reliquiensammler zur Zeit der Kreuzzüge wie auch spätere Hamsterer, die sich ein Lager mit heiligen Knochen zulegten, vom Ringen um ihren Seelenfrieden motiviert waren, dürfte mehr sein als bloße Spekulation. Den humanistischen Sammlern ging es um Relikte anderer Art. Die aus der Antike stammenden Stücke sind als eine Art Unterpfand aufzufassen, denn für die Humanisten waren sie ein Zeichen für das Wiederaufblühen vorchristlicher Ideale. Ihre Hinwendung zu Erinnerungsstücken an das klassische Rom lief auf eine indirekte Anklage der römisch-katholischen Kirche hinaus. Die Antiquitäten und alten Handschriften, die die Humanisten sammelten, befriedigten ein emotionales Bedürfnis, das die Kirche in der Zeit der Frührenaissance ungestillt ließ.

Das 17. Jahrhundert präsentiert demgegenüber einen deutlich komplexeren und vielleicht auch moderneren Anblick. Bei den gesellschaftlichen, politischen, ökonomischen und nicht zuletzt religiösen Kräften war es zu erheblichen Veränderungen gekommen. Spanien hatte seine Vorrangstellung verloren, der Protestantismus eindrucksvolle Wirkungen gezeitigt. Europas Norden, vor allem die Niederlande und England, war jetzt von entscheidender Bedeutung, nicht nur im Welthandel, sondern auch mit wichtigen Kulturzentren.

Viel von der Stimmung dieser Zeit strömt uns aus den lebendigen und oft anrührenden Kommentaren John Evelyns (1620 bis 1706), des berühmten englischen Tagebuchschreibers, entgegen, der als junger Mann einige Jahre auf dem Kontinent verbrachte. In Paris und anderenorts hatte er eine Reihe Sammler besucht und daran offensichtlich großes Vergnügen gefunden. Beispielsweise stattete er einem Monsieur Perishot, der ihn ziemlich beeindruckt hatte, einen Besuch ab und beschreibt diesen als

> einen der größten Vertuosas von Frankreich wegen seiner Sammlung von Bildern, Achaten, Medaillen & Blumen, besonders Tulpen & Anemonen: Hauptstück unter seinen Bildern war ein Sebastian von Tizian: von ihm aus gingen wir zu einem Monsieur Frenes, der uns auch einige sehr seltene Zeichnungen zeigte, einen Raub der Helena in schwarzer Kreide; viele exzellente Sachen von Sneiders, alles Nackte; einige Julios & Mich. Angelo: eine Madonna von Passegna, einiges von Parmensis und anderen Meistern.[203] (1. März 1644)

Evelyns Anmerkungen zeigen, welche Objekte seine wohlhabenden bürgerlichen Zeitgenossen sammelten. Sieben Jahre nach seinem ersten Aufenthalt in der Hauptstadt Frankreichs schreibt er über einen Besuch in der »Sammlung eines gewissen Monsieur Poignant, die wegen ihrer *Achate*, *Kristalle*, *Onyxe*, *Porzellane*, *Medaillen*, *Statuen*, *Reliefs*, *Gemälde*, *Stiche* und Antiquitäten den Vergleich mit den italienischen Virtuosi aushalten dürfte«.[204] Beschreibungen wie diese sind von größtem Wert, weil sie uns eine Vorstellung von den damaligen Moden und vorherrschenden Sammlungsstilen zur Zeit Ludwigs XIV. verschaffen.

Es ist aufschlußreich zu beobachten, daß dasjenige, was für die Humanisten ursprünglich etwas war, was ihnen die Augen über das Leben, die Natur und bislang unbekannte Kulturen und Sitten öffnete, sich sehr bald zu einem unbestreitbaren Fasziniertsein vom Objekt selbst entwickelte, und daß Gemälde, Skulpturen und andere Kunstwerke binnen kurzem als inspirierend und als ihrem Wesen nach reiche Quelle der Anregung entdeckt wurden. Daß das fast religiöse Engagement eines Jean de Berry oder gar die unstillbare Raffsucht eines Rudolfs II. sich hundert oder zweihundert Jahre später nicht wiederholen ließ, ist begreiflich. Zu Zeiten, als das Kuriositätensammeln bei den Vermögenden außer Frage stand, war die Grundmotivation dazu vom realistischen Klima der Wissenschaft und vom Interesse an Klassifizierung und Vergleich gefärbt.

Wir stellen hier nicht die ursprüngliche Absicht, den unbewußten Wunsch nach Sicherheit und fester Orientierung, in Frage. Wenn aber in einer bestimmten historischen Zeit das Sammeln zu einer Angelegenheit der Mode wird, ist nur allzu deutlich, daß etwas, was einmal ein hochemotionales und vielleicht sogar revolutionäres Unternehmen einiger weniger gewesen war, sich allmählich zu einem romantischen Betätigungsfeld vieler entwickelt hatte.

Im August 1641 begegnen wir John Evelyn in Holland. Als interessierter und genauer Beobachter machte er eine Tour durch mehrere Städte und besuchte Museen und Sammler. Im Universitätsmuseum von Leyden sah er »natürliche Kuriositäten; besonders alle möglichen Arten von Skeletten, vom Wal & Elefanten, bis zur Fliege und zur Spinne, welch letztere ein sehr delikates Werk der Kunst wie auch der Natur ist«.[205] Das Museum besaß auch »eine Hand einer Meerjungfrau, ein Geschenk von Prinz Mauritz«.[206] Beispiele dieser Art müssen besonders reizvoll gewesen sein, denn wir wissen, daß ein anderer gewiefter Sammler, der bekannte Amsterdamer Apotheker Jan Jacobz Swammerdam, stolzer Besitzer einer weiteren solchen Hand war – neben einem Einhorn, 1900 Muscheln und einer eindrucksvollen Anzahl anderer seltener Objekte.[207]

Swammerdam, über dem im nächsten Kapitel noch mehr zu sagen sein wird, gehörte nicht zu den Patriziern Amsterdams, von denen einige sammelten, weil Sammeln in der holländischen Gesellschaft des 17. Jahrhunderts Bestandteil des modernen Lebens war. Vielmehr war er ein recht wohlhabender Bürger und ein enthusiastischer Raritätensammler. »Der Besucher einer solchen Sammlung würde den Besitzer nicht wegen seiner erlesenen Auswahl loben, sondern wegen seines allumfassenden Interesses (curiositas).«[208] Es verdient festgehalten zu werden, daß sich in einer Sammlung dieser Art mit ihrem Schwerpunkt auf *naturalia* eine protestantisch-wissenschaftliche, sich auf die materielle Realität konzentrierende Sichtweise niederschlägt. Das ästhetische Moment war hier zugunsten der wissenschaftlichen Verifizierbarkeit und Beobachtung wesentlich reduziert, wenn nicht gar ausgeschlossen.

Sein Ziel sei, ein universales Inventar der kuriosesten natürlichen Raritäten zu erstellen, schrieb der deutsche Sammler Johann Daniel Major.[209] Rückblickend macht es tatsächlich den Eindruck, daß in Beschreibungen wie »rerum tam artificiosarum, quam naturalium, tam antiquarum, quam recentium, tam exoticarum« wenig vom einstigen schwärmerischen Zauber übriggeblieben ist.[210] Im Vergleich mit dem lernbegierigen und besitzsüchtigen Enthusiasmus Poggio Bracciolinis oder dem Hunger, mit dem Jean de Berry oder Rudolf II. ständig auf Nachschub bedacht waren, klingt dies wie mit Vernunft übertüncht. Das heißt aber nicht, daß es den Sammlern in den Niederlanden, in England oder Deutschland an Enthusiasmus gefehlt hätte oder daß sie nicht mit narzißtischem Stolz ihre Sammlungen gehütet hätten (wie sich im nächsten Kapitel zeigen wird). Neid und Kritik blieben ihnen nicht erspart.

In ziemlich kritischem Tonfall schrieb 1696 Mary Astell, wie ein solcher Sammler

> allerorten Geschäfte betreibt und seine Korrespondenten in jedem Winkel der Welt sitzen hat; aber seine Waren dienen nicht dazu, unseren Luxus zu fördern, noch vergrößeren sie unseren Außenhandel, und sie machen weder die Nation noch ihn selbst reich. Eine Schachtel mit zwei *Achaten* oder *Muschelschalen* und einem Dutzend *Wespen*, *Spinnen* und *Raupen* sind seine Fracht. Ein Chamäleon oder ein Salamanderei ist ihm mehr wert als alle Zucker und Gewürze der *West* und *East Indies* ... Erzminen, Kohlegruben und Steinbrüche besucht er häufig, aber nicht des schmutzigen Zweckes wegen, dessentwegen an-

> dere Leute das gewöhnlich tun, nämlich um Gewinn; er tut es um der Muschel- und Zahnfossilien willen, die gelegentlich dort zu finden sind …
> Zu welchem Zweck suchen diese Herrn alle Gegenden der *Erde* und *Meere* heim, nur um sich diesen Tand zu beschaffen?[211]

Heutzutage würden wir Mrs. Astell von den hohen Motiven dieser Herren zu überzeugen versuchen. Wir würden darauf hinweisen, daß sie, gleich ob Forscherdrang, Neugier oder einfach nur Besitzerfreude ihr Motiv war, einem Trend folgten, der in Petrarcas Zeit begann, von Künstlern, Gelehrten und Mäzenen wie etwa den Medici fortgeführt und schließlich auch zur Sache von Gentlemen wurde.

Als Westeuropa erst einmal von der Reformation erfaßt war, verlor die schwärmerische Begeisterung der frühen Sammler etwas von ihrem Schwung. Intellektueller Individualismus scheint dem temperamentbedingten Enthusiasmus die Zügel angelegt zu haben. Statt sich auf die Hilfe magisch-religiöser Quellen zu verlassen, bezog man die Kraft jetzt mehr aus sorgfältiger Beobachtung und erlangten Kenntnissen. Das Bemühen, einen »kultivierten Kompromiß« zu finden, schlug alle in seinen Bann. Es wäre freilich zu fragen, wo eigentlich der Unterschied zwischen jenen Herren, die, wie es Mrs. Astell ausdrückte, »alle Gegenden der *Erde* und *Meere* heimsuchen«, und den Generälen der römischen Heere liegt, die Griechenland, Sizilien und Kleinasien zu plündern gewohnt waren.

Diese Varianten sind von Kultur und Zeitgeist geprägt. Der Zweck des Sammelns, würden wir heute Mrs. Astell zu erklären versuchen, liegt darin, mit einem tiefen Gefühl des Unbehagens, wenn nicht Zweifels an sich selbst fertig zu werden, dem Bedürfnis nach Selbstorientierung. Gewisse Leute – Sammler – können darauf keine bessere Antwort finden als die Vorstellung, eine Ausnahme zu sein, weil sie etwas Ungewöhnliches besitzen oder gefunden haben, oder, bei religiösen Menschen, daß sie Gottes Segen haben.

Daß sich Geschmack und Perspektiven änderten, hatte auch mit der größeren Erfahrung und der Öffnung und leichteren Zugänglichkeit der Welt für Gegenstände und Ideen zu tun. Die Frührenaissance markierte den ersten Schritt hin zum modernen Sammeln; die Barockzeit und die Epoche der Aufklärung beschleunigten die Entwicklung und verschafften dem engagierten Sammler neue und andersartige Gesichtspunkte für seine Liebhaberei und ein beträchtliches Arsenal unterschiedlichster Sammelstücke – und folglich neue Ambitionen.

So verlagerte und erweiterte sich mit der Zeit der Schwerpunkt des Interesses. Die Wißbegierde war weniger gehemmt, was das Wahrnehmungsvermögen vergrößerte und weitergespannte Kriterien ermöglichte, und dies öffnete den Weg zu einer größeren Differenzierung der Ziele und des innerlich oft schwierigen Prozesses der Anschaffung. So wurde das Sammeln komplexer und fraglos auch dynamischer. Was sich jedoch nicht änderte, war der Umstand, daß es unentwirrbar verstrickt ist mit einem inneren Bedürfnis nach ständigem Nachschub zur Steigerung des Selbstgefühls.

KAPITEL 11

»VANITAS« VON EDWAERT COLLIER
(UM 1662); NIEDERLÄNDISCH
VANITAS-DARSTELLUNGEN DES 17. JAHRHUNDERTS WAREN VON
DEN VORWALTENDEN RELIGIÖSEN VORSTELLUNGEN INSPIRIERT
UND VERSUCHTEN, DIE LETZTENDLICHE NICHTIGKEIT
IRDISCHER GÜTER UND BESITZTÜMER AUFZUZEIGEN.
DIE DARAUF ABGEBILDETEN OBJEKTE OSTENTATIVEN
REICHTUMS UND STOLZES WAREN HÄUFIG IN
KURIOSITÄTENKABINETTEN ZU FINDEN.
REPRODUKTION MIT ERLAUBNIS DES
METROPOLITAN MUSEUM OF ART, NEW YORK

ZUM LOB DES WOHLSTANDS: SAMMELN IN HOLLANDS GOLDENEM JAHRHUNDERT

Wie viele Menschen in der jungen holländischen Republik während des 17. Jahrhunderts gesammelt haben, ist nirgendwo verzeichnet. Aus einigen Chroniken gewinnt man den Eindruck, daß eigentlich jeder ein potentieller Sammler war. Die nach Jahrzehnten der Unterdrükkung und Unsicherheit unter der harten Herrschaft spanischer Despoten seit kurzem gewonnene Freiheit hatte eine Epoche voller Schwung und fiebernden Lebens eingeleitet. Der Wohlstand, der aus ihren verwegenen Seefahrten und ihrer ständig sich verbessernden Stellung im internationalen Handel erwuchs, bereitete den Bürgern die materielle Basis, um ihren Enthusiasmus und ihre fortschrittliche Freude an weltlichem Streben zum Ausdruck zu bringen. Eine Form dafür war – trotz ihrer calvinistischen Frömmigkeit – die ausgesprochene Begeisterung der Holländer für irdische Güter.

Offiziell war erst nach Unterzeichnung des Vertrages von 1648 Friede, den man als den Westfälischen Frieden kennt. Die staatlichen Grundlagen waren aber bereits früher gelegt worden, in den 80er Jahren des 16. Jahrhunderts, als sich in der Zeit Wilhelms von Oranien und der Utrechter Union von 1579 der Kern der Holländischen Republik ausbildete, der wirtschaftliche Aufschwung einsetzte und man sich zunehmend einer eigenen kulturellen Identität bewußt wurde. Damals teilten politische Kräfte die Niederlande in einen südlichen, katholischen Bereich, der aus Flandern und einem Großteil von Brabant bestand, und die weitgehend verstädterte nördliche Region, die sogenannten Sieben Provinzen, die im wesentlichen zum Protestantismus neigten.

Dies war die Zeit, als unter starker Betonung einer vorwiegend protestantischen Ethik die holländische Kultur zu blühen begann. Erfolge auf dem Gebiet des Handels, der Seefahrt und der Landwirtschaft verbanden sich mit der neuen politischen Identität, und die Auswirkungen begannen, die Vorrangsstellung der benachbarten Handelszentren im Süden, Antwerpen, Brügge und Ghent, zu bedrohen und dann auch zu schmälern. Amsterdam wurde zum Herzen der nördlichen Provinzen und ihrer kulturellen und ökonomischen Aktivitäten und zum offenen und erfolgreichen Konkurrenten Venedigs.

Stadtmenschen wie Bauern wurden zu Förderern der Künste, vor allem der Maler und Zeichner, während, wie Huizinga festgestellt hat, die Begeisterung für Skulpturen anscheinend geringer war.[212] Nach vielen Jahrzehnten brutaler Tyrannei und ständiger Ungewißheit empfanden die Menschen bis weit in das 17. Jahrhundert hinein ein Gefühl beschwingter Freiheit. Der Mut und die moralische Kraft, die sie in den Zeiten der spanischen Herrschaft und Besatzung erwiesen hatten, trugen den Samen für einen ungehemmten kulturellen und intellektuellen Wandel in sich. Das ganze Land schien wie neu belebt und bereit, die neue Freiheit zu genießen.

So viele holländische Bilder des 17. Jahrhunderts geben einem völlig zufriedenen, ja sogar euphorischen Wohlbehagen Ausdruck, sowohl in thematischer als auch in psychologischer Hinsicht. Jan Steens Bauern sind fidel und unverkrampft, manchmal sogar lüstern und frivol; van Ostades Bilder vermitteln uns eine lebhafte Vorstellung vom Alltag auf dem Lande; in vielen Stilleben spiegelt sich Opulenz, häufig die sichtbare Freude an kulinarischer Fülle; die Gemälde von Bauwerken – Saenredams würdevolle Kirchen oder die Stadtansichten von Berckheyde – sind ein Echo der unerläßlichen calvinistischen Zurückhaltung, während die zahllosen Porträtbilder mindestens bei wohlhabenden Leuten zur dekorativen Ausstattung ihres

Hauses gehört haben. Wie Schama bemerkt: »In Bürgerfamilien war es üblich, Kunstwerke zu besitzen.«[213] Huizinga freilich macht uns darauf aufmerksam, daß selbst dann, wenn die Leute sammelten, ihre Vorgehensweise sich von der unsrigen unterschied:

> Beim Sammler darf man sich den Impuls zur Erwerbung des Kunstwerkes noch nicht zu modern vorstellen. Es wird ihm in der Regel eher darauf angekommen sein, eines oder mehrere Stücke von jedem Genre zu besitzen, das ihm behagte, als von jedem Meister, den er bewunderte. Der durchschnittliche Käufer wollte sein Bauernstück besitzen, seine kleinen Landschaften, sein Seestück, seine Allegorie und natürlich seine Porträts, und dies war ihm wichtiger, als daß er auf einen van Goyen, einen Steen, einen Hals oder Porcellis aus gewesen wäre. Es gab indessen Ausnahmen ...[214]

Der Ankauf dekorativer Objekte jeglicher Art scheint Teil des nach dem kollektiven Trauma der spanischen Terrorherrschaft neu sich entwickelnden Lebensstils holländischer Bürger gewesen zu sein.

Ich vermute, daß es sich dabei um ein Phänomen gehandelt hat, das in dem jungen Staat unter dem Einfluß der neu gefundenen Prosperität und Vorrangstellung als Handelsmacht entstand und möglicherweise Teil eines sich daraus ergebenden Wertewandels war. Im Einklang mit dem sich verändernden Modetrend standen Komfort und gutes Leben hoch im Kurs.

Der oft zitierte englische Tagebuchschreiber John Evelyn erlebte das auf seiner Grand Tour mit eigenen Augen. Er stattete den Niederlanden einen Besuch ab und machte in Rotterdam, Delft, Amsterdam und verschiedenen anderen Städten Station. Evelyn war damals zwanzig und bereit, sich überraschen zu lassen. Er hinterließ eine lebendige Schilderung seiner Reise, die uns eine farbige Beschreibung vom Alltagsleben der Bürger in der Mitte des 17. Jahrhunderts, der Hoch-Zeit des Goldenen

Zeitalters, gibt. Man erhält den Eindruck eines soliden Wohlstandes und wirklicher Zufriedenheit der Menschen mit ihren einfachen bürgerlichen Bedürfnissen. Als Evelyn Mitte August 1641 in Rotterdam ankam, war er sofort von der allgemeinen Atmosphäre dessen, was er sah, eingenommen. Der offensichtliche Überfluß, auf den er traf, und der Aufschwung in allem, was ihm begegnete, begeisterten ihn. Während seines Aufenthalts in Rotterdam hatte er, wie er schreibt,

> einen Jahrmarkt besucht, der so mit Bildern bestückt war (besonders Landschaften und Drollerien, wie sie diese clownischen Darstellungen nennen), daß es mich verblüffte. Ich kaufte ein paar davon und schickte sie nach England. Der Grund für diesen Vorrat an Bildern und ihre Billigkeit rührt von ihrem Mangel an Land her, in das sie ihr Kapital anlegen könnten, weshalb es nichts Besonderes ist, einen ganz gewöhnlichen Bauern zu finden, der zwei- oder dreitausend Pfund für diese Ware ausgibt. Ihre Häuser sind voll davon und sie verkaufen sie auf ihren Messen mit sehr hohem Gewinn. Hier sah ich erstmals einen Elefanten, der höchst diszipliniert und gehorsam war. Es war ein Tier von monströser Größe, aber – ganz im Gegensatz zum gewöhnlichen Gerede – so beweglich und flink in den Gelenken, wie man es sich bei einer so gewaltigen Masse nur eben vorstellen konnte ... Man zeigte mir auch einen Pelikan, oder *onocratulas*, wie er bei Plinius heißt.[215]

Ein paar Tage später finden wir den jungen Reisenden in Amsterdam, wo ihm besonders die eindrucksvollen Straßen und Patrizierhäuser auffallen. Außerdem bewundert er »die Vielzahl Schiffe, die unablässig vor dieser Stadt umherfahren, die sicherlich die geschäftigste Ansammlung von Sterblichen ist, die es jetzt auf der ganzen Welt gibt«.[216]

Evelyns Bemerkungen sprechen Hollands phänomenale wirtschaftliche Expansion an, aus der in den ersten vierzig Jahren der Unabhängigkeit vom Joch der spanischen religiösen und politischen Terrorherrschaft Holland zur Weltmacht emporstieg. Immer wieder war es unter den Niederländern zu Unruhen gekommen. Exorbitante Besteuerung, religiöse Verfolgung und eine Reihe schlechter Ernten führten im ganzen Land zu Volksaufständen und blutigem Aufruhr. Im Sommer 1556 hatte sich die Unruhe von Brabant aus über die Nordprovinzen verbreitet, und ein wütender Mob wälzte sich durch die Straßen von Antwerpen und Ghent und erreichte bald auch Haarlem und Amsterdam.

Um zu verstehen, was diese rasende Leidenschaft zum Ausbruch gebracht hatte, müssen wir unser Blickfeld erweitern und die Reaktion der Niederländer auf die Jahrzehnte spanischer Herrschaft betrachten. Philipp II., der nach dem Tode Karls V., seines Vaters, König geworden war, hatte Herzog Alba in die Niederlande entsandt, um den Aufstand niederzuschlagen. Ausgestattet mit der Autorität des Königs, errichtete der Herzog eine Herrschaft des Schreckens und der Demoralisierung, um die Rebellion zu ersticken. Konzessionen gab es keine, weder politische noch religiöse. Trotzdem vermochte weder der Herzog noch sein Nachfolger, Don Luis de Requesens, die Ordnung herzustellen. Die Rebellion, deren Kopf Prinz Wilhelm von Oranien war, breitete sich aus. Bald griffen die Niederländer, seit jeher systematisch vorgehende und gut organisierte Leute, ihre Unterdrücker sowohl auf dem Land wie von außen, von See her an.

1579 hatten sich fünf der nördlichen Provinzen von der spanischen Herrschaft gelöst und unter Führung Prinz Wilhelms die Utrechter Union gegründet. Damit hatte sich der Nordteil der Niederlande zusammengeschlossen, und dieses Gebiet wurde zum Brennpunkt des Freiheitskampfs. Den Menschen standen noch weitere Prüfungen bevor, unter anderem die Ermordung ihres Führers im Jahr 1584. Ein weiteres Mal waren die Holländer den Verheerungen von Krieg und Zerstörung ausgesetzt. Schließlich, vier Jahre später, war die angeblich unbesiegbare spanische Armada besiegt, wobei glücklicherweise ein Sturm auf der Nordsee zur Hilfe kam. Nun endlich, nach vielen Intrigen, Leid und Blutvergießen, waren die

Holländer frei. Das Land hatte für seine Souveränität und Stabilität teuer bezahlt.

Es ist kaum zu bezweifeln, daß die Jahrzehnte der Fremdherrschaft und Unterdrückung, des Krieges und Hungers den eigensinnigen Bürgern den Wert sicht- und greifbarer irdischer Dinge gelehrt haben. Besitz kann, wie wir in früheren Kapiteln sahen, eine entschädigende, sogar heilende Wirkung haben. Das mühsam gewonnene Gefühl der Sicherheit und Stabilität, das sich nun mit der calvinistisch- und mennonitisch-puritanischen Ethik von Fleiß und Sparsamkeit verband, führte in ein Jahrhundert unvergleichlicher Errungenschaften, einer außergewöhnlich fruchtbaren künstlerischen Kreativität, ästhetischer Perspektiven und eines breiten kulturellen und wissenschaftlichen Fortschritts. In nur wenigen Jahren verwandelte sich ein Volk von Bauern und Fischern in eine tüchtige und erfolgreiche Gemeinschaft städtischer Kaufleute und unternehmender Seefahrer. Diese Wohlfahrt bot den Holländern die Möglichkeit, die Traumen aus den Jahrzehnten der Unterdrückung und des Elends zu lindern. Die Mode, sich Gemälde, Kunstwerke jeder Art und dekorative Objekte zuzulegen, von der Evelyn berichtet, erscheint als eine Reaktion auf viele leidvolle Jahre. Seine Skizzen der umtriebigen Geschäftigkeit und des Wohlstands, die er in Amsterdam, Rotterdam und Delft vorfand, vermitteln uns das Ambiente dieser einzigartigen Periode in Hollands Geschichte.

Es bedarf keines besonderen Scharfsinns, um in solch einem Gefühlsausdruck ein Bedürfnis nach Kompensation zu erkennen. Lewis Mumford sah »einen Hang, in hemmungslosem Trinken und Unzuchttreiben Entlastung von erinnertem Horror zu suchen und von der harten Konfrontation mit der Realität in einen allzu nachsichtigen Eskapismus überzuwechseln«, wenn ein Volk Tod und Zerstörung erlebt hatte.[217]

Nach traumatischen Erfahrungen gerät rationales Verhalten häufig ins Abseits, auch wenn man nicht sagen kann, daß Irrationalität die unausweichliche Konsequenz sein muß. Die Holländer hielten es im Gegenteil eher mit dem Erkunden des Neuen und jener dynamischen Aktivität, die den zwanzigjährigen Evelyn so beeindruckt hatte. Wie ein Buschfeuer breiteten sich die emotionalen Auswirkungen der neugefundenen Freiheit aus. Es wäre vorstellbar, daß sie jetzt nach dem Sieg über ihre Unterdrücker selbst Herrschaft ausüben wollten und bei ihren verschiedenen Unternehmungen in der Außenwelt auch Gelegenheit dazu fanden. Das Nachlassen des äußeren Drucks führte zu einer wachsenden Differenziertheit im Denken, im Kulturellen und in der Wissenschaft. Der Wandel des Zeitgeists gab Anstoß zu neuen Zielen und neuen intellektuellen Sichtweisen und brachte neue Werte mit sich. Das Universum versprach immer weitere Überraschungen. Die Kuriositäten, die nun das Land zu überfluten begannen, lieferten Beweise über die Existenz von Dingen, die bislang zum Reich der Erzählungen und Märchen gehört hatten, und vieles aus der früheren Welt der Wunder fiel in sich zusammen. Die neuen Entdeckungen eröffneten den sich ändernden Auffassungen und Ideologien neue Wege.

In solchen historischen Momenten bringt das Versprechen der Veränderung neue und andere Signifikanten und neue und andere Ziele zum Vorschein. Mit dem Wohlstand und der wachsenden Inanspruchnahme individueller Freiheiten trat ein deutlicher Wertwandel in Erscheinung, und bald wurde das Sammeln zu einer der Erscheinungsformen dieses Wandels sowohl hinsichtlich der inneren wie der äußeren Realität. In der historischen Rekonstruktion stellte nach meiner Ansicht der verbreitete Hang zum Sammeln von Kunstwerken und Objekten jeglicher Art den fortgesetzten Versuch dar, nach Jahren der Entbehrungen und des vergeblichen Sehnens nach Sicherheit und »dem guten Leben« Zufriedenheit und greifbare, konkrete »Dinge« neu zu etablieren. Will man eine Vorstellung von der reichen Bilderwelt und Zeichensprache gewinnen, die die Menschen verstanden, muß man sich nur einmal die sogenannten Vanitas-Bilder, allegorische Gemälde aus der damaligen Zeit, genauer anschauen. Einer der häufig abgebildeten Gegenstände ist zum Beispiel das Stundenglas, das an die Begrenztheit der irdischen Existenz gemahnt, oder Pfeife und Tabak, die uns an die

Flüchtigkeit, die Unwiederbringlichkeit des Irdischen erinnern und auf die Grenzen des Lebens und die letzte Wahrheit hinweisen. Wir finden darauf auch Muscheln aus fernen Meeren, seltsame Waffen und bislang unbekannte Früchte und Gemüse wie etwa die Kokosnuß. Dann gibt es da Dinge aus Asien, Afrika und Amerika, Gläser und Porzellane, Landkarten und Instrumente. Ich muß darauf aufmerksam machen, daß viele dieser und anderer Objekte, die auf diesen Gemälden abgebildet sind, direkt aus dem Kuriositätenkabinett kommen.

Daß Menschen von diesem Aspekt des Sammelns fasziniert waren, läßt sich, wie ich in den beiden vorhergehenden Kapiteln gezeigt habe, bis zur Renaissance zurückverfolgen; in diese Zeit fallen die Anfänge einer neuen und umfassenderen Sicht der conditio humana. In einem grundlegenderen Sinne gab sie die Erlaubnis, zu *sehen* und zu *erkunden*, statt bloß zu glauben und sein Vertrauen einfach nur in die Lehren der Kirche zu setzen. Ihres gesellschaftlichen Prestiges wie auch ihres Temperaments wegen waren Männer wie Petrarca und Jean de Berry Repräsentanten einer Vorhut, die bald Schüler, Gefolgsleute und Imitatoren heranzog – der übliche Gang der Dinge bei der Ausbreitung kultureller Innovationen. Was zuerst in Italien und in einem gewissen Maß auch in Frankreich in den Reihen der Aristokraten begonnen hatte, wurde zu etwas, was die »vor kurzem reich gewordenen Patrizier, die manchmal von einem Landgut, das sie erstanden hatten, auch hübsch klingende Titel bezogen«, kopierten und nachmachten.[218] Im Tun und im Neid der Bürger, die in den Spuren ihrer Vorbilder wandelten, nahm das Sammeln also eine ausgesprochen gewichtige Position ein.

Selbstredend wurde nicht jeder zum Sammler, besonders nicht im strikten Sinne. Engagierte Sammler sind immer eine kleine Minderheit. Andere, die sich ihrer Identität nicht so sicher sind, folgen vielleicht nur deren Beispiel. Holländische Sammler fanden ihr Vorbild in den südlichen Niederlanden, die damals praktisch ein separates Land waren.

In Flandern und Brabant hatte es, als Antwerpen, Brügge und Ghent die Handelszentren von Nordwesteuropa waren, eine gutbetuchte Mittelschicht gegeben. Im 16. und frühen 17. Jahrhundert waren diese Städte auch kultureller Mittelpunkt Nordwesteuropas – angeführt von ihrem Gouverneur Margarete von Savoyen, der Tochter Kaiser Maximilians I. und Marias von Burgund und eine der bedeutendsten Sammlerinnen aller Zeiten.[219]

Margarete, die mit vierundzwanzig Jahren bereits dreimal verheiratet war und seither als Witwe lebte, war in den Niederlanden zur Vertreterin ihres Vaters berufen worden. Sie war nicht nur eine sehr kompetente und fähige Frau, sondern auch hochgebildet und eine wählerische Sammlerin von erstrangiger Kunst und Kunsthandwerk. Sie besaß eine glänzende Bibliothek illuminierter Bücher und Handschriften sowie Bilder der damals führenden Maler aus ihrem Herrschaftsgebiet, darunter Rogier van der Weyden, Mabuse (Jan Gossaert), Jan van Eyck, Hieronymus Bosch und Dirk Bouts.

Kein Wunder, daß ihre Untertanen von ihrem Beispiel dermaßen angetan waren, daß es bald große private Sammlungen in der flämischen und brabanter Großbourgeoisie gab, darunter die des Malers Peter Paul Rubens und seiner Schwäger, den Brants und Fourments, zweier sehr reicher und angesehener Familien.[220] Was das Sammelfieber auslöste, war aber nicht Respekt vor dem Hof oder anderen Würdenträgern. Im wesentlichen war es eine Bekräftigung dafür, nach so vielen Jahren der Fremdherrschaft Herr im eigenen Haus zu sein.

Münzen- und Medaillensammler gab es bereits. Am Beginn des 17. Jahrhunderts war beispielsweise Barent ten Broeke, ein Arzt aus Enkhuizen, für seine enzyklopädische Sammlung von *artefacta* und *naturafacta* bekannt, zu der auch ethnologische Objekte aus Afrika und dem Fernen Osten, »chinesisches Porzellan, italienische Majoliken, spanisches und portugiesisches Steingut, französische Keramik (wahrscheinlich das sogenannte ›Palissy‹) und sogar holländische Porzellanteller und -tassen« gehörten.[221]

Eine weitere Sammlung, die der von ten Broeke (besser bekannt unter seinem latinisierten Namen Bernardus Paladanus) ziemlich ähnlich war, gehörte niemand anderem als Rembrandt. Auch hier wieder verfügen wir über ein Inventar der gesamten Sammlung, das aus dem Jahr 1656 stammt, als der Maler seinen Bankrott erklären mußte und die Amsterdamer Behörden verlangten, daß ein solches zum Zweck des Verkaufs seines Besitzstandes angefertigt werde. »Der Treuhänder des insolventen Besitzes von Rembrandt van Rijn, Kunstmaler...«, beginnt die Erklärung.

Ich bezweifele, daß sich aus der Sammlung eines Künstlers Anhaltspunkte für das ergeben, was einen Gewohnheitssammler beschäftigt oder antreibt. Kein Künstler, schon gar nicht ein so begabter Maler wie Rembrandt, braucht oder sucht Erfüllung in dem, was er sammelt, denn er findet sie in seinem eigenen Schaffen. Aus zeitgenössischen Künstlersammlungen wissen wir jedoch, daß sie belebend und inspirierend wirken oder womöglich gar dem Künstler kaum gegenwärtige Empfindungen beeinflussen, deren Herkunft er sich erst viel später ganz bewußt wird. Wie andere Künstler auch, holte sich Rembrandt oftmals Anregungen aus der Vergangenheit. Wir wissen beispielsweise, daß er eine Gruppe antiker Skulpturen besaß, darunter Büsten von Homer, Aristoteles und Sokrates, die auf seinem bekannten Bild im New Yorker Metropolitan Museum dargestellt sind. Andere Bilder Rembrandts zeigen Waffen und Rüstungen, von denen er, seinem eigenen Inventar zufolge, rund zweitausend Stücke in seiner Sammlung hatte. Aber auch Federn exotischer Vögel, ausgestopfte Vögel und völkerkundliche Objekte aus Asien und Amerika gab es darin, Fossilien, Mineralien und Münzen, daneben Porzellane aus China und Japan sowie eine riesige Sammlung von Drucken und italienischen, deutschen und niederländischen Bildern.

Nicht jede holländische Sammlung des 17. Jahrhunderts zeugt von einem so wißbegierigen Kopf, wie ihn der vielfältige Rembrandtsche Sammlungsbesitz ausweist. Als Bürger Amsterdams war Rembrandt exakt im Mittelpunkt der kulturellen und kommerziellen Aktivitäten der Niederlande jedoch bestens situiert. Amsterdam, das früher im Schatten des Hafens des flämischen Antwerpen gestanden hatte, war nach und nach in dessen Rolle eines internationalen Handelszentrums hineingewachsen. Nach der Niederlage der Spanier war im protestantischen Holland die emotionale Grundstimmung von Hochgefühl und Freude am sorglosen und angenehmen Leben gekennzeichnet. Was das Gemeinwesen anbelangt, gab es damals ein deutliches, ich vermute sogar heftiges Aufflackern von Optimismus.

Ihrer Stimmung und vorwärts gerichteten Gesinnung gaben die Holländer durch Neuplanung und Ausbau ihrer Städte Ausdruck, nicht ohne offensichtlichen Stolz und Freude. Die Kanäle und ihr Transportsystem wurden verbessert. Man braucht nur einmal die Kanäle entlangzuwandern, um die nachhaltigen Wirkungen zu erkennen, die Stadtplanung und Architektur des 17. Jahrhunderts auf Hollands Städte gehabt haben. Diese Atmosphäre machte nicht vor den Häusern Halt. Die vielen Innenansichten, die uns von holländischen Malern überliefert sind, zeugen davon, daß auch einfache Bürger am Schmuck ihrer Häuser Vergnügen hatten. Es herrschte eine ständige Nachfrage nach Bildern, und ich stimme Huizinga zu, daß in diesem Ambiente sich »aus dem einfachen Hausbesitz an Gemälden allmählich die Sammlung, das Kabinett, nicht nur bei einzelnen sehr Reichen, sondern auch bei den vielen Wohlhabenden« bildete. »Auf diese Weise verschob sich die Betonung schrittweise von der Freude an möglichst großer Ähnlichkeit zur reinen Liebe zur Kunst und Schönheit.«[222]

Nach so vielen Jahren der Besetzung und Versklavung veränderten sich die Aussichten der Menschen auf dramatische Weise. Evelyn besuchte die Universität in Leiden und »den berühmten Drucker, Elzevirs Druckerei [Elsevier – der Verlag besteht bis heute] und Geschäft, berühmt für sein höfliches Benehmen und seine Veröffentlichungen, für die er in ganz Europa bekannt war; von dort zum Physik-Garten, der mit exotischen Pflanzen bestens bestückt ist«, und später zum anatomischen Institut.[223] Der junge Reisende überzeugte sich von Hollands raschen wissenschaftlichen Fortschritten, seinen neuen technischen Fertigkeiten, den Erkundungsreisen seiner Kaufleute und ihren Berichten über neue Länder jenseits der Meere. Evelyn fiel der »außergewöhnliche Gewerbefleiß« in Amsterdam auf, das Antwerpen in jeder Hinsicht überholt habe. Nur ein halbes Jahrhundert früher war die flämische Stadt das kulturelle Zentrum Nordwesteuropas gewesen. Damals zählte der Florentiner Historiker Guicciardini an die dreihundert Maler und Radierer in Antwerpen, ein eindrucksvoller Prozentsatz der Gesamtbevölkerung der Stadt, wenn man bedenkt, daß es zur damaligen Zeit dort nur einhundertneunundsiebzig Bäcker und achtundsiebzig Metzger gab.[224]

Als Folge der politischen Wirren und dank der Entschlossenheit der Holländer im Norden hatte Antwerpen mittlerweile seine kulturelle wie auch merkantile Vorrangstellung an Amsterdam abgetreten. Antwerpen war fraglos ein internationales Zentrum gewesen, insbesondere zwischen Südeuropa, Deutschland und den Ostseeländern, und viele Kaufleute, die die Stadt besuchten, brachten von ihrer Reise nach Flandern nicht nur Bilder und Skulpturen mit, sondern auch Bücher, Landkarten und Kuriositäten. Und neben Antwerpen gab es noch Brügge und Ghent – Städte, die, was die Produktion von Kunstwerken anbetrifft, kaum weniger betriebsam und aktiv waren als Antwerpen. Tatsächlich standen sie zu Antwerpen im gleichen Verhältnis wie, in der Zeit von Evelyns Besuch, Haarlem und Leiden zu Amsterdam.

Was also im Süden begonnen hatte, kam bald im Norden zur Reife. Dabei ist in Rechnung zu stellen, daß die psychosoziale Dynamik, die in einem derartigen Umfeld des Aufschwungs, des Vorankommens und des Wohlstandes freigesetzt wird, ihrerseits ein geistiges Klima zu stimulieren hilft, das neuen intellektuellen Unternehmungen besonders förderlich ist. Daß Antwerpenreisende dort nicht nur Gemälde und Bücher erwarben, sondern auch Kuriositäten, die Seeleute mitgebracht hatten, habe ich bereits erwähnt.

Über die in Amsterdam herrschende Betriebsamkeit haben wir ähnliche Berichte. Das Inventar von Rembrandts Sammlung ist ein deutliches Anzeichen für das reiche und vielfältige Angebot an »Sammelbarem« in dieser Zeit.

Wie man sich den neuen greifbaren Veränderungen und Errungenschaften gegenüber verhielt, kommt in der Geschäftigkeit eines Mannes wie Jacob Swammerdam zum Ausdruck, von dem im vorherigen Kapitel bereits die Rede war. Ob sein ursprünglicher Antrieb der eines besessenen Sammlers war oder eher der des nüchternen, wissenschaftlich orientierten Systematisierers, wissen wir nicht. Jedenfalls paßte er seine Neigungen den herrschenden Gegebenheiten an und hinterließ ein ziemlich charakteristisches Beispiel eines wachen und weltoffenen Bürgers seiner Zeit. Seinen Lebensunterhalt verdiente er sich als Amsterdamer Apotheker.

Wenn Seeleute von ihren Fahrten in fremde Länder krank zurückkehrten, kamen sie zu Swammerdam, um sich Arznei und Rat zu holen. Dafür, daß er ihnen sein pharmakologisches Wissen und seine Medikamente zur Verfügung stellte, pflegte er keine Bezahlung anzunehmen, sondern obskure Objekte und seltsame Dinge, die diese Reisenden von überall her mitgebracht hatten. Auf diese Weise brachte er eine berühmte Kuriositätensammlung zusammen, die er, den damals üblichen Einteilungen entsprechend, sorgfältig geordnet hatte.

In Swammerdams *Konst-Kamer* und Raritätensammlung spiegelte sich das muntere Treiben in und um Amsterdams Hafen in vielerlei Weise. Der Katalog seiner Sammlung, einer Art Privatmuseum, wurde von seinem Sohn Jan zusammengestellt, einem bis zum heutigen Tag berühmten Entomologen. Er vermittelt uns etwas von der Wachheit und den intellektuellen Chancen in der erfrischenden Atmosphäre dieser Epoche. Nach seinem Tod im Jahre 1679 wurde die Sammlung zum Verkauf angeboten. Sie enthielt insgesamt sechsundzwanzig Kuriositätenkabinette, die in vier Kategorien zusammengefaßt waren: »Stücke aus Bergwerken«, »wachsende Sachen«, »Tiere« und »Kunstwerke«, wobei letztere eine beachtliche Zahl völkerkundlicher Objekte einschlossen.[225]

Im selben Jahr starb auch ein anderer Sammler, der berühmte Seestück-Maler Jan van de Capelle. Obwohl er nur ein Amateur war, gehörte van de Capelle zu Hollands bedeutenden Malern dieses Genres. Sein eigentlicher Beruf war der eines gescheiten und höchst erfolgreichen Kaufmanns. Bei seinem Tod hinterließ er seinen Kindern sieben Stadthäuser in Amsterdam und dazu noch vierundvierzig Beutel mit Golddukaten, mehrere Fässer voller Gold und Silber und eine erhebliche Menge Bargeld – dreizehntausend Gulden, um genau zu sein. Anders als Rembrandt und Swammerdam sammelte er nicht im enzyklopädischen Stil. Vielmehr besaß er, wie zu vermuten war, eine Sammlung, in der sich ein solider Geschmack und die Vorlieben eines wohlhabenden Bürgers seiner Zeit niederschlugen. Sein Inventar verzeichnete 197 Gemälde, darunter einen Dürer, einen Holbein, mehrere Arbeiten von Rubens, einen Poussin und nicht weniger als 7210 Zeichnungen, von denen 891 vom ihm selbst stammten und 516 von Rembrandt. Der Maler und auch sein Vater hatten sich von Rembrandt porträtieren lassen, was für betuchte Bürger der damaligen Zeit nicht ungewöhnlich war.[226] Ich stimme Schama zu, daß »die grandiosesten High-Life-Interieurs, wie wir sie auf den Bildern von Metsu und de Hooch sehen«, von der Opulenz des Mobiliars und der Dekoration der holländischen Patrizier in den Schatten gestellt werden.[227] Wir erfahren beispielsweise vom Schlafzimmer der reichen Amsterdamer Witwe van Erp, das zwölf Gemälde schmückten, oder von einem ihrer Nebenzimmer mit goldgestempelten Ledertapeten und fünfzehn Bildern, oder einem Empfangsraum mit einer großen Landschaft und weiteren zwölf Bildern neben anderem Zimmerschmuck wie orientalischen Teppichen und Spiegeln.[228] Sogar im Dienerzimmer gab es sieben Bilder.

Swammerdams Sammlung war selbstverständlich von völlig anderer Art. Bei ihr lag die Betonung schwerlich auf dem Ästhetischen und Geschmacklichen. Aber auch Leute, die eher darauf aus sind, mehr vom Unbekannten zu erfahren, und die Gelegenheit bekommen, seltene oder außergewöhnliche Stücke jedweder Art zu sammeln, sind stolz darauf, Exemplare von besonderem Interesse zu beschaffen. Ungeachtet ihrer wissenschaftlichen Ambitionen stehen auch bei ihnen die schiere

Freude am Besitz und ein Gefühl von Potenz im Zentrum, wenn es um die Möglichkeit geht, daß etwas für ihren Besitzstand herausspringen könnte.

Leute wie Swammerdam hatten zweifellos andere Vorstellungen, als ihre Häuser mit Gemälden und Ornamenten zu überfüllen. Bei Sammlern findet man nun mehr und mehr sehr unterschiedliche Themen und Sichtweisen, was eine zunehmende Differenzierung des Individuellen, der Einstellungen und der Geschmäcker demonstriert. Es ist auch ein Zeugnis dafür, daß etwa seit dem späten 16. Jahrhundert Sammlungen stärker auf einen Schwerpunkt hin angelegt sind; der deutlicher hervortretende Anreiz der Umwelt schlägt sich in den Sammlungen nieder, die charakteristischerweise einen sehr persönlichen Ausdruck darstellten.

Eine Sammlung wie das Kuriositätenkabinett des holländischen Apothekers aus dem 17. Jahrhundert ist ein Zeichen für die Auswirkungen der neuen kulturellen und sozioökonomischen Verhältnisse in den nördlichen Niederlanden. Als Folge der neuen Freiheit lernten die Menschen rasch, sich einer neuen Vitalität zu erfreuen. Swammerdam ist nur ein Beispiel für die Art des Denkens, für Wertverschiebungen und neue Auffassungen, woran die Leute Gefallen zu finden begannen.

Wir wissen nicht, weshalb der Apotheker mit seinem Bemühen um Kuriositäten begann, das schließlich zum Aufbau einer der repräsentativsten Sammlungen dieser Art führte. Wir können aber davon ausgehen, daß innere und äußere Umstände es ihm erlaubten, seinen Neigungen nachzugehen und das Sammeln seltsamer und bisher unbekannter Objekte als ein reizvolles Vehikel zu nutzen, um seinen individuellen, möglicherweise zwanghaften Neigungen Ausdruck zu geben. Man könnte vermuten, daß sich in Kuriositätensammlungen Persönlichkeitszüge zeigten, bei denen Organisation, Ordnungsliebe, sogar Exaktheit im Vordergrund standen. Dies sagt uns mehr über das Machtbedürfnis des Sammlers. Ich meine, daß die Anlage von Kuriositätenkabinetten ein Beleg für eine zunehmend weltliche Sichtweise ist, wenn der Sammler seinen Besitz in *fossilia* und *metallica, vegetabilia, animalia* und Artefakte sowie in eine große Gruppe der von ihm als *exotica* bezeichneten Stücke unterteilte. Da private Museen dieser Art in Mode waren, kamen Handbücher auf den Markt, die Sammler berieten, wie sie ihren Besitz am besten arrangierten.

Wir haben es hier mit einem ersten Anflug dessen zu tun, was später zu einem Hauptanliegen von Sammlern wurde – eine Tendenz zum Kategorisieren und Organisieren beim Unterteilen der eigenen Bestände. Einteilungen wie *Naturalia* und *Artificialia* finden sich in frühen Katalogen sehr häufig. Nun beginnen wir auf Begriffe wie *Repositorium Naturae et Artis* (Verwahrort der Natur und Künste) und *Mundus Sensibilis* (Welt der Sinne) und *Mundus Intelligibilis* (Welt des Wissens) zu stoßen.

Kategorien haben sowohl eine realistische wie auch eine psychologische Funktion. Sie verhelfen dem Sammler zu größerer Effizienz, besagen aber zugleich etwas über das Bemühen eines Menschen, sein Leben in einer kodifizierten oder ritualisierten Form zu verstehen, indem er diese Technik benutzt, um sich in die Position des Verantwortlichen, wenn nicht des Dominierenden zu bringen. Es handelt sich um Beispiele symbolischen Handelns, die auch heute noch zu beobachten sind und besonders häufig bei jenen Sammlern vorkommen, die zum obsessiven Sammeln von Serien neigen oder ihre Sammlungsbestände mit skrupulöser Genauigkeit auf bestimmte Perioden oder Gebiete begrenzen. Für Münzen- oder Briefmarkensammler beispielsweise ist es der große Glücksfall, wenn sie die eine Münze oder die eine Marke finden, die ihre Serie komplettiert. Ein anderes Beispiel ist ein junger holländischer Eierbechersammler, den ich kennenlernte und der entschlossen war, seine Bestände allein auf diesen Gegenstand zu beschränken; er führte mir voller Stolz die größte Vielfalt von Eierbechern aus allen Teilen der Welt vor, die man sich vorstellen kann.

Ich unterstreiche diese Tendenz deshalb, weil sie sich bereits bei manchen Sammlern aus der Zeit der Renaissance und danach bemerkbar gemacht hat. Wie wir sahen, steht die Popularität von Kuriositätenkabinetten oder Wunderkammern in der damaligen

Zeit im Zusammenhang mit der weiterreichenden Emanzipation von hingebungsvoller Gläubigkeit an eine von der Kirche vorgegebene und bestimmte Welt. In ihrer neuentdeckten Freiheit im Denken und Handeln hielten die Menschen nach Zeugnissen eines greifbaren und realen statt eines mysteriösen Universums Ausschau. So wie ein Kind ein Stadium erreicht, in dem es den Drang verspürt, herauszufinden, wo die Kinder herkommen, so strebten Menschen im 16. und 17. Jahrhundert mit viel Wißbegierde nach der Erweiterung ihres intellektuellen Horizonts. Die Liberalisierung des Denkens und Fortschritte in der Wissenschaft lagen hinter der eindrucksvollen Entschlossenheit zur Aufklärung, nicht nur in den Niederlanden, sondern vielerorts in Europa (auch wenn die Niederlande an vorderster Front dieser Entwicklung standen, vielleicht als Folge so vieler Jahrzehnte in der Erfahrung akuter persönlicher Furcht und Verfolgung neben der allgemeinen politischen Unterdrückung und Beherrschung).

Diese Faktoren verdienen eine gewisse Aufmerksamkeit, weil es gar nicht ausbleiben kann, daß Weltsicht und Verhaltensreaktionen eines Volkes davon beeinflußt werden. Es gibt einen deutlichen Zusammenhang zwischen emotionalen Verfassungen, die von Bedrohungen und Unsicherheiten hervorgerufen werden, und dem Sichklammern an faktische Daten und Wissen sowie dem Sammeln von Objekten. Es war kein Zufall, daß zu dieser Zeit holländische Ärzte die Anatomie erforschten und lehrten und damit gleichsam die greifbare innere Welt erkundeten.

Die Holländer repräsentierten Europas Neureiche. In einer Zeit, in der ihr früherer Unterdrücker, Spanien, im Niedergang begriffen war, stand die soziale und wirtschaftliche Stabilität des Landes außer Frage, und die kommerziellen und expansionistischen Aktivitäten der Holländer und die damit einhergehende Prosperität setzten eine Inbrunst und umfassende Intensität frei, bei der gewisse Exzesse nicht ausbleiben konnten. Die Beschreibungen, die ausländische Besucher von den Märkten und von der Geschäftigkeit in den Häfen und in manchen Häusern abgaben, erstreckten sich auch auf andere Dinge. Einer dieser

Exzesse war die Tulpomanie, auf die ich gleich zurückkommen werde.

Bei ihrer Suche nach einer neuen Selbstdefinition und Richtung und angesichts des Fehlens von inspirierenden Vorfahren, eines Hofs oder einer Aristokratie, die den gültigen Stil hätte setzen können, schauten sich einige Leute jenseits der Landesgrenzen nach Inspiration um. Als Beispiel möchte ich zwei junge Amsterdamer Sammler anführen, die Brüder Reijnst. Ihr Vater war gestorben, als sie noch Heranwachsende waren. Er war damals Generalgouverneur der kurz zuvor kolonisierten holländischen Territorien auf den Ostindischen Inseln gewesen. Obwohl seine beiden Söhne Gerrit und Jan kaum über zwanzig waren, traten sie in das Familienunternehmen ein, ein Import- und Handelsgeschäft von beeindruckenden Dimensionen. Jan, der jüngere der beiden, ließ sich als Vertreter der Firma in Venedig nieder und betrieb von dort aus ihre Geschäfte mit besonderem Geschick. Obwohl Venedig nicht mehr Europas wirtschaftliche Kapitale war, stand es für viele immer noch für Eleganz und klassischen Geschmack und war darin vielleicht dem heutigen Paris nicht unähnlich, das über mehrere Jahrhunderte hin als kulturelles Zentrum des Abendlandes gegolten hat.

Rasch verwandelte sich Jan in einen Italophilen und zu einem Bewunderer des italienischen oder, genauer gesagt, des venezianischen Lebensstils. Als großer Verehrer der italienischen Kultur hatte er eine ausgesprochene Vorliebe für römische und griechische Antiquitäten[229] und zog sie fraglos der zeitgenössischen holländischen Kunst vor. Als 1629 der Doge Andrea Vendramin starb und seine berühmte Sammlung zum Verkauf kam, erstanden die Brüder (vermutlich mit Hilfe des bekannten Malers Nicolas Régnier) en bloc einen Großteil des Museo Andreae Vendramino.

Zwei Jahre vor dem Tod des Dogen war ein siebzehnbändiger Katalog gedruckt worden, der die Bestände dieses Museums wiedergab. Ein erheblicher Teil dieser Sammlung, die aus Hunderten von Gemälden, Plastiken und Antiquitäten bestand, brachten die Brüder Reijnst nun in ihr jüngst erworbenes Herrenhaus in einer vornehmen Gegend Amsterdams, in der Keizersgracht 209. Bald war das Haus ein bei Europas Kennern bekannter kultureller Treffpunkt. Unter den Besuchern Amsterdams galt es als Ehre, wenn man eingeladen wurde, die Sammlung zu besichtigen, und einige beschrieben sie in den höchsten Tönen.[230]

Ein deutscher Besucher, Christian Knorr von Rosenroth, fand das Haus fürstlich und die Sammlung enzyklopädisch, denn mittlerweile hatten die Reijnsts ihrem ursprünglichen Ankauf weitere Kunstgegenstände, Münzen, Gemmen, Muscheln und andere *naturalia*, als was sie bezeichnet wurden, hinzugefügt.[231] Melchior Fokkens, ein Holländer, verglich das Haus mit »einem Königspalast … [mit] römischen und indischen Dekorationen und Raritäten«.[232] Unter den vielen Kunstwerken in der Sammlung befanden sich Gemälde von Bassano, Tizian, Andrea del Sarto und Veronese und wenigstens achtundneunzig antike Skulpturen. Interessanterweise hatten die Brüder nur wenige Arbeiten holländischer Meister angeschafft, und selbst diese gehörten zur italianisierenden Schule von Utrecht.

Von den beiden Brüdern scheint Jan der aktivere Sammler gewesen zu sein. Einen Großteil seiner Zeit lebte er in Venedig, wo er den besten Kreisen angehörte.[233] Er vertrat die Holländische Republik am Hof Ludwigs XIII., wo er schließlich auch in den Adelsstand erhoben wurde. Im Alter von vierundvierzig Jahren starb er in Venedig.

Man wüßte gern, ob es Gerrit und Jan Reijnst, die so sehr von ihrer kommerziellen Verbindung mit Venedig beeinflußt waren, darum ging, ihrer Heimatstadt die elegante Lebensart venezianischer Patrizier vorzuführen. Daß sie italianisierten Geschmack bevorzugten, steht außer Frage. Offenkundig waren italienische Bilder mit ihrem oftmals größeren Flair für Farbe und komplexe Bewegung und ihren anderen Themen für sie von größerem Reiz als holländische Arbeiten, die thematisch zuweilen sinnlicher, aber weniger glanzvoll waren.

Was mag diese beiden urbanen jungen Kaufleute dazu motiviert haben, eine Sammlung von solch hohem Rang zu erwerben? Als Söhne eines früheren Generalgouverneurs der Ostindienkompanie war ihr gesellschaftlicher Status einwandfrei, sie hatten keinerlei Grund, sich in der Öffentlichkeit eine neue Position aufzubauen. Sie waren unternehmende, kosmopolitische, »aufgeklärte Amateure, begabt, mit gutem Instinkt und ohne Angst vor hohen Preisen«, wie Lugt sie F. H. Taylor gegenüber prägnant beschrieb.[234] Einen Großteil einer fertigen Sammlung aufzukaufen und ihn mit allem Drum und Dran von Venedig in die Niederlande zu schaffen, mutet fast wie ein Bravourstück an, mit welchem die Amsterdamer *burgerij* beeindruckt werden sollte.

Sie müssen einen Grund gehabt haben, sich vom Gängigen zu unterscheiden, aber es fällt schwer, der unmittelbaren Absicht auf die Spur zu kommen, aus der heraus sie sich in dieser Weise eine Sammlung gekauft haben. Was ihr Motiv auch gewesen sein mag, an ihrer überragenden Stellung im internationalen Kreis der Kunstfreunde gibt es wenig Zweifel. Nur einen Monat, bevor Jan Reijnst 1646 in Venedig starb, hatte Carlo Ridolfi den ersten Band seiner *Maraviglie dell'Arte* den »Illustrissimi Signori Fratelli Reinst« gewidmet. Gleich, ob der Autor damit seiner Bewunderung für die Brüder Ausdruck geben oder sich einfach nur ihres Wohlwollens versichern wollte, ist die Widmung ein klares Anzeichen für ihre Prominenz in der internationalen Kunstwelt.

Als Beispiel für eine bestimmte Art des Sammelns mag der großangelegte Ankauf der Brüder Reijnst seine besondere Bedeutung haben. Offensichtlich hatte die Sammlung Vendramin ihren Rang erwiesen. Sowohl durch ihre Qualität wie auch den Namen ihres Vorbesitzers war sie berühmt. Stellte sie die Lösung eines Dilemmas dar? Bestätigte sie ein Gefühl der Überlegenheit, das die Brüder ihren Landsleuten gegenüber empfanden? Oder verhalf Andrea Vendramin ihnen, die ihren eigenen Vater in der Pubertät verloren hatten und im Alter von sechzehn beziehungsweise vierzehn Jahren zu Waisen geworden waren, zu einem Vaterbild? Und schließlich, hatten die Brüder womöglich das Gefühl, daß, wenn ihnen viele der Vendraminschen Schätze gehörten, sie sich bloß in den Spuren der historischen und ökonomischen Entwicklung Europas bewegten? Wir wissen, daß Venedig zu dieser Zeit viel von seinem Rang und Prestige an Amsterdam verloren hatte, das wegen seiner Nähe zum Meer und der vielen Kanäle gelegentlich das »Venedig des Nordens« genannt worden ist.[235] Möglicherweise sind den Brüdern die Schätze der Vendraminschen Sammlung wie der Lorbeer, den man aus der Schlacht davon trug, oder wie die griechischen Kunstwerke, die im Triumph mit nach Rom gebracht wurden, erschienen.

Die Sammlung Reijnst teilt das Schicksal so vieler anderer. Nach Jans Tod führte Gerrit das brüderliche Anliegen fort, bis er 1658 in der Keizersgracht ertrank. Zwei Jahre darauf verkaufte seine Witwe vierundzwanzig italienische Gemälde und zwölf antike Statuen zum Preis von 80 000 Gulden an die holländische Regierung, die sie dann Karl II. von England zum Geschenk machte. Gerrits Sohn Joan scheint verschiedene weitere Sammlungsobjekte verkauft zu haben, und im Jahr 1673 setzte der bekannte Amsterdamer Kunsthändler Gerrit Uylenburgh eine Auktion italienischer Bilder an, zu der wahrscheinlich einige Werke aus der Sammlung Reijnst gehört haben. Heute ist vieles aus diesem Bestand verschwunden, anderes nach England, Deutschland und die USA gelangt. Einige Objekte blieben in den Niederlanden und gehören jetzt dem Museum van Oudheden in Leiden.

Die Mode, das eine oder andere zu sammeln, erfaßte bald das ganze Land. Für die Reijnsts war der unmittelbare Anstoß dazu von den Italienern gekommen, und es ist durchaus möglich, daß sie sich dabei insbesondere mit der venezianischen Aristokratie identifizierten und vielleicht dadurch die Illusion gewannen, von anderem und vermutlich besserem Rang zu sein als ihre holländischen Landsleute.

Viele, zum Beispiel Swammerdam, waren von der neuen Aufklärung fasziniert, besonders in Städten wie Amsterdam mit einem wichtigen Hafen, der allerlei Möglichkeiten bot, Kuriositäten aufzutreiben und sich ein Sammelgebiet auszusuchen.[236] Gleichwohl lassen sich die unterschiedlichen Arten des Sammelns in dieser Zeit als lebende Beispiele betrachten, bei denen das Sammeln die versichernde Funktion des Habens und Festhaltens hatte und als Beweis für Besitz und Besonderheit diente. Für die Holländer war die Welt damals voll von Neuem. Rembrandts gelegentliche Verwendung von Federn, fremdartigen Vögeln, Chinoiserien und Antiquitäten in seinen Bildern und Zeichnungen zeigt das Interesse an bislang unbekannten Dingen und deren Reiz. Wir haben uns zu vergegenwärtigen, daß die Verwendung derartiger Dinge etwas Modernes war und chinesische Keramik, besonders aus der Wang-Li- und Kang-H'si-Periode, damals hoch in Mode stand. Auch an Werken von Breughel de Velour, Jan van Kessel, Frans Francken II. oder Willem van Haecht, um nur einige Künstler zu nennen, läßt sich erkennen, welche Faszination vom Sammeln und von der Opulenz ungewöhnlicher und oftmals verblüffender Dinge ausging.[237]

Vor diesem sozioökonomischen Hintergrund dürfte es aufschlußreich sein, sich einen Sachverhalt genauer anzuschauen, der als ein der Epoche eigentümlicher Nebenschauplatz gelten könnte. Viele der neuen Dinge kamen damals durch den Mittleren Osten und das Mittelmeer nach Holland. Zunächst waren es rare Ausstellungsstücke, wie der Elefant, von dem John Evelyn in Rotterdam so beeindruckt war, oder sie wurden in Sammlungen gezeigt, die oftmals »Schalentiere« oder »ausländische Früchte« oder befremdliche Blumen und Pflanzen enthielten. Zu diesen Blumen gehörte die Tulpe, die in Hollands Sozial- und Wirtschaftsgeschichte eine ganz besondere Rolle spielen sollte. Hier überschnitten sich, wie so oft, Neugier, Habgier, Exhibitionismus und die wissenschaftliche Erkundung beobachtbarer Phänomene.

So weit man weiß, kam die Tulpe in der Mitte des 16. Jahrhunderts aus Persien oder der Türkei nach Holland. In Europa war sie erstmals am Hof Kaiser Ferdinands I. in Wien aufgetaucht, wohin sie der kaiserliche Botschafter am türkischen Hof Süleimans des Prächtigen mitgebracht hatte. Dieser Diplomat, Ogier Ghiselin de Busbecq, war holländischer Abstammung. Ungefähr zur selben Zeit wurden die immer wachen Venezianer auf die Blume aufmerksam und begannen, sie in Westeuropa zu vermarkten. Bereits 1565 – bemerkenswert rasch nach ihrer Einführung, wenn man das langsame Kommunikationstempo dieser Tage bedenkt – verfaßte der Schweizer Botaniker Conrad Geßner eine informative Beschreibung der Blume, die er in zwei Augsburger Gärten gesehen hatte; der eine gehörte der Familie Fugger und der andere den Herwarts, beide international tätige Bankiers. Wir kennen zwar nur wenige Einzelheiten, aber offenbar war es so, daß, wie so oft, der kaiserliche Hof und einige aristokratische Familien als Trendsetter gewirkt haben. Mit der Zeit wurde die Tulpe, teils ihrer Form, teils ihrer faszinierenden Farben und Streifen wegen, zur begehrtesten Blume in Westeuropa.

Mit dem systematischen Studium von Pflanzen und Blumen kam ein wachsendes Interesse an botanischen Gärten und Herbarien auf. Einer der prominenten Spezialisten in der systematischen Erforschung von Pflanzen und pflanzlichen Heilmitteln war Carolus Clusius oder Charles de l'Ecluse, der in Wien und Prag im Dienst Rudolfs II. stand. Er war der Aufseher über die kaiserlichen Heilkräutergärten und gehörte eine Zeitlang zu Rudolfs II. Entourage in Prag. Clusius ersann in seiner *Rariorum Plantarum Historia* von 1601 eine detaillierte Klassifikation der Pflanzen und nahm später eine Einladung an die neue Universität von Leiden an, wo er Professor an der Medizinischen Fakultät wurde.

Über Clusius gibt es eine Anekdote, die ein Licht auf die Stimmung jener Zeit wirft. Clusius begann damals, neue und eindrucksvolle Tulpenvarianten zu züchten, aber sein Enthusiasmus für dieses Projekt schwand dahin, weil ihm nachts die Zwiebeln gestohlen wurden. Ob die Diebereien auf das Konto eines übereifrigen Amateurs gingen oder auf den ständig wachsenden kommerziellen Wert der Zwiebeln zurückzuführen waren, läßt sich heute nicht mehr entscheiden, aber solche Missetaten erinnern stark an Viehdiebstähle oder Kunstraub.

Als die Tulpenzwiebeln immer wertvoller wurden, betätigten sich viele Leute als Gärtner und begannen sie zu züchten, und noch viel mehr wurden zu Zwiebelsammlern oder -spekulanten. Tulpen wurden zur nationalen Freizeitbeschäftigung in wirklich immensem Maßstab, und wer über das Sammeln in den Niederlanden des 17. Jahrhunderts schreibt, kann den offenbar unwiderstehlichen Bann der Tulpe nicht übergehen.[238]

Jeder, der sich mit Sammeln und Sammlern beschäftigt, merkt bald, daß ökonomische Faktoren gewöhnlich einen starken Einfluß auf die Torheiten und Moden des Tages ausüben. Der Wirtschaftswissenschaftler N. W. Posthumus schreibt der Nachbarschaft Amsterdams als eines Welthandelszentrums zu den Tulpenfeldern, der sogenannte Bollenstreek, rund um das nahe Haarlem und Alkmaar die Tulpenmanie zu.[239] Von Einfluß war auch die Tatsache, daß nicht immer bar bezahlt wurde.[240]

Ihren Höhepunkt erreichte die Besessenheit von den Tulpen ein Jahr nach einem furchtbaren Pestausbruch, der in den Niederlanden, besonders in der Gegend um Haarlem, zum Tod tausender Menschen geführt hatte. Aus der Geschichte wissen wir von den anarchischen Auswirkungen des Schwarzen Todes während der Frührenaissance. Die Pest, die für mehr als drei Jahrhunderte immer wieder drohte, barg das Potential, in der Bevölkerung enorme Ängste aufzuwühlen. Das hatte dann zur Folge, daß nach irgendeiner Form des Wunderglaubens Ausschau gehalten wurde, an dem man sich festklammern konnte. Zwar begann die holländische Tulpensucht vor diesem Pestausbruch, aber jetzt fehlte jeder Schutz gegen den Einsturz der inneren Barrieren, so daß es zu einem fast manischen Taumel kam und in kürzester Zeit Angehörige der Oberschicht, Städter und Bauern in einem wilden Wettstreit um die Tulpen lagen.

Daß es sich bei der *Tulpomanie* irgendwie um eine Form des Sammelns handelte, wird womöglich angezweifelt. Im strikteren Sinne trifft jedoch vieles, was für die Leidenschaft des Teddybärensammelns gilt, auch auf das Verhalten und den Überenthusiasmus im Tulpenwahn zu. Damals gab es beispielsweise eine äußerst seltene und nach mehreren Berichten ganz besonders schöne Sorte namens *Semper augustus* mit feuerroten und weißen Streifen auf blauem Grund. Der Tulpensammler Nicolaas van

Wassenaar kaufte 1623 eine Pflanze dieser Sorte für 1000 Gulden, eine enorme Summe nach der damaligen Kaufkraft. Als der Verkäufer nach Vertragsschluß bemerkte, daß sich am Pflanzenstengel zwei winzige Zwiebelchen auszubilden begannen, fand er, er habe sich durch seine Unaufmerksamkeit um weitere 200 Gulden gebracht. Im folgenden Jahr erbrachte diese Tulpe 200 Gulden mehr, und 1625 wurde ein Angebot über 3000 Gulden für die Blume ausgeschlagen.

Diese kleine Geschichte soll illustrieren, wie aus einem Modetick rasch eine passionierte, affektgeladene Manie wurde. Damals wurden Tulpen wie seltene Kostbarkeiten behandelt und zu auftrumpfenden Statussymbolen gemacht. Dies ist ein weiteres konkretes Beispiel für das, was geschehen kann, wenn sich die psychosozialen Bedingungen ändern. Daß durch den materiellen Erfolg, den die Holländer in dieser dynamischen Periode hatten, allzu großer Wert auf Besitz gelegt und der Raffgier allzu freier Lauf gelassen wurde, ist kaum zu bezweifeln. Aus den Auswirkungen der Vergangenheit und der konkreten Erfahrung der Fülle war nach Jahren der Entbehrung und chronischer Ängste eine neue Stimmung entstanden.

Die manischen Untertöne des Tulpenwahns stehen außer Frage. Unverkennbar hatte die neu gewonnene Freiheit der Holländer ihre traditionelle Mäßigung beeinträchtigt. Viele Tulpensammler wurden, als die Preise nach oben schossen, zu Spekulanten, und es schien, als wäre alle Sparsamkeit außer Kraft gesetzt. Tulpen seltener Sorten wurden gewogen und wie Gold verkauft, und oftmals machten öffentliche Notare die Geschäfte rechtsverbindlich.[241]

Der Fall des berühmten Landschaftsmalers Jan van Goyen vermittelt uns einen Einblick in den Geist dieser Zeit. Ursprünglich hatte er mit Immobilien gehandelt, war dann aber zum Tulpenenthusiasten geworden. Im Januar 1637 kaufte er dem Bürgermeister von Den Hague Albert Claesz. van Ravensteijn, der ebenfalls Tulpen sammelte, zehn Zwiebeln ab und eine Woche später vierzig weitere sowie eine Reihe billigerer, die nach einem Pfundpreis berechnet wurden. Der Gesamtbetrag lag bei 900 Gulden, wobei freilich zu dem Geschäft auch noch zwei Gemälde gehörten, eines von ihm selbst und das andere von (Salomon?) Ruijsdael. Um die Größenordnung dieses Handels recht zu verstehen, muß man wissen, daß ein Ochse von durchschnittlicher Größe damals um die 120 Gulden kostete.[242]

Das Ausmaß der Verpflichtung, die van Goyen beim Kauf der Tulpenzwiebeln eingegangen war, zeigt der Umstand, daß er auch vier Jahre später noch seine Schulden nicht abbezahlt hatte. Er lebte noch fünfzehn Jahre, ohne daß er sie losgeworden wäre. Ein Ausnahmefall war das keineswegs.

Die Tulpomanie legte sich schließlich wieder. Sie scheint ein Auswuchs einer Periode des materiellen Wohlstandes gewesen zu sein, von dem man früher nicht zu träumen gewagt hätte und der zu irrationalem Handeln führte, das sich in der Dampfkesselatmosphäre des Sammelns und Spekulierens eindrucksvoll manifestierte. Das dynamische Zusammenspiel zwischen dem dringenden Wunsch, die eigene Prosperität und Wohlhabenheit unter Beweis zu stellen und zu diesem Zweck »Sammelbares« einzusetzen, wird in solchen Zeiten durch wirtschaftlichen Erfolg noch zusätzlich aufgeheizt.

Offensichtlich gibt die Bewunderung für das Objekt seinem Eigentümer nicht nur Selbstbestätigung. Sie erhöht sein Selbstbild und verleiht ihm Schutz gegenüber den Unsicherheiten der Vergangenheit. Es ist leicht zu verstehen, wie der »Sammelbazillus« sich so schnell in einer Zeit ausbreiten konnte, als das gesamte Land den Puls des Lebens schneller schlagen spürte und jeder darauf aus war, an der frenetischen Aktivität teilzuhaben. In solchen Zeiten ist es den Menschen geradezu vorbestimmt, nach irgendeinem greifbaren Beweis der Absicherung gegen neuerliche Verletzbarkeit Ausschau zu halten. So war es nach den vielen schweren Jahrzehnten nun das Sammeln und die Verschönerung ihrer Städte und Häuser, nicht ihrer Kirchen, was sich in Hollands Goldenem Jahrhundert zur Manie auswuchs.

TEIL V
DIE GUNST DES SCHICKSALS

KAPITEL 12

MEDIZINISCHE PARAPHERNALIA UND INSTRUMENTE

FOTO: CHRISTIE'S, LONDON

MITTEL UND WEGE

Die beiden vorangegangenen Kapitel haben sich mit historischen Epochen beschäftigt, die nicht allein entscheidende Veränderungen in Weltsicht und Selbstverständnis des Abendlandes erlebten, sondern auch das Vordringen rationalen Denkens und, im Gegenzug, den allmählichen Rückgang des Einflusses der Lehren und Dogmen des lateinischen Christentums. Das kirchliche Schisma war Teil des Zerfalls mittelalterlicher Kultur in der Folge sich wandelnder gesellschaftlicher Bedingungen und zunehmend heterodoxer Ideen.

Vermutlich hatte jedoch nichts eine tiefere und dauerndere Auswirkung auf den Menschen des Mittelalters als das kollektive Trauma, das der Ausbruch der Pest, des Schwarzen Todes, verursachte, der erstmals für das Jahr 1347 verzeichnet ist, als Petrarca dreiundvierzig Jahre alt und auf der Höhe seines Einflusses war. Eine derartig einschneidende Erfahrung konnte seine Ideologie und Weltsicht nicht unberührt lassen. Von Petrarcas Einfluß auf das rationale Denken war schon die Rede: Ungeachtet der dramatischen Veränderungen in den Strukturen des Lebens in Westeuropa war es letztlich der Humanismus Petrarcas und Dantes, der als der wichtigste Ursprung der *rinascita* – das italienische Wort für Renaissance, Wiedergeburt – zu gelten hat.

Seit dem 14. Jahrhundert machten sich die Menschen immer nachdrücklicher auf die Suche nach ihrer Vergangenheit, besonders nach Zeugnissen ihrer lateinischen Ursprünge und, noch weiter zurückgreifend, ihres griechischen Erbes. In ihren Fragen zeigte sich der intellektuelle und erfahrungsbedingte Schritt aus dem mittelalterlich-kirchlichen Denken hin zu einer voller Enthusiasmus betriebenen Erkundung der dinglichen Welt, wozu auch das Kennenlernen der Vergangenheit und, in dessen Folge, eine sich daraus entwickelnde Tendenz zur Idealisierung der Antike gehörte. Diese schöpferische Wende machte jedoch nicht halt bei der Wißbegierde gegenüber der Geschichte oder bloßem intellektuellen Forschen; sie hatte auch ihre praktische Seite, die in einer vitalen Freude am Besitz irdischer Güter und, in Italien zuerst, in staunenswerten Fortschritten im Städtebau, in städtischer Kultur und Verfeinerung und sogar im Luxus zum Ausdruck kam.

Daß vielversprechende junge Künstler wie ein Donatello oder Brunelleschi vom modernen Zeitgeist tief beeinflußt waren, steht außer Zweifel. Sie gingen als »Schatzjäger« nach Rom, um archäologische Funde zu machen. Ihr Beispiel zeigt, wie die neue humanistische Weltsicht – die Wiederentdeckung nicht bloß des klassischen Roms, sondern, was mehr besagt, der Natur als solcher – bei Sammlern und anderen Interessenten den Wunsch nach einer Erweiterung ihres Wissens und intellektuellen Horizonts entstehen ließ.

Es gab noch viele weitere Vorbilder. Poggio Bracciolini (1380 bis 1495) liefert uns ein gutes Beispiel eines Sammlers, der von modernem Denken und Intellekt motiviert war. Im Gegensatz zu Brunelleschi und Donatello war er alles andere als ein »Gelegenheitsschatzjäger«. Seine Sammelgewohnheit hatte dermaßen von ihm Besitz ergriffen, daß er nichts dabei fand, seltene Dokumente zu stehlen oder ahnungslose Mönche zu täuschen, um wertvoller Handschriften, die in Klosterverliesen vor sich hin moderten, habhaft zu werden.

So viel zu den Strategien und moralischen Werten eines begeisterten Sammlers zur Zeit der Frührenaissance. Es war kein impulsives Verhalten, sondern geschah mit Vorbedacht und war sorgsam geplant und ganz und gar zielgerichtet.

Mit dieser Leidenschaft war er nicht allein. Männer wie Thomas Phillipps oder Kardinal Mazarin, die ihre eigenen Gründe und Gewohnheiten bei ihrer Sammellust hatten, waren vermutlich ähnlich veranlagt. Sie alle repräsentieren einen Persönlichkeitstypus, den das Bedürfnis nach Besitz und Kontrolle treibt und der schlichtweg unfähig ist, abzuwarten oder Frustrationen auszuhalten. Obwohl ihr *modus operandi* von Zeit und Umständen beeinflußt war, in denen sie tätig waren, gibt es genügend Anhaltspunkte dafür, daß sie ihren eigenen moralischen und psychologischen Gesetzen gemäß gelebt haben.

Balzac, ein weiterer Prototyp, war sich solcher individueller Unterschiede in den Weisen des Sammelns durchaus bewußt. Während er selbst jemand war, dem das Anhäufen von Besitz zum nahezu unwiderstehlichen Bedürfnis wurde, repräsentiert seine Romanfigur Sylvain Pons fast den genauen Gegentypus – nämlich jemanden, der seiner Impulsivität keinerlei Konzessionen machte. Das besagt nicht, daß sich verschiedene Vorgehensweisen ohne weiteres in unterschiedliche psychologische Konfigurationen übersetzen lassen. Es bedeutet jedoch, daß im manifesten Auftreten wie in den unbewußten Kräften, die für den Drang zum Sammeln verantwortlich sind, sehr viel mehr zum Ausdruck kommt als bloße Techniken des Zusammentragens von Objekten und das oft unbeugsame Verlangen nach Akkumulation. Es hat auch mit einer eindeutig individuellen Prägung und mit inneren Erfahrungen zu tun: romantisch und idealistisch wie bei Donatello und Brunelleschi, in anderen Fällen diszipliniert, systematisch oder wissenschaftlich.

Wie es um ihr äußeres Verhalten auch bestellt sein mag, gewissen psychoanalytischen Überlegungen, wonach »Sammlerleidenschaft und Besitzstreben ... ihre Bestimmungen in der kindlichen Einstellung zu den Faeces haben«, kann ich nicht beipflichten.[243] Ich halte dies für eine allzu enge Sicht. Es ist eine Vereinheitlichung auf Grund des äußeren Anscheins und genetischer Phasen. Statt dessen sollte man das Phänomen in seinem unmittelbaren erfahrungsmäßigen Kontext sehen.

Versucht man, der individuellen Entwicklung von Sammlern auf die Spur zu kommen, wird schnell klar, daß sich die aktuelle Ursache ihres Bedürfnisses und die Rolle dieser Neigung nicht auf einen bestimmten, phasenbezogenen Charakterzug eingrenzen lassen. Es handelt sich hier nicht um eine elementare Situation, denn in den meisten Fällen hat die oftmals überraschend starke Passion für eine bestimmte Art von Objekten oder überhaupt die ganze Neigung tieferliegende und verwickeltere Ursprünge.

So gesehen ist es sehr aufschlußreich, daß jeder einzelne Sammler in seiner individuellen Haltung gegenüber den gleichen Bedürfnissen sein eigenes, von demjenigen anderer völlig verschiedenes Verhalten an den Tag legt. Wenn es zum Erwerb von Objekten kommt, findet jeder – im Einklang mit seiner Ich-Konstellation – seine ganz persönliche Note.

Was diese Sammler antreibt, ist keineswegs irrational; in den meisten Fällen läßt sich trotz der auffälligen Unterschiede in Charakter und Lebenstil die Entwicklung ihrer Passion aus ihren Lebensgeschichten plausibel rekonstruieren. Es hat mich zunächst überrascht, von den vielen Sammlern, mit denen ich sprechen konnte, zu erfahren, daß es hinter ihrem Sehnen nach Besitz oftmals eine Erinnerung an frühe Traumatisierungen oder Enttäuschungen gab, die das Bedürfnis nach einem menschlichen Kontakt auf ein narzißtisches Bedürfnis nach einem Ersatz verschoben, das als deren Äquivalent fungierte – mit anderen Worten, es ist eine Selbsthilfe mit Hilfe von Objekten. Gewöhnlich hatte dies die Form eines chronischen Verlangens nach Objekten statt nach Personen. Auf Menschen, so schien es ihnen, war im Zweifel kein Verlaß.

Ein Muschelsammler zeigte mir eine goldene Kaurimuschel. Um genauer zu sein, er zeigte sie mir nicht einfach, wie es vielleicht andere Muschelsammler tun, wenn sie etwa auf ein sorgfältiges Arrangement verschiedener Stücke einer bestimmten Muschelsorte verweisen und dabei ihren Hang zu Beobachtung und Methode zu erkennen geben – ein Verhaltenszug, der sich in der Tat als eine »gelungene Verdrängung« von Koprophilie interpretieren läßt.[244] Mein Bekannter, ein eingefleischter Junggeselle, präsentierte mir die Muschel eher wie irgendein delikates Kunstwerk oder Schmuckstück, er legte sie dazu auf ein geschmackvoll ausgewähltes blaues Samtkissen. In solchen Details gibt der Sammler manches seiner Persönlichkeit zu erkennen. Kein Impulskäufer käme auf die Idee, seine Objekte in solch feierlicher Weise vorzuführen. Hier zeigte der Mann mehr als seine pure Freude darüber, daß er dieses Exemplar von beträchtlicher Seltenheit und Schönheit schließlich doch noch hatte erwerben können – ein der Helligkeit seiner Farben und seines prachtvollen Schimmers wegen außerordentliches Stück, wie er mir mit aufwendiger Eloquenz erläuterte.

»Ich habe mich in sie verliebt«, erklärte er mit sichtlichem Stolz. »Ich konnte ihr nicht widerstehen. Jahre habe ich gebraucht, bis sie mir zufiel. Früher gehörte sie einem bedeutenden Wissenschaftler, und erst eine ganze Weile nach seinem Tod konnte ich seine Familie dazu überreden, sie mir zu überlassen.«

Der Mann erzählte mir, er hätte schon einige Jahre von der Muschel gewußt und sich nach ihr gesehnt, seit er ihrer erstmals ansichtig geworden sei. Sie habe ihm keine Ruhe mehr gelassen und bewirkt, was man als *sentiment d'incomplétitude* bezeichnet hat, nämlich, daß jemand sich nicht vollständig fühlt, wenn er etwas nicht besitzt. Und er fuhr fort, sich über ihre vollendete Form und ideale Farbigkeit auszulassen. »Ein Meisterwerk der Natur«, versicherte er mir immer aufs neue. Makellos, nicht einmal ein winziges Stückchen abgeschlagen. Und während er so seine Begeisterung kundtat, konnte er es nicht unterlassen, einen durchsichtigen Vergleich anzustellen.

»Es ist wie ein Körper, den man unbeschreiblich schön findet. Man möchte ihn ganz für sich allein.« An dieser Stelle brachte er die Muschel auf ihrem blauen Samtkissen an ihren angestammten Platz zurück, eine Schublade, wo sie vor Licht geschützt war. Das geschah allerdings erst, nachdem ich mich an das offenbar traditionelle Ritual gehalten hatte: Ich mußte dem Sammler zeigen, wie sehr mir seine Muschel gefiel.

Solch ein Vorkommnis ist lehrreich. Es fällt nicht schwer zu erkennen, daß Situationen wie diese manchmal unbewußt herbeigeführt werden, um dem Betrachter seinen Beifall zu entlocken. Die Seligkeit des Mannes hatte sich deutlich von der Ebene des Sinnlichen zu einer Art triumphaler Überschätzung aufgeschwungen, der man oft bei jungen Liebenden begegnet. Eine derartig exzessive Passion weist anthromorphisierende Residuen auf und muß die Grenzen der Objektivität sprengen.[245]

Kein Zweifel, daß die Muschel wirklich sehr schön war und der Mann finanzielle Opfer gebracht hatte, um das rare Exemplar zu bekommen – bei begeisterten Sammlern ist das keine Seltenheit. Aber beschränkte sich diese offensichtlich romantisierende Exaltation auf dieses Einzelstück? Die Analogie mit dem Körper war bezeichnend und lag direkt neben dem Eigentlichen: Er mußte sie haben. Er mußte sie berühren. Sie mußte *ihm* gehören.

In diesem Zusammenhang entsann ich mich eines anderen Muschelsammlers, an einen aus Peru stammenden Abenteurer aus dem 18. Jahrhundert, der eine Zeitlang in Paris gelebt hatte. Er erhielt einmal die Erlaubnis, die bekannte Sammlung der Gräfin de Praslin-Rochechouart zu besichtigen. Gnädig beschenkte sie ihn mit ein paar seltenen Muscheln, vermutlich Doubletten. Trotzdem »nahm er drei andere an sich, die er bisher noch nie gesehen hatte, obwohl die Besitzerin protestierte, daß sie keine wertvollen Stücke umsonst weggebe, und, um die Unverschämtheit vollzumachen, zerbrach auch noch drei weitere, angeblich einzigartige«.[246]

Was immer der ästhetische, historische oder okkulte Wert eines Sammelstücks sein mag – die emotionalen Echos rühren von längst vergangenen Erfahrungen her, indem sie eine eingebildete Reaktion entweder auf eine Person (wir erinnern uns, daß der Sammler von einem Körper gesprochen hatte) oder auf ein Objekt (die buchstäbliche Schmusedecke oder die Puppe) wiedererwecken; die Art des Objekts ist dabei ohne Belang. Wir begegnen hier einem Phänomen, das dem Glauben an Amulette oder magische Relikte entspricht – oder auch an geliebte Spielzeuge, als deren Gegenwart noch Ängste zu besänftigen vermochte. Wir sahen das bei den Spielzeughunden des kleinen Paul. Wir hören davon bei bestimmten Fanatikern, etwa dem Kardinal Albrecht von Brandenburg, einem Zeitgenossen Martin Luthers, der so viele Reliquien hatte, daß er sich damit

39245120 Ablaßjahre und sein Seelenheil kaufen konnte. Es ist ein Gefühl der Entlastung und daher eine subjektive Übertreibung oder Überschätzung des Werts, geradezu ein quantitativ-kapitalistischer Kunstgriff zum Zweck der Erlösung.

Bei dem Muschelsammler war die Erwähnung des Körpers wie ein unfreiwilliges Geständnis, denn mit der muschelkundlichen Seltenheit oder außergewöhnlichen Qualität der Muschel hatte die symbolische Gleichstellung wenig zu tun. Derlei Bemerkungen, auch wenn sie nur nebenbei geäußert werden, sollten nicht außer acht bleiben. Sie sind alles andere als ungewöhnlich, denn die Einstellung des Sammelenthusiasten gegenüber seinen Objekten ähnelt in vielerlei Hinsicht der Passion des Verliebten, und Überbewertung ist ein bei Liebenden und Sammlern gleichermaßen bekannter Zug. Man muß sich aber der Tatsache bewußt sein, daß das Gefühl von der Außenwelt losgelöst ist und narzißtisch in das Sammelobjekt investiert wird.[247]

Es läßt sich nicht leugnen, daß uns die symbolische Gleichstellung viel vom inneren Wesen der Erfahrungswelt dieses Mannes erzählt. Sein wunderschönes Objekt bedeutet ihm in Wirklichkeit, daß er nicht allein ist. Bedenkt man die traumatischen Geschehnisse in den frühen Lebensjahren so vieler Sammler, dann läßt sich leicht erkennen, wie die Zuneigung auf »Dinge« verschoben wurde, anstatt sie den Menschen entgegenzubringen, die bewiesen haben, daß auf sie kein Verlaß ist.

Ich komme noch einmal auf Mario Praz zurück, der mir von einem Erlebnis in London erzählte. In seinem Buch *House of Life* gibt es einen schönen Passus darüber. Er hatte sich in einem Buchladen umgesehen, als er plötzlich auf einen Kronleuchter aufmerksam wurde. »Als ich ihn sah, verliebte ich mich so sehr in ihn, daß, hätte er zum Verkauf gestanden, ich einfach alles getan hätte, ihn zu besitzen.«[248]

Befriedigung, sogar tiefe Liebe, hat hier ihren Quell in etwas anderem als der Zuneigung zu einem geliebten Menschen oder vielmehr in einem stabilen emotionalen Sicheinlassen auf einen anderen. Frühe Frustrationen oder Traumen haben zu einer, um George Steiners Begriff zu verwenden, »malignen Leere« gegenüber Menschen geführt, und wir entdecken eine ausgesprochen empfindsame und idealisierende Haltung gegenüber Objekten.[249] Kronleuchter und andere dekorative Gegenstände, Muscheln oder sogar exquisite Kunstwerke werden nicht einfach aufgrund ihrer ästhetischer Qualität geschätzt.

Mario Praz' Sammlung war berühmt wegen ihrer Empiremöbel von hoher Qualität und ihrer Fülle eleganter Dekorationsstücke, aber seine Lebensgeschichte zeigt, daß eine im wesentlichen durch die Konsequenzen seiner angeborenen Behinderung bedingte frühe Sensibilität nach Ersatzbefriedigung drängte: Da sein Körper einen Makel trug, beschloß er, sich mit makellosen Objekten zu umgeben.

Andere Sammler haben mir oftmals bestätigt, in welchem Maß Zeit und Affekte mit solchen Zeichen der eigenen Beteiligung verbunden sein können. Der bekannte Buch- und Handschriftenhändler Hans Kraus erzählte mir einmal von einem ähnlichen Phänomen im Zusammenhang mit seiner frühen Begeisterung für Briefmarken und der späteren für seltene Bücher und Manuskripte – statt für attraktive junge Damen. Für ihn wurden Bücher zum lebenslangen Objekt der Begierde und Faszination, und sein ganzer Ehrgeiz ging darauf, sie zu entdecken oder zu kaufen. Er verstand dies ganz richtig als »eine Geliebte anderer Art, weniger riskant und aufregender« als eine wirkliche.[250]

Zu dieser Bemerkung fielen mir die Brüder Goncourt ein, zwei französische Schriftsteller, die die Warnung aussprachen, daß »jene, die sich für verliebt halten, sich um ihrer Passion willen ruinieren: ob für eine Frau oder ein Objekt, für belebte Kunstwerke oder unbelebte«.[251] (12. September 1868) Aber dann starb Jules Goncourt, der jüngere der beiden, im Alter von neununddreißig Jahren, zwei Jahre nach dem Tagebucheintrag, als Folge seiner sexuellen Abenteuer an Syphilis. In der Zuneigung der Brüder füreinander gab es viele homoerotische Untertöne. Frauen hatten in ihren Leben nur eine nebensächliche und unverbindliche Bedeutung, als unterstriche ihre zeitweilige Präsenz nur die beständige Nähe zwischen den Brüdern.

Kraus hatte man vor derlei Gefahren gewarnt: »Ob zum Guten oder zum Schlechten, mein Vater hatte mir die Furcht vor Syphilis eingepflanzt«, schrieb er in seinen Lebenserinnerungen. In der Zeit vor den antibiotischen Wundermitteln, die die Romanzen eines jungen Mannes vom Schreckbild einer gefährlichen Ansteckung befreien sollten, war das eine durchaus realistische Warnung. Allein die Gefahr genügte schon, daß die Leute ihre sexuellen Bedürfnisse eher anders als durch Liebschaften befriedigten. Kraus erzählte mir, wie er den Besitzer bestimmter Buchraritäten zu verfolgen und ihn jahraus, jahrein immer wieder anzusprechen pflegte, ihn fürstlich bewirtete und ihm reizvolle Bücher oder andere Objekte zum Tausch anbot; er malte diese Abenteuer in beinahe rhapsodischen Tönen aus.

Natürlich impliziert in unserem Kontext die Ablenkung der eigenen Gefühle oder, psychoanalytisch gesprochen, die Spaltung des Ich in sexuelle und desexualisierte Interessen keinen unversöhnlichen Konflikt. Bücher, Muscheln, Kronleuchter oder selbst Gebäckdosen mögen Objekte sein, ohne die ein fanatischer Sammler nicht auskommt, aber sie sind kein Stimulans, das dem physiologischen Impuls sexueller Beziehungen notwendigerweise entgegensteht. Freilich läßt sich nicht leugnen, daß die Liebe zu Objekten, wie sie etwa Mario Praz so emphatisch ausgedrückt hat, unabdingbar mit einem früheren narzißtischen Sichanklammern an greifbare Dinge verknüpft ist.

In Wirklichkeit gibt es hinsichtlich dessen, was jemand zusammenträgt oder sogar anhäuft, eine endlose Spannweite an Nuancen und Varianten der Befriedigung, insbesondere bei jenen Sammlern, die von ihrem Besitz dermaßen überwältigt sind, daß alle anderen Emotionen in den Hintergrund rücken. Als die zweite Lady Phillipps sich darüber beklagte, daß man sie aus dem einen Bereich »ausge-buch-t« und aus dem anderen »ausge-ratte-t« habe, gab sie dem Gedanken, daß ihr Eheglück der egozentrischen Natur ihres Mannes zum Opfer gefallen sei, eine höchst anschauliche Formulierung. Offensichtlich hatte sie vergessen, daß Sir Thomas einer ansehnlichen Aussteuer und nicht einer Frau wegen »auf dem Markt« gewesen war, wie er schrieb, und daß für ihn der einzige Grund für seine zweite Heirat darin bestanden hatte, seine immer stärker werdende Gier nach Neuanschaffungen zu befriedigen.

Daß es eine infantile Komponente im Verhalten eines Mannes von Thomas Phillipps' Charakter gibt, wo Sammelobjekte (im psychoanalytischen Sinne würden wir von narzißtischer Zufuhr sprechen) ein tiefgehendes Gefühl der Angst abwehren und eine Wiederkehr kindlicher Erfahrungen der Verwirrung, Einsamkeit und Wut verhindern sollen, steht außer Zweifel. Selbst vermögende Sammler wie J. Paul Getty oder die Zarin Katharina die Große haben uns gezeigt, wie stark ihre Reaktionen von Emotionen beherrscht waren, wenn es um Neuanschaffungen ging. »Realitätserwägungen bleiben außer acht, und das vordringliche Ziel ... ist die Jagd und *Inbesitznahme eines Objekts*«, wie M. M. Segal es treffend beschrieb, freilich im Zusammenhang mit der manischen Jagd irgendeines Sammlers nicht nach neuen Objekten, sondern nach unverzüglicher sexueller Befriedigung[252], wie im Falle eines bereits erwähnten Sammlers, nämlich Don Juans.

Bedenkt man, daß solch intensive Bedürfnisse in einem frühen Gefühl von Verlassenheit wurzeln oder in einem Unberührtsein im wörtlichen Sinne, aus dem ein Verlangen nach etwas Berührbarem erwächst, dann wird verständlich, weshalb das innere Getriebensein, sich Besitz (erfahrungsgemäß wäre *Wieder*besitz der zutreffendere Begriff) zu sichern, zuweilen unbeherrschbar ist.

Es ist keineswegs ungewöhnlich, daß man Sammler von bestimmten Objekten in anthropomorphisierenden oder animistischen Begriffen reden hört. Jacques Kerchache, ein französischer Sammler und Händler von afrikanischer und ozeanischer Kunst, sagte mir einmal im Hinblick auf eine typische Skulptur aus Zaïre, daß sie ihn nicht interessiere, weil sie »keine Seele« habe. Obwohl ich durchaus künstlerische Qualitäten in der Figur sah, verstand ich sofort, was er im Sinn hatte.

Es geht mir hier nicht in erster Linie um das emotionale Erleben, das dieses oder jenes Objekt in jemandem bewirken mag.

Vielmehr benutze ich dieses anschauliche Beispiel, um zu zeigen, wie die Reaktion eines urteilsfähigen Sammlers auf das Wachrufen angenehmer, womöglich früher Kindheitserinnerungen aufbaut. In diesem Fall hätte die visuelle Erfahrung der Skulptur dermaßen fesselnd zu sein, daß sie die Illusion eines lebendigen Wesens evozierte.

Solchen emotionalen Reaktionen ist die Magie nahe verwandt. Wenn wir bei schriftlosen Völkern magische Akte und Rituale beobachten, wird uns klar, daß deren psychologischer Plot im wesentlichen auf die Selbstbestätigung des Zauberers abzielt, indem er Unsicherheit und Zweifel in deren Gegenteil (nämlich in Phantasien von Herrschaft, Überlegenheit und Hervorgehobensein) verkehrt.

In vergleichbarer Weise sind Sammelobjekte genaugenommen Hilfsmittel, die dazu dienen, das Selbstgefühl eines narzißtisch verletzten Menschen zu vergrößern oder wiederherzustellen. Dies scheint das Prinzip zu sein, welches die unbewußten lustvollen Erinnerungsspuren vieler Sammler wieder bewußt macht. Es kommt dem sehr nahe, was dem Außenstehenden oftmals als ziemlich merkwürdiges Verhalten erscheint.

Das wiederkehrende Auftreten dieser Erfahrung hat viele Beobachter dazu gebracht, das Verhalten eines Sammlers als Wiederholungszwang zu bezeichnen. Es ist ein Wesenszug, der jedem Sammler bekannt ist. Welche Objekte er auch immer besitzen mag, sie stehen alle für einen speziellen Moment des Suchens und für die spannungsvolle Erwartung, die jeder Fund auslöst. Ein englischer Sammler hat einmal erzählt, er sei noch nie von einer Reise zurückgekehrt, auf der er nicht ein lohnendes Objekt entdeckt habe, sei es auf einem Wohltätigkeitsbasar oder unter einem Haufen Nippes; wie einmal, als unter zerbrochenem oder angeschlagenem spätviktorianischem Porzellan eine seltene orientalische Vase zum Vorschein kam. Oder ein holländischer Bekannter, Loed van Bussel, der mir eine feine Elfenbeinschnitzerei aus Benin aus dem 17. Jahrhundert beschrieb, die bei einer Versteigerung in der Provinz irrtümlich als gewöhnliche Schnitzerei aus Japan angesetzt worden war.

Fast jeder Sammler hat hungrige Augen. Mein Freund Paul Wallraf, ein Sammler par excellence, nannte es: »manger avec ses yeux« – mit den Augen essen, eine ausdrucksstarke Beschreibung des visuellen Erlebens, von dem ich in diesem Buch immer wieder gesprochen habe, einem im wesentlichen oral-inkorporativen Verlangen nach einem ständigen Zufluß von Neuerwerbungen für die eigene Sammlung.

Beobachtet man das Verhalten vieler Sammler im Hinblick auf Funde und Ankäufe, merkt man, daß es häufig einem bestimmten Muster folgt. Bespielsweise besaß einer meiner Gewährsleute eine Spezialbibliothek von Reisebüchern, darunter eine Reihe einmaliger und sehr begehrter Werke. Viele hatte er in abgelegenen Antiquariaten entdeckt, die er ganz systematisch in mehr oder weniger regelmäßigen Abständen aufsucht und durchstöbert. Im Gegensatz zu anderen, die sich auf ihre Kontakte und Späher verlassen, liegt ihm daran, seine Funde selbst zu machen.

Seine Liebe zu Reisebüchern ist eine direkte Folge von Erlebnissen während seiner ersten sieben oder acht Lebensjahre, als er seine Eltern auf deren Tourneen auf dem amerikanischen Kontinent begleitete, wo sie in Varietéstücken auftraten. Immer war er in Sorge, wo sie als nächstes hinkamen und wer auf ihn achtgeben würde, solange seine Eltern arbeiteten. Er entsann sich, wie er zwischen der Vorfreude auf eine andere Stadt und der bangen Erwartung, in fremder Obhut gelassen zu werden, schwankte.

Schließlich gaben ihm seine Eltern ein paar Bildbände, Postkarten und Fotos von den Orten, wo sie gewesen waren, und diese vermittelten ihm ein gewisses Gefühl der Kontinuität. Der Wendepunkt, betonte er nicht ohne Stolz, kam jedoch, als er seinem Vater beim Kartenlesen zu helfen begann, um den richtigen Weg herauszufinden oder einen besseren, bevor es sein Vater tun konnte. Das gab ihm mehr als nur ein Gefühl der Überlegenheit. Es sei, wie er mir sagte, ein wahrer Triumph gewesen. Daß er das Ziel kannte – und den Ort auch wirklich auf der Karte sah –, habe ihm außerdem einiges von seinen Ängsten und Unsicherheiten genommen.

Indem er die alleinige Verantwortlichkeit für seine einzigartige Sammlung übernahm, wahrte er diese Art Kontrolle. Er bestand darauf, selbst die Bücher zu finden. Das war aber nur eine Wiederholung dessen, was ihm ein erstes Gefühl des Könnens und Meisterns gegeben hatte. Er sammelte mit anderen Worten nicht nur Reiseführer und Karten, die ihm anfänglich ein Gefühl größerer Sicherheit verschafft hatten, sondern empfand sich auch zwanghaft dazu getrieben, jene Momente der damaligen Hochstimmung, wenn er den besten Weg selbst gefunden hatte, ständig zu wiederholen. Jetzt, bei dem erwachsenen Mann, kehrte dasselbe Gefühl des Triumphs (über seinen Vater) immer wieder aufs neue zurück, wenn er wieder einmal ein Buch oder eine Landkarte oder gar einen weiteren Buchladen fand, aber eben – und bezeichnenderweise – ohne die Hilfe eines anderen.[253]

Diesem Beispiel wäre das einer Frau mit Geschmack und einer überdurchschnittlichen Kenntnis der mittelalterlichen Geschichte gegenüberzustellen. Sie hatte eine Vorliebe für ausgewählte frühe Tapisserien entwickelt und eine wunderbare Gruppe rarer Stücke zusammengetragen, häufig in direkter Konkurrenz mit wichtigen Museen. Nur unter außergewöhnlichen Umständen pflegte sie ein Exemplar zu erwerben, ohne zuvor jemanden aus ihrem beruflichen Bekanntenkreis oder einen Kenner konsultiert zu haben, obwohl sie ein besseres Auge hatte als die meisten von ihnen. Wenn anderer Leute Ansichten die ihren bestärkten und die vorläufigen Gutachter ein Stück guthießen, holte sie sich bei einem wissenschaftlichen Experten den abschließenden Rat.

In Anbetracht ihrer eigenen Kennerschaft bedurfte sie schwerlich irgendeines anderen Urteils, so daß mir klar wurde, daß sie mehr brauchte als Zustimmung zu ihrer anfänglichen Wahl und Entscheidung. Offenbar löste jeder Ankauf bei ihr einen hinsichtlich des neuen Stücks oder seiner Kosten übertriebenen Gefühlssturm aus, übertrieben insbesondere angesichts ihrer finanziellen Unabhängigkeit. Sie gestand, daß sie der Ermutigung durch jemanden anderen bedurfte, um ihre innere Besorgnis und letztlich ihre Schuldgefühle bei ihren Neuanschaffungen zu besänftigen.

Weshalb aber Schuldgefühle? Eine ihrer oft wiederholten rhetorischen Fragen machte mich hellhörig: »Wie kann ich mir das erlauben?«, fragte sie jedesmal, wenn sie einen Ankauf erwog.

In diesem Fall repräsentierten der Konflikt und der Aufruhr eine sich wiederholende Rückkehr zu alten Verhaltensformen, die sich um ihren ständigen Neid auf ihre vier älteren Brüder rankten. Diese waren, wie sie es immer empfunden hatte, von ihren Eltern gewünscht, während sie das nicht war. Als das jüngste Kind und einzige Mädchen fand sie sich nie »gut genug«. Von diesem chronischen Gefühl des Neids und Unwerts, auf das dann Selbstvorwürfe folgten, suchte sie Erleichterung. Wenn sie nun die Bürde der Befreiung von ihrem Zögern und der Entscheidung auf Experten verlagerte, schien das ihre Schuldgefühle zu bannen. Ihr dauernder Kampf zwischen Ichschwäche und dem Bewußtsein ihrer zuweilen grandiosen Phantasien führte zu Stunden theatralischen Agierens, bevor sie zu einem Entschluß kam. In ihrem Verhalten traten die verschiedenen Facetten ihrer Ambivalenz zutage. Sie empfand wirklich diese Tapisserien als schöne Beispiele handwerklicher Kunst, auch wenn ihr Hungern danach, sie zu besitzen und zu haben, komplizierte frühe Phantasien reproduzierte oder offenbarte, deren dynamische Bedeutung mit ihrer Hoffnung verknüpft war, jetzt »so gut wie« ihre Brüder zu sein.

Indem sie sich *in loco parentis* an Experten wandte, versuchte sie, Neid und Besitzgier in Besonderssein und, mit Hilfe ihrer Sammlung, in Aufmerksamkeit und Erwünschtheit zu verwandeln. Man könnte auch von einem erborgten Gefühl des Geliebtwerdens sprechen. Aber ändert solches Verhalten wirklich die zugrunde liegende Absicht? Zwar erlaubten mir die Umstände nicht, der Dame einige persönliche Fragen zu stellen, aber die Weise ihres Verhaltens war gelegentlich dermaßen extrem, daß sie kaum ihr inneres Wüten zu verbergen vermochte, das ihre Besitzgier motivierte und sie nach Befreiung von ihrem Konflikt suchen ließ. Sie zog Richter hinzu, die sie gegen ihre unbewußte Furcht, dafür bestraft zu werden, daß sie ihren Wünschen nachgegeben hatte, absichern sollten.

Sie ist damit nicht allein. Es gibt in ihrem Verhalten Elemente, die im Kontrast stehen zu demjenigen anderer Sammler, die darauf bestehen, ihre Ankäufe oder, genauer gesagt, Entdeckungen selbst zu machen. Andere verlassen sich auf Händler, die, wie die Experten im Fall dieser Dame, als Schiedsrichter fungieren und so auftreten, als besäßen sie die Macht, ihre Kunden von deren unbewußten Schuldgefühlen zu befreien. Das liegt nicht daran, daß der Ankauf eines Sammlungsstücks ein schuldhafter Akt wäre, sondern geht darauf zurück, daß jedes Objekt die Erfüllung eines verbotenen Wunschs repräsentiert.

Wenn Sammler jeden idealisieren, der ihnen Objekte verschafft, mögen sie tatsächlich das Gefühl haben, sie würden wie das Lieblingskind bevorzugt. Es ist nichts Ungewöhnliches, von einem Sammler zu hören: »Ich bekomme von John immer erste Wahl«, ganz so, als erhielte er nun endlich die Liebe und Favoritenstellung, die er sich seit seinen frühen Jahren voller Unruhe und Enttäuschungen immer gewünscht hat. In den Beziehungen zwischen Sammlern und Händlern gibt es häufig ein ausgefeiltes Hin und Her. Wir beobachten dabei die Mechanismen zwischen dem bedürftigen Sammler-Empfänger und dem verständigen und sogar einfühlsamen Händler-Fütterer. Die Vorstellung, der bevorzugte Kunde oder, in emotionaler Hinsicht, das meistgeliebte Kind zu sein, wird also zur Quelle von Trost und Sicherheit, bringt zugleich aber ein infantilisiertes Moment in der Person des Sammlers zum Vorschein.

Schauen wir uns im Licht derartiger Varianten in den Verhaltensstilen einige andere Sammlergestalten an. Sylvain Pons und Lady Charlotte Schreiber hatten, zumindest oberflächlich, verschiedene Gemeinsamkeiten. Mit überragender Intuition hat Balzac Pons als einen Mann von bemerkenswerter Energie, Entschlossenheit und Kenntnis gezeichnet. Pons teilte mit Lady Charlotte aber auch noch die allerhöchste Befriedigung, wenn sich günstige Kaufgelegenheiten aufgetan hatten.

Die geborene Lady Charlotte Elizabeth Bertie begann 1822, im Alter von zehn Jahren, ein Tagebuch zu führen. Ihre berühmte Keramiksammlung, jetzt einer der feinen Schätze des

Londoner Victoria & Albert Museums, wurde erst 1869 begonnen, als sie bereits Großmutter war. Sie wuchs als armes kleines reiches Mädchen auf. »Als meine Mutter geboren wurde«, schrieb Montague J. Guest, ihr Sohn aus erster Ehe, »war ihr Vater 68, und er starb 1818, als sie sechs Jahre alt war«. Drei Jahre nach dem Tod des Vaters heiratete Lady Charlottes Mutter einen Vetter, einen schwierigen Alkoholiker, den das Kind verabscheute. Man gewinnt den Eindruck eines hilflosen und manchmal deprimierten Mädchens, das »ein ziemlich einsames Leben führte und sehr sich selbst überlassen blieb«.[254]

Es ist ein Eindruck, der mit unserem weiter ausgreifenden und umfassenderen Bild von dieser Frau übereinstimmt. Beide Söhne waren anerkannte Sammler. »Daß sie meinen Bruder und mich beladen mit Porzellan und Kuriositäten aller Art von unseren Auslandsreisen heimkehren sah, fachte ihren Sammlergeist an.« Montague J. Guest schreibt: »Immer war sie vom Elan des Sammlers und Kenners befeuert... Kreuz und quer ging ihre Jagd durch England und im Ausland; Frankreich, Holland, Deutschland, Spanien, Italien, die Türkei, alle wurden durchstöbert; kein Stein blieb auf dem anderen, keine Schwierigkeit, Unbequemlichkeit, Ermüdung oder Komplikation des Reisens schreckte sie ab.«[255]

Oft war ihre Suche vom Erfolg gekrönt, obwohl ihre Tagebücher die Geschichten vieler unumgänglicher Sackgassen verzeichnen, die jedem Sammler vertraut sind. Wie sich jedoch aus vielen detaillierten Tagebuchaufzeichnungen ergibt, war für sie Sachkenntnis bei der Durchführung ihres Unternehmens zum Gebot geworden. Am 17. August 1869 schrieb sie:

> Vor 6 im Zug. In Amsterdam gegen 11. Einquartiert bei Bracks Doelen. Machte mich sofort »en chasse«. Zuerst zu van Houtum in derselben Straße. Wenig gefunden; eine oder zwei Chelsea-Kühe, Schafe etc. zu hohen Preisen. Unsere Ankäufe bei ihm im Verlauf unseres Aufenthalts bestanden nur aus einem kleinen purpurfarbenen Emailletopf und Deckel, 10/–. Einen Chelsea-Fuchs (Schwanz

> ersetzt), 10/–... Derby-Biskuit-Gruppe (Arm ersetzt), £1.10. Gute Chelsea-Derby-Figur eines Jungen, der eine Ziege opfert (Kopf ersetzt), 10/–... Nach van Houtum hatten wir große »Chasse« bei Ganz, und eine ziemlich erfolgreiche, obwohl nicht zu vergleichen mit der vor zwei Jahren, als wir ihm ein oder zwei schöne Bristoler Kannen von seinen Regalen herunterholten. Bei Ganz haben wir zwei prächtige Chelsea-Jardinieres gefunden, bemalt mit Blumen, die er uns als altes Dresdener für £ 1.15 verkaufte. Unser nächstbester Fang war bei Speyers, St. Anthony, Breestraat; bei ihm tätigten wir verschiedene Ankäufe, einige von ihnen vermutlich gute. Zwei Gruppen Derby-Chelsea-Figuren, Mann und Mädchen in Blattwerk, guter Zustand, nur zwei Figuren fehlen, »Antrag« und »Annahme«. £ 15.[256]

Danach folgten noch Besuche bei fünf weiteren Händlern, wonach sie und ihr Mann sich nach Den Haag begaben, um weitere Ankäufe zu tätigen. Ihre nächsten Stationen waren dann Gouda, Utrecht und Rotterdam, und danach »wieder heim beim Hahnenschrei am nächsten Morgen«.

Dieses einsame, aus Abwehr unbeugsame Mädchen hatte sich in eine eindrucksvolle kluge Frau verwandelt, voller Energie, zielstrebig und oftmals besser informiert als ihre Lieferanten. Ihr resolutes Auftreten klingt wie ein Echo früherer Kämpfe ums Überleben und wie die Restbestände einer Kindheit mit zwei jüngeren, geistig zurückgebliebenen Brüdern. Immer hatte es Reibereien gegeben, hauptsächlich mit ihrem dem Alkohol verfallenen Stiefvater.

Ihr Vorgehen war zwar ungewöhnlich für eine Frau der viktorianischen Zeit, aber konsequent und aufschlußreich. Sie geht »en chasse«; sie stöbert überall herum; sie holt einem Händler Krüge von den Regalen, weil sie ihr gefallen. Worauf es mir ankommt, ist die Energie, die dahinter steckt. Ihr Sohn entsann sich eines Vorfalls, den er vom bekannten Kunsthändler Sir Joseph Duveen gehört hatte. Duveen war zu einem abgelegenen

Dorf in einem schwer erreichbaren Teil der Niederlande unterwegs. Nur nach einer schwierigen Reise in der Kutsche gelangte man dorthin. In Anbetracht einiger seltener Objekte, die einem der dortigen Anwohner gehörten, unternahm er dennoch die Expedition. Kurz vor der Ankunft an seinem Bestimmungsort sah er eine andere Kutsche entgegenkommen. Im Vorbeifahren erhaschte er einen Blick auf Lady Charlotte, »nur um zu entdecken, daß sie mir die Beute weggeschnappt hatte, die sie jetzt mit sich nahm«.[257]

Keine Frage, daß es sich hier um eine modifizierte Version der erfolgreichen Jagd oder des Erjagens und Fangens der Trophäe handelt; in Lady Charlottes Fall halte ich ihre Handlungsweise für den Versuch, ihre Dominanz gegenüber ihrem Stiefvater unter Beweis zu stellen, aber auch, die eigene Selbsteinschätzung zu erhöhen. In seiner simpelsten Form kann es ein Augenblicksimpuls sein, etwa ein Souvenir, das man mit nach Hause bringt. Mit äußerstem Nachdruck betrieben, steigert sich dies bis in die Proportionen einer Art Aggression mit männlichem Potential, wenn nicht gar Dominanz, oder einer alles verzehrenden, sinnlichen Aktivität, die rationale Zwecke übersteigt.

Gewohnheitssammler mit Lady Charlottes Auftreten, leidenschaftlich und nicht leicht abzuschrecken, fühlen sich eigenartig getrieben, einem gewissen Muster zu folgen, wenn sie wöchentlich oder auch täglich, jedenfalls aber mit einer gewissen Regelmäßigkeit, ihre Runden machen. »Ich muß etwas finden, oder ich werde verrückt«, äußerte einmal ein junger Mann, der nach militärischen Abzeichen süchtig war.

Vermutlich wäre es zutreffender, so jemanden einen »Hamsterer« zu nennen, denn er entzückte sich an den schieren Massen, die er zusammenbrachte. Das einzige Limit, das er sich gesetzt hatte, war der Preis. Über einen festen Betrag ging er nicht hinaus. Er repräsentiert das Gegenstück zu dem abwägenden, wenn auch exzentrischen Typus, von dem der englische Designer Charles Ricketts vermutlich einer der ungewöhnlichsten war.

Lange bevor ich mich auf diese Untersuchung einließ, hatte

ich Auszüge aus seinen Briefen und Tagebüchern gelesen.[258] »Man sollte nicht meinen, daß sich Zeichnungen alter Meister in Gesellschaft eines Vogelkäfigs wohlfühlen könnten ... da jedes Objekt in sich vollkommen war, gab es dem Ganzen zusätzlichen Glanz«, schrieb sein alter Freund Cecil Lewis. Ricketts und sein Freund C. H. Shannon hatten sich mit großem Ernst der Suche nach Kunstwerken verschrieben, allesamt ausgewählt mit einem fast einzigartigen Qualitätsempfinden und einem Blick, der die oftmals subtile Differenz zwischen echter Kunst und gutem Handwerk zu erkennen vermochte. Ihre eigentlichen Wohnräume hingegen waren von einer »fast ärmlichen, puritanischen Einfachheit« und zeigten damit dieselbe zweckbestimmte Disziplin, mit der sie auch ihre Ankäufe betrieben. Darin steckt ein narzißtischer Versuch, die eigenen Entscheidungen unter strikter Kontrolle zu haben und, anders als viele Sammler, Herr der eigenen Affekte zu sein. Die in anderen Räumen zusammengestellte Sammlung erschien wie ein »Schwelgen im Luxus ... der mit perfektem Geschmack arrangiert war«. Ricketts, der der bestimmendere der beiden war, »hatte bei den täglichen Kosten geknausert und gespart, um seine prachtvolle Sammlung zusammenzubringen [heute im British Museum] ... Wenn du eine alte Zeichnung im Wert von £ 50000 hättest, könntest du dir doch auch einen Wagen leisten? Könntest du aber nicht. Du gingest zu Fuß oder nähmest den Bus: Und weil du das dein Leben lang getan hättest, hättest du, was du hättest.«

Ricketts' Temperament steht in scharfem Gegensatz zu George Gustave Heyes Gelüsten. Will man die Praktiken eines anderen Sammlers verstehen, dann hat man in Heyes' egoistischem Betragen ein höchst erhellendes Beispiel. Seine Absichten und Ziele waren zweifellos von einer primitiv-zwanghaften Dreistigkeit bestimmt, die sich im wesentlichen in der Sturheit ausdrückte, mit der er hinter allem, was von Indianern stammte, her war. Seine Hartnäckigkeit hatte einiges mit Lady Charlottes gemein. Er war unkonventionell, ein Einzelgänger und von unvergleichlicher – und häufig manischer – Dynamik. Auch er begann mit seiner Sammlung erst im reifen Alter – aber dann wie ein Unersättlicher. Versuchte er, das Aufregende, das in seiner Jugend gefehlt hatte, nachzuholen? Oder hatte seine Neigung bloß geschlummert, bis irgendein äußeres Ereignis dieses Gieren auslöste?

Heye war ein »Allesfresser« und Monomane. Weshalb er sich auf indianische Objekte kaprizierte, ist unklar. In Lady Charlottes Fall war es die Sammlung ihrer Söhne, die ihr Interesse weckte. Oftmals ist es einfach eine Modesache, wie damals, als die Damen der Familie Six in Amsterdam mir erklärten, »Unsere Familie hat immer Zeitgenössisches gesammelt«, und so war es auch gewesen; als die Six' ihre Rembrandts und Saenredams erstanden, gehörten sie zu den avantgardistischen Sammlern ihrer Zeit, die »moderne Meister« kauften. Martin G.s Sammelgebiet war vom Tod seines Vaters im Fernen Osten bestimmt worden.

Oft hat die Vorliebe von Sammlern mit ihrem Berufsleben zu tun. Ich habe Ärzte getroffen, die alte Apothekergläser sammelten, und Chirurgen mit Sammlungen höchst eindrucksvoller Operationsinstrumente. Anna Freud war so entgegenkommend, mir die Sammlung griechischer und römischer Antiken ihres Vaters zu zeigen, die sowohl aus seiner Idealisierung der klassischen Zeit erwuchs wie auch aus seiner psychoanalytischen Arbeit, bei der er tief in die Vergangenheit seiner Patienten vordrang und die er mit den Funden verglich, die man bei Grabungen nach entlegenen, in der Tiefe verborgenen archäologischen Stücken machte. Peter Gay zufolge enthüllt Freuds »Sammeln von Antiquitäten ... Überreste von [nicht minder] primitiven analen Befriedigungen im Erwachsenenleben«.[259]

In Heyes Fall bin ich geneigt, seinem Sammeln als solchem große Bedeutung beizulegen, weniger dem speziellen Gebiet, das anscheinend fast zufällig zum Zentrum seiner Aktivitäten wurde.

Heye war ein gewaltiger Mann, 1,93 m groß und an die zwei Zentner schwer. Er war bekannt für seinen unersättlichen Appetit und rauchte unzählige, riesige Zigarren. Sam Lothrop, der bedeutende mittelamerikanische Archäologe, hat einmal über ihn gesagt, er sei mit der Zigarre im Mund zur Welt gekommen.

Diese Eigentümlichkeiten verweisen auf einen sehr elementaren körperbezogenen Narzißmus. Alles was er tat oder war, hatte etwas Mächtiges und hier und da sogar Grobschlächtiges an sich.

Seine riesige Sammlung wurde schließlich zum Museum of the American Indian in Upper Manhattan in New York (später siedelte es nach Ellis Island um). Es enthält um die vier Millionen Stücke, von gewöhnlichen Feuersteinen und Scherben bis hin zu einer großen Zahl erstrangiger Meisterwerke indianischer Kunst.

Was wir über Heyes Persönlichkeit erfahren, klingt mehr nach der Erfindung eines Romanciers als nach dem Porträt eines wirklichen Menschen. Einige sahen in ihm einen bedeutenden Sammler, andere einen skrupellosen, zwanghaften Aasgeier oder sogar einen Plünderer kostbarer Kunstwerke. Seine Vorgehensweise hatte etwas von einem trunkenen Taumel an sich. Die Methoden, die er mit so eindrucksvollen Ergebnissen anwandte, zeugen von seiner kompromißlosen Hartnäckigkeit. Man kann seine Sammlung als Ergebnis kreativer Hingabe oder inbrünstiger Ekstase betrachten, oder – in Anbetracht seiner oralen Angewohnheiten – als Resultat des Hungers eines megalomanen Narziß. Wie dem auch sei, jedenfalls schuf er sich sein eigenes Denkmal, das zugleich eine wichtige kulturelle Errungenschaft ist.

Daß Heye von sich als einem Mann dachte, dem es bestimmt war, die Kunst der Indianer zu retten, ist fraglich. »Ich bezweifele, daß er sich ein größeres Ziel gesetzt hat, als schlicht die verflucht größte Hobby-Sammlung der Welt zu besitzen«, äußerte ein Wissenschaftler. Ein anderer meinte: »George hatte nicht die mindeste Vorstellung von Sünde. Die Indianer als Individuen kümmerten ihn einen Dreck.«[360]

Wenn diese Charakterisierungen zutreffen – und es steht außer Zweifel, daß sie einige Aspekte in Verhalten und Persönlichkeit dieses Mannes wiedergeben –, dann zögerte Heye nicht, seine neurotische Präsenz ohne Rücksicht auf Umstände und Umfeld anderen aufzuhalsen.

René Gimpel, der bekannte Pariser Kunsthändler, erinnerte

sich an den berühmten Bibliophilen Gallimard und seine Sammlung mit Holzschnitten aus dem 19. Jahrhundert. Der pflegte, wenn ein renommierter Holzschneider gestorben war, wie ein Geier im Haus des Verstorbenen aufzutauchen. »Ich rannte dann zu seiner Witwe oder besuchte seine Familie und kaufte sein komplettes Werk. Ich habe meine Chancen gut genutzt«, kommentierte er voller Stolz. Gimpel beeindruckte der schiere Mangel jeglichen Schuldgefühls, ähnlich wie bei dem jungen Don Juan mit seinen simulierten Liebesbeteuerungen oder Heyes bemerkenswertem Mangel an Gewissen. Gallimards Augen funkelten, wenn er solche Geschichten erzählte. »Was ließe sich für ein Buch schreiben über die Grausamkeit von Sammlern«, war Gimpels scharfsichtiger Kommentar.[261]

Wahrscheinlich war Heye aus ähnlichem Holz geschnitzt; seine Erfolge beim Sammeln resultierten offenbar aus einem Konglomerat aus Instinkt, Glück und Sturheit. Welche frühen Erfahrungen seiner Monomanie den Grund bereiteten, weiß ich nicht. Er erzählte von einem Vorfall, der wie eine Art Katalysator gewirkt hat. Als er als Dreiundzwanzigjähriger in Arizona arbeitete, sah er, wie eine Indianerin auf einem Stück Hirschleder herumkaute, das sie auf dem Schoß hatte. Anscheinend tötete sie die Läuse, die das Hemd ihres Mannes heimgesucht hatten. Heye kaufte das Hemd, das erste Stück seiner indianischen Sammlung. »Der Sammelbazillus packte mich, und ich war verloren«, wie er später erklärte.[262]

Der »Bazillus« machte sich immer stärker bemerkbar; daß er sich als Ersatz für emotionale Beziehungen heraustellte, überrascht nicht. Sein Wohlstand ermöglichte ihm, seine Besitzgier ohne alle Gewissensbisse oder Rücksicht auf die Gefühle anderer zu kultivieren. Es erscheint wie ein Echo von Thomas Phillipps' Ungeschminktheit und schrankenloser Egozentrik. An Heyes Skrupellosigkeit zerbrachen wenigstens zwei seiner drei Ehen, und seine beiden Kinder nahmen sich das Leben.

Es gibt wenig, was die Veranlagung eines Menschen besser illustriert als seine Rituale. Jedes Jahr kaufte Heye sich ein neues Auto und raste von Küste zu Küste quer durch die Vereinigten

Staaten. Hier und da hielt er an, »schaute beim örtlichen Leichenbestatter oder Wochenblattredakteur vorbei und erkundigte sich nach Leuten, die vor kurzem gestorben waren oder es wahrscheinlich bald tun würden und zu deren Besitz womöglich eine Sammlung indianischer Sachen gehörte«. Auf diesen Reisen besuchte Heye auch Indianerreservate. Einer seiner Angestellten sagte dazu: »George war gereizt und es war schwer, mit ihm auszukommen, bis er auch das letzte dreckige Tischtuch und den letzten abgelegten Schuh gekauft und nach New York auf den Weg gebracht hatte. Er meinte, nicht guten Gewissens ein Reservat wieder verlassen zu können, bevor nicht dessen gesamte Bevölkerung praktisch nackt war.«[263]

Seine unerbittliche Besessenheit zeigt eine gehörige Portion Ambivalenz gegenüber den Indianern. Seine Siegeszeichen brachte er nach Hause, nachdem er jene »praktisch nackt« ausgezogen hatte. Einmal sagte Heye zu einem seiner Mitarbeiter, er würde »a killing [ein Riesending] machen, wenn er mit der Ausgrabung fortführe«, und der Mann stimmte ihm zufrieden zu. »Und genau das hat er dann auch gemacht – a killing. Unmassen an Töpfen, fünfzehnhundert Jahre alt, und Skeletten, Muschelperlen, Spielsteinen.«[264] Bemerkungen wie diese enthüllen ein Wesenselement der affektiven Komponenten in der Skrupellosigkeit dieses Mannes, die mit der jüdisch-christlichen Ethik unvereinbar war. Die aggressiv-narzißtischen Ambitionen seines Vorgehens sind von denen der Kopfjäger von Borneo oder Neu-Guinea gar nicht weit entfernt.

Da das erworbene Objekt zusätzlichen Rückhalt und ebenso auch narzißtische Steigerung mit sich bringt, spielen Neid und rohe sadistische Instinkte bei dem ständigen Streben nach persönlichen Triumphen, mit denen die eigene Anfälligkeit für Hilflosigkeit und Frustration abgefangen werden soll, eine große Rolle.[265] Heyes unverholenes Vokabular und Verhalten geben eine Vorstellung von dieser komplexen gegenseitigen Abhängigkeit von versteckter Wut, zerstörerischer Neigung und obsessiver Dominanz. Seine Äußerung, »a killing« machen zu wollen, ist zumindest ein symbolisches Korrelat sowohl zum Treiben der

Kopfjäger wie zu der unbewußten Wut des Kleinkindes, welche aus dessen Hilflosigkeit und dem Bedürfnis nach körperlicher Nähe folgt. Bei seinen Anstalten, sich zu retten, kommen dem Kind Furcht und Wut zu Hilfe, wie ich es im Zusammenhang mit Pauls Anhänglichkeit an seinen Spielzeughund Micky beschrieben habe.

Da die Neuanschaffung Befreiung von Zweifeln und Frustration bedeutet, stellt sich mit ihr auch eine genauere Vorstellung von erfolgreichem Handeln ein. Das vermindert Spannung und wird als Lustgefühl erlebt. Folglich spielen denn auch bei vielen Sammlern Neid und Konkurrenzdenken bei ihrem rastlosen Streben nach persönlichen Triumphen eine große Rolle.

In diesem Zusammenhang ist es unzweifelhaft wichtiger, den Blick auf den Kampf zwischen dem nicht willensgesteuerten und leidenschaftlichen Gieren nach Besitz auf der einen und sozialem Druck, fehlendem Gewissen und hinderlichen Ängsten auf der anderen Seite zu richten. Dieser Konflikt bringt viele in eine Zwangssituation *(double bind)*. So stellt sich denn die Frage: Wie und bis zu welchem Grade beeinflussen Gebote der Zurückhaltung die Spannung und die Entladung des inneren Zwangs? Oder, vielleicht häufiger: Wie führt das Verlangen zu Verhaltensweisen und Versuchungen, die auch ein Sammler, wäre er imstande, sie objektiv und vernünftig zu betrachten, als mit Anstand und Rücksicht unvereinbar ansähe?

Die Unmuts- und Neidgefühle des peruanischen Muschelsammlers, der sich einer wahrhaft einzigartigen Sammlung gegenüber sah, brachen in der Form von Diebstahl und Wut aus ihm heraus. Heyes Einstellung war nicht weniger brutal und impulsiv als Verres' Gewaltmethoden auf Sizilien, und ähnliche Empfindungen regten sich in Christina von Schweden, als sie ihren Truppen im Herbst 1648 befahl, Prag zu plündern, und fünf Schiffsladungen mit den Kunstschätzen Kaiser Rudolfs II. nach Schweden transportieren ließ. Ihre Habsucht, in vieler Hinsicht eine Reaktion auf ihren Buckel, war in ganz Europa bekannt, und ihr Bemühen, ihre Eitelkeit zu befriedigen, und ihre exzentrischen Wünsche überstiegen jegliche moralischen Erwartungen.

Diese Vignetten belegen zur Genüge die oftmals kuriosen Wege, die manche Sammler bei der Verfolgung ihrer Ziele gehen. Nirgends findet sich ein besseres Bild davon als in Auktionssälen, wo die gespannte und gelegentlich elektrisierende Atmosphäre bei den aktiv Beteiligten das Spiel menschlicher Emotionen in den Vordergrund bringt.

Alle Auktionen gehen in bestimmten vorgeschriebenen Prozeduren vor sich, die ein klar abgegrenztes, ritualhaftes Muster bilden. Besonders in England steht das ruhige und scheinbar leidenschaftslose Betragen des Auktionators in scharfem Kontrast zu der Gespanntheit, die man bei manchen Bietern findet. Und man lernt eine Menge, wenn man das Verhalten der Bieter beobachtet. Angst, Neid, Gier – all das verbindet sich zu einem gelegentlich hysterischen Fieber, das nicht allein aus dem Wunsch, zu besitzen, herrührt. Auch die Ansteckung durch die erregte Stimmung und die unmittelbare Herausforderung im Wettbewerb gehören dazu.

In dieser Atmosphäre, in der alles darauf ankommt, obenauf zu sein, werden oft Impulse der Rivalität, der Angst vor der Niederlage und Unterlegenheitsgefühle durch Formen von Ehrgeiz und manischer Extraversion kompensiert, die täuschen sollen, aber tatsächlich auch zur Selbsttäuschung führen. Diese Atmosphäre im Auktionssaal, die derjenigen beim Pokern ähnelt, wühlt häufig unbewußte Wünsche nach Besitz, Triumph und Trophäensammeln auf, die in einem Crescendo kulminieren, in dem der Sieger nicht nur die Beute davonträgt, sondern oftmals die Aufmerksamkeit und sogar Applaus auf sich zieht. Was bringt manche Sammler dazu, sich so zur Schau zu stellen?

Die Mehrheit der Sammler geht freilich nicht zu Auktionen, und nicht viele, die es tun, verfallen dabei in extremes Verhalten. Dennoch können die Umstände so verlockend sein, daß sie eher verdeckte Charakterzüge an die Oberfläche bringen. Die Atmosphäre von Rivalität und Intrige, die Chance sofortiger Belohnung und die Aussicht, Objekte zu erwerben, die einmal jemand anderem gehört haben und so zu einer Herkunft kamen, tragen dazu bei, daß ein Milieu entsteht, in dem der Bieter wider besseres Wissen entscheidet.

Ich erinnere mich an eine Gelegenheit, als wenige Tage vor einer Auktion ein junger, gut informierter Sammler alter Medaillen mich über die historischen und ästhetischen Elemente, die Seltenheit und die Gestaltungsvarianten einiger zum Verkauf stehender Stücke aufklärte. Er taxierte auch ihren wahren Marktwert und ließ mich nach einigen Kalkulationen und gründlichen Überlegungen wissen, daß er sich entschlossen habe, auf zwei spezielle Stücke zu bieten, deren Wert kein anderer ahne. Unter keinen Umständen werde er über einen gewissen Preis hinausgehen, fügte er hinzu.

Am Auktionstag sah ich ihn wieder, und erneut wiederholte er seine Entschlossenheit, sein sorgfältig auskalkuliertes und realistisches Limit nicht zu übersteigen. Etwas später sah ich ihn dann im Auktionssal.

Kurz nachdem die ersten und weniger bedeutenden Stücke verkauft waren, betrat ein Mann mittleren Alters den Raum. Seine Gegenwart schien bei einigen Anwesenden Unruhe auszulösen. Ein bißchen später wurde die erste Medaille angeboten, die mein Freund gewollt hatte. Nach ein paar Augenblicken des Zögerns nickte er dem Auktionator zu. Es gab mehrere weitere Bieter, und rasch hatte der Preis den hohen Schätzwert im Katalog erreicht, obwohl er noch unterhalb des Limits lag, das sich der Sammler gesetzt hatte. Für wenige Momente gab es kein weiteres Gebot, aber gerade als der Versteigerungshammer niedersauste, signalisierte der Neuankömmlung, daß er weitermache.

Nun begann eine Jagd, bei der jeder dem anderen den Triumph bestritt. Schnell wurde deutlich, daß, wer auch immer am Schluß die Medaille gewinnen mochte, bloß einen Pyrrhussieg erränge. Wie nur zu oft bei Versteigerungen, hatte der Sammler seinen Entschluß aufgegeben und bot, wie zu erwarten war, höher, als die Medaille wert war. Mehr noch, er hatte auch sein rationales Selbst aufgegeben. Es gibt viele Sammler, die sich vom bloßen Klima bei der Auktion dazu hinreißen lassen, Logik und Selbstbeherrschung der Konkurrenz und, nicht unverständlich, exhibitionistischem Großmannsgetue zu opfern. In diesem Fall hatte der Sammler nach meiner Meinung seinem Besitztrieb nachgegeben. Dies löste seinerseits einen Fuguezustand aus, der aus der Furcht vor narzißtischer Kränkung herrührte, falls ihm sein Konkurrent eine Niederlage beibrächte.

Oder wurde die Medaille einfach deshalb so begehrenswert, weil sie ein anderer wollte? Wurde sie in ihrer Seltenheit und Besonderheit in einem tieferen Sinne zu einem Liebesobjekt?

Der Vorfall endete kläglich. Als er später mit seiner Beute zu Hause war, begann der Sammler, wie ein hilfloser kleiner Junge zu weinen und zu schluchzen. Er schien verwirrt, voller Schuldgefühle, Selbstvorwürfe, Angst und Selbsttortur. Es war, als bestrafte er sich nachträglich selbst.

Dies ist eine konkrete Illustration einer charakteristischen Über-Ich-Kompensation in einem bestimmten gesellschaftlichen und öffentlichen Milieu. So wie dieses Milieu aber narzißtisches Handeln mit dem Ziel der Selbsterhöhung fördert, so verleitete es tendenziell auch zu Veränderungen in Autonomie und kritischem Urteil. Der Sammler wollte es »ihnen« zeigen. Außerdem war er der trügerischen Überzeugung, er allein kenne – besser als seine symbolischen Väter und Mütter oder die Bruderschaft im Auktionssaal – den wahren Wert der Medaille, und da er die Trophäe »entdeckt« habe, stehe sie ihm auch zu.[266]

Die aufgeladene Atmosphäre eines Spielkasinos oder Auktionssaals erzeugt bei den Anwesenden leicht ein protohypnotisches Ambiente. Das kann zu einer Abstumpfung oder Verminderung der Urteils- und Wahrnehmungsfähigkeit führen, und wenn das geschieht, verfällt das passiv-rezeptive Wünschen des Spielers oder der Objekthunger des Sammlers dem potentiell hypnotisierenden Effekt des Raums. Charakteristischerweise neigen die Betreffenden dazu, »sich hinreißen zu lassen«, wie es der Ausdruck besagt, in dem sie eine Erklärung für ihr Verhalten finden.

Noch ein letzter Aspekt im Auftreten von Sammlern im Auktionssaal: Ich war einmal dort, als sich das exakte Gegenteil vom

Verlust der normalen kritischen Fähigkeiten zeigte. In diesem Fall machte die geschickt ausgetüftelte Planung einen Sammler zum Gewinner im Wettkampf um ein besonders begehrtes Objekt. Zu einer Versteigerung von Papyri und Handschriften, darunter bekannte, im Druck erschienene und Ausstellungsstücke, hatte sich im Versteigerungssaal eine ziemlich große Gruppe von Liebhabern versammelt; andere Stücke waren erst vor kurzem entdeckt worden und einige davon hatten selbst Kenner überrascht. Oft evozieren solche Umstände Gerüchte, und es bieten sich Gelegenheiten, bei denen Habgier verblüffende Tricks zum Vorschein bringt. Die Skeptiker gewinnen die Oberhand. Manche untersuchen aufs genaueste Pergament oder Papier, Farbe und Schrift. Für unsere Frage jedoch sind die angebotenen Stücke selbst ohne Belang.

Die Versteigerung fand in einem Londoner Auktionshaus statt. Kein Sitzplatz war mehr frei, und einige der führenden Händler und Sammler hatten die prestigeträchtigeren Stühle um den mit Stoff bezogenen Tisch vor dem Auktionatorspult eingenommen. Pünktlich wie üblich begann die Versteigerung. Ein Mann mit einer sehr bekannten und exemplarischen Sammlung hatte sich ganz entspannt an den Tisch gesetzt. Seine Gesten und Körpersprache gaben zu erkennen, daß er sich auf die ganze Dauer der Auktion einrichtete, als er es sich bequem machte, den Katalog vor sich, ein paar Zeitungen und einen Einkaufsbeutel neben seinem Stuhl.

Die ersten Angebote ignorierte er. Dann schien ein Manuskript mehr als die übliche Aufmerksamkeit des Publikums zu wecken. Er war einer der Bieter, hörte aber auf, kurz bevor der Hammer niederging. Ein weiteres Mal bot er bei einem der folgenden Lose mit, schien dann aber zu zögern und zog sich schließlich ganz aus dem Wettbewerb zurück. Während der nächsten Gebote sah er seine Zeitungen durch, gönnte sich ein Bonbon und machte, als er etwas aus seinem Einkaufsbeutel holte und sich dazu ziemlich demonstrativ hinunterbeugte, ein kleines Schauspiel daraus. Es blieben noch einige weitere Lose vor den letzten und gewichtigsten, nämlich jenen kürzlich entdeckten illuminierten Seiten, die in der Welt der Bücher für soviel Gesprächsstoff gesorgt hatten. Da fiel plötzlich, vielleicht zufällig, der Einkaufsbeutel um, was für einen Moment zu Unruhe führte; während der Auktionator, von der Ablenkung allem Anschein nach unbeeindruckt, dazu aufforderte, für eines der wichtigen Stücke ein erstes Angebot zu machen, worauf dann die üblichen wenigen Sekunden der Stille folgten, erhob sich der Sammler, legte seine Zeitungen zusammen, griff nach Katalog und Beutel und machte sich auf den Weg zum Eingang und, wie es schien, aus dem Auktionssaal.

Jeder im Saal hatte gesehen, was der Mann getan hatte, und jeder war überzeugt, er habe kein Interesse an den offerierten Seiten. Bei den Ängstlichen sorgte das für zusätzliche Unsicherheit, denn von den möglichen Käufern wußten nahezu alle durchaus von seiner Kennerschaft auf diesem Gebiet. Und bevor noch seine potentiellen Rivalen wieder ganz bei der Sache waren, war der Hammer schon unten und die Handschrift verkauft. Der Preis war einigermaßen niedrig.

Der Sammler war mittlerweile verschwunden, jedenfalls schien es so. Aber nein. Statt dessen hatte er sich an den Eingang gesetzt, von wo aus er zwar vom Versteigerer gesehen werden konnte, wo ihn aber das Publikum kaum zu beobachten vermochte. Er erhielt seine Belohnung, und er konnte nicht nur darauf stolz sein, sondern auch auf seine Strategie.

Schaut man sich das ganze Szenario an, ist man doch verblüfft, wie gut orchestriert die Prozeduren dieses Mannes gewesen waren. Er hatte die Handschriften gründlich geprüft und sich von ihrer Echtheit überzeugt. Er wußte, daß er sie haben wollte. Er wußte auch, wie man Signale setzt, die sowohl die Unsicherheiten seiner Mitbewerber wie die des Auktionators vergrößerten.[267] Das bedeutet, daß er genau verstanden hatte, daß, wenn er den geeigneten Reiz setzte, Unsicherheit und Zweifel über rationales Denken und sogar Kenntnisse die Oberhand gewännen.

Sein Erfolg war der handfeste Beleg dafür, wie richtig sein Manöver gewesen war. Er hatte sich auf die alles durchdringende innere Spannung und das Bedürfnis nach beweiskräftigem Beistand verlassen, die für die Ich-Konstellation eines Sammlers kennzeichnend sind. Außerdem wußte er, daß sein scheinbar mangelnder Enthusiasmus bei anderen Unbehagen oder Unsicherheit hervorrufen und ihm sein Glück bescheren würde. Selbst ein gewiefter Sammler, wußte er nicht nur bestens über den Appetit des Sammlers Bescheid, sondern auch, wie man ihn verbirgt.

Selbstverständlich kennen Sammler, und insbesondere die erfahrenen, viele Wege, um ihre Ambitionen zu stillen. In diesem Buch sollten ein paar ihrer Verhaltensprofile skizziert werden. Sie geben Aufklärung über charakteristische Wege, die Sammler einschlagen, um ihr unbewußtes Bedürfnis nach diesen magischen Objekten zu befriedigen. Wie in Heiligenreliquien scheinen auch im »Sammelbaren« ungewöhnliche Eigenschaften zu stecken. Alte Selbstzweifel und die Angst vor Verletzung treten mit ihrer Hilfe hinter Empfindungen des Stolzes und Gelingens zurück.

KAPITEL 13

OBJEKTE AUS DER SAMMLUNG GEORGE ORTIZ
DIESE KOMPOSITION AUS PRÄHISTORISCHEN, CHINESISCHEN, ÄGYPTISCHEN, BRONZEZEITLICHEN, ARCHAISCH GRIECHISCHEN, CYCLADISCHEN, AFRIKANISCHEN, MITTELALTERLICHEN UND AUS DER RENAISSANCE STAMMENDEN SKULPTUREN WURDE »VON IHREM SAMMLER SPEZIELL FÜR WERNER MUENSTERBERGER UND DIESES BUCH GESCHAFFEN« UND AUF EINEM RÖMISCHEN STÄNDER AUS DEM 2. NACHCHRISTLICHEN JAHRHUNDERT MONTIERT.
FOTO: PATRICK GOETELEN

WUNSCHERFÜLLUNG

Die Absicht dieses Buches war es, das Phänomen des Sammelns besser zu verstehen. Es ging mir dabei nicht um das Sammeln als einer isolierten Tätigkeit. Vielmehr wollte ich, wie in der klinischen Arbeit, zu einem tieferen Einblick in eine Vielzahl charakteristischer Elemente von bestimmten menschlichen Erfahrungsprozessen gelangen. Um genauer zu sein, ich wollte die Motive von Sammlern und die Dynamik ihrer Vorgehensweise untersuchen; ich wollte zu einer überzeugenden Einsicht in das gelangen, was die als Zwang wirkenden Faktoren ihrer Passion und ihres Engagements und das Wesen ihres zuweilen erstaunlichen Verhaltens in Reaktion auf ihr wunschbedingtes Verlangen ausmacht.

Es überrascht nicht, daß die hier präsentierten verschiedenen Profile und Vignetten sehr unterschiedliche Persönlichkeiten aus disparaten Gebieten und Gesellschaftsschichten illustrieren, mit unterschiedlichen Zielen, Stilen und Vorlieben. Stile und Präferenzen sind jedoch nur Oberflächenphänomene oder, psychoanalytisch gesehen, sekundäre Bearbeitungen, die vornehmlich vom gesellschaftlichen und kulturellen Umfeld der Person und zumeist von den in der jeweiligen Generation vorherrschenden Werten und Eigenarten beeinflußt sind.

Andererseits sind die Verhaltensweisen verschieden, mit denen auf die unterschiedlichsten Anreize reagiert wird; denken wir an Lady Charlottes Schwärmen für Porzellan, nachdem ihre Söhne ihr die Steingutobjekte vorgeführt hatten, die sie im Laufe ihrer Reisen zusammengetragen hatten, oder an Lord Bath, dem das Sammeln, auch wenn er es auf einem anderen Gebiet betrieb, als es seine Vorfahren während fünf Jahrhunderten getan hatten, als familiäre Verpflichtung galt. Oder nehmen wir John Steinbecks amüsanten und durchaus realistischen Spott: »Wenn das zerdepperte, angeknackste und kaputte Zeugs, das unsere Vorfahren loswerden wollten, jetzt so viel Geld einbringt, stell' dir mal vor, was ein 1954er Oldsmobile oder ein Toaster von 1960 einmal bringen wird ... Ich vermute, die Wahrheit ist, daß ich Ramsch einfach liebe.«[268]

Hört man Sammlern zu, wenn sie von ihrer Gewohnheit erzählen, merkt man die Kraft der ursächlichen Umstände, die nach Befriedigung verlangen. Dieses oder jenes Objekt zu bekommen ist Voraussetzung dafür, die, wie eine Dame es nannte, »unerträgliche Unruhe« loszuwerden. Es ist mehr als eine plötzliche Eingebung. Ich sehe darin eher ein seinem Wesen nach defensives Handeln, das ursprünglich das Ziel verfolgt, Enttäuschung und Hilflosigkeit in ein anregendes und zielbewußtes Unternehmen zu verwandeln. Bleibt das Sammeln innerhalb dieser Grenzen, dann ist es keineswegs eine ungesunde Ich-Abwehr. Es ist ein Mittel, Frustrationen auszuhalten, und eine Möglichkeit, aus einem Gefühl passiver Irritation, wenn nicht gar Wut, eine Herausforderung zu machen und etwas zustande zu bringen.

Sammeln ist nicht einfach eine Reaktion auf bestimmte manifeste Stimuli, wie ein Münzsammler meinte, der sich erinnerte, daß er erst einen Penny gefunden und kurz darauf alte Münzen zu hamstern begonnen habe, noch bevor er zur Schule ging. Ähnliche Beispiele gibt es natürlich zuhauf. Beim genaueren Hinsehen zeigte sich jedoch erstaunlich häufig, daß es sich bei dieser Neigung um eine unbestreitbare Reaktion auf frühere Frustrationszustände handelte. Allem Anschein nach dominiert dies, zumindest zeitweilig, das Verhalten eines Menschen und hat, genauer betrachtet, eine kuriose Doppelfunktion, weil Erwerben sowohl als Palliativ wie als Stimulans fungiert. Wenn der Sammler ein neues Objekt gefunden oder eine Neuanschaffung getätigt hat, dient ihm dies als Bestätigung seines Werts, jedenfalls auf der Ebene des Bewußten und für eine Weile. Der bedrängende Selbstzweifel ist eine Zeitlang vergessen.

Als ich meine Untersuchung begann, beschränkte ich mich auf die Beobachtung von Zeitgenossen, mit denen ich sprechen konnte. Viele gestanden mir ausgedehnte Unterredungen zu. (Es gab sogar welche, die von meinem Projekt erfahren hatten und sich mit mir in Verbindung setzten, damit ich ihnen zuhörte. Ein anerkannter Porzellansammler rief mich an und begann unser Telefonat mit dem Satz: »Ich *muß* in Ihr Buch!«) Allesamt nannten sie mir ihre Gründe. Fragte ich aber ab und an einmal danach, wie ihre Sammlung begonnen hatte, kamen sie überraschend oft auf fast vergessene Erinnerungen an Schmetterlinge, Briefmarken und Sportlerkarten, Streichholzschachteln und Bonbonpapiere zu sprechen; der begabte, inzwischen verstorbene Schauspieler Peter Bull zeigte mir seine berühmte Teddybärensammlung und erzählte mir im Detail davon.[269]

Das brachte mich auf den Gedanken, daß es einen affektiven Kern und eine kausale Verbindung geben müsse, woraus sich der Hang zum Sammeln ergibt; daß das primäre Motiv, welches sich einer ihm zugrunde liegenden Verletzungs- oder Unsicherheitserfahrung und daraufhin immer wiederkehrenden Stimmungen der Verstimmtheit und Depression verdankt, das Objekt als Antidot verlangt, damit der Sammler wieder sein seelisches Gleichgewicht und für eine gewisse Zeit innere Ruhe findet.

Im Verlauf unserer zwanglosen Treffen fiel mir auf, wie oft Sammler sich an akute Zustände der Angst, des Verletztseins oder drohender Gefahr erinnerten, als irgendein Objekt – eine Puppe, ein Bilderbuch, ein spezielles Kissen, die aber allesamt greifbar waren – ihnen zu Hilfe kam. Leute, die während des Zweiten Weltkrieges in England aufwuchsen, erzählten, wie sie in Luftschutzkeller gebracht worden waren und dort eine Weile blieben und wie sie sich dabei an ein altes Spielzeug oder, in einem Fall, an die Lieblingstasse geklammert hatten, was nicht nur der Illusion, beschützt zu sein, Vorschub leistete, sondern auch derjenigen, berührt zu werden. Andere berichteten von Krankheit, vom Verlust eines Elternteils oder, daß sie als Kinder in Betreuung gegeben worden waren, wie es Balzac sein Leben lang wiederholte, wenn er sich über die Kälte und Distanziertheit seiner Mutter beklagte.

Diese Beispiele klingen wie Paradigmen der Vorspiele spontaner Selbstrettung mit imaginärer Hilfe eines Objekts, dem magische Macht zugeschrieben wird. Die Grunderfahrung, nicht sicher und beschützt zu sein, die unter derartigen Umständen noch traumatisierender war, weil selbst die Erwachsenen, die vermeintlich zuverlässigen Beschützer, Panik und Ängste zeigten, zwingt das Kind, Wege der Selbstrettung und, mit Hilfe der Objekte, die Illusion von einer privaten, trostreichen Welt zu finden.

Dank der Möglichkeit, die oft tägliche Gewohnheit einiger eingefleischter Sammler zu beobachten, wurde mir ihr inneres Bedürfnis deutlicher, das oftmals eher einem Zwang ähnelt und immer wieder aufs neue durch einen fast ständigen Drang nach Stabilisierung ihres Ichs provoziert wird. Dieses Bedürfnis, ob hintergründig oder herausfordernd, scheint durch traumatische, in vielen Fällen längst vergessene Vorkommnisse evoziert, die nach antiphobischen Maßnahmen verlangen.

Aus diesem Blickwinkel habe ich gelegentlich den Begriff der »Technik« gebraucht, die eingesetzt wird, um Zweifeln, Ängsten und dem Wiederauftreten früher Frustrationen darüber, daß man nicht zurechtkam, entgegenzuwirken. Was auch immer ich von leidenschaftlichen Sammlern erfahren habe, es hatte den Ton des Chronischen. Man darf nicht aus dem Auge verlieren, daß das Objekt, sieht man es in seinen dynamischen Dimensionen, mehr als nur eine einzige Funktion hat. Es erfüllt den Wunsch des Sammlers nach Sättigung; es hilft der Illusion, erwählt zu sein, und es stellt durch die Verminderung von Spannung und Ängsten innere Stabilität und ein Gefühl der Selbstsicherheit wieder her: »Ich kann es bekommen« oder »Ich bin das Lieblingskind«. Im weiteren Zusammenhang ist es ganz einfach das Versprechen und die Fähigkeit des Bekommens, was Lust verschafft, weil es die bange Ruhelosigkeit zu bannen vermag, die so vielen Sammlern vertraut ist.

Bekommen auf jedwede Weise – gekauft, gefunden oder selbst durch Intrige, Tricks oder Diebstahl erlangt – funktioniert wie ein Stimmungsregulator und verschafft dem Besitzer ein Gefühl des Erfolgs und Triumphs und gelegentlich der Großartigkeit, wie wir es vom Gewinner am Spieltisch oder vom gerissenen Käufer auf der Auktion kennen. Mit Selbstgefälligkeit hat das nicht das geringste zu tun, denn die meisten Sammler wissen, daß der Zustand, in dem sie sich nach magischer Sicherheit sehnen, vorübergehend ist.

Von Rycroft gibt es eine gute Beschreibung dieser sich wiederholenden Zustände der Bedürftigkeit infolge eines Kindheitstraumas: »Eine infantile traumatische Erfahrung ist eine Erfahrung, die weder im Gehäuse der allernächsten Zukunft des Kindes noch in seinem allgemeinen Realitätsschema repräsentiert war. Es ist etwas, das ihm den Boden unter den Füßen wegzieht und es entweder dazu zwingt, die Ungewißheit und Unsicherheit der conditio humana vorzeitig zu erkennen, was dazu führen wird, daß es zu einem weisen und unglücklichen, aber nicht kranken Erwachsenen werden wird, oder es zu Abwehrmaßnahmen veranlassen wird, die ihm zu verleugnen ermöglichen, daß das desillusionierende Unglück wirklich stattgefunden hat.«[270]

Das Sammeln ist eines jener Abwehrmittel, die zeitweilige Entlastung versprechen und neue Vitalität verleihen, weil jedes neue Objekt die Vorstellung einer phantasierten Omnipotenz verschafft – denken wir an den Muschelsammler, der mir anvertraute, wie die wundervolle Kaurimuschel ihm einen Menschen ersetzt, und daß er sie, verborgen vor der Außenwelt, in einer Schublade aufbewahrt. Noch solche beiläufigen Äußerungen zeigen an, wie der Besitz von Objekten, der Stolz darauf und die Freude daran, mehr als nur eine einzige Funktion haben: Das Objekt wird zur Abwehrmaßnahme gegen Unsicherheit und damit zu einem narzißtischen Schutzschild. Es teilt das versteckte Bedürfnis seines Besitzers mit, Äußerungen des Lobs und der Bewunderung zu hören: Wenn er seine Sammlung vorführt, sagt er damit eigentlich: »Bewundere die Muschel, die mir gehört.«

Das unterscheidet sich nicht sehr von jenem Heilmittel, das beim Kummer des Kindes, wenn es sich alleingelassen fühlt und sich weder Hilfe noch eine tröstende Berührung einstellt, sofortige Wirkung zeitigt – dem Zauber der Schmusepuppe, die die Ängste zum Verschwinden bringt. Oder nehmen wir den Reliquiensammler: Um sich gegen die Drohung künftiger Verdammnis oder des Schmorens im Fegefeuer zu wappnen, baute er darauf, von seinen Abertausenden heiliger Knochen und anderer Relikte vor den Drohungen und Gefahren der äußersten und letzten Pein beschützt zu sein. Sein Verfolgungswahn erklärt sein frenetisches Bedürfnis, sich massenweise Reliquien zu verschaffen und sie zur Schau zu stellen.

Das scheint mir ein entscheidender Punkt. Obwohl die meisten Sammler sich der Zeitlichkeit ihrer Existenz bewußt sind, verschaffte diese Form des Sammelns – oder im Fall der beiden Kirchenmänner zu Luthers Zeiten, dieser Typus des Anhäufens und Vorzeigens von Reliquien – den Sammlern nicht nur ein potentielles Gefühl der Entlastung, sondern auch eine besondere Auszeichnung. Der Verhaltensforscher Konrad Lorenz hat diesen Hang zum Auftrumpfen als *Imponiergeschehen* bezeichnet.[271] Dieser Begriff gilt für den Menschen, aber in diesem Fall handelt es sich weitgehend um ein von Selbstzweifeln oder unsicherem Selbstbewußtsein veranlaßtes Abwehrmanöver. Die Objekte in einer Sammlung sind, wie wir sahen, als Ersatz für menschliche Nähe und Berührung gedacht, die nicht verfügbar waren, als das Kleinkind ihrer bedurfte.

Hier wäre eine alte Feststellung von D. W. Winnicott zu paraphrasieren: Wenn Besitzgier als Symptom auftritt, ist sie immer ein sekundäres Phänomen, das auf Ängste verweist.[272] Während der frühen Kindheit, in der es ein großes Bedürfnis nach Berührung und Wärme gibt und nach der Versicherung, erwünscht zu sein, führt deren Mangel zu tiefer Unsicherheit, Gier, oralerotischem Verhalten und nach und nach zu Kastrationsangst. Solche Bedingungen sind häufig für ein gestörtes Verhältnis zur Außenwelt verantwortlich und laufen darauf hinaus, daß jemand bei Objekten größere Sicherheit findet als durch eine enge Beziehung zu Menschen, denen nicht zu trauen ist.

Im narzißtischen, Reize erzeugenden Zurschaustellen, das

sich in der gesamten Menschheitsgeschichte findet, lassen sich jedoch Anzeichen einer besonderen Art Beziehung zwischen dem Sammler und seiner Umwelt ausmachen. Haben manche Sammler in ihrem Bedürfnis, sich ein Grundverlangen zu erfüllen, ihr nachhaltiges Vertrauen in Menschen aufgegeben und sich statt dessen für Objekte und Besitztümer entschieden? Die Selbsteingenommenheit bestimmter Sammler erscheint als eine verkleidete Form von Groll. Was der Sammler besitzt, dient nicht nur seiner Genugtuung, sondern auch der Vergeltung. Denken wir an Balzac, der seiner künftigen Frau schrieb, wie ganz Paris ihn um seinen Spazierstock und seine goldenen Knöpfe beneide; und selbst sie, die Großnichte einer früheren Königin von Frankreich, war nur das Kronjuwel, das er seiner Sammlung einzufügen hoffte.

Diese Schlußfolgerung kommt nicht überraschend. Schließlich haben wir gesehen, daß ein Gutteil der Abwehr des Sammlers nicht nur im Haben und Festhalten und Besitzen besteht, sondern auch darin, seine Objekte als kulturell akzeptiertes Mittel einzusetzen, um sich Geltung zu verschaffen. So verwandelt er seine elementare Empfindsamkeit, seine Desillusionierung und Frustration in Akte des Triumphs und der Prahlerei, ähnlich wie Don Juan, der nicht nur sich ständig beweisen mußte, daß er begehrenswert war, sondern auch andere Leute von seinen Eroberungen wissen ließ. Nicht aus Liebe zu diesen Eroberungen kam es zu seinen Abenteuern, sondern um der Welt zu beweisen, daß er – ungeachtet des frühen Empfindens, ungewollt zu sein – jedes Mädchen seiner Wahl haben könne; und es gab auch unbelebte Surrogate, die in seine Hände gelangten und der Welt demonstrierten, was seine Mutter oder seine Kindermädchen nicht erkannten: daß er etwas Besonderes war und Anspruch auf diese Objekte hatte.

Und so ist es auch bei Sammlern. Die Objekte, an denen ihr Herz hängt, sind unbelebter Ersatz für Fürsorge und Schutz. Was vielleicht noch aufschlußreicher ist: Sowohl dem Sammler wie der Welt beweisen diese Objekte, daß er etwas Besonderes und ihrer wert ist.

ANHANG

ANMERKUNGEN

1 Hugh Trevor-Roper, *Princes and Artists*, London 1976, S. 125.
2 Walter Benjamin, »Ich packe meine Bibliothek aus – Eine Rede über das Sammeln« (1931), in: *Angelus Novus – Ausgewählte Schriften 2*, Frankfurt a.M. 1966, S. 170.
3 Ebenda.
4 Ebenda, S. 177 f.
5 Ebenda, passim.
6 Das trifft sich mit einer Bemerkung von E. R. Dodds: »Die Griechen hatten die Erfahrung der Leidenschaft immer als etwas Rätselhaftes und Erschreckendes empfunden, als das Erleben einer Kraft, die es in ihnen gab und die sie im Griff hatte, anstatt daß sie darüber verfügten. Der Begriff des *pathos* belegt dies: Wie sein lateinisches Äquivalent *passio* bedeutet er etwas, das einem Mann ›widerfährt‹, etwas, dessen passives Opfer er ist.« Siehe *The Greeks and the Irrational* (1951), Boston 1957, S. 185.
7 Siehe H. Kohut, *Narzißmus – Eine Theorie der psychoanalytischen Behandlung narzißtischer Persönlichkeitsstörungen*, übs. von L. Rosenkötter, Frankfurt a.M. 1973, S. 62–66.
8 Siehe William Fagg, *African Tribal Images: The Katherine White Reswick Collection*, Cleveland 1968, S. VII.
9 Ebenda.
10 D.W. Winnicott, *Kind, Familie und Umwelt*, übs. von U. Seemann, München 1969, S. 38.
11 Siehe W. Muensterberger, »Psyche and Environment: Sociocultural Variations in Separation and Individuation«, in: *Psychoanalytic Quarterly*, Bd. 38, 1969, S. 191–219.
12 Otto Fenichel, *Psychoanalytische Neurosenlehre*, übs. von K. Laermann, Olten, Freiburg 1975, Bd. 2, S. 129f.; siehe auch Karl Abraham, *Psychoanalytische Studien zur Charakterbildung und andere Schrif-*

ten (1927), hg. von Johannes Cremerius, Frankfurt a. M. 1969, v. a. »Versuch einer Entwicklungsgeschichte der Libido auf Grund der Psychoanalyse seelischer Störungen« (1924), S. 113–183.

13 Sigmund Freud, *Jenseits des Lustprinzips* (1920), in: *Gesammelte Werke*, 18 Bde., Frankfurt a. M. 1960 ff., (künftig zit. als *GW*) Bd. 13, S. 12 f. und Anm. 1.

14 Walter Benjamin, *Schriften*, 2 Bde., Frankfurt a. M. 1955, Bd. 1, S. 416.

15 In einem etwas anderen, aber verwandten Kontext sprach André Green von eingebildeter Neorealität. Siehe Green, *On Private Madness*, Madison/Conn. 1986, S. 108.

16 D. W. Winnicott, *Vom Spiel zur Kreativität*, übs. von M. Ermann, Stuttgart 1973, S. 104.

17 E. Panofsky, »Abt Suger von St. Denis«, *Sinn und Deutung in der bildenden Kunst*, übs. von W. Höck, Köln 1975, S. 147 f.

18 Siehe W. Muensterberger, »Between Reality and Fantasy«, in: *Between Reality and Fantasy*, hg. von S. Grolnik, L. Barkin und W. Muensterberger, New York 1978, S. 3–13.

19 Das erinnert mich an eine scharfsinnige Bemerkung von Joyce McDougall: »Bei solchen Kindern besteht im späteren Leben die Gefahr, daß sie so leben, als wären sie ›nicht ganz wirklich‹. Sie könnten dann das Gefühl haben, ihre Umwelt nicht zu verstehen; von anderen gehen sie ohne etwas fort – mit anderen Worten, ›leer‹. Diese Art einer gespaltenen psychischen Realität könnte die Betreffenden durchaus zu suchtartigen Formen des Umgangs mit Gefühlen des Unwirklichen und der Leere prädisponieren. An Stelle des Übergangsobjekts aus der Kindheit mit seiner Fähigkeit, das Selbst zu trösten, kann das Kind im Erwachsenen damit fortfahren, nach Übergangsobjekten Ausschau zu halten – nach Drogen, sexuellen Ritualen, anderen Menschen oder endlosen zwangsweisen Verhaltensweisen, die nur zeitweilige Linderung verschaffen.« Siehe J. McDougall, *Theaters of the Mind*, New York 1985, S. 77.

20 Benjamin, »Ich packe meine Bibliothek aus«, in: *Angelus Novus*, S. 171.

21 Persönliche Mitteilung vom 14. März 1973.

22 Susan Isaacs, *Social Development in Young Children*, 5. Aufl. London 1946, S. 287.

23 Diesen Hinweis verdanke ich Prof. Sachs' Schülerin und Nachfol-

gerin Dr. Agnes Mongan, ehemals am Fogg Museum der Harvard University, Cambridge/Mass.

24 Siehe Green, *On Private Madness*, S. 251.

25 Mario Praz, *The House of Life*, London 1964, S. 110, 62 f., siehe auch S. 2.

26 Ebenda, S. 25 f.

27 Ebenda, S. 10.

28 Ebenda, S. 13.

29 Ebenda, S. 205.

30 Siehe Sigmund Freud, »Einige Charaktertypen aus der psychoanalytischen Arbeit, 1. Die Ausnahmen«, in: *GW*, Bd. 10, S. 365–370, 366.

31 Eine Reihe Sammler haben von sehr ähnlichen Empfindungen gesprochen, etwa »Ich mußte es einfach haben« oder »Ohne das geht es nicht«. Derlei Äußerungen veranschaulichen, daß es sich um den Versuch einer narzißtischen Verschmelzung mit dem begehrten Objekt handelt. Wie die Beobachtung von Kindern zeigt, wird das Objekt zum Teil des Subjekts und gibt dem Besitzer-Sammler eine flüchtige Erfahrung der Befriedigung, weil es ihm wieder ein Gefühl der Allmacht verschafft. Diese Phänomene erinnern an die Selbsttäuschung, welche in der Psychodynamik des Fetischismus eine so entscheidende Rolle spielt.

32 A. F. Laurens und K. Pomian (Hg.), *L'Anticomanie*, Paris 1992.

33 Siehe F. H. Taylor, *The Taste of Angels*, Boston 1948, S. 528.

34 Vgl. O. Vessberg, *Studien zur Kunstgeschichte der Römischen Republik*, Lund 1941, S. 26 ff.; G. M. A. Richter, *Three Critical Periods in Greek Sculpture*, Oxford 1951, S. 38 ff.

35 Siehe Strabo, *The Geography of Strabo*, übs. von H. L. Jones, Cambridge/Mass. 1927, Bd. 4, S. 202 ff.

36 M. T. Cicero, *Zweite Rede gegen Verres*, in: *Sämtliche Reden*, hg. und übs. von M. Fuhrmann, Bde. 3 u. 4, Zürich, Stuttgart 1971.

37 Ebenda, 2. 4. 17–38.

38 L. Friedlaender, *Darstellungen aus der Sittengeschichte Roms in der Zeit von August bis zum Ausgang der Antonine*, 4 Bde., 9. Aufl., Leipzig 1919–1921, Bd. 3, S. 36.

39 R. H. Codrington, *The Melanesians*, Oxford 1891, S. 191.

40 Ebenda, S. 203.

41 Siehe Edward Tregear, *The Maori-Polynesian Comparative Dictionary*, Christchurch o. J., S. 203.

42 Henri Bergson, *Die beiden Quellen der Moral und der Religion*, übs. von E. Lesch, 1933, repr. Freiburg 1980, S. 121.

43 Jan Huizinga, *Herbst des Mittelalters*, hg. von Kurt Köster, Stuttgart 1987, S. 177.

44 In einigen Gegenden Melanesiens und Polynesiens wird etwa ein Jahr nach dem Tod eines Verwandten der Schädel exhumiert und gereinigt; der Unterkiefer wird am Oberkiefer fixiert und mit einer Schicht aus einem Ton-Harz-Gemisch sorgfältig verschönert. Gelegentlich werden Kauri- und andere Muscheln in die Augenhöhlen gesteckt, um größere Menschenähnlichkeit zu erzielen.

45 Siehe Paul Wirz, *Die Marind-anim von Holländisch-Neu-Guinea*, Hamburg 1925, Bd. 2, Teil 3, S. 49–62.

46 A. C. Kruijt, »Het Koppensnellen der Toradja's van Midden-Celebes«, in: *Verslagen en Mededelingen, afd. Letterkunde*, 4de reeks (4. Serie), III, Nederlandsche Akademie van Wetenschapen, 1899, S. 164f.

47 Siehe F. W. Funke, *Orang Agung*, Bd. 1, Leiden 1958, S. 77.

48 Die etymologische Verwandtschaft zwischen *cup* (englisch), *kop* (holländisch), *coupe* (französisch), *coppa* (italienisch) und *Kopf* ist evident; die gemeinsame Wurzel ist das lateinische *caput* (Kopf).

49 Siehe A. E. Jensen, *Die Drei Ströme*, Leipzig 1948, S. 65–70.

50 Siehe J. F. F. Riedel, *De Sluik-en Kroesharige Rassen tusschen Selebes en Papua*, Den Haag 1886, S. 104–106.

51 R. E. Reina, »The Ritual of the Skulls«, in: *University Museum of Pennsylvania Expedition*, Bd. 4, 1962, Nr. 4, S. 26–35.

52 Grundlegende Informationen finden sich in Hippolyte Delehaye, *Les origines du culte des martyrs*, 2. Aufl. Brüssel 1933; siehe auch Bernhard Kötting, *Peregrinatio Religiosa – Wallfahrten in der Antike und das Pilgerwesen in der alten Kirche*, Regensburg, Münster 1950, und Carl Meyer, *Der Aberglaube des Mittelalters*, Basel 1884. Zum Mailander Domschatz siehe *Distinto raggauglio dell'ottavo maraviglia del mondo*, Mailand 1739.

53 Delehaye, *Origines du culte*, S. 60.

54 Kötting, *Peregrinatio Religiosa*, S. 332f. und Anm. 206.

55 *Amulett* kommt vermutlich vom lateinischen *amoletum*, einem Verteidigungsmittel. Siehe Plinius, *Naturgeschichte*.

56 Siehe M. Bondois, *La translation des Saints Marcellin et Pierre. Étude sur Einhard et sa vie politique*, Paris 1906; P. J. Geary, *Furta Sacra*, 2. Aufl. Princeton 1990, S. 45, 118.

57 Hugh Honour, *Venice*, London 1965, S. 33.

58 *Monumenta Germaniae Historica*, Scriptorum, Bd. 15, Teil 1, Hannover 1887, S. 240f., 329f. Siehe auch P. J. Geary, *Furta Sacra*, S. 467.

59 Ebenda, Bd. 4, Teil 1, S. 238–264 (*Translatio et Miracula SS. Marcellini et Petri*).

60 J. Armitage Robinson, *The Times of St. Dunstan*, Oxford 1923, S. 71 bis 80.

61 *Monumenta Germaniae Historica*, Bd. 15, Teil 1, S. 240 f., 329 f. (*Translationibus et Miraculis Sancti Germani*).

62 Abraham, »Versuch einer Entwicklungsgeschichte der Libido auf Grund der Psychoanalyse seelischer Störungen«, S. 176, siehe auch Anm. 11.

63 Robinson, *The Times of St. Dunstan*, S. 73.

64 Siehe H. Fichtenau, »Zum Reliquienwesen im frühen Mittelalter«, in: *Mitteilungen des Instituts für Österreichische Geschichtsforschung*, Bd. 60, 1952, S. 75.

65 Es gibt darüber einen bekannten Bericht von Caesarius von Heisterbach, ein sog. *libellus*, der die Umstände im einzelnen schildert. Vgl. auch A. Huyskens, *Quellenstudien zur Geschichte der Heiligen Elisabeth*, Marburg 1908; E. Busse-Wilson, *Das Leben der Heiligen Elisabeth*, München 1931, S. 278 f. Siehe auch Huizinga, *Herbst des Mittelalters*, S. 194.

66 Soweit nicht anders angegeben, stammen alle Zitate in diesem Kapitel aus Phillipps' Originalbriefen, die dem Robinson Trust gehören und in der Bodleian Library, Oxford, deponiert sind. Das Kapitel beruht auf dieser Korrespondenz und auf A. N. L. Munby, *Phillipps Studies*, 5 Bde., Cambridge 1951–1960. Überdies hatte ich die Möglichkeit, mit Tim Munby einige Gespräche und Diskussionen zu führen.

67 Siehe Munby, Bd. 2, S. 91.

68 Munby, Bd. 4, S. 133.

69 Munby, Bd. 4, S. 86, 166.

70 Die Leonardo-Zeichnung wurde zusammen mit fünf Rubens-Zeichnungen von Graf Antoine Seilern erworben, der die Freundlichkeit hatte, sie mir zu zeigen.

71 Kopie eines Briefs an Lady Steele-Graves vom 11. August 1863.

72 Siehe Munby, Bd. 3, S. 1 f.

73 Es gibt verblüffende Parallelen zwischen Thomas Phillipps und einem weiteren Büchersammler, dem neunzehn Jahre älteren

Richard Heber. Hebers Mutter starb, als er erst eine Woche alt war, und so wuchs er zeitweilig in der Obhut einer Tante väterlicherweits auf. Mit zehn Jahren erkrankte er schwer. Wie Phillipps war auch er auf einer Privatschule, machte dort aber, im Gegensatz zu jenem, einen ausgezeichneten Eindruck. Hebers Frühreife zeigt sich in einem Brief an seinen Vater, den er kurz vor seiner Erkrankung schrieb: »Wie versprochen, schicke ich Dir ein paar Zeilen ... Caractatus ist ein sehr seltenes Buch, aber ich glaube, daß es bei Mr. Bentham zum Verkauf kommt, und ich wäre Dir sehr verbunden, wenn Du hingingest, denn dort gibt es die besten Klassikerausgaben in allen Größen. Seine Auktion soll sehr bald bei Messrs. Southerbys [sic] Covent Garden stattfinden.« (30. April 1784)

Sein Vater tat ihm den Gefallen. Sieben Jahre später war Heber Student in Oxford und kaufte Bücher und Drucke, worüber sein Vater bald Klage führte, wie auch in einer Reihe weiterer Briefe, obwohl sich deren Ton von dem der Briefe des alten Phillipps auffällig unterscheidet: »Die Kosten von Zehn Guineas, die Du für *Gedrucktes* erwähnst, ist nach meinem Eindruck ein höchst unnötiger Ausgabeposten, und ich hoffe, daß ich nichts ähnlich Extravagantes mehr zu sehen bekomme ... Es schmerzt mich, diesen indirekten Bruch Deines Worts und Versprechens zu bemerken.« Zitiert nach der Sammlung der Heberschen Korrespondenz in der Bodleian Library, Oxford.

74 Siehe Munby, Bd. 2, S. 9.
75 Siehe Munby, Bd. 3, S. 13.
76 Siehe Munby, Bd. 2, S. 23.
77 Siehe Munby, Bd. 3, S. 38–41.
78 Siehe Munby, Bd. 2, S. 28.
79 Ebenda.
80 Siehe Munby, Bd. 4, S. 33.
81 Katalog von *The Celebrated Collection of Manuscripts Formed by Sir Thomas Phillipps*, Property of the Trustees of the Robinson Trust, Sotheby's, London (27. Juni 1966).
82 Siehe Munby, Bd. 2, S. 63.
83 Johann Georg Kohl, *Vom Markt und aus der Zelle*, Hannover 1868.
84 Siehe Munby, Bd. 4, S. 32–36.
85 H. de Balzac, »J'ai l'espoir de devenir riche à coups de romans«, in: *Lettres à sa Famille*, hg. von W. S. Hastings, Paris 1950, S. 52.
86 Siehe Donald Adamson, *The Genesis of »Le Cousin Pons«*, London

1966, S. 121, der aus Champfleury, *Grand Figures d'hier et d'aujourd'hui*, Paris 1861, S. 84 f. zitiert. Siehe auch H. J. Hunt, *Honoré de Balzac*, London 1957, S. 71–75. *Le Cousin Pons*, einer von Balzacs letzten Romanen, war als Teil der Reihe *Les Parents Pauvres* erschienen und erstmals im *Musée littéraire du Siècle* und dann, von März bis Mai 1847, erneut in *Le Constitutionnel* veröffentlicht worden, jetzt unter dem Titel *Le Cousin Pons ou Les Deux Musiciens* (siehe Adamson, *Genesis*, S. 44 f.).

87 Honoré de Balzac, *Vetter Pons*, übs. von E. W. Junker, München 1958, S. 16.

88 In einer früheren Version des Romans schenkte Balzac den Details und Finessen dieser Diners noch größere Aufmerksamkeit: »Pons war ein Feinschmecker. Dabei zwangen ihn seine geringen Mittel und seine Leidenschaft für den Kunsttrödel zu einer diätetischen Lebensweise, die seine ›feine Zunge‹ verabscheute, und so hatte der Junggeselle das Problem gleich im Anfang dadurch gelöst, daß er sich alle Tage auswärts zum Essen einladen ließ ... Ein Magen, der solche Erziehung genießt, beeinflußt notwendig die Moral und verdirbt sie je nach dem Grad der kulinarischen Weisheit, die er erwirbt.« (*Vetter Pons*, übs. von B. Kempner, Berlin 1952, S. 15, 17.)

89 *Cäsar Birotteau*, übs. von A. Schurig, in: *Menschliche Komödie*, Bd. 14, Leipzig 1911, S. 139.

90 Honoré de Balzac, *Lettres à l'Etrangère*, hg. von A. C. J. de Spoelberch de Lovenjoul und M. J. Bouteron, 5 Bde., Paris 1899–1950, Bd. 1, S. 24 f., 41.

91 In seiner Geburtsurkunde vom 21. Mai 1799 heißt es: »Un enfant male par le citoyen Bernard-François Balzac ... lequel me declare que ledit enfant s'appelle Honoré Balzac.« Siehe G. Hanotaux und G. Vicaire, *La Jeunesse de Balzac*, 1903, Rpt. Paris 1921, S. 123.

92 Balzac, *Correspondance*, hg. von Roger Pierrot, 5 Bde., Paris 1960 bis 1969, Bd. 1, S. 271 (22. Juli 1825).

93 Honoré de Balzac, *Die Lilie im Tal*, übs. von R. Schickele, in: *Menschliche Komödie*, Bd. 10, Leipzig 1910, S. 49.

94 Laure Surville, *Balzac, sa vie et ses œuvres*, Paris 1858. Für Balzacs Leben und Persönlichkeit ist das Buch eine besonders ergiebige Quelle.

95 André Maurois, *Prometheus oder Das Leben Balzacs*, übs. von E. Sander und B. Berger, Wien, Düsseldorf 1966, S. 16.

96 Balzac, *Correspondance*, Bd. 5.

97 Surville, *Balzac*, S. 18–20.
98 Balzac, »Des Artistes«, in: *La Silhouette*, April 1830.
99 Maurois, *Prometheus*, S. 24 f.
100 Balzac, *Die Lilie im Tal*, in: *Menschliche Komödie*, Bd. 10, Leipzig 1910, S. 43.
101 M. Fargeaud und R. Pierrot, »Henri le trop aimé«, in: *L'Année Balzacienne* 1961, S. 44–46.
102 Balzac, *Correspondance*, Bd. 1, S. 132.
103 Honoré de Balzac, *Louis Lambert*, übs. von G. Etzel, in: *Menschliche Komödie*, Bd. 15, Leipzig 1910, S. 188 f. (Hervorhebungen von W. M.).
104 Balzac, *Louis Lambert*, S. 194 f., 210.
105 Balzac, *Die Lilie im Tal*, in: *Menschliche Komödie*, Bd. 10, Leipzig 1910, S. 3.
106 Ebenda, S. 4 f.
107 Balzac, *Un Début dans la Vie*, in: *La Comédie humaine*, hg. von Pierre-Georges Castex, Bd. 1, Paris 1976, S. 717–887.
108 *Tolldrastische Geschichten*, übs. von W. Widmer, München 1975, S. 659 ff.
109 »Einige Charaktertypen aus der psychoanalytischen Arbeit« (1916), in: *Gesammelte Werke*, Bd. 10, S. 363–370.
110 Maurois, *Prometheus*, S. 181.
111 Honoré de Balzac, *Correspondance inéditée avec Zulma Carraud*, hg. von Marcel Bouteron, Paris 1935, S. 77. Der französische Text ist prägnanter: »parceque votre âme est faussée, parceque vous répudiez la vraie gloire pour la gloriole ...«.
112 Balzac, *Lettres à l'Etrangère*, Bd. 1, S. 200, 217.
113 Ebenda, S. 205.
114 Ebenda.
115 Ebenda, S. 126.
116 Ebenda, S. 236–241 (11. März 1835).
117 Maurois, *Prometheus*, S. 270.
118 Ebenda, S. 125.
119 Balzac, *Correspondance*, Bd. 1, S. 336.
120 Balzac, *Verlorene Illusionen*, übs. von U. Wolf, München 1965, S. 46.
121 Balzac, *Das Chagrinleder*, übs. von H. Lachmann, in: *Menschliche Komödie*, Bd. 11, Leipzig 1910, S. 42.
122 Léon Gozlan, *Balzac en pantoufles*, 3. Aufl. Paris 1865, S. 31 f.
123 Balzac, *Correspondance inéditée avec Zulma Carraud*, S. 306.
124 Gozlan, *Balzac en pantoufles*, S. 45 f.

125 Balzac, *Correspondance,* Bd. 1, S. 269 f.
126 Balzac, *Correspondance,* Bd. 1, S. 111 f.
127 Balzac, *Correspondance,* Bd. 1, S. 113.
128 Balzac, *Vetter Pons*, S. 19.
129 Ebenda, S. 23, 18.
130 Balzac, *Lettres à l'Etrangère,* Bd. 3, S. 336 (28. Juli 1848).
131 Balzac, *Lettres à l'Etrangère,* Bd. 3, S. 11, Anm. 2.
132 Balzac, *Correspondance,* Bd. 5, S. 57, Anm. 2.
133 Balzac, *Correspondance,* Bd. 5, S. 64.
134 Balzac, *Lettres à l'Etrangère,* Bd. 3, S. 176, 214, 216, 222 f. (18. Februar 1846).
135 Balzac, *Correspondance,* Bd. 5, S. 281–285.
136 Balzac, *Correspondance,* Bd. 5, S. 297.
137 Ebenda.
138 Balzac, *Correspondance,* Bd. 5, S. 743–746.
139 Champfleury, *Note sur M. de Balzac* (siehe Maurois, *Prometheus*, S. 528).
140 J. Paul Getty, *As I See It*, London 1976, S. 277 ff.
141 Dies geschah in der Zeit, als Mao Zedong in China herrschte.
142 Wilmarth Lewis, *Collector's Progress*, London 1952, S. 221.
143 Karl E. Meyer, *The Plundered Past*, 1973, Rpt. New York 1977.
144 Siehe S. J. Fleming, »Bronze Technology in China«, in: Fleming, *Ancient Chinese Bronzes*, London 1975, S. 14.
145 Siehe Comte de Brienne, *Memoires*, Paris 1828, zit. nach F. H. Taylor, *The Taste of Angels*, S. 334 f.
146 Einen umfassenden Überblick gibt Jean Gimpel, *The Medieval Machine*, London 1977.
147 Siehe *Textes et documents d'histoire du moyen age, XIVe-XVe siècles*, hg. von J. Glennisson und J. Day, Paris o. J., S. 8 f.
148 Giovanni Boccaccio, *Das Dekameron*, übs. von K. Witte, München 1971, S. 17 f.
149 Françoise Lehoux, *Jean de France, Duc de Berri*, Paris 1966, Bd. 1, S. 12 f.
150 Millard Meiss, *French Painting in the Time of Jean de Berry*, 2 Bde., London, New York 1967, S. 31.
151 Ernst Walser, *Gesammelte Studien zur Geistesgeschichte der Renaissance*, hg. von Werner Kaegi, Basel 1933, S. 99.
152 Siehe v. a. William S. Heckscher, *Rembrandt's Anatomy of Dr. Nicolaas Tulp*, New York 1958, S. 85.

153 Peter Burke, *Tradition and Innovation in Renaissance Italy*, 1972, Rpt. London 1974, S. 235.

154 Lewis Mumford, *Technics and Civilization*, New York 1939, S. 14 f.

155 Dondis Korrespondenz und Manuskripte befinden sich in der Biblioteca Marciana in Venedig; siehe *Ms. Lat. XIV 223 (4340)*. Siehe auch S. A. Bedini und F. R. Maddison, »Mechanical Universe: The Astrarium of Giovanni de' Dondi«, in: *Transactions of the American Philosophical Society*, 56, Teil 5, S. 966.

156 Roberto Weiss, *The Renaissance Discovery of Classical Antiquity*, 1969, Rpt. Oxford 1973, S. 49–53.

157 Jacob Burckhardt, *Die Kultur der Renaissance in Italien*, 2. durchges. Aufl., hg. von Max Wegner, Laupheim 1951, S. 148.

158 Antonio di Tuccio Manetti, *The Life of Brunelleschi*, hg. v. Howard Saalman, University Park 1970, S. 54 f. Siehe auch C. von Fabriczy, *Filippo Brunelleschi*, Stuttgart 1892, S. 92.

159 Weiss, *The Renaissance Discovery of Antiquity*, S. 63. Weiss zufolge ist die Romreise angezweifelt worden, weitgehend deshalb, weil sich in den folgenden Jahren ihre Freundschaft auflöste.

160 Salutati, *Epistolario di Coluccio Salutati*, hg. von F. Novati, Rom 1896, Bd. 3, S. 655. Siehe auch B. L. Ullman, *The Humanism of Coluccio Salutati*, Padua 1963.

161 Siehe v. a. Weiss, *The Renaissance Discovery of Classical Antiquity*, S. 63–68.

162 Siehe Burke, *Tradition and Innovation in Renaissance Italy*, S. 174.

163 Siehe Walser, *Gesammelte Studien*, S. 24 f. Auch *Poggii Epistolae*, hg. von T. de Tonellis, Florenz 1832, Bd. 1, S. 16.

164 Christopher Hibbert, *The Rise and Fall of the House of Medici*, 1974, Rpt. London 1979, S. 45.

165 Walser, *Gesammelte Studien*, S. 60.

166 Brief an Guarinus Veronensis, datiert vom 15. Dezember 1416. Siehe Phyllis W. G. Gordan, *Two Renaissance Bookhunters*, New York 1974, S. 193 f.

167 Walser, *Gesammelte Studien*, S. 55, Anm. 2 und 3.

168 Datiert Rom, den 27. September 1430. Dazu und zum folgenden Brief siehe Gordan, *Two Renaissance Bookhunters*, S. 166–169.

169 *Poggii Epistolae*, Bd. 1, S. 322. Vgl. Gordan, *Two Renaissance Bookhunters*, S. 146 f.

170 *Poggii Epistolae*, Bd. 1, S. 331. Siehe auch Walser, *Gesammelte Studien*, S. 148.

171 Walser, *Gesammelte Studien*, S. 304.
172 Siehe Gordan, *Two Renaissance Bookhunters*, S. 166f.
173 Weiss, *The Renaissance Discovery of Classical Antiquity*, S. 63.
174 Siehe Joseph Alsop, »Art Collecting: The Renaissance and Antiquity«, in: *Times Literary Supplement*, 4. August 1978, S. 892.
175 Siehe Gordan, *Two Renaissance Bookhunters*, S. 166f.
176 Weiss, *The Renaissance Discovery of Classical Antiquity*, S. 185.
177 Weiss, *The Renaissance Discovery of Classical Antiquity*, S. 29.
178 Weiss, *The Renaissance Discovery of Classical Antiquity*, S. 167–179.
179 Marie Boas, *Die Renaissance der Naturwissenschaften, 1450–1630*, übs. von M. Trier, Gütersloh 1965, S. 143. Nach Boas wurde das Edikt wegen des Brauchs erlassen, die Gebeine von Kreuzrittern und Pilgern in ihrer Heimat zu bestatten. Später wurde es zur Ursache »für die Notmaßnahmen, zu denen die Anatomen ihre Zuflucht nahmen, um, als Leichen zum Sezieren leicht zu haben waren, zu Knochen zu gelangen. Dazu gehörten das Berauben von Galgen und Leichenhäusern«.
180 Ebenda, S. 183.
181 Siehe *Das Reisebuch des Ritters John Mandeville*, übs. von G.E. Sollbach, Frankfurt a.M. 1989.
182 Siehe Friedrich Heer, *Mittelalter*, Zürich 1961.
183 Vgl. Boas, *Die Renaissance der Naturwissenschaften*, S. 153.
184 Siehe Walter Minchinton, »Die Veränderungen der Nachfragestruktur von 1500–1750, in: *Europäische Wirtschaftsgeschichte*, Bd. 2: *Sechzehntes und siebzehntes Jahrhundert*, hg. von Carlo M. Cippola und K. Borchardt, übs. v. M. Streissler, Stuttgart 1979, S. 83f.
185 Viele Künstler der damaligen und späteren Zeiten begannen ihre Ausbildung in Malerei und Skulptur mit anatomischen Studien. Leonardo bestand darauf, selbst zu sezieren. »Ich habe mehr als zehn [später behauptete er dreißig] menschliche Körper seziert und dabei alle Gliedmaßen zerstört und selbst noch die kleinsten Fleischpartikel entfernt, die diese Blutgefäße umgaben … Und da ein einziger Körper für eine solch lange Zeit nicht ausreichte, war es notwendig, schrittweise vorzugehen, und zwar mit so vielen Körpern, bis meine Kenntnisse vollständig waren; und dies wiederholte ich zweimal, um den Unterschied herauszufinden.« Siehe E. MacCurdy, *The Notebooks of Leonardo da Vinci*, New York 1956, S. 166. Siehe auch J. Playfair McMurrich, *Leonardo da Vinci, the Anatomist*, Baltimore 1930, S. 14.

186 Eine eingehende Erörterung dazu ist: R. W. Scheller, »Rembrandt en de Encyclopedische Kunstkamer«, in: *Oud-Holland*, o. J.

187 Boas, *Die Renaissance der Naturwissenschaften*, S. 154.

188 R. H. Tawney, *Religion and the Rise of Capitalism*, 1922, Rpt. London 1964, S. 176.

189 Siehe F. S. Wurffbain, *Dissertatio de Technophysiotameis von Kunst- und Wunderkammern*, Altdorf 1704.

190 Julius von Schlosser, *Die Kunst- und Wunderkammern der Spätrenaissance*, Leipzig 1908. Von Schlossers Werk ist noch immer die umfassendste Abhandlung zu diesen Sammlungen. Siehe auch Alphons Lhotsky, *Geschichte der Sammlungen*, Festschrift des Kunsthistorischen Museums, Wien 1941–1945.

191 Von Schlosser, *Die Kunst- und Wunderkammern*, S. 44.

192 Siehe E. Mayer-Löwenschwerdt, *Der Aufenthalt der Erzherzöge Rudolf und Ernst in Spanien, 1564–1571*, Wien 1927.

193 Arthur Koestler, *Die Nachtwandler*, übs. von W. M. Treichlinger, Wiesbaden 1963, S. 297.

194 Siehe den Brief an François Thomas Perrenot de Granville vom 28. Februar 1605 in: *Jahrbuch der Kunsthistorischen Sammlungen des Allerhöchsten Kaiserhauses*, Bd. 19, Wien 1889, Nr. 16534.

195 Siehe H. Zimmermann, Kunstgeschichtliche Charakterbilder, »Rudolf II. und die Prager Kunstkammer«, in: *Jahrbuch der Kunsthistorischen Sammlungen des Allerhöchsten Kaiserhauses*, Bd. 25, Wien 1893.

196 Siehe R. J. W. Evans, *Rudolf II. and His World*, Oxford 1973, S. 217, Anm. 7.

197 Siehe Gertrude von Schwarzenfeld, *Rudolf II., der Saturnische Kaiser*, München 1960, S. 94.

198 Vgl. Fernand Braudel, *Das Mittelmeer und die mediterrane Welt in der Epoche Philipps II.*, übs. von G. Osterwald und G. Seib, Frankfurt a. M. 1990, Bd. 2, S. 40 ff.

199 Elisabeth Landolt, »Late Humanistic Art and Collecting in Basle«, in: *Apollo*, Dezember 1976, S. 467–475.

200 Robert Burton, *Die Anatomie der Melancholie*, ausgew. und übs. von Werner von Koppenfels, Mainz 1988, S. 239–241 [mit Ausnahme des Schlußpassus im 1. Zitat, A. d. Ü.].

201 Henry Peacham, *The Compleat Gentleman*, London 1634, S. 104 f. Die Zitate stammen aus der Faksimileausgabe, Oxford 1906.

202 Ebenda.

203 John Evelyn, *The Diary of John Evelyn*, hg. von E. S. de Beer, London 1959, S. 66.

204 *The Diary of John Evelyn*, S. 303.

205 *The Diary of John Evelyn*, S. 68.

206 Siehe David Murray, *Museums, Their History and Their Use*, 3 Bde., Glasgow 1904, Bd. 1, S. 30 f. Zitiert nach einer englischen Ausgabe von 1691.

207 Siehe A. Schierbeek, *Jan Swammerdam*, Lochem 1946, S. 14 f.

208 Scheller, »Rembrandt«, S. 105.

209 Johann Daniel Major, *Unvorgreiffliches Bedencken von Kunst- und Naturalien-Kammern insgemein*, Kiel 1662.

210 Museum Spenerianum (Leipzig 1693), zitiert nach Murray, *Museums, Their History and Their Use*, Bd. 3, S. 185.

211 Zitiert nach W. E. Houghton, »The English Virtuoso in the Seventeenth Century«, in: *Journal of the History of Ideas*, Bd. 3, 1942, S. 53.

212 J. H. Huizinga, *Holländische Kultur im siebzehnten Jahrhundert*, übs. von W. Kaegi, Basel 1961, S. 109.

213 S. Schama, *The Embarrassment of Riches*, New York 1987, S. 318.

214 Huizinga, *Holländische Kultur*, S. 111.

215 *The Diary of John Evelyn*, S. 21 f.

216 *The Diary of John Evelyn*, S. 26, Anm. 1.

217 L. Mumford, *The Condition of Man*, New York 1944, S. 181 f.

218 P. Geyl, *The Netherlands in the Seventeenth Century*, Bd. 1, 1609–1648, London 1961, S. 247 f.

219 E. Tremayne, *The First Governess of the Netherlands, Margaret of Austria*, New York 1908.

220 J. Denucé, *De Konstkamers van Antwerpen in de XVIe en XVIIe eeuwen*, Antwerpen 1932.

221 T. H. Lunsingh Scheurleer, »Over Verzamelaars en Verzamelingen«, o. J., S. 12–14.

222 Huizinga, *Holländische Kultur*, S. 111.

223 *The Diary of John Evelyn*, S. 28.

224 Siehe H. Floerke, *Studien zur Niederländischen Kunst- und Kulturgeschichte*, München 1905, S. 154.

225 Siehe J. Schierbeek, *Jan Swammerdam*, S. 9.

226 A. Bredius, »De Schilder Johannes van de Capelle«, in: *Oud-Holland*, Bd. 10, 1892.

227 Schama, *The Embarrassment of Riches*, S. 313 f.

228 G. Leonhardt, *Het Huis Bartoletti an zijn Bewoners*, Amsterdam 1979, zitiert nach Schama, *The Embarrassment of Riches*, S. 313 f.

229 Siehe Arnoldus Buchelius, *Res Pictoriae*, in: *Quellenstudien zur Holländischen Kunstgeschichte*, hg. von G. J. Hoogewerff und J. Q. van Regteren Altena, Bd. 15, Gravenhage 1928, S. 96–100.

230 Siehe Elisabeth Reynst, »Sammlung Gerrit und Jan Reijnst«, Typoskript, Rijksmuseum Amsterdam 1964. Ich danke Drs. E. Haverkamp-Begemann, A. Logan und J. W. Niemeijer für ihre freundliche Unterstützung und ihre Anregungen.

231 Siehe *Jaarboek Amstelodamum*, Bd. 14, 1916, S. 239–245.

232 *Beschrijvinge der wijdt-vermaarde koopstad Amstelredamum*, 1662.

233 F. Lugt, »Italiaansche Kunstwerken in Nederlandsche Verzamelingen in vroegere tijden«, in: *Oud-Holland*, Bd. 53, 1936, S. 115 f.

234 Persönliche Mitteilung an F. H. Taylor, zitiert in seinem *The Taste of Angels*, S. 238.

235 Siehe auch Peter Burke, *Venice and Amsterdam*, London 1974.

236 Siehe Scheller, »Rembrandt en de encyclopedische Kunstkamer«, S. 197.

237 Vgl J. Denucé, *De Kunstkamers vam Entwerpen*; L. J. Bol, *De Bekoring van het kleine*, Stichting Openbaar Kunstbezit o. J.; M. Winner, »Gemalte Kunsttheorie«, in: *Jahrbuch der Berliner Museen*, Bd. 4, 1962, S. 151–185; und S. Speth-Holterhoff, *Les Peintres Flamands de Cabinets d'Amateurs au XVIIe siècle*, Amsterdam, Brüssel 1957.

238 Die ausführlichste Darstellung findet sich bei E. H. Krelage, *Bloemenspeculatie in Nederland*, Amsterdam 1942, S. 15–112. Vgl. auch W. Blunt, *Tulipomania*, London 1950, S. 75–77.

239 N. W. Posthumus, »De Speculatie in Tulpen in de Jaren 1636 bis 1637«, in: *Economisch-Historisch Jaarboek*, Bd. 12, 1926, S. 3–9.

240 A. Meldola, *Tulpen und Staatespapiere*, Hamburg 1830, S. 5–16.

241 Krelage, *Bloemenspeculatie in Nederland*, S. 63 f.; Posthumus, »De Speculatie in Tulpen«, S. 10–12.

242 Meldola, *Tulpen und Staatspapiere*, S. 8, nach A. Munting, *Waare Oeffening der Planten*, Amsterdam 1672.

243 Siehe Fenichel, *Psychoanalytische Neurosenlehre*, Bd. 2, S. 130.

244 Karl Abraham, »Ergänzungen zur Lehre vom Analcharakter« (1921), in: *Psychoanalytische Studien zur Charakterbildung*, hg. von Johannes Cremerius, Frankfurt a. M. 1969, S. 186.

245 Der armenische Magnat Calouste Gulbenkian verweigerte Interessenten den Besuch seiner Sammlung in seiner Pariser Wohnung in

der Rue d'Iena. »Würde ich denn einen Fremden in meinen Harem lassen?« war seine Antwort. Siehe Kenneth Clarks Einleitung zu *Great Private Collections*, hg. von Douglas Cooper, New York 1963, S. 15. Siehe auch Maurice Rheims, *Art on the Market*, 1959, Rpt. London 1961, S. 17f.

246 S. P. Dance, *Shell Collecting*, London 1966, S. 86f.

247 Sigmund Freud, »Psychoanalytische Bemerkungen über einen autobiographisch beschriebenen Fall von Paranoia (Dementia paranoides)« (1911), in: *GW*, Bd. 8, S. 307–309.

248 Praz, *The House of Life*, S. 62f.

249 Vgl. George Steiner, »A Note on Language and Psycho-Analysis«, in: *International Revue of Psycho-Analysis*, Bd. 3, 1976, S. 253–258.

250 H. P. Kraus, *A Rare Book Saga*, London 1979, S. 32.

251 E. und J. de Goncourt, *Journal*, Bd. 1, Paris 1935, S. 177.

252 Morey M. Segal, »Impulsive Sexuality: Some Clinical and Theoretical Observations«, in: *International Journal of Psycho-Analysis*, Bd. 44, 1963, S. 407–418 (Hervorhebungen von W. M.).

253 Daß hier eine ödipalen Rivalität eine Rolle spielte, liegt auf der Hand. Die Veranlagung meines Informanten legt den Gedanken nahe, daß es sich bei seinem Sammeln von Reiseführern um eine sekundäre Bearbeitung seiner eigentlichen Neigung handelt.

254 Lady Charlotte Schreiber, *Lady Charlotte Schreiber's Journals*, hg. von Montague Guest, 2 Bde., London 1911, Bd. 1, S. 6 f.

255 Schreiber, *Journals*, Bd. 1, S. XXVf. Lady Schreiber kaufte zunächst Gemälde, bevor sie zur Sammlerin von Porzellan, Fächern und anderem wurde. Merkwürdigerweise erwarb sie Bilder, ohne auch nur ein einziges Mal ein Museum betreten zu haben. Diese Information verdanke ich Mr. Francis Russell.

256 Auf diese Gruppe bezieht sich Gerald Reitlinger in seinem Buch *The Economics of Taste*, 1963, Rpt. 1965, S. 554. Im Jahr 1930 wurde ein ähnliches Paar zum Preis von £ 3250 verkauft.

257 Schreiber, *Journals*, Bd. 1, S. XXVI.

258 Charles Ricketts, *Self-Portrait: Letters and Journals of Charles Ricketts*, hg. von Cecil Lewis, London 1939, S. VIII f.

259 Peter Gay, *Freud – Eine Biographie für unsere Zeit*, übs. von J. A. Frank, Frankfurt a. M. 1989, S. 196.

260 Einen wesentlichen Teil meiner Darstellung verdanke ich K. Wallaces »Slim-Shin's Monument«, in: *The New Yorker*, 19. November 1960, S. 104–146.

261 René Gimpel, *Diary of an Art Dealer*, 1963, Rpt. New York 1966, S. 23.
262 Wallace »Slim-Shin's Monument«, S. 110, 121.
263 Wallace »Slim-Shin's Monument«, S. 115.
264 Wallace »Slim-Shin's Monument«, S. 134.
265 Edward Bibring, »The Mechanisms of Depression«, in: *Affective Disorders*, hg. von Phyllis Greenacre, New York 1953, S. 13–48.
266 Anschauliche Beschreibungen der Szenerie in Auktionssälen finden sich in Stowers Johnson, *Collector's Luck*, London 1968, S. 56–78.
267 Vgl. John Herbert, *Inside Christie's*, London 1990, S. 100–112.
268 John Steinbeck, *Travels with Charlie*, 1962, Rpt. New York 1976, S. 43 f.
269 Siehe Peter Bull, *Bear with Me*, London 1969.
270 Charles Rycroft, *Anxiety and Neurosis*, London 1968, S. 32.
271 Lorenz spricht vom *Imponiergeschehen* im Zusammenhang mit dem Verhalten von Tieren. Siehe Konrad Lorenz, *Das Sogenannte Böse: Zur Naturgeschichte der Aggression*, Wien 1963.
272 D. W. Winnicott, »Appetite and Emotional Disorder« (1936), in: *Collected Papers*, New York 1958, S. 33. Winnicott sprach von *greediness*.

LITERATURVERZEICHNIS

Abraham, Karl, *Psychoanalytische Studien zur Charakterbildung und andere Schriften*, hg. von Johannes Cremerius, Frankfurt a. M. 1969.

– »Ergänzungen zur Lehre vom Analcharakter« (1921), in: Abraham, *Psychoanalytische Studien*, S. 184–205.

– »Versuch einer Entwicklungsgeschichte der Libido auf Grund der Psychoanalyse seelischer Störungen« (1924), in: Abraham, *Psychoanalytische Studien*, S. 113–183.

Adamson, Donald, *The Genesis of »Le Cousin Pons«*, London 1966.

Alsop, Joseph, »Art Collecting: The Renaissance and Antiquity«, in: *Times Literary Supplement*, 4. August 1978.

Aston, Margaret, *The Fifteenth Century: The Prospect of Europa*, London 1968.

Baart, Willem, »Catalogus van een extra aytmuntend Kabinet van allerley soorten van ongemeen gepoylste hoorens en doublet-schelpen … coraal en zeegewassen petrificia … benevens een kabinet van vreemde opgezette vogels, in en uytlandsche gediertens in liquor … verzameld en nagelaten door Willem Baart«, Amsterdam 1762.

Bak, R. C., »Fetishism«, in: *Journal of the American Psychoanalytic Association*, Bd. 1, 1968.

– »The Phallic Woman: The Ubiquitous Fantasy in Perversions«, in: *Psychoanalytic Study of the Child*, Bd. 23, S. 1–36.

Balzac, Honoré de, *Correspondance*, hg. von Roger Pierrot, 5 Bde., Paris 1960–1969.

– *Correspondance inéditée avec Zulma Carraud*, hg. von M. Bouteron, Paris 1951.

– *Lettres à l'Etrangère*, hg. von A. J. C. de Spoelberch de Lovenjoul und M. J. Bouteron, 5 Bde., Paris 1899–1950.

– *Lettres à sa Famille*, hg. von W. S. Hastings, Paris 1950.

– *Œuvres complètes*, hg. von Marcel Bouteron, 28 Bde., Paris 1956 bis 1963.
– *La Comédie humaine*, hg. von Pierre-Georges Castex, 11 Bde., Paris 1976.
– *Menschliche Komödie* (Teils.), eingel. von Hugo von Hofmannsthal, 16 Bde., Leipzig 1909–1911.
– *Tolldrastische Geschichten*, übs. von W. Widmer, München 1975.
– *Verlorene Illusionen*, übs. von U. Wolf, München 1965.
– *Vetter Pons*, übs. von E. W. Junker, München 1958.

Barge, J. A. J., *De oudste Inventaris der oudste Academische Anatomy in Nederland*, Leiden 1934.

Barker, Nicolas, *Bibliotheca Lindesiana*, London 1977.

Baudelot de Dairval, Ch. César, *De l'utilité des voyages et de l'avantage que la recherche des antiquitez procure aux savants*, Paris 1686.

Bedini, S. A. und F. R. Maddison, »Mechanical Universe: The Astrarium of Giovanni de' Dondi«, in: *Transactions of the American Philosophical Society*, Bd. 56, Teil 5.

Behrman, S. N. *Duveen*, London 1952.

Bellemo, V., *Jacopo e Giovanni de' Dondi dell'Orlogio*, Chioggia 1894.

Benjamin, Walter, *Angelus Novus, Ausgewählte Schriften*, Bd. 2, Frankfurt a. M. 1966.
– *Schriften*, 2 Bde., Frankfurt a. M. 1955.

Bentley, J., *Restless Bones*, London 1985.

Bergson, Henri, *Die beiden Quellen der Moral und der Religion*, übs. von E. Lesch (1933), repr. Freiburg 1980.

Bettenson, H. (Hg.), *Documents of the Early Christian Church*, o. O. 1943.

Beurdeley, Michel, *The Chinese Collector Through the Centuries*, Rutland/Vt. 1966.

Bibring, Edward, »The Mechanisms of Depression«, in: *Affective Disorders*, hg. von Phyllis Greenacre, New York 1953.

Bille, C., *De Tempel der Kunst van het Kabinet van den Heer Braamcamp*, Amsterdam 1961.

Bisticci, V. da, *Vite di uomini illustri del secolo XV.*, hg. von P. d'Ancona und E. Aeschlimann, Mailand 1951.

Bittmann, Karl, *Ludwig XI. und Karl der Kühne: Die Memoiren des Phillippe de Commynes als Historische Quelle*, Bd. 1, Göttingen 1964.

Black, Max, *Models and Metaphors: Studies in Language and Philosophy*, Ithaca/N. Y. 1962.

Blumenthal, Walter, *Booksman's Bedlam*, New Brunswick/N. J. 1955.

Blunt, W., *The Art of Botanical Illustration* (1950), London 1971.
– *Tulipomania*, London 1950.
Boas, Marie, *Die Renaissance der Naturwissenschaften, 1450–1630*, übs. von M. Trier, Gütersloh 1965.
Boccaccio, Giovanni, *Das Dekameron*, übs. von K. Witte, München 1971.
Bogeng, G. Q. E., *Die Großen Bibliophilen*, 2 Bde., Leipzig 1922.
Bol, L. J., *De Bekoring van het kleine*, Stichting Openbaar Kunstbezit o. J.
Bondois, M., *La translation des Saints Marcellin et Pierre*, Paris 1906.
Bonnaffé, Edward, *Les Collectioneurs de l'ancienne France*, Paris 1869.
Borenius, T., *The Picture Gallery of Andrea Vendramin*, London 1923.
Boussard, J., *The Civilization of Charlemagne*, London 1968.
Bouteron, Marcel, *Études Balzaciennes*, Paris 1954.
Bovill, E. W., *The Golden Trade of the Moors*, London 1958.
Braudel, Fernand, *Das Mittelmeer und die mediterrane Welt in der Epoche Philipps II.*, übs. von G. Osterwald und G. Seib, Frankfurt a. M. 1990.
Bredius, A., »Archiefsprokkelingen. Inventaris van de vermogende verzamelaar Hans Brouwer«, in: *Oud-Holland*, Bd. 57, 1939.
– »De Schilder Johannes van de Capelle«, in: *Oud-Holland*, Bd. 10, 1892.
Bredius, A., H. Brugmanns u. a., *Amsterdam in de 17e eeuw*, hg. von P. J. Blok, 3 Bde., Gravenhage 1879–1904.
Bruck, Robert, *Friedrich der Weise als Förderer der Kunst*, Straßburg 1903.
Buchelius, Arnoldus, *Res Pictoriae*, in: *Quellenstudien zur Holländischen Kunstgeschichte*, hg. von G. J. Hoogewerff und J. Q. van Regteren Altena, Bd. 15, Gravenhage 1928.
Bull, Peter, *Bear with Me*, London 1969.
Burckhardt, Jacob, *Die Kultur der Renaissance in Italien*, 2. durchges. Aufl., hg. von Max Wegner, Laupheim 1951.
Burke, Peter, *Tradition and Innovation in Renaissance Italy*, London 1972.
– *Venice and Amsterdam*, London 1974.
Burton, Robert, *The Anatomy of Melancholy* (1651), 2. Teil, hg. von Holbrook Jackson, London 1977.
Busse-Wilson, Elisabeth, *Das Leben der Heiligen Elisabeth*, München 1931.
Cabanne, Pierre, *Roman des Grands Collectioneurs*, Paris 1961.
Cabrol, F. und H. Leckreg (Hg.), *Dictionnaire d'archéologie Chrétienne et de liturgie*, Paris 1947.
Casson, Stanley, »The Popularity of Greek Archaic Art«, in: *American Magazine of Art*, Bd. 30, 1937.
Chambers, D. C., *The Imperial Age of Venice, 1380–1580*, London 1970.

Champfleury, *Grands Figures d'hier et d'aujourd'hui*, Paris 1861.
Chapeau, G., »Les Grandes Reliquies de Charroux«, in: *Bulletin de la Societé des antiquaires de l'Ouest*, 1928.
Chalmondeley, R. H., *The Heber Letters, 1783–1832*, London 1950.
Cicero, M. T., *Zweite Rede gegen Verres*, in: *Sämtliche Reden*, hg. und übs. von M. Fuhrmann, Bde. 3 und 4, Zürich, Stuttgart 1971.
Cipolla, C. M. und K. Borchardt (Hg.), *Europäische Wirtschaftsgeschichte*, Bd. 2: *Sechzehntes und siebzehntes Jahrhundert*, übs. von M. Streissler, Stuttgart 1979.
Clark, Kenneth, *Leonardo da Vinci*, London 1939.
Codrington, R. H., *The Melanesians*, Oxford 1891.
Coke, Desmond, *Confessions of an Incurable Collector*, London 1928.
Cole, Arthur H., *The Great Mirror of Folly: An Economic-Bibliographical Study*, Publication no. 6 of the Kress Library of Business and Economy, Boston 1949.
Connell Jr., Evan S., *The Connoisseur*, New York 1974.
Constable, W. G., *Art Collecting in the United States of America*, London 1964.
Cooper, Douglas (Hg.), *Great Private Collections*, New York 1963.
Coquery, C., *La Découverte d'Afrique*, Paris 1965.
Cosnac, L. G. de, *Les Richesses du Palais Mazarin* (Inventar von 1661), Paris 1884.
Coulton, G. G., *Medieaval Panorama*, London 1938.
Curtius, Ernst Robert, *Balzac*, 2. Aufl. Bern 1951.
Dance, S. P., *Shell Collecting*, London 1966.
Darlington, H. S., »The Meaning of Head Hunting«, in: *Psychoanalytic Review* Bd. 26, 1939.
De Bury, Richard, *Philobiblon*, Oxford 1960.
Delehaye, Hippolyte, *Les origines du culte des martyrs*, 2. Aufl. Brüssel 1933.
DeMolen, Richard L. (Hg.), *The Meaning of the Renaissance and Reformation*, Boston 1974.
Denucé, Jean, *Art-Export in the 17th Century in Antwerp: The Firm Forchondt*, Antwerpen 1931.
– *De Konstkamers van Antwerpen in der XVIe en XVIIe eeuwen*, Antwerpen 1932.
– *L'Afrique de XVIe siècle et la Commerce Anversois*, Antwerpen 1937.
Dibdin, T. F., *A Bibliographical Antiquarian and Picturesque Tour in France and Germany*, 3 Bde., London 1821.
– *Bibliotheca Spenceriana*, 4 Bde., London 1814–1815.

Dietrichs, Albrecht, *Reliquienkult im Altertum*, Gießen 1909.

Distinto raggauglio dell' ottavo maraviglia del mondo, Mailand 1739.

Dodds, E. R., *The Greeks and the Irrational* (1951), Boston 1957.

Dornseiff, Franz, »Der Märtyrer: Name und Bedeutung«, in: *Archiv für Religionswissenschaft*, Bd. 22, 1923–1924.

Downs, R. E., »Head-Hunting in Indonesia«, in: *Bijdragen tot de Taal-, Land- en Volkskunde*, Bd. 111, 1955.

d'Eaubonne, Françoise, *Honoré de Balzac*, Genf 1969.

Eccles, Lord, *On Collecting*, London 1968.

Edey, Winthrop, *French Clocks*, New York 1967.

Elliott, J. H., *The Old World and the New, 1492–1650*, Cambridge 1970.

Engel, H., »The Life of Albert Seba«, in: *Svenske linnésällsk Årsskr*, Bd. 20, 1937.

Erikson, Erik H., *Kindheit und Gesellschaft*, übs. von M. von Eckardt-Jaffé, 9. Aufl. Stuttgart 1984.

– *Der junge Mann Luther*, übs. von J. Schiche, München 1964.

Eudel, Paul, *Collections and Collectioneurs*, Paris 1958.

Evans, I. H. N., *The Religion of the Tempasuk Dusuns of North Borneo*, London 1953.

Evans, R. J. W., *Rudolf II. and His World*, Oxford 1973.

Evelyn, John, *The Diary of John Evelyn*, hg. von E. S. de Beer, London 1959.

Fabriczy, Cornel von, *Filippo Brunelleschi*, Stuttgart 1892.

Fagg, William, *African Tribal Images: The Katherine White Reswick Collection*, Cleveland 1968.

Fargeaud, M. und R. Perrot, »Henry le trop aimé«, in: *L'Année Balzacienne* (1961).

Fenichel, Otto, *Psychoanalytische Neurosenlehre*, übs. von K. Laermann, Olten, Freiburg 1975.

Ferenczi, Sándor, *Further Contributions to the Theory and Technique of Psycho-Analysis*, London 1950.

Fichtenau, Heinrich, *Das karolingische Imperium*, Zürich 1949.

– »Zum Reliquienwesen im früheren Mittelalter«, in: *Mitteilungen des Instituts für österreichische Geschichtsforschung*, Bd. 60, 1952.

Fleming, S. J., »Bronze Technology in China«, in: Fleming, *Ancient Chinese Bronzes*, London 1975.

Fletcher, William Younger, *English Book Collectors*, London 1902.

Floerke, Hanns, *Studien zur Niederländischen Kunst- und Kulturgeschichte: Die Formen des Kunsthandels, das Atelier und die Sammler in den Niederlanden vom 15.–18. Jahrhundert*, München 1905.

Fokkens, Melchior, *Beschrijvinge der wijd-vermaarde koopstad Amstelredamum*, 1662.

Foss, Michael, *The Art of Patronage, 1660–1750*, London 1972.

Förster, O. E., *Kölner Kunstsammler vom Mittelalter bis zum Ende des Bürgerlichen Zeitalters*, Berlin 1931.

Freud, Sigmund, »Jenseits des Lustprinzips« (1920), in: *Gesammelte Werke* (*GW*), Frankfurt a. M. 1960ff., Bd. 13, S. 1–69.

– »Einige Charaktertypen aus der psychoanalytischen Arbeit« (1911), in: *GW*, Bd. 10, S. 363–391.

– »Psychoanalytische Bemerkungen über einen autobiographisch beschriebenen Fall von Paranoia (Dementia paranoides)« (1911), in: *GW*, Bd. 8, S. 239–320.

Sigmund Freud and Art, hg. von Lynn Gamwell und Richard Wells, Binghamton/N. Y. 1989.

Friederici, Georg, *Skalpierung und ähnliche Kriegsgebräuche in Amerika*, Braunschweig 1906.

Friedlaender, Ludwig, *Darstellungen aus der Sittengeschichte Roms in der Zeit von August bis zum Ausgang der Antonine*, 4 Bde., 9. Aufl. Leipzig 1919–1921.

Frijling-Schreuder, E. C. M., »Honoré de Balzac: A Disturbed Boy Who Did Not Get Treatment«, in: *International Journal of Psycho-Analysis*, Bd. 45, 1964.

Funke, F. W., *Orang Agung*, Leiden 1958.

Ganshof, F. L., *The Carolingians and the Frankish Monarchy*, London 1971.

Gay, Peter, *Freud – Eine Biographie für unsere Zeit* (1987), übs. von J. A. Frank, Frankfurt a. M. 1989.

Geary, Patrick J., *Furta Sacra*, 2. Aufl. New York 1990.

Gelder, H. E. van, »Gegevens omtrent den porceleinhandel der Oost-Indische Compagnie«, in: *Economische-Historisch Jaarboek*, Bd. 10, 1924.

Gerson, Noel B., *The Prodigal Genius: The Life and Times of Honoré de Balzac*, New York 1972.

Gessner, Conrad, »De Hortis Germaniae Liber Recens, una cum Descriptione Tulipae Turcarum«, in: *Valerii Cordi: Annotationes in Pedacii Dioscoridis Anazabei de Medica Materia Libros*, Bd. 5, 1561.

Getty, J. Paul, *As I See It*, London 1976.

Geyl, P., *The Netherlands in the Seventeenth Century*, Bd. 1: *1609–1648*, London 1961.

Gimpel, Jean, *The Medieval Machine*, London 1977.

Gimpel, René, *Diary of an Art Dealer* (1963), New York 1966.

Glennisson, J. und J. Day (Hg.), *Textes et documents d'histoire du moyen age, XIVe-XVe siècles*, Paris.

Goncourt, E. und J. de, *Journal*, Bd. 1, Paris 1935.

Gordan, Phyllis W. G., *Two Renaissance Bookhunters*, New York 1974.

Gosses, I. H. und N. Tapikse, *Handboek tot de Staatkundige Geschiedenis van Nederland*, Gravenhage 1920.

Gozlan, Léon, *Balzac en pantoufles*, 3. Aufl. Paris 1865.

Green, André, *On Private Madness*, Madison/Conn. 1986.

Greencare, Phyllis, *Emotional Growth*, 2 Bde., New York 1971.

Grisar, H., »Die angebliche Christusreliquie im mittelalterlichen Lateran«, in: *Römische Quartalsschrift*, 1906.

– *Il Sancta Sanctorum*, Rom 1907.

Grolnik, S., L. Barkin und W. Muensterberger, *Between Reality and Fantasy*, New York 1978.

Guiffrey, Jules (Hg.), *Inventoires de Jean Duc de Berry (1401–1416)*, 2 Bde., Paris 1894–1896.

Gusinde, M., »Schädelkult, Kopftrophäe und Skalp«, in: *Ciba Zeitschrift*, Bd. 5, 1937.

Guth, Paul, *Mazarin* (1974), München 1976.

Hagenback, K. R., *Kirchengeschichte des Mittelalters*, 2 Bde., Leipzig 1886.

Händler, Gerhard, *Fürstliche Mäzene und Sammler in Deutschland von 1500–1620*, Straßburg 1933.

Hanotaux, Gabriel und Georges Vicaire, *La Jeunesse de Balzac* (1903), Paris 1921.

Harner, Michael J., »Jivaro Souls«, in: *American Anthropologist*, Bd. 64, 1962.

Hauser, Arnold, *Sozialgeschichte der Kunst*, München 1953.

Heckscher, William S., *Rembrandts Anatomie des Dr. Nicolaas Tulp*, New York 1958.

Heer, Friedrich, *Mittelalter*, Zürich 1961.

Heine-Geldern, Robert von, »Kopfjagd und Menschenopfer in Assam und Birma«, in: *Mitteilungen der anthropologischen Gesellschaft*, Wien, Bd. 47, 1917.

Hennus, M. F., »Frits Lugt, Kunstvorser-Kunstkeurder-Kunstgaarder«, in: *Maandblad voor Beeldende Kunsten*, Bd. 26, 1950.

Herbert, John, *Inside Christie's*, London 1990.

Herrmann, Frank, *The English as Collectors*, London 1972.

Hervey, M. F. S., *The Rise and Fall of the House of Medici* (1974), London 1979.

Hill, G. F., »Sodoma's Collection of Antiques« (Giovanni Antonio Bassi, Il Sodoma), in: *Journal of Hellenic Studies*, Bd. 26, 1906.

Holst, Niels von, »Frankfurter Kunst- und Wunderkammern des XVIII. Jahrhunderts, ihre Eigenart und ihre Bestände«, in: *Repertorium für Kunstwissenschaft*, Bd. 52, 1931.

Hoffmann-Krayer, E. und H. Bächtold-Stäubli, *Handwörterbuch des Deutschen Aberglaubens*, 10 Bde., Berlin, Leipzig 1927–1942.

Honour, Hugh, *Venice*, London 1965.

Houghton Jr. und Walter E., »The English Virtuoso in the Seventeenth Century«, in: *Journal of the History of Ideas*, Bd. 3, 1942.

Huizinga, J. H., *Herbst des Mittelalters*, hg. von Kurt Köster, Stuttgart 1987.

– *Holländische Kultur im siebzehnten Jahrhundert*, übs. von W. Kaegi, Basel 1961.

Humbert, Pierre, *Un Amateur Peiresc*, Paris 1933.

Hunt, Herbert J., *Honoré de Balzac*, London 1957.

Hutton, J. H., »Head-Hunters of the North-East Frontier«, in: *Journal of the Royal Society of Arts*, Bd. 85, 1936.

Huyskens, A., *Quellenstudien zur Geschichte der Heiligen Elisabeth*, Marburg 1908.

Isaacs, S., »The Nature and Function of Phantasy« (in: *Jaarboek Amstelodamum*, Bd. 14, 1916), in: *International Journal of Psycho-Analysis*, Bd. 29, 1948.

– *Social Development in Young Children*, 5. Aufl. London 1946.

Jackson, Holbrook, *The Anatomy of Bibliomania*, 2 Bde., London 1930 bis 1931.

– *The Fear of Books*, London 1932.

Jensen, A. E., *Die Drei Ströme*, Leipzig 1948.

Jensen, J., »Collector's Mania«, in: *Acta Psychiatrica Scandinavia*, Bd. 39, 1963.

Joffe, Walter G., »A Critical Review of the Status of the Envy Concept«, in: *International Journal of Psycho-Analysis*, Bd. 50, 1969.

Johnson, Stowers, *Collector's Luck*, London 1968.

Jones, Ernest, *Papers on Psycho-Analysis*, London 1923.

Jucker, Hans, *Vom Verhältnis der Römer zur bildenden Kunst der Griechen*, Frankfurt a. M. 1950.

Justi, Carl, *Winckelmann und seine Zeitgenossen*, 3 Bde., Köln 1956.

Jutting, W. S. S., »A Brief History of the Conchological Collections of the Zoological Museum of Amsterdam«, in: *Bijdregen voor Dierkunde*, Bd. 27, 1939.

Kaufman, W., »Some Emotional Uses of Money«, in: *Acta Psychotherapeutica*, Bd. 4, 1956.

Kendall, Paul Murray, *Louis XI*, London 1971.

Kessel, Johann Hubert, *Geschichtliche Mittheilungen über die Heiligthümer der Stiftskirche zu Aachen*, Köln 1874.

Khan, M. R. Masud, »Foreskin Fetishism and its Relation to Ego Pathology in the Male Homosexual«, in: *International Journal of Psycho-Analysis*, Bd. 46, 1965.

Kirn, Paul, *Friedrich der Weise*, Leipzig 1926.

Knorr, Georg Wolfgang, *De Naturlijke Historie der Versteeningen, of uizvoerige Afbeelding en Beschrijving van de versteende Zaken, die tot haden op den aardboden zijn ontdekt*, Amsterdam 1773.

– *Verlustiging der oogen van den geest of verzameling van allerley bekende hoorens en schulpen*, Amsterdam 1770.

Koestler, Arthur, *The Act of Creation*, London 1964.

– *Die Nachtwandler – Das Bild des Universums im Wandel der Zeit*, übs. von W. M. Treichlinger, Wiesbaden 1963.

Kohl, Johann Georg, *Vom Markt und aus der Zelle*, Hannover 1868.

Kohut, Heinz, *Narzißmus – Eine Theorie der psychoanalytischen Behandlung narzißtischer Persönlichkeitsstörungen*, übs. von L. Rosenkötter, Frankfurt a. M. 1973.

Kötting, Bernhard, *Peregrenatio Religiosa*, Münster 1950.

– *Der Frühchristliche Reliquienkult und die Bestattung im Kirchengebäude*, Köln 1965.

Kraus, H. P., *A Rare Book Saga*, London 1979.

Krelage, Ernst H., *Bloemenspeculatie in Nederland*, Amsterdam 1942.

Krelage, Ernst H. (Hg.), *Pamfletten van de tulpen-windhandel, 1636–1637*, Gravenhage 1942.

Kruijt, A. C., »Het Koppensnellen der Toradja's van Midden-Celebes«, in: *Verslagen en Mededeelingen, afd. Letterkunde*, 4de reeks (4. Serie), Bd. III, 1899.

Lamy, E., *Les Cabinets d'histoire naturelle en France au XVIIIe siècle et le cabinet du Roi (1635–1793)*, Paris 1930.

Landolt, Elisabeth, »Late Humanistic Art and Collecting in Basle«, in: *Apollo*, Dezember 1976, S. 467–475.

Laurens, Annie-France, und Krzysztof Pomian (Hg.), *L'Anticomanie*, Paris 1992.

Le Décor de la Vie Privée en Hollande au XVIIe siècle, Paris 1965.

Leeuw, G. van der, *Phänomenologie der Religion*, Tübingen 1933.

Lehman, H. C. und P. A. Witty, »The Present Status of the Tendency to Collect and Hoard«, in: *Psychological Review*, 1927.

Lehoux, Françoise, *Jean de France, Duc de Berry*, Bd. 1: *De la naissance de Jean de France à la Mort de Charles V*, Paris 1966.

Leonardi Bruni Arretini Epistolarum, hg. von L. Mehus, Florenz 1741.

Leonhardt, G., *Het Huis Bartoletti en zijn Bewoners*, Amsterdam 1979.

Lewis, D. B. Wyndham, *King Spider: Some Aspects of Louis XI of France and His Companions*, London 1930.

Lewis, Lesley, *Connoisseurs and Secret Agents*, London 1961.

Lewis, Wilmarth, *Collector's Progress*, London 1952.

Lhotsky, Alphons, *Geschichte der Sammlungen*, Wien: Festschrift des Kunsthistorischen Museums, 1941–1945.

Loos, Anita, *Gentlemen Prefer Blondes*, London.

Lorant, André, *Les Parents pauvres d'Honoré de Balzac*, 2 Bde., Genf 1962.

Lorenz, Konrad, *Das Sogenannte Böse: Zur Naturgeschichte der Aggression*, Wien 1963.

Lugt, Frits, *Les Marques de Collections*, Amsterdam 1921.

– »Italiaansche Kunstwerken in Nederlandsche Verzamelingen in vroegere tijden«, in: *Oud Holland*, Bd. 53, 1936.

– *Treasures from the collection of Frits Lugt at the Institut Néerlandais*, hg. von Denys Sutton, Paris 1976.

Lunsingh Scheurleer, T. H., *Leiden University in the 17th Century*, Leiden 1975.

Luzio, A. und R. Renier, »Il Lusso die Isabella d'Este, Marchesa di Mantova, in: *Nuova Antologia*, Serie 4, 63–65, 1896.

Lüthi, Karl J., *Aus meinem Sammlerleben*, Bern 1926.

MacCurdy, E., *The Notebooks of Leonardo da Vinci*, New York 1956.

Mackay, Charles, *Extraordinary Popular Delusions and the Madness of Crowds*, London 1956.

Mackay, James A., *The Tapling Collection of Postage and Telegraphe Stamps and Postal Stationary*, Aberdeen 1964.

Major, Johann Daniel, *Unvorgreiffliches Bedencken von Kunst- und Naturalien-Kammern insgemein*, Kiel 1662.

Mandeville, John, *Das Reisebuch des Ritters John Mandeville*, übs. von G. E. Sollbach, Frankfurt a. M. 1989.

Manetti, Antonio di Tuccio, *The Life of Brunelleschi*, hg. von Howard Saalman, University Park 1970.

Martin, W., »The Life of a Dutch Artist, part 6: How the Painter Sold His Work«, in: *Burlington Magazine*, Bd. 11, 1907.

Maurois, André, *Prometheus oder Das Leben Balzacs*, übs. von E. Sander und B. Berger, Wien, Düsseldorf 1966.

Mayer-Löwenschwerdt, E., *Der Aufenthalt der Erzherzöge Rudolf und Ernst in Spanien, 1564–1571*, Wien 1927.

McDougall, J., *Theaters of Mind*, New York 1985.

McMurrich, J. Playfair, *Leonardo da Vinci, the Anatomist*, Baltimore 1930.

Meiss, Millard, *French Painting in the Time of Jean de Berry*, 2 Bde., London 1967.

Meldola, Abraham, *Tulpen und Staatspapiere*, Hamburg 1830.

Meyer, Carl, *Der Aberglaube des Mittelalters*, Basel 1884.

Meyer, Karl E., *The Plundered Past* (1973), New York 1977.

Meyer-Steinegg, Th. und K. Sudhoff, *Geschichte der Medizin im Überblick*, Jena 1922.

Minchinton, Walter, »Die Veränderungen der Nachfragestruktur von 1500–1750«, in: *Europäische Wirtschaftsgeschichte*, Bd. 2: *Sechzehntes und siebzehntes Jahrhundert*, hg. von Carlo M. Cipola und K. Borchardt, übs. von M. Streissler, Stuttgart 1979, S. 51–112.

Mocquet, Jean, *Voyage en Afrique, Asie, Indes Orientales et Occidentales*, Paris 1617.

Modell, Arnold H., »A Narcissistic Defence Against Affects and The Illusion of Self-Sufficiency«, in: *International Journal of Psycho-Analysis*, Bd. 56, 1975.

Monumenta Germaniae Historica, Scriptorum, Bd. 15, Teil 1, *Translationibus et Miraculis Sancti Germani*, Hannover 1887.

Muensterberger, W., »Between Reality and Fantasy«, in: *Between Reality and Fantasy*, hg. von S. Grolnik, L. Barkin und W. Muensterberger, New York 1978, S. 3–13.

– »The Creative Process: Its Relation to Object Loss and Fetishism«, in: *Psychoanalytic Study of Society*, Bd. 2, 1962.

– »Psyche and Environment: Sociocultural Variations in Separation and Individuation«, in: *Psychoanalytic Quarterly*, Bd. 38, 1969, S. 191–216.

Muensterberger, W. (Hg.), *Man and His Culture: Psychoanalytic Anthropology After »Totem and Taboo«*, New York 1969.

Müller, Wolfgang J., *Der Maler Georg Flegel und die Anfänge des Stillebens*, Frankfurt a. M. 1956.

Mumford, Lewis, *The Condition of Man*, New York 1944.

– *Technics and Civilization*, New York 1939.

Munby, A. N. L., *The Catalogues of Manuscripts and Trinket Books of Sir*

Thomas Phillipps: Their Composition and Distribution, Cambridge 1951.
– *The Cult of the Autograph Letter in England*, London 1962.
– *The Family Affairs of Sir Thomas Phillipps*, Cambridge 1952.
– *Phillipps Studies*, 5 Bde., Cambridge 1951–1960.

Mundinus (Raimondo Mondino de' Lucia), *Anathomia* (beendet 1316), Pavia 1478.

Munting, A., *Waare Oeffening der Planten*, Amsterdam 1672.

Müntz, Eugène, »Gem Collecting in the Middle Ages«, in: *Journal des Savants*, 1888.
– *La Renaissance en Italie et en France*, Paris 1885.

Murray, David, *Museums, Their History and Their Use*, 3 Bde., Glasgow 1904.

Nabokov, Vladimir, *Sprich, Erinnerung, sprich*, übs. von W. E. Zimmer, Reinbek 1984.

Neickel, Joh. Kaspar, *Museographia*, Leipzig 1727.

Newton, A. Edward, *The Amenities of Book-Collecting and Kindred Affections*, Boston 1916.

Nicollier, Jean, *Collecting Toy Soldiers*, Rutland 1967.

Noack, F., *Das Deutschtum in Rom*, 2 Bde., Stuttgart 1927.

Panofsky, E., »Abt Suger von St.-Denis«, in: ders., *Sinn und Deutung in der bildenden Kunst*, übs. von W. Höck, Köln 1975, S. 125–166.

Parry, J. H., *The Age of Reconnaissance*, London 1963.
– *The European Reconnaissance*, London 1968.

Partington, Wilfred, *Thomas J. Wise in the Original Cloth*, London 1946.

Peacham, Henry, *The Compleat Gentleman*, London 1634; Faksimileausgabe Oxford 1906.

Penrose, B., *Travel and Discovery in the Renaissance*, Oxford 1906; Faksimileausgabe Cambridge/Mass. 1952.

Perrenot de Granville, François Thomas, Brief an, vom 28. 2. 1605, in: *Jahrbuch der Kunsthistorischen Sammlungen des allerhöchsten Kaiserhauses*, Bd. 19, 1889, Nr. 16534.

Petit-Dutaillis, Charles, »France: Louis XI«, in: *Cambridge Medieval History*, Bd. 8, Cambridge 1936.

Philippovich, Eugen von, *Kuriositäten-Antiquitäten*, Braunschweig 1966.

Phillipps, Sir Thomas, *The Celebrated Collection of Manuscripts Formed by Sir Thomas Phillipps*, Katalog Sotheby's, London 1966.

Piaget, Jean, *Der Aufbau der Wirklichkeit beim Kinde*, übs. von J.-U. Dandberger u. a., Stuttgart 1975.

Piccolomini, P., *La Vita e l'opera di Sigismondo Tizio (1458–1528)*, Siena 1903.

Posthumus, N. W., »De Speculatie in Tulpen in de Jaren 1636–1637«, in: *Economisch-Historisch Jaarboek*, Bd. 12, 1926; Bd. 13, 1927; Bd. 18, 1934.
– »The Tulip Mania in Holland in the Years 1636 and 1637«, in: *Journal of Economic and Business History*, Bd. 5, 1929.

Praz, Mario, *The House of Life*, London 1964.

Price, J. L., *Culture and Society in the Dutch Republic During the 17th Century*, London 1974.

Pyrard, François, *The Voyage of François Pyrard of Laval to the East Indies*, 2 Bde., London 1887–1889.

Reich, Annie, »Pathological Forms of Self-Esteem Regulation«, in: *Psychoanalytic Study of the Child*, Bd. 15, 1960.

Reina, R. A., »The Ritual of the Skulls«, in: *University Museum of Pennsylvania Expedition*, Bd. 4, 1962, Nr. 4, S. 26–35.

Reitlinger, Gerald, *The Economics of Taste* (1963), New York 1965.

Reuschel, Wilhelm, *Die Sammlung Wilhelm Reuschel*, München 1963.

Reynst, Elisabeth, »Sammlung Gerrit und Jan Reijnst«, Typoskript, Rijksmuseum Amsterdam 1964.

Reznicek, E. K. J., »Het begin van Glotzius' loopbaan als schilder«, in: *Oud Holland*, Bd. 75, 1968.

Rheims, Maurice, *Art on the Market* (1959), London 1961.

Ribbing, Gerd, *Spansk Atlantkust*, Stockholm 1952.

Richter, G. M. A., *Three Critical Periods in Greek Sculpture*, Oxford 1951.

Ricketts, Charles, *Self-Portrait: Letters and Journals of Charles Ricketts*, hg. von Cecil Lewis, London 1939.

Riedel, J. F. F., *De Sluik-en Kroesharige Rassen tusschen Selebes en Papua*, Den Haag 1886.

Robinson, J. Armitage, *The Times of St. Dunstan*, Oxford 1923.

Roncière, C. de la, *La Découverte de l'Afrique en Moyen Age*, 3 Bde., Kairo 1929.

Rosenbach, A. S. W., *Books and Bidders*, Boston 1927.

Rosenberg, Alfons, *Don Giovanni*, München 1968.

Róheim, Géza, »War, Crime, and the Covenant«, in: *Journal of Clinical Psychopathology*, Bd. 1, 1945.

Rycroft, Charles, *Anxiety and Neurosis*, London 1968.

Saarinen, Aline B., *The Proud Possessors*, New York o. J.

Salutati, Coluccio, *Epistolario di Coluccio Salutati*, hg. von F. Novati, 3 Bde., Rom 1896.

Schack, William, *Art and Argyrol*, New York 1960.

Schama, S., *The Embarrassement of Riches*, New York 1987.

Schärer, H., »Das Menschenopfer bei den Katinganern«, in: *Tijdschrift voor Indische Taal-, Land- en Volkenkunde*, 1938.

– »Die Bedeutung des Menschenopfers im Dajakischen Totenkult«, in: *Mitteilungen der Deutschen Gesellschaft für Völkerkunde*, Bd. 10, 1940.

Scheicher, E. u. a., *Die Kunstkammer*, Innsbruck 1977.

Scheller, R. W., »Rembrandt en de Encyclopedische Kunstkamer«, in: *Oud Holland*, o. J.

Schierbeek, A., *Jan Swammerdam – Zijn Leven en Zijn Werken*, Lochem 1946.

Schlosser, Julius von, *Die Kunst- und Wunderkammern der Spätrenaissance*, Leipzig 1908.

Schreiber, Lady Charlotte, *Lady Charlotte Schreiber's Journals*, hg. von Montague Guest, 2 Bde., London 1911.

Schwarzenfeld, Gertrude von, *Rudolf II., der Saturnische Kaiser*, München 1960.

Segal, Morey M., »Impulsive Sexuality: Some Clinical and Theoretical Observations«, in: *International Journal of Psycho-Analysis*, Bd. 44, 1963, S. 407–418.

Seidel, P., »Friedrich der Große als Sammler von Gemälden und Skulpturen«, in: *Jahrbuch der Preußischen Königlichen Sammlungen*, Bd. XIII, 1892.

Seligman, Germaine, *Merchants of Art*, New York 1961.

Seruen, James E., *The Collecting of Guns*, Harrisburg/Penn. 1964.

Seters, W. H. van, *Pierre Lyonet, 1706–1789: Sa vie, ses collections de coquillages et de tableaux, des recherches entomologiques*, Gravenhage 1962.

Singer, Charles Joseph und C. Rabin, *A Prelude to Modern Science*, Cambridge 1946.

Smith, George, *Bishop Heber*, London 1895.

Sox, David, *Unmasking the Forger*, New York 1987.

Speiser, Felix, »Note à propos des Dents de Cochon Déformées dans le mer du Sud et en Indonésie«, in: *Revista Instituto Etnologico*, Bd. 2, 1932.

Spener, Johann Jacob, *Das Spenerische Cabinet oder kurtze Beschreibung aller so wol künstlich- als natürlicher alter als neuer fremder als einheimischer courieusen Sachen*, Leipzig 1693.

Speth-Holterhoff, S., *Les Peintres Flamands de Cabinets d'Amateurs au XVIIe siècle*, Amsterdam, Brüssel 1957.

Steinbeck, John, *Travels with Charley*, New York 1976.

Steiner, George, »A Note on Language and Psycho-Analysis«, in: *International Revue of Psycho-Analysis*, Bd. 3, 1976, S. 253–258.

Strabo, *The Geography of Strabo*, übs. von H. L. Jones, Bd. 4, Cambridge/Mass. 1927.

Stückelberg, E. A., »Reliquien und Reliquiare«, in: *Mitteilungen der Antiquarischen Gesellschaft*, Bd. 24, 1899.

Surville, Laure, *Balzac, sa vie et ses œuvres*, Paris 1858.

Tawney, R. H., *Religion and the Rise of Capitalism* (1922), London 1964.

Taylor, F. H., *The Taste of Angels*, Boston 1948.

Temple, Sir William, *Observations upon the United Provinces of the Netherlands*, London 1673.

Thomas, Alan G., *Great Books and Book Collectors*, London 1975.

Tolpin, Marian, »On the Beginning of the Collective Self«, in: *Psychoanalytic Study of the Child*, Bd. 26, 1972.

Tonellis, T. de (Hg.), *Poggii Epistolae*, Bd. 1, Florenz 1832.

Tregear, Edward, *The Maori-Polynesian Comparative Dictionary*, Christchurch o. J.

Tremayne, E., *The First Governess of the Netherlands, Margaret of Austria*, New York 1908.

Trevor-Roper, H. R., *Religion, Reformation und sozialer Umbruch: Die Krisis des 17. Jahrhunderts*, übs. von M. Erbe, Berlin 1970.

– *The Plunder of the Arts in the Seventeenth Century*, London 1970.

– *Princes and Artists*, London 1976.

Ullman, B. L., *The Humanism of Coluccio Salutati*, Padua 1963.

Vessberg, O., *Studien zur Kunstgeschichte der Römischen Republik*, Lund 1941.

Wallace, K., »Slim-Shin's Monument«, in: *The New Yorker*, 19. November 1960, S. 104–146.

Wallis Badge, E. A., *Amulets and Superstitions*, London 1930.

Walser, Ernst, *Gesammelte Studien zur Geistesgeschichte der Renaissance*, hg. von W. Kaegi, Basel 1933.

– *Poggius Florentinus*, Leipzig 1914.

Weiss, Roberto, *The Renaissance Discovery of Classical Antiquity* (1969), Oxford 1973.

Wen Fong (Hg.), *The Great Bronze Age of China*, New York 1980.

Whitley, M. T., »Children's Interest in Collecting«, in: *Journal of Educational Psychology*, Bd. 20, 1929.

Wilken, G. A., »Iets over de schedelvereering gij de volken van den Indischen Archipel«, in: *Bijdragen van het Koninklijk Instituut voor de Taal-, Land- en Volkenkunde van Nederlandsch Indië*, Bd. 5, o. J.

Winckwort, R., »The Davila Catalogue«, in: *Journal of Conchology*, Bd. 22, 1946.

Winner, M., »Gemalte Kunsttheorie«, in: *Jahrbuch der Berliner Museen*, Bd. 4, 1962, S. 151–185.

Winnicott, D. M., *Collected Papers: Through Paediatrics to Psycho-Analytics*, New York 1958.

– *Kind, Familie und Umwelt*, übs. von U. Seemann, München, Basel 1969.

– *Reifungsprozesse und fördernde Umwelt*, übs. von G. Theusner-Stampa, Frankfurt a. M. 1984.

– *Vom Spiel zur Kreativität*, übs. von M. Ermann, Stuttgart 1973.

– »Transitional Objects and Transitional Phenomena«, in: *International Journal of Psycho-Analysis*, Bd. 34, 1953.

Winterich, John T., *A Primer of Book Collecting*, New York 1966.

Winterstein, Alfred, »Der Sammler«, in: *Imago*, Bd. 7, 1921.

Wirz, Paul, »Der Ersatz in der Kopfjägerei und die Trophäenimitation«, in: *Beiträge zur Gesellschafts- und Völkerwissenschaft*, 1950.

– *Die Marind-anim von Holländisch-Süd-Neu-Guinea*, Bd. 2, Teil 3, Hamburg 1925.

– »Kopfjagd und Trophäenkult im Gebiet des Papuagolfes«, in: *Ethnologischer Anzeiger*, Bd. 3, 1933.

Wittlin, Alma S., *The Museum, Its History and Its Task in Education*, London 1949.

Witty, P. A. und H. C. Lehnan, »Further Studies of Children's Interest in Collecting«, in: *Journal of Educational Psychology*, Bd. 21, 1930.

Worm, O., *Museum Wormiarum*, Leiden 1655.

Wurffbain, Friedericus Sigismundus, *Dissertatio de Technophysiotameis von Kunst- und Naturalienkammern*, Altdorf 1704.

Zimmermann, Heinrich, Kunstgeschichtliche Charakterbilder, »Rudolf II. und die Prager Kunstkammer«, in: *Jahrbuch der Kunsthistorischen Sammlungen des Allerhöchsten Kaiserhauses*, Bd. 25, 1893.

INDEX